KECHENG SIZHENG
YOUXIU JIAOXUE ANLI

课程思政
优秀教学案例

中国石油大学（北京）◎编著

中国石化出版社
·北京·

图书在版编目（CIP）数据

课程思政优秀教学案例：中国石油大学（北京）/ 中国石油大学（北京）编著 . — 北京：中国石化出版社，2024.1

ISBN 978-7-5114-7308-0

Ⅰ . ①课…　Ⅱ . ①中…　Ⅲ . ①高等学校 – 思想政治教育 – 教案（教育）– 中国　Ⅳ . ① G641

中国国家版本馆 CIP 数据核字（2024）第 012158 号

中国石化出版社出版发行

地址：北京市东城区安定门外大街 58 号

邮编：100011　电话：(010) 57512500

发行部电话：(010) 57512575

http：//www.sinopec-press.com

E-mail：press@sinopec.com

北京科信印刷有限公司印刷

全国各地新华书店经销

*

787 毫米 ×1092 毫米 16 开本 20 印张 482 千字

2024 年 9 月第 1 版　2024 年 9 月第 1 次印刷

定价：156.00 元

序

教育是国之大计、党之大计，承担着立德树人的根本任务。党的十八大以来，以习近平同志为核心的党中央高度重视高校思想政治工作，并作出一系列重大决策部署。明确要求高校挖掘思政课以外的其他课程和教学方式中蕴含的思想政治教育资源，实现全员全程全方位育人；各门课要守好一段渠、种好责任田，并与思政课同向同行，形成协同效应。教育部陆续出台了相关政策，引导全国高校在课程思政建设中持续往深处走、向实处落，高质量践行为党育人、为国育才的初心使命。

中国石油大学是新中国第一所石油高等学府，为我国石油高等教育奠定了探索发展之基。党的十八大以来，学校坚持以习近平新时代中国特色社会主义思想为指导，深入贯彻落实习近平总书记关于教育的重要论述，坚持扎根中国大地办大学，主动顺应国家发展形势和能源行业发展需求，紧密结合学校实际情况，深入实施“时代新人铸魂工程”和“‘大思政课’建设工作方案”，着力打造充满浓郁“石油味”的“大思政课”课堂，引导学生矢志不渝听党话跟党走，勇当全面建设社会主义现代化国家新征程上的主力军和先锋队，切实把爱国情、强国志、报国行自觉融入坚持和发展中国特色社会主义事业、建设社会主义现代化强国、实现中华民族伟大复兴的奋斗之中。

《课程思政优秀教学案例》（以下简称《教学案例》）是落实学校《课程思政建设实施办法》《全面推进“大思政课”建设工作方案》

的具体举措，也是持续开展课程思政建设的阶段性重要成果。《教学案例》坚持以习近平新时代中国特色社会主义思想为指导，以石油精神筑基、以石油文化铸魂，将思政教育同专业教育密切融合，将课堂教学和实践教学有机融合，将老一辈石油人的优良传统和新时代石油人的创新精神深度融合，案例丰富、图文并茂，具有很强的理论性、指导性、实践性和针对性。《教学案例》在讲授专业知识的同时，结合具体事例和实践场景介绍我国石油工业发展史，阐释以铁人精神为核心的石油精神，讲述了很多生动鲜活、富有感染力和吸引力的石油故事，在帮助学生获得专业知识、提升专业技能的同时，使学生更加深刻感悟初心使命，坚定理想信念，涵养新时代能源强国、能源报国的价值追求，“到祖国最需要的地方去”，在推动强国建设、民族复兴的伟大征程上贡献青春力量。《教学案例》收录了 29 个课程思政优秀案例，是学校优质课程将教学内容与思政元素有机融合的典范，旨在为其他课程思政建设发挥示范和引领作用。

习近平总书记指出："要把立德树人的成效作为检验学校一切工作的根本标准"。在新时代新征程上，让我们牢记习总书记的殷切嘱托，扛起历史使命、强化责任担当，开拓创新、踔厉奋发，努力回答好“教育强国，中石大何为”这一时代之问，全面提升有组织的人才自主培养能力，培养造就一代又一代志存高远、脚踏实地、可堪大用、能担重任的栋梁之才！

2024 年 8 月 26 日

前 言

高等学校人才培养是育人和育才相统一的过程。建设高水平人才培养体系，必须将思想政治工作体系贯通其中，必须抓好课程思政建设，解决好专业教育和思政教育“两张皮”的问题。《课程思政优秀教学案例》（以下简称《教学案例》）是中国石油大学（北京）贯彻落实习近平总书记重要讲话精神和指示要求，落实《高等学校课程思政建设指导纲要》和《全面推进“大思政课”建设的工作方案》等文件要求，针对当前学校开展课程思政教育实际情况和需要，精心组织编写的一本用于课程思政教学实践和理论研究、着力解决专业教育和思政教育脱节问题的专门用书。

《教学案例》坚持以习近平新时代中国特色社会主义思想为指导，落实习近平总书记关于教育的重要论述，聚焦立德树人根本任务，着眼于将价值塑造、知识传授和能力培养三者融为一体，寓价值观引导于知识传授和能力培养之中，同时突出石油特色和铁人精神，梳理汇总了包括《油矿地质学》《沉积岩石学》以及《高等数学A（Ⅰ）》等29门课程的思政设计和优秀教学案例。每门课程从“课程基本信息”“课程思政教学整体设计思路”“各章节课程思政设计要点”“案例展示”四个部分介绍。在“课程基本信息”部分，介绍了课程的类型、性质、授课对象及使用教材；在“课程思政教学整体设计思路”部分，主要介绍课程思政建设的目标任务、理念思路和方法路径等；在“各章节课程思政设计要点”部分，主要是结合课程内容，分篇章介绍课程思政内容设计要点，将课程思政设计的具体内容与每篇章的具体专业知识相结合，实现有机融合、协同推进；在“案例展示”部分，主要选取课程思政设计中有代表性和创新性的章节进行详细阐述，包括明确有关章节、教学目标（涵盖知识目标、能力目标、育人目标）、教学重点与难点、总体思路、具体教学过程设计和教学反思等内容，主要目的是提高案例的指导性和实践性，便于参照学习、操作执行。

我们相信，《教学案例》的出版会对完善丰富学校课程思政建设发挥积极作用和示范影响。我们也期待，《教学案例》能够为全国石油类院校做好课程思政建设工作提供积极有益的参考和借鉴。我们更深知，改革创新永无止境，《教学案例》还要通过教学实践来持续修改完善。让我们携起手来，开拓创新、实干担当，努力构建更加科学合理的课程思政教学体系，更好完成为党育人、为国育才的光荣使命！

目 录

《油矿地质学》优秀课程思政设计及案例 001

《沉积岩石学》优秀课程思政设计及案例 016

《石油地质学》优秀课程思政设计及案例 028

《造岩矿物学》优秀课程思政设计及案例 037

《渗流力学》优秀课程思政设计及案例 047

《油层物理》优秀课程思政设计及案例 060

《油藏工程》优秀课程思政设计及案例 074

《岩石力学》优秀课程思政设计及案例 081

《材料力学》优秀课程思政设计及案例 095

《石油工程岩石力学基础》优秀课程思政设计及案例 110

《试油与试采》优秀课程思政设计及案例 125

《石油工程导论》优秀课程思政设计及案例 136

《石油工程热工学》优秀课程思政设计及案例 150

《化工原理Ⅱ》优秀课程思政设计及案例 159

《石油加工工程》优秀课程思政设计及案例 171

《油田实习》优秀课程思政设计及案例 181

《过程流体机械》优秀课程思政设计及案例 186

《油气安全工程导论》优秀课程思政设计及案例 196

《电化学基础》优秀课程思政设计及案例 208
《高等数学 A（I）》优秀课程思政设计及案例 220
《线性代数》优秀课程思政设计及案例 232
《物理技术与实践》优秀课程思政设计及案例 242
《财务报告分析》优秀课程思政设计及案例 254
《财务会计 I》优秀课程思政设计及案例 262
《运筹学》优秀课程思政设计及案例 271
《基础学术英语 I》优秀课程思政设计及案例 282
《大学体育必修——拉丁舞》优秀课程思政设计及案例 290
《国际能源政治》优秀课程思政设计及案例 299
《中国概况》优秀课程思政设计及案例 308

《油矿地质学》优秀课程思政设计及案例

岳大力

一、课程基本信息

课程名称：油矿地质学

开课学院：地球科学学院

课程类型：专业课

课程性质：必修

授课对象：资源勘查工程专业三年级本科生 / 地质学专业三年级本科生

使用教材：《油矿地质学》，ISBN 978-7-5183-4552-6，吴胜和、岳大力、蒋裕强 主编，石油工业出版社，2021

教学课时：64 课时

二、课程思政教学整体设计思路

《油矿地质学》**课程思政建设目标**是为培养学生在掌握油气田地下地质研究的专业知识和技能的同时，增强学生家国情怀和使命担当，坚定"我为祖国献石油"的理想与信念，使他们成为新时代"铁人精神"的传承者；培养学生创新思维能力、团队合作能力、自主学习能力等可迁移能力，为祖国石油工业培养德才兼备的合格接班人。

课程思政建设是地质资源与地质工程一流学科（A+）和资源勘查工程一流专业建设的重要举措，紧密围绕思政教学目标，坚持"以学生发展为中心"的原则，通过建设油矿地质**课程思政案例库**和**课程思政实践基地**，优化课程思政内容供给、创新课程思政教学方法，牢牢树立"知识、思维、能力教育并重"的**课堂思政教学理念**，以专业课程知识为载体，将思政教育融入课程教学的各环节，培养学生爱祖国、爱人民、爱社会主义、爱所学的专业，实现立德树人润物无声。

三、各章节课程思政设计要点

绪论

课程思政内容设计：

1. 绪论中开发可行评价讲解中，结合油田生产 HSE 相关要求，使学生树立安全环保意识。

2. 绪论中课程定位讲解中，通过黑箱类比地下，引导学生树立地质思维，应用已有资料解决看不见摸不着的问题。

3. 绪论中课程定位讲解中，根据油气对外依存度高的现状，讲解对外依存度高给我国带来的能源安全战略问题，习近平总书记发表重要讲话，要求加大油气勘探开发力度，使学生树立专业自信及为国找油的使命担当。

4. 绪论中油矿地质学概念讲解中，融入方法论与本体论辩证统一唯物主义思想，培养学生的哲学思维。

5. 绪论中课程发展讲解中，结合课程历史悠久，课程团队老中青结合，年轻教师快速成长，鼓励学生努力学习本领，树立远大理想，接过推动时代发展的接力棒。

第一章　钻井地质

课程思政内容设计：

1. 第一节钻井地质设计中基准井概念讲解中，结合大庆油田发现井——松基 3 井，讲解大庆油田发现史，中国摘掉贫油国帽子，让学生了解先辈们的光荣事迹。

2. 第一节钻井地质设计中海上钻井井别讲解中，结合海洋石油 981 平台，中国首座自主设计、建造的深水半潜式钻井平台，在南海北部深水区陵水 17-2-1 井测试获得高产油气流，是中国海域自营深水勘探的第一个重大油气发现的实例，鼓励学生学好本领，坚持技术创新，将来为我国石油事业做更大的贡献。

3. 第一节钻井地质设计中泥浆密度对钻井液性能影响讲解中，结合王进喜跳进泥浆池制服井喷的实例，讲解铁人精神的由来，强调铁人精神的内涵（爱国主义精神、艰苦奋斗精神、科学求实精神、甘愿奉献精神）。

4. 第二节地质录井中岩屑录井讲解中，结合实际井场岩屑捞取，一般 1 米捞一次，需要现场人员认真负责，否则结果与实际偏差很大，引导同学们树立认真负责、一丝不苟的工作态度。

5. 第二节地质录井中钻井液录井讲解中，结合重庆开县罗家 16 号井喷事故死亡 234 人，起因为起钻太快、压力失衡的事故案例，引导学生树立安全意识，日后工作严格按照生产规范操作，警钟长鸣。

第二章　油层对比

课程思政内容设计：

1. 第一节油层对比——世界区域地层对比讲解中，介绍我国几处重点金钉子剖面，强调中国对世界地质的贡献，引导学生树立远大志向、学好本领，为扩大中国在世界的影响力贡献自己的力量。

2. 第一节油层划分中，以油层划分对后期注水开发影响为切入点，引入“新时期铁人”“人民楷模”王启民在大庆油田创新提出“分层调整开采”技术和“层系细分开发调整”技术，保障大庆油田稳产 5000 万吨数十年，并获国家科技进步特等奖的实例。鼓励学生努力学好本领、培养科研创新思维，做新时期“铁人精神”的践行者与传承者。

3. 第二节油层对比依据中，强调“等时性”对比的相对与绝对，引入相对论思政元素，引导学生树立科学思维。

第三章　油气田地下构造研究

课程思政内容设计：

1. 在第一节断层讲解中，以断层与国家重大工程为切入点，如川藏铁路通过 10 多条重要区域性大断裂，讲述断裂稳定性与重大工程关系，进而介绍我国重大工程建设成就，让学生获得自豪感，树立努力学习的目标。

2. 在第一节不同级次断层讲解中，以断块油藏为切入点，引入胜利油田断块油藏勘探实践，结合习近平总书记在胜利油田发现 60 周年讲话，强调能源饭碗要端在自己手中，让学生树立专业自信，坚定为国找油信念，更加坚定从事石油行业的信心。

3. 在第二节断层封闭性讲解中，结合断层封闭与开启的动态性，引入万物发展是动态变化的，不是一成不变的，引导学生用动态的观点去看待世界，培养学生的科学辩证思维。

第四章　油气储层非均质性

课程思政内容设计：

1. 在第一节储层非均质性讲解中，介绍均匀与非均匀是相对而言，建立科学分析问题的思维，引入相对论思政元素，帮助学生树立科学思维。

2. 在第一节储层层次性讲解中，通过层次性讲解，让学生理解整体和局部的辩证统一关系，融入事物之间内在联系的辩证思维的思政元素。

3. 在第一节储层界面级次讲解中，以 Miall 构型分级方案命名与层序地层命级别序号正好相反为切入点，指出主要是从不同角度考虑问题而已，培养学生从多个角度分析问题的能力，培养辩证科学思维。

4. 在第一节储层沉积相分析讲解中，以沉积相分析需要对岩心、测井、地震等资料综合分析为例，指出地质研究需要发散求索，聚焦论证（逻辑与辩证），有别于石工的数理逻辑，培养学生地质思维。同时，地质工作的特点就是依据有限的地质资料去分析地下地质问题，所谓“一沙一世界，一花一天国”，这就需要我们通过理论学习和实践锻炼，打好地质基本功，练就深厚的地质功底。

5. 在第二节储层孔隙结构表征方法讲解中，以非常规储层孔隙结构表征技术为例，以实验到理论创新为切入点，让学生要有十年磨一剑精神，要破唯论文浮躁作风。

6. 在第二节储层孔隙结构表征方法讲解中，以非常规储层孔隙结构表征技术为例，对比不同技术方法的优势和局限性，说明任何事物都有两面性，融入辩证思维思政元素，培养科学思维。

7. 在第三节储层物性分级讲解中，以通过石油天然气行业标准介绍孔隙度分级标准为切入点，让学生形成遵守规范的思维，无规矩不成方圆，工作要遵守行业规范，做人要遵守道德规范。

8. 在第三节储层渗透率影响因素讲解中，以岩石毛细管理论模型为切入点，结合基本原理进行定律推导，引导学生追本溯源，探究问题本质，培养学生严谨科学思维。

9. 在第三节储层物性差异机理讲解中，以内因和外因为切入点，介绍内因是本质，外因通过内因起作用，培养学生辩证哲学思维、逻辑思维和科学思维。

第五章　油气水系统与油气层

课程思政内容设计：

1. 由第一节油气水系统的概念引出，油气水系统中的油气水间的相互作用的关系正如人民和国家之间的关系，引导学生树立爱党爱油的理念，坚信党和国家永远是石油工人们最坚实的后盾。

2. 由第一节油气水系统中通过致密储层的油水分布特征引出我国非常规致密油气勘探开发现状，鼓励学生突破常规，勇于创新。

3. 由压力梯度的概念，引导学生在面对日常的学习生活中的压力时艰苦奋斗，把压力转化为动力，另外注意用合理的方式缓解压力，健康有序地学习生活。

4. 通过讲解第二节油物性边界的确定引伸出在做研究过程中需建立标准，引导学生做事情要标准化及规范化。

第六章　油气储量估算

课程思政内容设计：

1. 由第一节储量引出我国石油的目前储量，介绍我国石油供需情况及面临的严峻形势，引导学生为祖国油气增储上产而奋斗。

2. 讲解第二节内容中页岩气藏时，介绍作为非常规油气的一种的页岩气革命史及发展历程，培养学生开拓创新的精神。

3. 由第二节储量计算中的不确定性分析的讲解，介绍不确定性的原因，锻炼学生地质思维及辩证思维。

4. 讲解第三节中采收率的控制因素时，引导学生发散思维，看事物要从现象到本质，分析内在及外部控制因素，锻炼科研思维。

第七章　油气藏开发的地质主控因素

课程思政内容设计：

1. 由第一节从油气藏中固有的天然驱动能量引伸到石油人内驱力，通过树立自身的理想信念，增加自己内驱力，促使自己不断进步。

2. 讲授第二节不同类型油藏的开发特征中低渗透油藏及裂缝油藏特征时，介绍低渗透油田的开发历史，让学生了解其勘探历程及开拓精神，树立爱国爱石油的理念。

3. 讲授第三节不同开发方式地质控制因素中断层对油水运动起两种作用：一是封闭性断层的封堵作用；二是开启性断层的通道作用，启发学生辩证唯物主义思想。

4. 由第三节中影响页岩气藏开发方式的地质因素引出我国页岩油气发现历程及生产实例，如涪陵页岩气田，增强学生为祖国献石油的理想信念，为未来的石油行业做出更大的贡献。

第八章　油气藏开发中的动态地质分析

课程思政内容设计：

1. 由第一节中引出剩余油时，介绍我国油气资源供需紧缺，供需缺口大的能源问题现状，呼吁学生学好本领，脚踏实地，未来多为祖国献石油。

2. 讲解第一节中剩余油的挖潜内容时为学生讲述大庆油田的先辈王启民的事迹，其主持的油田高含水后期“稳油控水”项目研究，为大庆油田实现 27 年年产 5000 万吨以上高产高效持续开发做出重要贡献，并获得了“人民楷模”国家荣誉称号。鼓励学生向先辈学习“我为祖国献石油”的精神。

3. 通过第一节向学生介绍较新的地震技术，鼓励学生勇于创新，未来为祖国研究先进的技术，突破中国的“卡脖子”技术，为祖国的石油行业的发展做出贡献。

4. 在第二节介绍影响储层动态变化的内外因时，让学生辨析储层性质的动态变化的内因与外因，锻炼学生的辩证思维，用变化发展的视角认识事物，培养科学的逻辑思维。

四、案例展示

（一）结合章节

主题名称：油层渗透性差异与剩余油分布

主题学时：1 学时（45 分钟）

所属章节：第八章　油藏开发中的动态地质分析

　　　　　第一节　剩余油形成与分布

（二）教学目标

1. 知识目标

理解油层渗透性差异及控制因素；掌握油层渗透性差异对剩余油形成的控制作用机理；了解剩余油挖潜的一般思路方法。

2. 思维目标

培养“地上－地下”的思维方法，即从油田生产实践的表象到油田地下地质原因的分析思路；通过从油层渗透性差异分析剩余油形成机理与分布规律的训练，培养学生地质大局观。

3. 能力目标

掌握从地质角度分析注水开发过程中油水运动差异的基本方法；培养学生应用实际地质资料解决复杂地质问题的能力。

4. 价值目标

了解我国石油开采取得的成就与面临的挑战，增强爱祖国、爱石油的责任感与使命感。

（三）教学重点与难点

1. 教学重点

（1）油层渗透性差异的主控因素；

（2）油层渗透性差异控制的剩余油形成机理。

2. 教学难点及对策

难点一：粒度、分选、排列方式等对油层渗透性的影响。

难点分析：粒度、分选、排列方式等对油层孔隙的影响肉眼很难辨别。学生经常难以理解抽象的渗透性差异及微观孔隙特征，导致学习兴趣下降。

对策：学生亲自动手做滴水实验，体会岩石的渗透性差异，以高清的显微图片和大量的动画展示岩石中的孔隙，寻找普遍规律，增加趣味性，引起学生兴趣，引导学生观察和思考，提高学习效果。

难点二：渗透性差异导致的剩余油形成机理。

难点分析：渗透性差异导致渗流速度差异，渗流速度差异如何导致层间屏蔽作用，学生不好理解。

对策：设计了数值模拟实验，通过达西定律分析油水运动速度变化的趋势，进而揭示渗透性差异导致的干扰与屏蔽作用的剩余油形成机理。

（四）具体教学过程设计

根据教学大纲、教学要求、学时分配计划和教学进程，把本节课的内容分为“课程导入”“核心理论学习”“应用提升”“总结拓展”四大部分，每部分在讲解时注意与前面章节已学知识点进行联系，同时注重从学生已有的知识背景，引导学生思考相关问题，引出未知新知识。每部分新知识都从问题导入，带领学生一起观察、分析、思考和总结，做到前后呼应，层层递进，学以致用，增加学生获取和探索知识的体验感。同时，将价值塑造、科学思维和逻辑思维训练、科研兴趣激发、个人能力提升等思政元素有机融入课堂教学。

教学设计框架如图 1 所示。

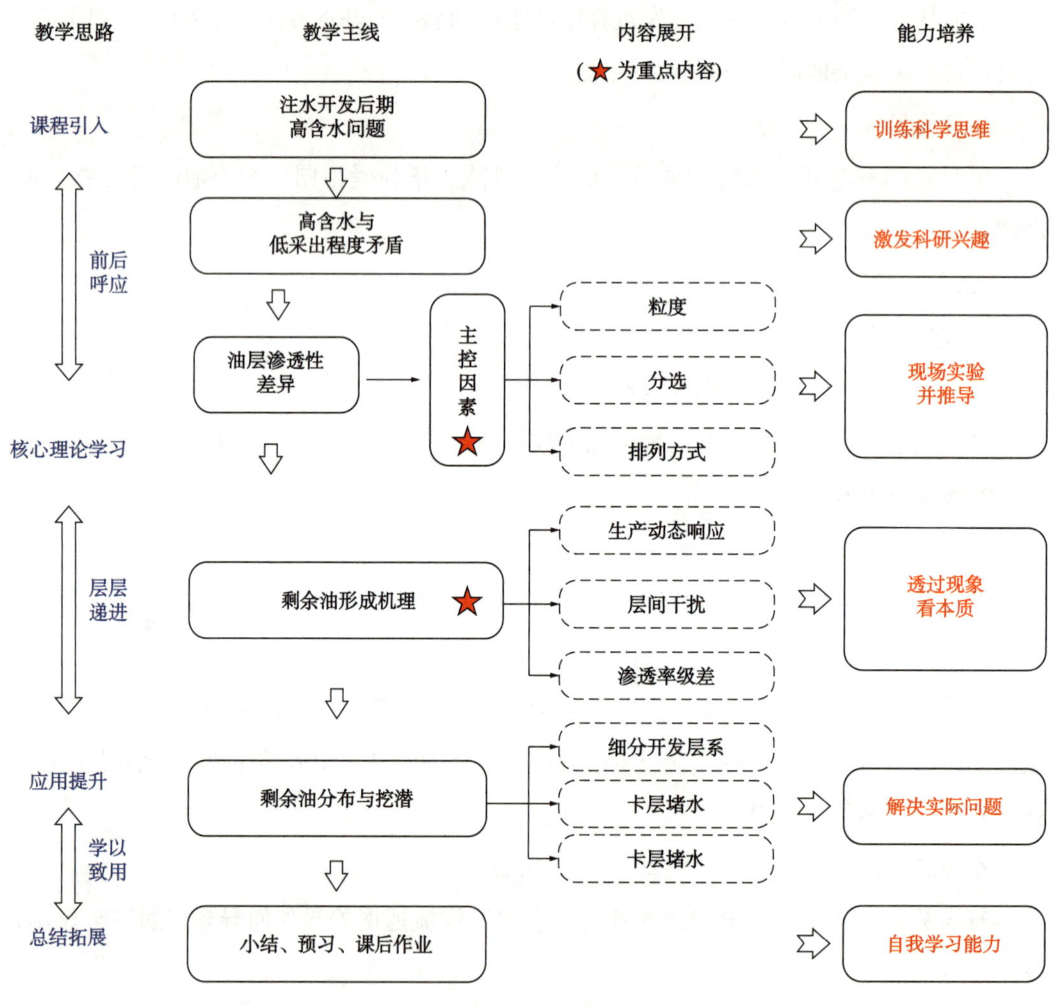

图 1　本节课教学设计框架

具体教学过程：

教学内容	教学素材（PPT、教具等）	环节设计	教学方式	时长／秒
回顾与教学内容导入	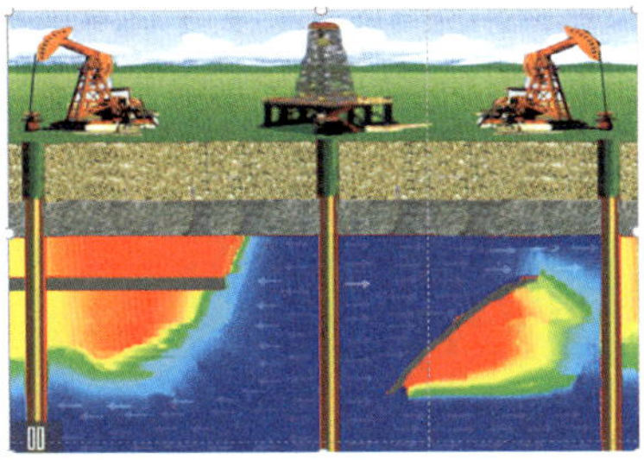	通过回顾上节课“注水开发方式”相关内容，引出含水率。	PPT视频演示	90
		通过教具（油田实际采出液体样品）指出油田高含水开采的现实。	教具演示	60
	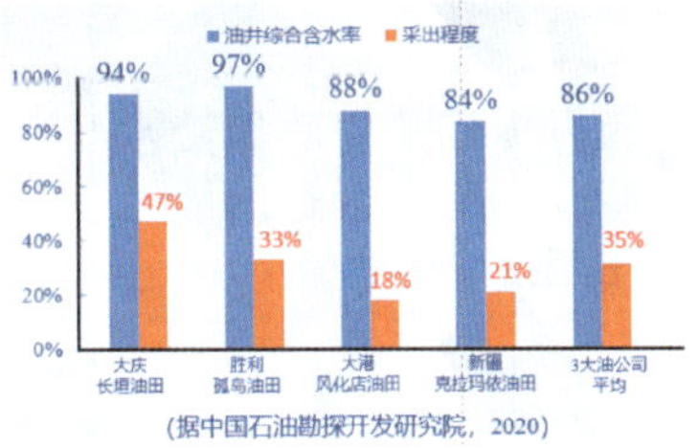	（1）介绍原油采出程度； （2）指出高含水开发阶段存在大量剩余油； （3）提出问题：剩余油对我们国家的能源战略具有什么意义？	讲解设问	90
		（1）介绍我国能源消费和产量情况，指出我国油气对外依存度过高的安全隐患。 【思政】鼓励大家作为石油地质专业学生，应学好本领，奉献石油事业、保障国家能源供给。结合习近平总书记在胜利油田发现60周年讲话，强调能源饭碗要端在自己手中，让学生树立专业自信，坚定为国找油信念，更加坚定从事石油行业的信心。 （2）阐述研究剩余油对于能源战略安全的重要意义，引出什么是剩余油。	讲解设问	120

续表

<table>
<tr><th>教学内容</th><th>教学素材（PPT、教具等）</th><th>环节设计</th><th>教学方式</th><th>时长/秒</th></tr>
<tr><td rowspan="4">油层渗透性差异</td><td>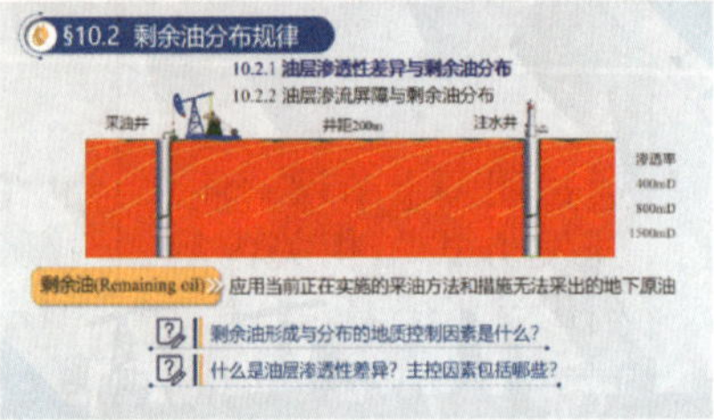
§10.2 剩余油分布规律
10.2.1 油层渗透性差异与剩余油分布
10.2.2 油层渗流屏障与剩余油分布
采油井
井距200m
注水井
渗透率
400mD
800mD
1500mD
剩余油(Remaining oil)
应用当前正在实施的采油方法和措施无法采出的地下原油
剩余油形成与分布的地质控制因素是什么?
什么是油层渗透性差异? 主控因素包括哪些?</td><td>通过一注一采模拟实验讲解分析，提问剩余油的地质控制因素，引出油层渗透性差异的教学内容。</td><td>讲解
提问
设问</td><td>120</td></tr>
<tr><td>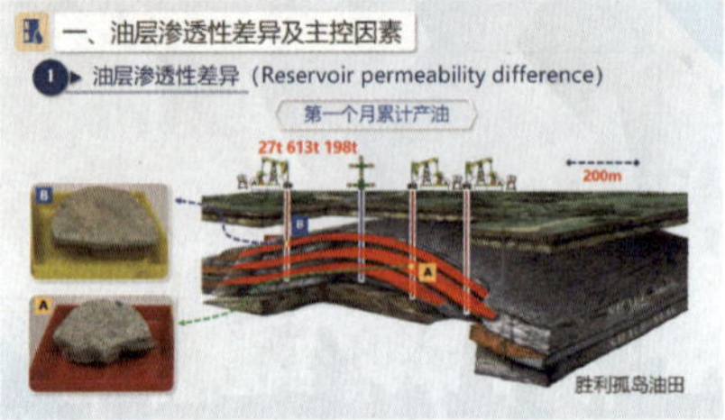
一、油层渗透性差异及主控因素
1 油层渗透性差异 (Reservoir permeability difference)
第一个月累计产油
27t 613t 198t
200m
B
A
胜利孤岛油田
板书：油层渗透性差异</td><td>（1）通过油田实例，提出问题：同一个油藏，为什么单井产量差别大?
（2）引出不同井的岩心。</td><td>讲解
设问</td><td>90</td></tr>
<tr><td>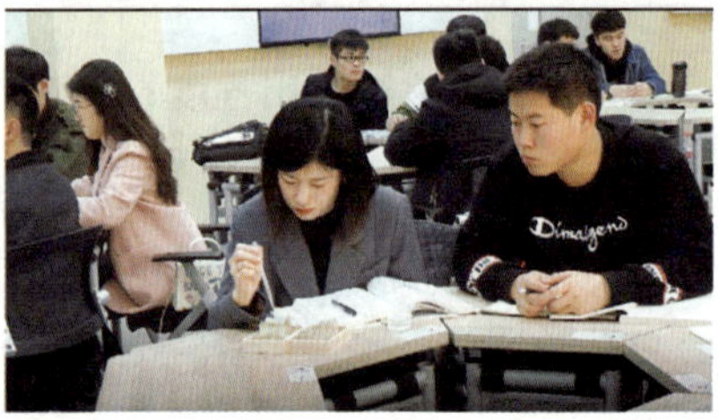</td><td>通过现场给岩心做滴水实验，阐明岩石的渗透性差异。</td><td>现场
实验</td><td>30</td></tr>
<tr><td>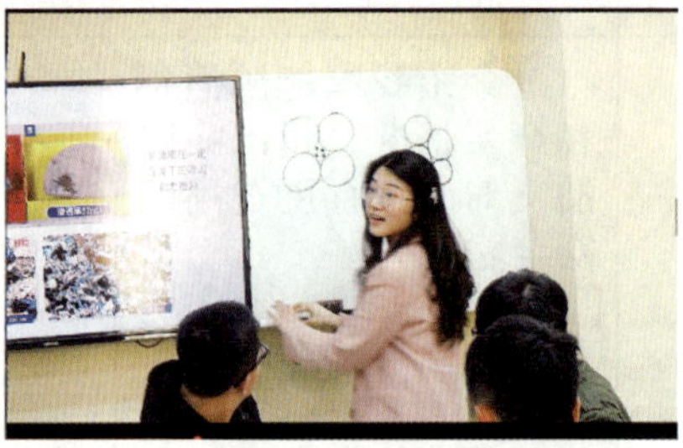
板书：分选、粒度、排列方式</td><td>（1）对实验结果进行分析，指出渗透性与孔隙相关；
（2）提出问题：渗透性的差异受什么因素控制；
（3）讨论并引出粒度、分选和排列方式等影响因素。</td><td>讲解
提问
讨论</td><td>240</td></tr>
<tr><td>油藏渗透性差异主控因素：颗粒的粒度、分选</td><td>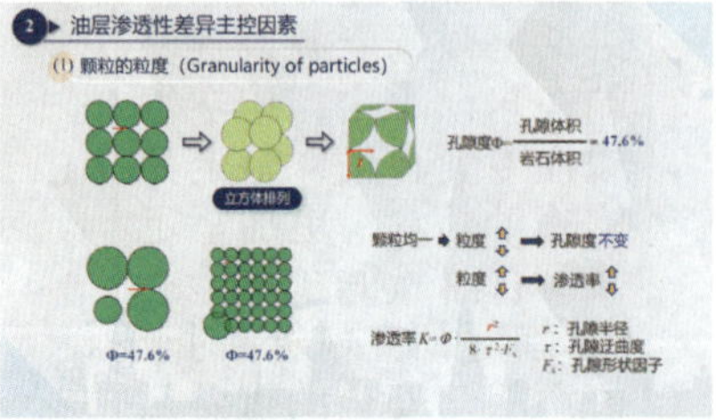
2 油层渗透性差异主控因素
(1) 颗粒的粒度 (Granularity of particles)
立方体排列
孔隙度Φ= 孔隙体积 / 岩石体积 = 47.6%
颗粒均一 粒度 孔隙度不变
粒度 渗透率
Φ=47.6%
Φ=47.6%
渗透率K=Φ· r² / 8·τ²·F
r：孔隙半径
τ：孔隙迂曲度
F：孔隙形状因子</td><td>（1）设置理想模型（等大球状颗粒）；
（2）分选粒度对孔隙度和渗透率的影响。
【思政】以岩石粒度为切入点，以此类比人生，用“棱角和圆滑”来讲述为人处世的道理，引导学生要不忘初心，立志做一名对社会有用的人。</td><td>提问
讲解</td><td>150</td></tr>
</table>

续表

教学内容	教学素材（PPT、教具等）	环节设计	教学方式	时长 / 秒
油藏渗透性差异主控因素：颗粒的粒度、分选	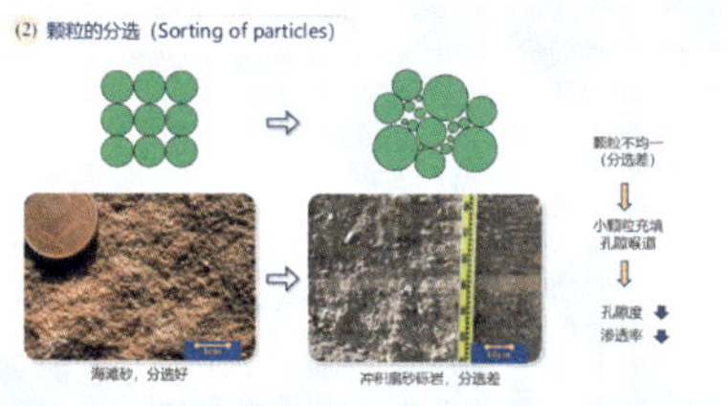	（1）通过生活中野外见到的实例，将理想模型复杂化； （2）分析颗粒分选对孔隙度、渗透率的影响。	讲解 设问	120
油藏渗透性差异主控因素：颗粒的排列方式	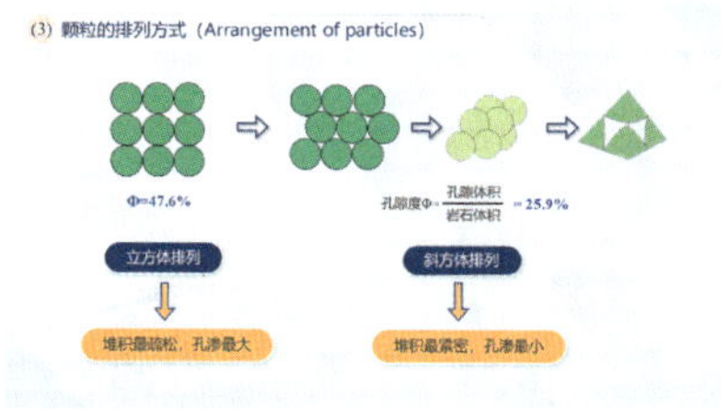	（1）进一步复杂化理想模型； （2）分析原始沉积状态下排列方式对孔隙度、渗透率的影响。 【思政】通过理论模型与实际地质情况对比，让学生了解地下地质条件是十分复杂的，针对某一地质问题，需要从多个视角进行综合分析，引导学生培养辩证性地质思维。	讲解 设问	60
	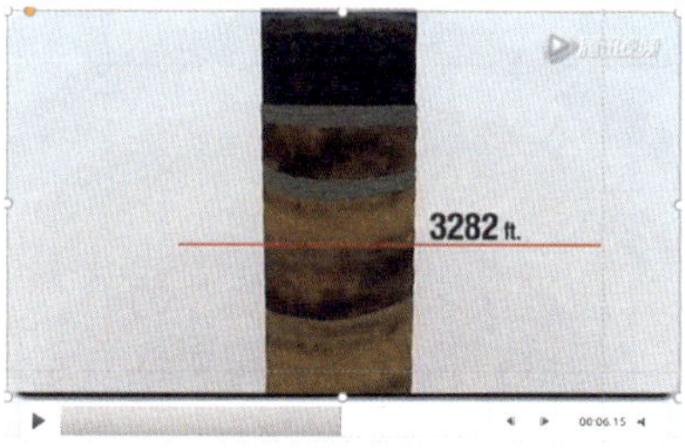	（1）通过视频指出岩石形成过程中会发生压实作用； （2）进一步引出排列方式随着埋藏深度会发生变化。	视频播放 举例讲解	30
	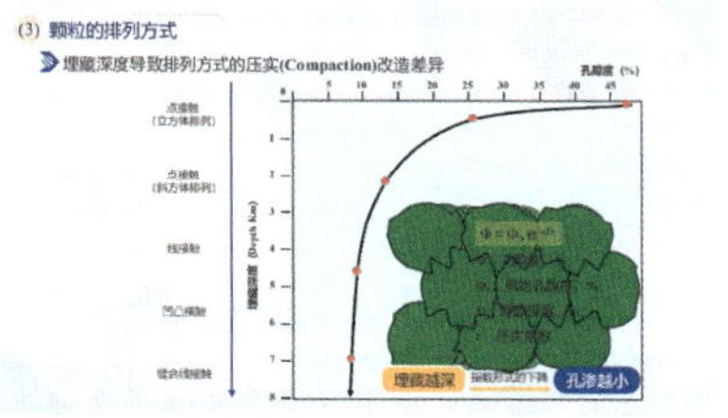	分析埋藏深度对颗粒接触关系的影响，进而影响孔隙与渗透率。	讲解 设问	120
	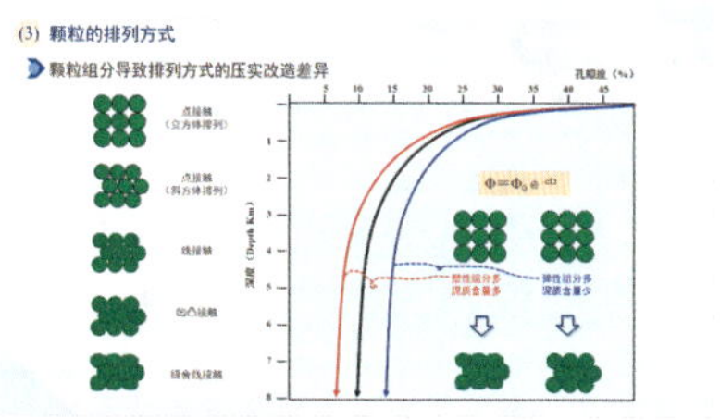	分析颗粒组分导致排列方式的压实改造差异。	讲解 设问	120

续表

教学内容	教学素材（PPT、教具等）	环节设计	教学方式	时长/秒
导入教学内容：渗透性差异控制的剩余油分布规律	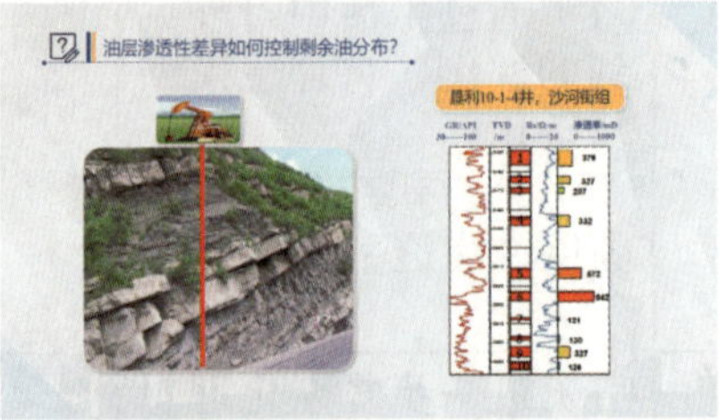	通过实例证实油藏渗透率差异，并引出渗透性差异对剩余油的控制作用这一核心问题。	讲解 设问	60
	 板书：剩余油分布	根据雨课堂中预习题的答题情况，引出接下来要分析的剩余油相关问题。	讲解	90
渗透性差异导致的生产动态响应	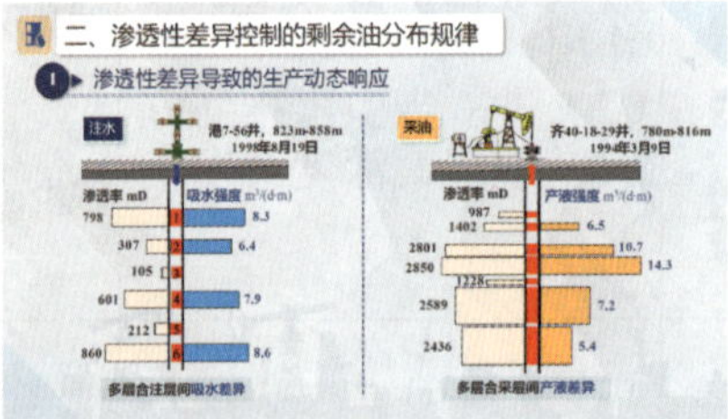	通过注水井和采油井的实例，指出渗透性导致的生产能力差异。	讲解 设问	120
渗透性差异控制的剩余油形成机理	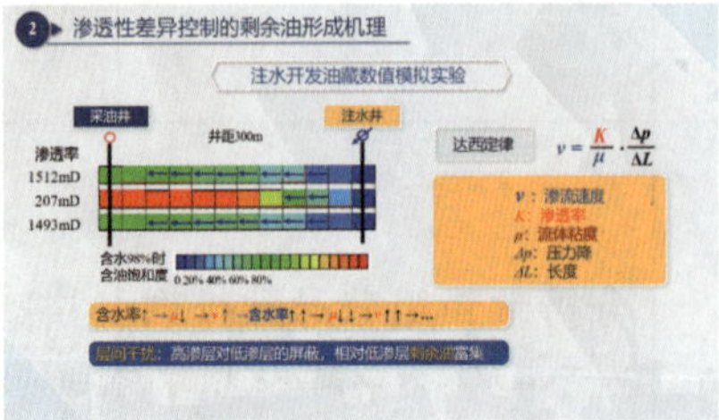	（1）通过注水开发油藏数值模拟实验，证实剩余油的存在； （2）基于达西定律，阐明渗透性差异导致的层间干扰； （3）引出剩余油富集程度的控制因素。	讲解 设问	270

续表

教学内容	教学素材（PPT、教具等）	环节设计	教学方式	时长/秒
渗透性差异与剩余油富集程度的关系	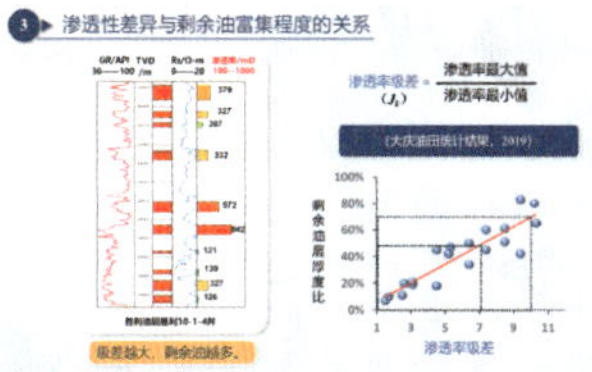 板书：级差的公式	（1）引出表达渗透性的差异程度的变量——级差； （2）通过大庆油田生产数据，阐述级差对于剩余油富集的影响。 【思政】以级差为切入点，讲述现实生活中人与人之间存在差别的故事，如“二八定律”，鼓励学生要树立远大志向，努力学好本领，力争上游，立志做一名优秀的人才。	讲解 设问	90
实例研讨	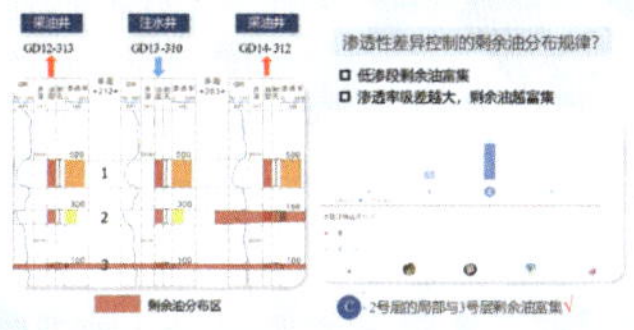 板书：低渗段 级差越大，剩余油越富集	对预习题中的实例进行研讨，揭示剩余油分布，并引出剩余油挖潜的思路。 【思政】通过实例训练，使学生在实践锻炼中建构知识并提升分析和解决复杂地质问题的综合能力、培养创新意识和高阶思维。	讨论 提问 讲解	120
剩余油挖潜方式	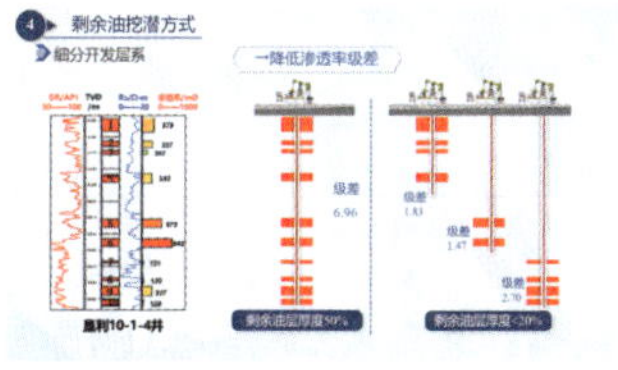	通过实例，阐述细分开发层系的意义。	讲解	90
	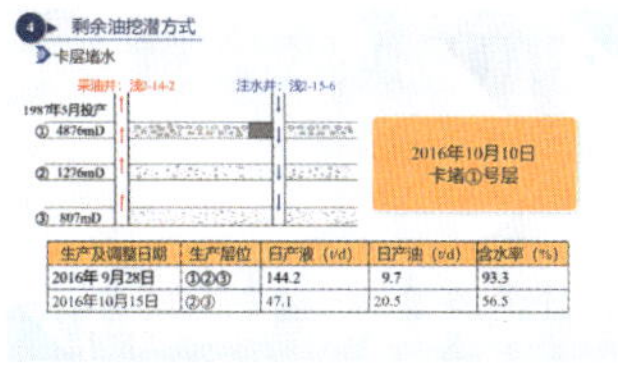	通过实例，阐明卡层堵水的原理与作用。	设问 讲解	90
	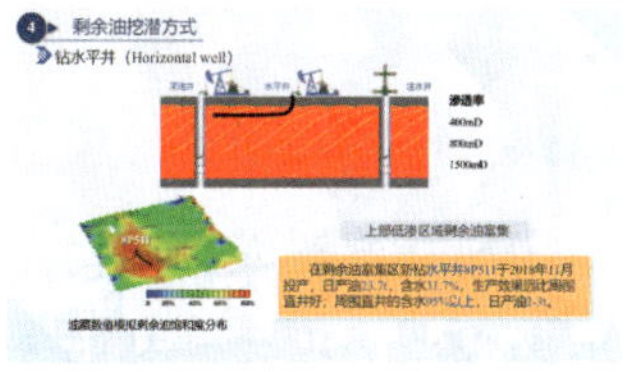	（1）通过实例，阐述水平井开采剩余油的意义； （2）阐明“稳油控水”的含义。	讲解 提问	90

续表

教学内容	教学素材（PPT、教具等）	环节设计	教学方式	时长/秒
石油精神	王启民被授予"人民楷模"国家荣誉称号！ 大庆新铁人 王启民 1996年，《大庆油田高含水期"稳油控水"系统工程》获得了国家科技进步特等奖，为大庆油田实现27年5000万吨以上高产高效持续开发做出突出贡献。	【思政】为学生讲述"人民楷模"、新时期铁人王启民的先进事迹，其主持的油田高含水后期"稳油控水"项目为大庆油田实现27年年产5000万吨以上高产高效持续开发做出重要贡献，使学生理解剩余油研究的重要意义，鼓励学生向先辈学习"我为祖国献石油"的精神。	讲解	60
小结	小结 目标：明确储层渗透性差异的主控因素；掌握渗透性差异导致的剩余油形成机理与分布规律 知识 能力 综合分析 探讨剩余油形成机理 总结剩余油分布规律 明确剩余油挖潜方式	总结本节课的内容和要求。	讲解	60
预习任务	预习 油层渗流屏障与剩余油分布规律 国家级精品资源共享课程 国家精品课视频 PPT课件 教材 雨课堂预习题	布置下次课的预习任务。	讲解	60
课后作业	课后作业（习题10-4） 新井钻遇的4个砂体受渗透性差异和渗流屏障综合影响的剩余油分布特征？ 注水井 新井 采油井 渗透率解释？ 隔夹层识别？ 井间砂体预测？ 剩余油分布？	布置课后作业。	讲解	60

（五）教学反思

课程思政实质是一种课程观，不是增开一门课，也不是增设一项活动，而是将思政教育融入课程教学和改革的各环节、各方面，实现立德树人，润物无声。课程思政首要的是教师思政，主讲教师要一改以往的知识满堂灌的模式，需要深刻理解课程思政的内涵，通过合理的教学设计将价值塑造、知识传授和能力培养润物细无声地传达给学生。

课程思政的效果在于思政元素的深入挖掘与有机融入，二者缺一不可。在思政元素的挖掘上可以更加“隐形”，尽量避免多门课程引入相同的思政内容，易导致学生短时间内频繁接触相同内容而产生疲劳，影响教学效果；思政元素的融入可以更加“丝滑”，真正达到如盐在水、润物无声的效果。

《沉积岩石学》优秀课程思政设计及案例

朱筱敏

一、课程基本信息

课程名称：沉积岩石学

开课学院：地球科学学院

课程类型：专业课

课程性质：必修

授课对象：资源勘查工程专业二年级本科生、地质学专业二年级和三年级本科生

使用教材：《沉积岩石学》，ISBN 978-7-5183-4387-4，朱筱敏等，石油工业出版社，2020

教学课时：《沉积岩石学》64 课时;《岩相古地理》48 课时；总学时 112 课时

二、课程思政教学整体设计思路

《沉积岩石学》课程具有优良教学传统，是北京石油学院、华东石油学院、中国石油大学长期建设的重点本科生课程。课程的目标是培养地学基础扎实、综合素质高、社会责任感强，具有国际视野和创新精神，从事油气资源勘探相关的高级工程技术及科研人才。因此，以“宜居地球”为主题，选取为国奉献石油、科学精神、人文教育、环保教育、地质灾害科普等思政教育素材，以立德树人为根本任务，将课程思政融入教学全过程，实现价值塑造、知识传授和能力培养三位一体，帮助学生塑造正确的世界观、人生观和价值观。

通过沉积岩石学研究和中国石油工业的发展简史，主要的国内外沉积学前辈相关事迹介绍，增加学生的专业归属感、自豪感，引导学生继承优良传统，增强爱国奉献精神教育，传承新时代铁人精神，宣扬“绿水青山就是金山银山”的环境保护理念。结合国家重大政策及精神，社会热点，加强学生职业素养、创新精神及爱国爱家、社会责任感的培养。通过国际能源局势、重大事件及相关领域新进展，激发学生创新精神，提高学生国际视野，加强爱国主义教育，弘扬铁人精神。

三、各章节课程思政设计要点

第一章　绪论

课程思政内容设计：通过课程背景的介绍，从专业归属感、自豪感、科学精神、爱国奉献精神、爱岗敬业精神、传承与创新精神、开拓国际视野等方面提高学生的专业认同感。

第二章　沉积岩的形成及演化

课程思政内容设计：在讲解碎屑物质搬运时，引导教育学生：垃圾环保、防止水污染和空气污染（沙尘暴）。岩石风化破碎之后，碎屑物质随河流、海洋或者风力搬运到适宜的位置，经过亿万年的时间形成了沉积岩，但是如果搬运的介质受到污染，某些不可降解的垃圾夹杂于碎屑物质之中，形成的沉积岩也将不再“单纯”，日后人类的生产生活将受到严重影响，所以要培养学生的环保意识，养成环保的习惯。

第三章　碎屑岩的成分

课程思政内容设计：在讲述碎屑岩的成分等特征鉴定时，要对野外宏观和镜下微观现象进行素描，这时引导教育学生：要向中国石油大学吴崇筠、冯增昭、刘孟慧教授等老一辈沉积地质学家学习（专业素质过硬、热爱沉积地质事业、坚定信念、奉献祖国石油事业）。这些老一辈沉积地质学家能够一头扎进大山，用手中的铅笔在野外记录簿上一笔一笔勾勒出祖国的山水大地，通过科学研究，不仅发现了油气矿产，而且促进了我国沉积地质学的发展进步。在现如今诸多“小王子”“小公主”的时代背景下，鼓励、要求学生们走入大山、厂矿现场实习，通过讲述前辈们的事迹和科学创新精神，培养学生过硬的专业素质和吃苦耐劳的精神，坚定奉献祖国石油事业的信念。

第四章　碎屑岩的结构及粒度分析

课程思政内容设计：通过介绍国内外沉积岩研究进展和定量分析，宣讲老一辈沉积地质学家在地质实验室认真仔细严谨的工作态度和求实创新精神，帮助学生开拓国际视野，进一步认识“沉积岩”的科学属性。

第五章　碎屑岩的构造和颜色

课程思政内容设计：通过对沉积岩宏观特征的介绍和北京西山课间野外地质实习，使学生体会“沉积学与宜居地球”“绿水青山就是金山银山”，进一步培养科学探究、沉积地质特征定量和空间描述综合能力。

第六章 ~ 第十章　砾岩、砂岩、粉砂岩、黏土岩、成岩作用、火山碎屑岩

课程思政内容设计：在分类别讲解碎屑沉积岩的过程中，紧密结合国内外野外露头、油田实例和“双碳”目标及专业特色，提高专业认同、接触学科前沿、开阔国际视野。同时，我校诸多专家（赵澄林教授等）在碎屑岩研究中做出过突出贡献，在内容介绍中应加以体现，使学生增强专业自信、爱国爱校，培养自豪感、使命感。

第十一章 ~ 第十四章　碳酸盐岩

课程思政内容设计：在该章节中，梳理石灰岩分类研究历程，在此过程中涌现的重要人物（福克、邓哈姆）和事迹，以及我校冯增昭等教授对碳酸盐岩研究做出的突出贡献。开阔国际视野，增强专业自信、爱国爱校，培养自豪感。

第十五章　其他沉积岩

课程思政内容设计：该部分内容涉及非常规油气资源，是当前的热点。通过将热点问题引入课堂，增强专业性、培养创新精神。

第十六章　沉积相及其综合分类

课程思政内容设计：在引出沉积相概念的过程中，从教学团队的传承方面进行爱国教育。如首任系主任吴崇筠先生出国留学又于 1951 年回国的壮举值得我们学习，并将其

作为热爱中国共产党、热爱社会主义祖国和参与大庆石油会战的精神榜样进行宣传。再如冯增昭先生，终身对党的真诚和热爱，就像一束光、一盏灯、一杆旗，引导我们前行。

第十七章　山麓 – 洪积相

课程思政内容设计：从坡积物、残积物的水土流失防控来进行思政内容设计。破坏性极大的泥石流是暴雨、洪水将含有沙石且松软的土质山体饱和稀释后形成的洪流，这与母岩的长期暴露导致风化破碎有很大关系，乱砍滥伐、烧山开荒、森林破坏会直接导致母岩的暴露风化、水土流失，所以要引导学生加强保护生态环境、保护植被、营造防护林，从根源上进行泥石流的预防。绿水青山才是金山银山，要防止水土流失，防止泥石流沉积的形成，就要多栽树，保护植被。

第十八章　河流相

课程思政内容设计：本章思政内容主要是保护河流，防止河流受到污染和破坏，保护河流的生态环境。河流为人类提供了丰富的资源，如水、矿物质、植物、动物等，同时也是重要的水生态系统，具有重要的生态功能。河流沉积不仅仅是河流的物理过程，更是河流的生态过程。河流沉积过程中，河流沉积物可以提供河流生态系统所需的物质和能量，为河流生态系统提供营养，促进河流生态系统的发展。

第十九章　湖泊相

课程思政内容设计：本章思政内容是中国创建的陆相生油理论。陆相石油生成理论的创立推动了我国石油工业的兴起与发展，为我国能源利用做出了重大贡献。陆相生油理论从初始阶段发展为成熟阶段形成了完整的理论体系，总结出“长期的深拗有利于生油层的形成”。它凝结了中国科学家的聪明才智。陆相生油理论为我国石油工业的形成和发展奠定了重要石油地质基础。

第二十章　三角洲相

课程思政内容设计：在讲述三角洲沉积相的过程中，可以引导学生们深入思考地质环境与石油资源富集、人类社会之间的关系。例如，可以引导思考三角洲沉积相对于石油资源富集、人类社会的影响，如何利用沉积相研究成果来发现油气资源和保护人类社会的环境，以及如何通过沉积相研究来推动人类社会的发展。

第二十一章　障壁岛、泻湖、潮坪和河口湾相

课程思政内容设计：障壁岛、泻湖、潮坪和河口湾相是一种海陆过渡环境，将利用河北昌黎七里海泻湖海岸带沉积剖面图，引出该图作者赵澄林教授，讲述赵老师严谨治学的精神。赵老师常说“石油勘探是在对已知资料分析总结规律基础上再实践的一门科学，必须有破冰前行、不断创新、挑战极限的信念和斗志”。进一步引出习近平总书记2021年10月21日在胜利油田看望慰问石油工人时的金句：“石油能源建设对我们国家意义重大，中国作为制造业大国，要发展实体经济，能源的饭碗必须端在自己手里。”

第二十二章　海相组沉积相

课程思政内容设计：海洋是生命的摇篮、资源的宝库、交通的命脉、战略的要地。一个国家的兴盛与海洋事业密不可分，世界强国必然与海洋强国紧密相连。建设海洋强国是中国特色社会主义事业的重要组成部分，实现中华民族伟大复兴的中国梦，必然以海洋强国为使命担当。习近平总书记在党的十九大报告中指出：“坚持陆海统筹，加快建设海洋强国。”为建设海洋强国指明了方向、明确了路径。实施海洋强国战略，核心在人才，基础在教育。我国涉海高校作为国家海洋强国战略的重要组成部分，承担着为国家培养担当民族复兴大任的德才兼备的海洋科技人才的使命。

第二十三章　深水牵引流沉积

课程思政内容设计：结合油田实际及前沿进行思政教育。如在我国浙江桐庐上奥陶统、塔里木盆地塔中地区中上奥陶统等深水沉积中发现了深水牵引流沉积，我国学者对深水牵引流沉积特征、形成条件、沉积模式、鉴别标志以及与油气的关系等进行了深入探讨和总结，总结出了多种沉积模式，研究成果居于世界前列。这有利于鼓励学生独辟蹊径、刻苦攻关，取得居于世界前列的科学研究成果。

第二十四章　重力流沉积和沉积相

课程思政内容设计：深水重力流沉积领域是当前全球油气勘探与研究的热点，结合发展历程及其取得的成就和发展趋势进行思政教育。陆相盆地深水重力流沉积研究在我国已有60年历程。近10年来，随着国际深水沉积理论的发展与我国油气勘探技术的进

步，湖盆深水沉积研究工作进展迅速，涌现出了大量的新成果、新认识。新的深水沉积理论体系建立及其在油气勘探开发中的应用将为国家能源保障提供新助力方向。

第二十五章　碳酸盐岩沉积环境和沉积相 + 第二十六章　台地 + 第二十七章　礁

课程思政内容设计：中国海相碳酸盐岩在陆上与海域广泛分布，尤以陆上最具特色。结合碳酸盐岩油气勘探实践进行思政教育。自威远、靖边气田发现以来，尤其是近年塔河、普光、元坝、安岳等大型油气田发现以来，发现了海相碳酸盐岩发育礁滩体、白云岩、岩溶缝洞体、裂缝带等四类储集体，礁 / 滩储层、斜坡区岩溶、风化壳岩溶、裂缝带均可大规模成藏。但是，海相碳酸盐岩的深化研究与持续勘探面临一系列重大难题，这有利于培养学生的使命感。

第二十八章　湖泊相碳酸盐沉积

课程思政内容设计：冯增昭（2012 年）在《中国沉积学》一书中指出中国有重要地质意义的湖泊碳酸盐岩始于三叠纪，发育于侏罗纪和白垩纪，全盛于古近纪，衰落于新近纪，表现出了很强的地史分别差异性。湖泊碳酸盐岩具有厚度大、面积广、层数多、储油物性好的特点，但还是非均质性较强，给油气勘探开发带来了困难。通过湖泊碳酸盐沉积地质理论学习和实践，培养学生追踪学科前沿、发现问题和解决问题的能力和为国找油的奉献精神。

四、案例展示

（一）结合章节

第十二章　石灰岩

（二）教学目标

1. 知识目标

（1）掌握石灰岩的成分分类方案；

（2）掌握石灰岩的结构分类方案；

（3）掌握常见石灰岩特征，学会分析常见石灰岩的形成条件。

2. 能力目标

通过学习掌握石灰岩的分类及特征，学会石灰岩系统镜下鉴定、分析其形成环境和水动力条件及其油气勘探开发地质意义。

3. 德育目标

（1）爱国敬业、为国找油；

（2）坚定信念、探索创新；

（3）矢志奋斗、勇于实践；

（4）责任担当、专业使命。

（三）教学重点与难点

1. 教学重点

（1）石灰岩的成分分类（三级命名）；

（2）典型前人石灰岩的结构分类；

（3）教材推荐的石灰岩的结构分类；

（4）常见石灰岩的沉积地质特征。

2. 教学难点

（1）前人石灰岩的结构分类；

（2）不同石灰岩的形成机制分析。

（四）具体教学过程设计

教学环节 1：知识回顾、拓展研讨、问题导入			
时长	主要内容提要	主要 PPT 展示	教学组织及手段
8 分钟	知识回顾及拓展研讨：（上堂课布置）	填空题 6分 设置 下图1中所含的结构组分有 [填空1] [填空2] ，图2中有内碎屑和 [填空3] ，图3中有 [填空4] ，图4中有 [填空5] [填空6] 。 作答 拓展研讨 • 识别下列图片的主要结构组分，试分析其对应的水动力条件的强弱。	通过雨课堂进行课前预习和知识回顾；拓展研讨，小组抽查，PPT 研讨，学生质疑、点评，老师点评、总结、提升。
2 分钟	问题导入 融入思政元素	• 野外见到的石灰岩如何定名的?	结合图片引导思考野外见到的各种石灰岩是如何定名的？引入本堂课主要内容。 **培养学生爱国敬业、为国找油精神。**

续表

教学环节 2：第十二章　石灰岩			
时长	主要内容提要	主要 PPT 展示	教学组织及手段
3 分钟	第十二章 石灰岩 学习重点	第十二章　石灰岩 • 第一节　石灰岩的成分分类 • 第二节　石灰岩的结构分类 • 第三节　石灰岩的主要类型 本章重点 • 石灰岩的成分分类（三级命名） • 典型前人石灰岩的结构分类 • 教材推荐的石灰岩的结构分类 • 各种石灰岩的特征	利用 PPT 介绍本章主要学习内容、要求及重点。
9 分钟	一、石灰岩－白云岩的过渡类型及划分	•碳酸盐岩的成分分类 • 以50%、25%、5%（10%）为界限划分，同碎屑岩三级命名原则。 • 三级分类： • ≥50%，定岩石的基本名，“××岩”； • 50%～25%，主要形容词，“××质”，写在基本名称之前； • 25% 5%~(10%)，次要形容词，“含××”，写在最前面。 • 石灰岩－白云岩、石灰岩－黏土岩、碳酸盐岩－砂岩（粉砂岩）等过渡类型	回顾根据成分含量进行定名的三级命名原则，表格介绍石灰岩－白云岩的过渡类型定名方法。
3 分钟	**课中测查**	填空题　4分　设置 定名 1、某岩石中，黏土矿物占15%，白云石占55%，方解石占30，定名为 [填空1] 2、某岩石中，粉砂岩占15%，黏土矿物占30%，方解石占55%，定名为 [填空2] 作答	雨课堂进行课中测查，根据三级命名原则对岩石进行定名，检查并巩固所学知识，提高参与度和积极性。

教学环节 3：第二节　石灰岩的结构分类			
时长	主要内容提要	主要 PPT 展示	教学组织及手段
1 分钟	第二节 石灰岩的结构分类	第二节　石灰岩的结构分类 • 福克的石灰岩分类方案 • 邓哈姆的石灰岩分类方案 • 冯增昭的的石灰岩分类方案 • 推荐的石灰岩分类	简单介绍石灰岩的几种典型结构分类。
5 分钟	一、福克（Folk）的石灰岩分类 **融入思政元素**	一、福克（Folk）的石灰岩分类 三端元： • 异化颗粒 • 微晶方解石泥 • 亮晶方解石胶结物 四类石灰岩： • 亮晶异化石灰岩 • 微晶异化石灰岩　异常化学岩 • 微晶石灰岩　正常化学岩 • 生物岩（礁石灰岩）　原地礁岩 图 13-2　石灰岩的结构分类（据福克，1962，有修正）	结合图片介绍福克的石灰岩的结构分类，并说明其优缺点，强调福克的分类对后来碳酸盐岩的定名起了非常重要的作用，**培养学生勇于探索创新精神。**
5 分钟	二、邓哈姆（Dunham）的石灰岩分类 **融入思政元素**	二、邓哈姆（Dunham）的石灰岩分类 国外、野外广为应用 －二端元分类 • 颗粒 • 泥（灰泥、微晶方解石泥） －四类石灰岩 • 泥岩 • 颗粒质泥岩 • 泥质颗粒岩 • 颗粒岩 Mudstone　Wackestone　Packstone　Grainstone　Boundstone	结合图片介绍邓哈姆的石灰岩的结构分类，并分析其优缺点。 **培养学生勇于探索创新精神。**

续表

教学环节 3：第二节　石灰岩的结构分类			
时长	主要内容提要	主要 PPT 展示	教学组织及手段
5 分钟	三、冯增昭的石灰岩分类方案 **融入思政元素**	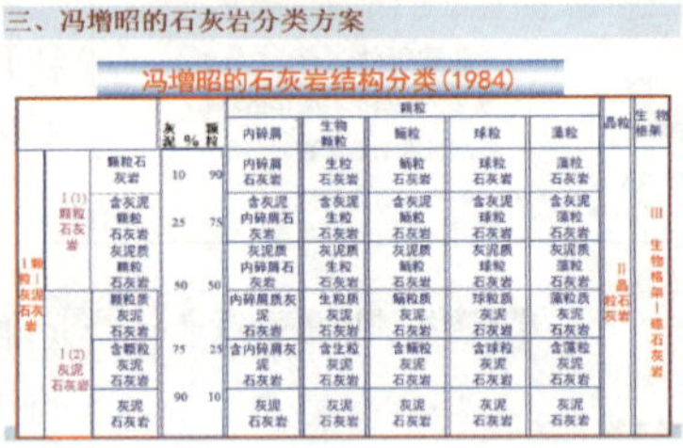 三、冯增昭的石灰岩分类方案 冯增昭的石灰岩结构分类(1984)	结合图表介绍冯增昭的石灰岩的分类方案。 **宣扬矢志奋斗、勇于实践精神。**
8 分钟	四、推荐的石灰岩分类 **融入思政元素**	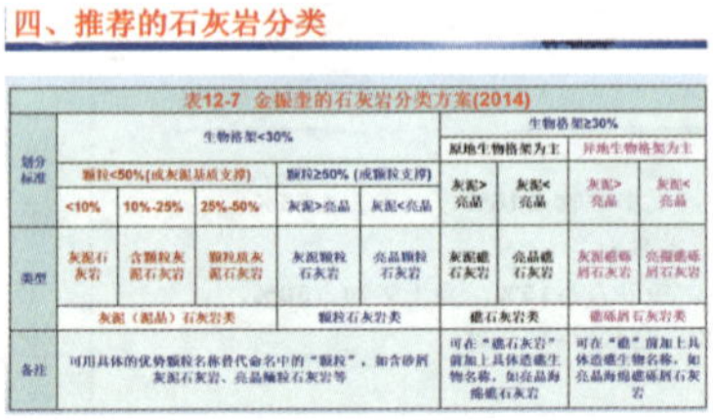 四、推荐的石灰岩分类 表12-7 金振奎的石灰岩分类方案(2014)	结合表格介绍教材推荐的石灰岩的分类。 **培养学生勇于质疑、勇于探索和创新的精神。**
2 分钟	**拓展补充**	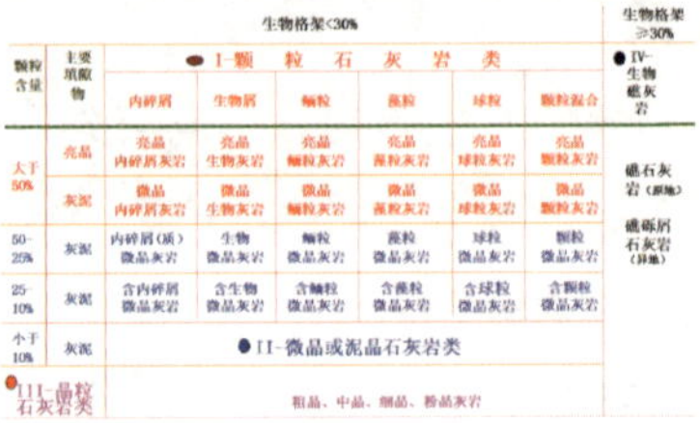 I-颗粒石灰岩类 II-微晶或泥晶石灰岩类 III-晶粒石灰岩类 粗晶、中晶、细晶、粉晶灰岩	由于教材推荐的方案缺少了晶粒石灰岩，在原表格基础上增加了晶粒石灰岩类。
3 分钟	**练习定名** **融入思政元素**	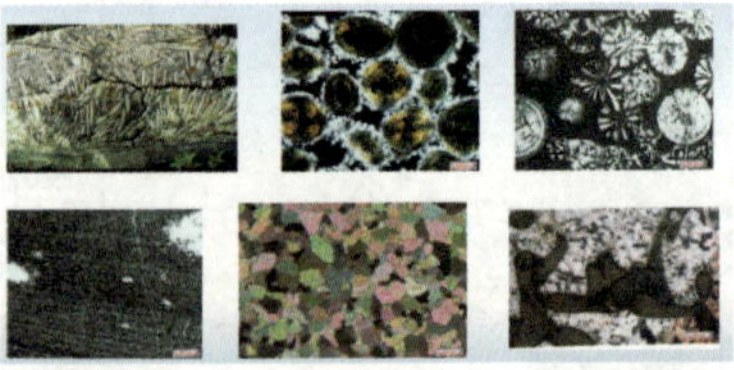	通过实例图片引导一起进行定名练习。 **培养学生勇于质疑、勇于实践和创新的精神。**
2 分钟	**雨课堂课中测互动** **融入思政元素**	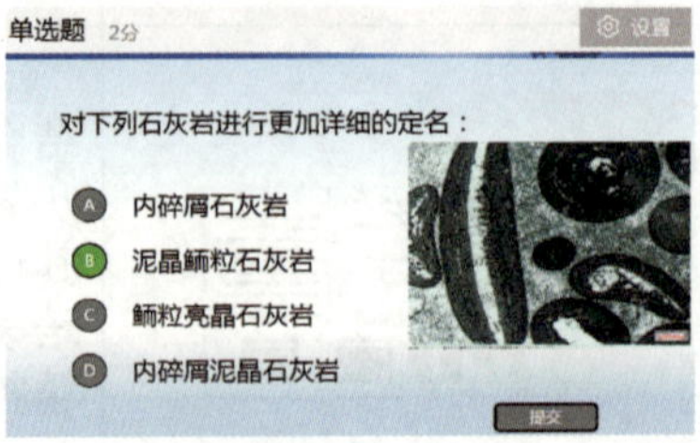 单选题 2分 设置 对下列石灰岩进行更加详细的定名： A 内碎屑石灰岩 B 泥晶鲕粒石灰岩 C 鲕粒亮晶石灰岩 D 内碎屑泥晶石灰岩 提交	通过雨课堂进行课中检测检查学习效果，提高参与度、积极性。 **培养学生团结协作、责任担当、专业使命精神。**

续表

教学环节 3：第二节　石灰岩的结构分类			
时长	主要内容提要	主要 PPT 展示	教学组织及手段
2 分钟	**融入思政元素**	• 优点 – 1. 反应成因：把石灰岩二分 – 2. 反应能量：颗粒与灰泥的相对含量，定量反映沉积水动力或能量，具有重要的成因意义 – 3. 实用：野外、室内（实验室）均能应用 – 4. 简明扼要 • 不足： – 颗粒—灰泥石灰岩的类型划分和命名未反映和使用亮晶 中国沉积学 石油大学传奇人物！《一息尚存，此志不移》 在举国上下庆祝新中国成立70周年之际，2019年"读懂中国"开播仪式暨颁奖典礼在北京举行。石大选送作品《一息尚存，此志不移》获教育部关工委2019年"读懂中国"活动最佳微视频奖。 "冯铁腿"的由来 《一息尚存，此志不移》讲述了石大地球科学学院冯增昭教授从学生到教授，从立志找矿救国的热血青年到享誉国际的岩相古地理学研究大师的风雨历程，展现了一位信仰坚定、潜心育人、心系学科、矢志奋斗的地学大师风采。 2011年9月3日，冯增昭等人为《古地理学报》的一篇文章开展野外审稿。	学习我国碳酸盐岩沉积学科的开创者和奠基人、中国石油大学（北京）传奇人物冯增昭先生精神！他退休后持之以恒追求学术，73 岁创办《古地理学报》，86 岁创办《古地理学报（英文版）》，87 岁发起筹建国际古地理学会，2023 年成立我国地质学领域唯一国际性学术组织，将中国古地理学推向世界。推荐"读懂中国"微视频《一息尚存，此志不移》，学习冯老师"遍踏山河增壮志，一生求索昭丹心；只要一息尚存，此志不容稍懈"，三尺讲台教书匠，千里路途"冯铁腿"的大师风采，**培养爱国敬业、坚定信念、矢志奋斗、探索创新的精神，增强专业使命感和责任担当。**

教学环节 4：第三节　成岩序列和成岩阶段			
时长	主要内容提要	主要 PPT 展示	教学组织及手段
2 分钟	第三节 主要的石灰岩类型	**第三节　主要的石灰岩类型** **一、泥晶（灰泥）石灰岩** **二、颗粒石灰岩** **三、礁石灰岩** **四、礁砾屑石灰岩** **五、晶粒石灰岩**	介绍第三节主要内容。

续表

教学环节 4：第三节　成岩序列和成岩阶段			
时长	主要内容提要	主要 PPT 展示	教学组织及手段
5 分钟	一、泥晶石灰岩概念、结构、构造、环境、意义	• 一、泥晶石灰岩 • 泥晶石灰岩、含颗粒泥晶石灰岩、颗粒质泥晶石灰岩 • 1. 颗粒含量＜50%, 灰色-深灰色, 薄-中层或块状； • 2. 构造：水平层理, 层面水平虫迹, 层内生物扰动构造, 波痕等，纯泥晶石灰岩常具光滑的贝壳状断口	通过大量图片介绍泥晶石灰岩的结构组分、构造特征及其环境意义。
7 分钟	二、颗粒石灰岩概念、结构、环境意义	• 二、颗粒石灰岩 • 颗粒含量不小于50%或颗粒支撑的石灰岩。 • 根据主要填隙物，分为：泥晶颗粒石灰岩、亮晶颗粒石灰岩	通过大量图片介绍颗粒石灰岩的概念、结构、组分、分选、磨圆度及环境意义。
5 分钟	三、礁石灰岩	• 三、礁石灰岩 • 1. 概念：由造礁生物格架含量≥30% 且以原地埋藏为主的石灰岩（reeflimestone grope）。根据填隙物分为灰泥礁石灰岩、亮晶礁石灰岩	结合图片介绍礁石灰岩的概念、分类、生物类型及其环境意义。
5 分钟	四、礁砾屑石灰岩 **融入思政元素**	• 四、礁砾屑石灰岩 （reef-clastic limestone grope）:造礁生物格架≥30%的、异地沉积的石灰岩。与生物礁具有成因联系。 • 具有较强的水动力条件 珊瑚礁砾屑石灰岩 美国迈阿密附近海滩	结合图片介绍礁砾屑石灰岩的概念、特征及其环境意义。 **培养学生责任担当、专业使命、为国找油精神。**

教学环节 5：小结、思考题、拓展研讨、预习探究			
时长	主要内容提要	主要 PPT 展示	教学组织及手段
2 分钟	知识小结 **融入思政元素**	小　结 • 石灰岩的成分分类及三级定名 • 代表性石灰岩的分类 • 推荐的石灰岩的结构分类 • 石灰岩的主要特征及形成条件	归纳式回顾总结本堂课的主要内容，带学生进行知识梳理和提高。 **培养学生勇于实践、不畏权威、责任担当、为国找油精神。**

续表

教学环节 5：小结、思考题、拓展研讨、预习探究			
时长	主要内容提要	主要 PPT 展示	教学组织及手段
1 分钟	思考题	思考题 • 1．碳酸盐岩有哪些分类方法？根据成分三级定名原则进行岩石定名。 • 2．试述福克的分类基本点？有何优缺点？ • 3．试述邓哈姆的分类基本点？有何优缺点？ • 4．试述冯增昭的石灰岩分类方案？几种岩石类型？ • 5．对石灰岩进行分类应依据哪些原则？ • 6．试述推荐的石灰岩的结构分类方案？学会对岩石的定名。 • 7．石灰岩有哪几种基本类型？试分别说明颗粒石灰岩、泥晶灰岩、生物格架灰岩、晶粒石灰岩的主要特征，并说明它们形成于何种环境？	布置本堂课课后思考题，巩固课堂知识。
1 分钟	拓展研讨任务	拓展研讨 • 对下列石灰岩分别定名，并分析其水动力条件。	布置拓展研讨任务，以小组为单位进行研讨，培养思考问题、分析问题、解决问题的能力，培养团队合作能力。
1 分钟	预习探究任务	下次课课前预习内容 • 预习：第十三章　白云岩 • 要求：阅读和观看第一节内容 http://mooc1.chaoxing.com/course/89829780.html（学校网络教学平台）或 https://www.icourses.cn/coursestatic/course_6099.html（国家精品资源共享课） • 思考下列问题： • 白云岩的结构分类？	布置预习任务，培养自主学习、探究式学习能力和实际分析问题、解决问题的能力，激发专业学习兴趣。

（五）教学反思

本章在专业知识讲解过程中润物细无声地嵌入跟专业内容密切相关的传奇人物事迹，潜移默化地进行爱国敬业、坚定信念、矢志奋斗、探索创新、勇于实践、为国找油的思政教育，不断提高学生学习兴趣，增强学生专业使命感及责任担当，教学效果好。在拓展研讨部分也可以根据专业特色和实践需求，结合石灰岩的油气意义和勘探开发前景开展相关思政教育。

《石油地质学》优秀课程思政设计及案例

陈冬霞

一、课程基本信息

课程名称：石油地质学

开课学院：地球科学学院

课程类型：专业课

课程性质：必修

授课对象：资源勘查工程专业三年级本科生

使用教材：《石油地质学》，ISBN 978-7-5183-2820-8，柳广弟，石油工业出版社，2018

教学课时：64 课时

二、课程思政教学整体设计思路

1.“育人导向－育才支撑－五育并举”同频共振的专业课课程思政建设方向

“石油地质学”课程思政建设方向是以立德树人为根本，将以“育人”为导向的思政教育融入以“育才”为支撑的专业课中，贯彻“育人”在培养人才中的主体地位，以“育才”支撑“育人”，实现“德、智、体、美、劳”五育并举，同频共振。

2.“国家需求－学科优势－专业特色－人才培养”深度融合的专业课思政建设重点

结合学校“以满足国家战略需求、服务石油石化等能源行业，走向世界”的办学定位；立足地质资源与地质工程国家级一流工学的学科优势；“石油地质学”课程作为资源勘查工程国家级特色专业核心专业课程，思政建设的重点是将“国家需求－学科优

势 – 专业特色”等深度融合，适应经济和社会发展需要，培养知识、能力、素质、价值各方面全面发展，理论知识宽厚、专业知识扎实，具有创新精神、实践能力和国际视野，社会责任感强的石油石化领域的一流高素质专业人才。

3.“价值 – 素质 – 知识 – 能力”四位一体的专业课课程思政建设目标

“石油地质学”课程建设过程中，以挖掘思政元素、优化课程思政内容供给、提升教师总体素质和能力为基础，将价值塑造、素质提升、知识传授、能力培养紧密融合，理论问题与现实问题相结合，将价值导向与学生成长需求相结合，实现“价值 – 素质 – 知识 – 能力”四位一体的专业课课程思政建设目标。

绪论

课程思政内容设计：

1. 疫情形势分析帮助学生树立民族自信，融入全球命运共同体元素。

2. 通过引入习近平总书记在第 75 届联合国大会上的讲话，引导学生思考：在“双碳”目标下，为什么要学石油？

3. 通过阐述石油的地位，激发学生学石油、爱石油的兴趣。

4. 通过介绍石油在生活中的作用、我国东西部含油气盆地勘探大发现对国家需求、民生的影响，激发学生学专业做奉献的热情。

5. 通过油气勘探中的黑箱变白箱的比喻，引导学生找油气过程中贡献智慧。

6. 通过对比 10 年间世界探明储量的变化，说明技术和理论创新的意义，引导学生对创新的动力源泉的思考。

7. 在整个第二节从世界和中国油气勘探历史发展的角度，说明勘探技术和勘探理论提高带来的行业变化，给学生带来整体感受。

8. 结合中国贫油论到后来中国石油人的努力而取得的重要进展，形成陆相生油理论，体现家国情怀、责任担当、创新创造、勇于实践。

9. 从新中国成立前的主要石油人参与故事入手，引导学生从个人人格、人文精神、科学精神等方面向早期石油人学习。

10. 通过油气勘探简史的总结说明探索性、发展性、复杂性、创新性，鼓励学生在学习、研究、工作中不断克服各种困难，提升个人素质和能力及修养。

第一章　石油、天然气、油田水的成分和性质

课程思政内容设计：

1. 通过讲解重质油的加工工艺，引出学校国家重点实验室，引导学生产生自豪感。

2. 通过石油发荧光的小小的现象对于油气勘探的重要意义，以小见大、见微知著，引导学生发现科学中的小小进步的伟大意义。

3. 量变到质变的历史发展观。天然气扩散量与时间的关系，推演计算地质时间尺度的天然气扩散量。

4. 通过天然气水合物的发现，说明世界天然气水合物的资源潜力，尤其重点阐述清洁能源的意义，引导学生思考专业中的环境问题。

第二章　烃源岩与油气生成

课程思政内容设计：

1. 科学研究方法的关键，个体现象→普遍规律→基本原理→现实应用。无机成因缺少普遍性的规律，导致看似原理科学，但无法最终应用于现实。

2. 通过油气分布、层位、元素、同位素、实验等实际有说服力的大量证据，事实说话，支持油气生成的有机成因说，引导学生从唯物史观出发，来辨析自然现象。

3. 讲解未熟－地熟油时，通过身边的人物中国科学院院士王铁冠教授的事迹，讲授石油地质人的故事，引导学生培养严谨细致的作风和敢于创新的精神，探讨职业的精神追求和个人人格。

4. 讲解 TISSOT 模式时，引导学生看文献，看经典，传送经典，看原著，避免断章取义，培养科学史观。

5. 有机质生烃模式应用部分，说明不同情况下的模式的应用注意事项，杜绝生搬硬套理论，引导学生培养辩证的思维方式及理论与实践相结合，灵活应用理论解决实际问题的科学素养。

6. 引导学生学习碳同位素可以示踪生态系统中的生物固碳，助力实现“双碳”目标，跟当前的学科前沿结合。

7. 通过不同科学家对同位素这一重要科学基础的不断探索，不断发现，从理论上提出同位素概念，到科学必须用实验来验证得到完美的效果，并进行有效的应用，培养学生的专业素养及不断突破前人的勇气。通过人文故事增加趣味性，激发学生的学习兴趣。

8. 以西气东输巨大的天然气资源为例，给学生以冲击，说明专业学习对满足行业需求的重要性。

第三章　储集层和盖层

课程思政内容设计：

1. 通过辨析几种储集层概念的变化历史，说明思维要顺应社会发展和科学技术的进步。

2. 以非常规储层孔隙结构表征技术为例，以实验到理论创新为切入点，让学生要有十年磨一剑精神，要破唯论文浮躁作风。

3. 介绍我国重要的碎屑岩储层油田，强调中国对世界油气的贡献，引导学生树立远大志向、学好本领，为扩大中国在世界的影响力贡献自己的力量。

4. 引出我国页岩气的发现及生产历程，让学生多了解具体的油田实例，增强为祖国献石油的理想信念。

5. 通过页岩气发现及发展历程，引导学生不断在实践中探索，勇于创新，为发展先进的技术，突破中国的“卡脖子”技术。

6. 从热点新闻“北溪管道”泄漏事件的新闻出发，说明盖层的重要性，激发学生们的学习兴趣。正确对待国际事件，并从中清醒认识。

7. 以岩石毛细管理论模型为切入点，结合基本原理进行定律推导，引导学生追本溯源，探究问题本质，培养学生严谨科学思维。

第四章　圈闭和油气藏

课程思政内容设计：

1. 结合圈闭与油气藏的辩证关系，引入万物发展是动态变化的，不是一成不变的，引导学生用动态的观点去看待世界，培养学生的科学辩证思维。

2. 结合圈闭与油气藏的分类的科学性与实用性二者之间的关系，引导学生建立理论与实践之间的内在关系，相互促进、协调发展。

3. 通过介绍背斜圈闭及经典背斜理论的诞生的背后的人和故事，说明实践出真知，理论又指导实践，结合基本原理加以论证，引导学生追本溯源，探究问题本质，培养学生严谨科学思维。

4. 结合断层封闭与开启的动态性，引入万物发展是动态变化的，不是一成不变的，引导学生用动态的观点去看待世界，培养学生的科学辩证思维。

5. 以我国最典型的济阳坳陷的岩性油气藏为例说明小而众的资料量大，引出习近平总书记在胜利油田的讲话，能源的饭碗要端在自己手里。

6. 在介绍生物礁圈闭时，提出“一沙一世界，一花一天国”，地质工作的特点就是依据有限的地质资料去分析地下地质问题，这就需要我们通过理论学习和实践锻炼，打好地质基本功，练就深厚的地质功底。

7. 通过致密储层油气藏（非常规油气藏）的提出，介绍在打破原有固定框架下实现了新的巨大突破，鼓励学生突破常规。

8. 通过系统说明常规和非常规油气藏的关系，带领学生领悟辩证统一的思想，和谐共生的内在逻辑关系和哲学思想。

9. 以通过中石油行标介绍储层分级标准为切入点，让学生养成遵守规范的思维，无规矩不成方圆，工作要遵守行业规范。

10. 通过对我国页岩气的资源潜力进行分析，让学生更多了解我国非常规勘探开发潜力，增强为祖国献石油的理想信念。

第五章　石油和天然气的运移

课程思政内容设计：

1. 在介绍岩石润湿性时，让学生联想自然界的莲花，引出莲花的自清洁效应，引导学生做人当做莲花，高洁自立。

2. 在引出地层压力时，让学生观察井底压力释放与油气开采之间的关系，并结合钻井过程中适当加压，引导学生思考学习与压力之间的辩证关系。

3. 在介绍油气二次运移的动力时，以内因和外因为切入点，内因是本质，外因通过内因起作用，培养学生辩证哲学思维、逻辑思维和科学思维。

4. 在介绍均质与非均质是相对而言时，建立科学分析问题的思维，引入相对论思政元素，帮助学生树立科学思维。

5. 在介绍断压双控下油气运移聚集的关系时，引入相对论、统一论、动态论的思政元素，帮助学生树立科学思维。

6. 让学生们了解在塔里木这个我国陆上最大的含油气盆地，分布着全国 80% 以上的超深井。凭借超常毅力、创新理论、高超技术、先进设备，石油人已经向下钻出了 41 座垂深超过 8000 米的超深井，增强民族自豪感和培养爱岗敬业的石油人的情怀。

第六章　油气藏形成机理

课程思政内容设计：

1. 在圈闭与油气区的关系的说明中，引入来自松辽盆地油气藏分布的研究结果，提出源控论的思想，由此引导学生培养透过事物的本质看问题，循本溯源的哲学思想。

2. 带领学生辨析系列圈闭中油气的差异聚集的影响因素，辨析差异聚集的动态变化的内因与外因，锻炼学生的辩证思维。

3. 总结油气在圈闭中的差异充注与混合过程，说明事物不是一成不变的，动态发展过程中蕴含中必然与偶然的哲学思想。

4. 从物质的相态和根本原因入手分析地质现象，引导学生追本溯源，探究问题本质，培养学生严谨科学思维。

5. 从天然气水合物的资源潜力巨大及其与其他能源的对比显示其重要性，并引出其在南海的分布，提出南海争端，激发学生的爱国热情及坚定学习专业、热爱石油，为国找油争气的决心。

第七章　油气分布规律

1. 由复式油气聚集带的理论的提出，引出中国石油地质人经历了 2~3 代人不懈的努力，不仅打破中国贫油论的论调，还在大庆油田、胜利油田、大港油田等实现了多个大型油气田的突破，为国家几十年的原油供给和工业、社会带来巨大保障。

2. 克拉通盆地内部的构造 – 沉积单元的分布，说明稳定是相对的，不稳定是绝对的，以不变应万变的眼光来看待事物的发展和演化。

3. 从苏里格气田说明我国典型的大型致密气田，其作为我国西气东输的重要能源基地，起着保障我国的能源安全和用气安全的作用，找到这样的大气田显示出石油地质人的自豪。

4. 总体说明波斯湾盆地油气分布特征与政治地缘的关系，引出中东油气资源丰富，是世界政治斗争的核心之一，说明油气资源在整个世界政治、军事、经济中的核心地位，使学生们热爱能源，形成保卫国家的爱国之心。

四、案例展示

（一）结合章节

第四章　石油和天然气的生成与烃源岩

第五节　天然气成因类型识别

（二）教学目标

1. 思政方面

通过对天然气碳同位素特征的学习，了解基础学科的理论知识可以应用到专业核心课的学习中，鼓励学生们在学习知识的过程中要融会贯通。另外，碳同位素可以示踪生态系统中的生物固碳，助力实现“双碳”目标。通过不同科学家对同位素这一重要科学基础的不断探索，不断发现，从理论上提出同位素概念，到科学必须用实验来验证得到完美的效果，并进行有效的应用，培养学生的专业素养及不断突破前人的勇气。通过人文故事增加趣味性，激发学生的学习兴趣。以西气东输巨大的天然气资源为例，给学生以冲击，说明专业学习对满足行业需求的重要性。

2. 意识方面

课上展示油气田的案例和教师科研成果，不但帮助学生更好地理解授课内容，还给学生强烈的感官冲击，使学生零距离感受到“学有所用”的含义，激起其投身专业学习与科研的兴趣。

3. 知识方面

掌握同位素的概念、分馏原理、标样的选取和表示方法，以及不同成因类型的天然气碳同位素特点。

4. 能力方面

能够正确理解天然气的成气机理，成气的环境，掌握不同类型天然气的碳同位素特点，重点要求学生学会利用图版识别天然气的成因类型。

5. 思维方面

通过对上节课知识的回顾提出新问题，引入本节课的主题，培养透过现象看本质的思维方式，发现地质过程的奇妙性。从化学原理分析同位素的分馏原理，培养由浅入深，宏观和微观结合的思维方式。掌握从发现问题，到分析问题，再到解决问题的科学逻辑，进一步激发学生科研探索的兴趣，开阔视野，活跃思想，发散思维，提高创新能力。

（三）教学重点与难点

1. 教学重点

（1）利用碳同位素判别天然气类型的原理；

（2）不同类型天然气的碳同位素特征。

2. 教学难点及对策

难点一：利用碳同位素识别天然气类型的原理。

难点分析：天然气的生成过程中，由于反应温度的不同，分馏的强弱也不同，这部分内容比较枯燥，学生经常难以理解抽象的化学概念，学习兴趣因此下降。

对策：利用动画和卡通图案来直观地展示同位素分馏的过程，寻找普遍规律，增加趣味性，引起学生兴趣，引导学生观察和思考。通过生动的动画演示，让学生更好地理解同位素分馏过程中轻同位素的反应速率要高于重同位素。

难点二：不同类型天然气的碳同位素特征。

难点分析：识别不同成因类型天然气的分布是石油地质学的核心问题之一，学生在理解这部分内容时可能会比较片面。

对策：结合典型油气田的天然气甲烷、乙烷碳同位素特点、课堂提问及课堂练习，把学习知识和探索知识融为一体，激发探索自然规律的兴趣，并将课程内容与交叉学科的重要性有机融合，课后作业与授课重点和难点紧密相关，促进学生课后及时总结课上已经理解的知识，继续回顾和思考存在的问题，促进知识的巩固和提升。

（四）具体教学过程设计

根据教学大纲、教学要求、学时分配计划和教学进程，把本节课的内容分为“课程导入及人文故事”“识别原理”“不同成因天然气的碳同位素特征”“雨课堂随堂练习”“课程总结”五大部分，每部分在讲解时注意与前面章节已学知识点进行联系，同时注重从学生已有的知识背景，引导学生思考相关问题，引出未知新知识。每部分新知识都从问题导入，带领学生一起观察、思考和总结，增加学生获取和探索知识的体验感。通过雨课堂练习反馈学生的学习效果，最后，总结回顾本节课内容，引导学生课后思考和学习。

教学设计框架如下：

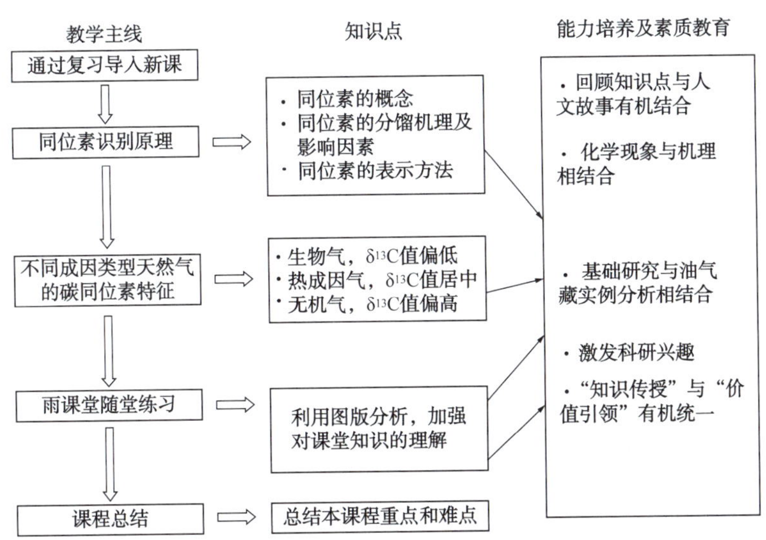

（五）教学反思

通过对上节课的知识回顾引出问题——如何有效识别天然气的类型，并阐述识别天然气类型的重要性，从而激发学生对本节课内容的学习兴趣。讲述生动有趣的人文故事，了解同位素学科发展的历史背景，熟知同位素的概念及表示方法；理解同位素分馏原理。结合我国典型的含油气盆地中天然气藏中不同类型天然气的碳同位素特征，让学生掌握如何利用甲烷、乙烷的碳同位素值识别天然气类型。用油气勘探中的问题引导学生思考，激发学生的学习兴趣，让学生理解“学以致用”的真正含义，最后回到问题上并解决问题，提高学生的综合分析能力，培养学生的科研思维。在讲授“同位素的分馏原理”时，结合二年级所学课程《地球化学》，理论联系应用，帮助学生建立地质过程的概念及地质思维。总体来说，本节课利用视频、动画、图片、讲解、板书及磁贴、提问等多种方式，提升学生的兴趣，调动学生的积极性，预计能让大部分学生在关键知识点部分集中精力思考。在授课过程中挖掘课程蕴含的思想政治教育元素，让学生意识到碳同位素在地学领域的应用远远不止石油地质学这门课，在“双碳”目标的大背景下，碳同位素也可以用来示踪生物固碳。在课后可以通过让学生在慕课平台复习和预习、课下与其他学生交流、让学生提对该课程的意见、让学生打分等方式了解学生对该课程的真实想法，对该课程的教学效果进行客观的评价。通过《石油地质学》的慕课学习平台推送一些题目，了解学生对本节课所学知识的掌握程度，发现问题后及时对教学内容和过程进行梳理和反思，逐步提高教学水平。

《造岩矿物学》优秀课程思政设计及案例

李 壮

一、课程基本信息

课程名称：造岩矿物学

开课学院：地球科学学院

课程类型：专业课

课程性质：必修

授课对象：资源勘查工程和地质学专业一年级学生

使用教材：

《矿物岩石学》，ISBN 978-7-5625-3330-6，李昌年、李净红，中国地质大学出版社，2019

《地质工程实验指导书》，ISBN 978-7-5636-2354-9，谢庆宾等，中国石油大学出版社，2010

《矿物岩石学》，ISBN 978-7-5636-1643-5，陈世悦，石油大学出版社，2008

教学课时：56 课时

二、课程思政教学整体设计思路

《造岩矿物学》课程是地质学、资源勘查工程、石油地质、矿产普查与勘探、地质工程等专业的一门十分重要的基础必修课，由结晶学基础、晶体光学、造岩矿物通论和造岩矿物各论等四部分组成，不仅对固体地球科学的发展和学生创新能力的培养具有不可替代的功能，还为后续岩石学、构造地质学、储层地质学等课程学习打下坚实的基础。针对《造岩矿物学》课程自身特点，基于建构主义教学观，坚持以学生发展为中心和产出为导向，构建了多维融合创新举措，实现学生“被迫学”→“主动学”→“勤于学”→“精于学”的转变，提高《造岩矿物学》教学有效性，实现知识传授、能力培养、价值塑造“三位一体”的教学目标，落实立德树人的根本任务。该课程“知识传授”定位为结晶学的基本知识、晶体光学的基本理论和常见的造岩矿物的特征的系统讲解和分析，该课程“能力培养”定位为偏光显微镜的调节、使用和偏光显微镜下鉴定透明矿物的方法和步骤等的操作能力培养，该课程“价值引领”定位为地质人的家国情怀、“绿水青山就是金山银山”的环境理念、地质学家潜质和地质勘探哲学思维的培养，进一步培养具备分析问题和解决问题的能力、具有较强的创新思维及团队合作与表达能力、具有自主学习能力的可堪时代大任的新时代中国地学青年，最终为学生终身发展、适应和引领未来社会奠定良好的基础。

探索课程知识点与思政教育之间的结合方式，依据各章节具体内容“因地制宜”地无缝融合。在面向国家、社会和人民需求，先进人物和故事，造岩矿物学的科学性等方面总结了思政元素，融入各章节中，开展情景融入式的课程思政，达到一种“润物细无声”的境界，课程思政建设涉及五个方面：

继承经典的课程思政：扎根中国大地，学生代入感强烈，深入挖掘经典的思政元素，通过引入历史典故和成语故事，如干戈玉帛、米芾拜石、完璧归赵等，使课程生动形象，以史为鉴，在情感维度引导学生树立正确三观，融入造岩矿物通论部分。适时解读继承经典的课程思政的内涵，对学生进行“沉浸式”思政教育，达到“润物细无声”的思政教学效果。

与时俱进的课程思政：世界范围内矿物资源勘探新领域、新理论、新技术、新方法不断涌现，要求教师在教学上与时俱进，及时更新教学内容以适应时代要求。在知识维度上，激活与时俱进的课程思政元素，促进高阶性、创新性和挑战性课程内容与传统教学内容相融合，如将绿水青山就是金山银山、碳中和、碳达峰、嫦娥五号的月球样品等，融入结晶学部分。

与行业同向同行的课程思政：在素养维度上，将哲学、科学精神与教学完美契合，如唯物论与地球物质组成、辩证法与地球的不断变化，达到思政教育与专业教育同向同行，引导学生心系国家，将知识与学科实践联系起来，助力学生树立正确的人生观，将其融入晶体光学部分。打造“军都山麓好探究，学霸陪伴宜聆听”活动，邀请优秀的青年学者讲述其矿物学研究历程，增强学生的专业自信，让学生坚信经过几年的努力，他们也可以成为甚至超越这些青年学者。探索读书报告会、参观博物馆等课程思政新模式，推动专业教学与课程思政实践教育有机结合。

师生共建的课程思政：践行以学生为中心的教学理念，学生主动参与实践检验，深刻感受创新成果的价值，充分发挥其优势，使学生成为地质通识教育工作的重要参与者与见证者，融入整个教学设计，如鼓励学生自主挖掘与矿物相关的历史典故，加深对矿物的鉴定特征的记忆，师生共建促进教学闭环，将知识传授与价值引领有机结合，融入造岩矿物各论部分。室内实验、野外实践、现场实训亦是师生近距离接触的重要场合，有助于在能力维度上将知识传授与价值引领有机结合。

与专业知识能力教学评价深度契合的课程思政：隐性讲授与显性呈现有机契合，学生共鸣感更加强烈，如在平时测验、期中和期末考试中增加思政方面的评价性考题，增强学生对思政教学的参与意识，同时也有效检验思政教学效果。

三、各章节课程思政设计要点

绪论

第一章　晶体的基本性质、对称和分类

课程思政内容设计：开篇解读习近平总书记给中国石油大学（北京）克拉玛依校区毕业生回信，倡导广阔天地大显身手；矿物是口罩的重要原材料，促使学生深刻学习钟南山和李兰娟院士等的优秀事迹；介绍油气对外依存度高的现状，结合习近平总书记的讲话内容，树立专业自信及为国找油的使命担当，培养岗位职责意识和社会责任感；介绍晶体的研究史，展示科学现象背后的长久探索过程；古建筑和京剧脸谱融入对称要素，激发学生对中国传统非遗文化的兴趣。

第二章　晶体的理想形态

课程思政内容设计：引导学生关注准晶体的最新研究现状，培养科研探索兴趣；讲解对称应用时，引导学生树立地质思维，应用已有资料解决看不见摸不着的复杂问题；方法论融入聚形概念，培养学生的哲学思维；将聚形分析的步骤与中华优秀传统文化教育相结合，使学生传承中华文脉、富有中国心、饱含中国情、充满中国味。

第三章　晶体的定向

课程思政内容设计：通过晶体定向的方式，引导学生掌握科学的研究方法，培养辩证唯物主义世界观；讲解晶轴的选择原则时，介绍几何坐标系的创立者为法国哲学家、数学家、物理学家勒内·笛卡尔，倡导学生的全面发展。

第四章　晶面符号

课程思政内容设计：讲解晶面符号时，介绍基础科学研究对于应用科学的助推作用，正向引导学生领悟基础课程学习的重要性。

第五章　晶体光学基础

课程思政内容设计：介绍光学发展史，引导学生树立正确的世界观和认识观；以石盐为例，介绍中华优秀传统文化，增强民族自豪感和文化自信心；将光率体类比地球仪，了解中国地球仪的研究历史，深刻体会科技的发展对中国的重要性；在光性方位讲解中，通过宝石鉴定的步骤，认识晶体鉴定的先进技术和设备，引导学生树立正确的三观。

第六章　偏光显微镜

课程思政内容设计：通过偏光显微镜构造的讲解，揭示其在生物、医学等方面的前沿性和时代性应用。

第七章　单偏光镜下的晶体光学性质

课程思政内容设计：讲解钱逸泰院士利用四氯化碳为原料制备出金刚石的开创性和重要性；在矿物形态讲解中，通过计算机进行随机切面模拟，引导学生从定性分析到定量计算，激发学生科研兴趣，培养学生成为具有高度国际视野的科研人才。

第八章　正交偏光镜间的晶体光学性质

课程思政内容设计：相互关联的哲学思维与晶体光学专业知识，将单一的思政课育人、专业课育人向综合的、交叉的全课程育人转化；蒋民华院士的《晶体赋》融入补色法则测定晶体的光学性质，引导学生将晶体与中国优秀传统文化相融合，做到文化自信；回顾双折射现象，明确惠更斯对光学研究作出的杰出贡献，成功地将理论创新与实践相结合。

第九章 锥光镜下的晶体光学性质

课程思政内容设计：在充分理解锥光原理的基础上，拓展至牙科检查锥形束 CT 新技术，引导学生了解科学前沿和关爱健康；在干涉图特点介绍部分，明确锥光下的虚像，对比古诗词，提升学生的文学素养，注重理工和人文历史相融合；在讲解锥光识别矿物部分，虽然先进的测试仪器可以识别矿物，但是利用显微镜锥光系统识别矿物是地质类学生的基本功和重要技能，有着无可替代的作用。

第十章 透明矿物薄片的系统鉴定

课程思政内容设计：在矿物综合鉴定部分，利用成语故事引导学生全面认识事物，提升文化底蕴；在利用不同特点识别矿物的过程中，把握全局，分清主次，着力抓住主要矛盾；利用光学特征识别嫦娥五号月球样品中的矿物，体会中国科学家的伟大智慧，深刻感受创新成果的价值，提升民族自信心。

第十一章 造岩矿物学总论

课程思政内容设计：学术研究前沿融入矿物形态，注重学科交叉，激发学生科研兴趣；通过矿物与油气资源的关系，加深学生对“一带一路”的战略意义和内涵的理解；介绍中国四大名玉，使学生深入了解祖国幅员辽阔、资源丰富，但人均占有量少等特点；引入历史典故和成语故事，以史为鉴，在情感维度引导学生树立正确三观。

第十二章 造岩矿物各论

课程思政内容设计：通过沸石的主要用途介绍，明确矿物在日常生活中的重要作用，树立专业自信，找到专业归属感和自豪感，体会科学精神、爱岗敬业精神和传承与创新精神；通过将今论古的地质思维介绍，让学生树立生态环保和低碳理念；从沉积岩的矿物组成出发，到明确水资源对于人类和自然的重要性，体会“绿水青山就是金山银山”发展理念；从岩浆岩的矿物组成出发，到三峡大坝的选址，树立学生的民族自信，培养爱国主义情感和科学报国的时代担当；从变质岩的矿物组成出发，到国家战略布局，激发学生的爱国热情和民族自豪感，发挥主观能动性，科学防灾减灾，增强社会责任意识和专业认同。

第十三章　不透明矿物的鉴定（线上自学）

课程思政内容设计： 介绍西周早期青铜礼器中的重器，使学生了解中国古代先民的精巧构思及其中所蕴含的人文价值和美学价值、工匠精神和爱国主义精神；明确矿产资源的资源属性，树立可持续发展观，夯实“绿水青山就是金山银山”发展理念；着重强调资源开发与环境保护的平衡发展理念；学习资源开发与环境保护的平衡发展理念，培养科学研究、科技创新、科技开发的意识；结合矿产勘探和开发的问题与改革意识、成本与效率意识、整体与全局意识、简化与标准化意识、以人为中心的意识，通过课程训练，强化学生理论联系实际、观察与分析、专业方法运用及文案撰写与汇报等能力。

四、案例展示

（一）结合章节

本节课 45 分钟讲授第一章晶体的基本性质、对称和分类中的 1 节内容：

教学内容及时间分配

引言……3 分钟

晶体的概念……20 分钟

晶体的对称要素……20 分钟

对称面……5 分钟

对称轴……5 分钟

对称中心……5 分钟

旋转反伸轴……5 分钟

总结本节课内容……2 分钟

（二）教学目标

1. 基础知识

理解晶体和对称的概念，掌握各种对称要素和对称操作的具体含义以及它们之间的联系，进一步理解晶体外部对称的特点。

2. 基本能力

能够根据固体物质内部质点的排布规律识别晶体，能够快速准确寻找到晶体模型中各种对称要素，并能够正确书写，进而提升学生新旧知识整合的能力。

3. 思维、兴趣和情感

通过复习晶体的概念，养成透过现象看本质的思维方式。认识晶体本质过程，有助于培养学生点、线、面到体的逐步深入思维习惯，局部和整体相结合。介绍晶体研究现状，能与具体的地学研究结合，反映学科前沿，渗透专业思想，使用高质量的教学资源，激发学生科研探索欲望。通过对晶体中各种对称要素的理解和寻找，锻炼学生的空间想象能力、抽象思维能力。从学生熟悉的对称面开始逐渐过渡到未知的旋转反伸轴，培养学生由浅入深的思维方式。通过寻找立方体模型的所有对称要素，提高学生的思维严谨性，让学生感受到大自然的鬼斧神工，提高学生探索未知的兴趣，体现立德树人思想，将价值塑造、知识传授和能力培养融为一体。讲述科学家发现五次对称轴过程中遇到的困难，号召学生要不畏权威，敢于创新。

（三）教学重点与难点

1. 教学重点

（1）四种对称要素和对称操作的概念；

（2）晶体外部对称要素的寻找。

2. 教学难点

（1）旋转反伸轴的寻找；

（2）旋转反伸轴与其他对称要素的关系。

（四）具体教学过程设计

思政案例	晶体的基本性质中塑造爱国情怀、崇尚科学和追求真理的信念
育人目标	1. 通过介绍晶体的概念及研究史，让学生知道简单的科学现象背后总是伴随着长久的探索过程和相关重要的科学进展，让学生继承地质人脚踏实地、艰苦朴素的优良传统（思政），加强学生对晶体概念知识点的理解（教学）； 2. 通过古建筑和国粹脸谱的介绍，激发学生对中国传统非遗文化等的兴趣，增强民族的认同感和自豪感（思政），帮助学生掌握对称、对称要素和对称操作的相关知识和要点（教学）； 3. 把准晶体发现过程中遇到的困难告诉学生能培养学生勇往直前、不畏权威的科研精神，介绍准晶体研究现状，能与具体的地学研究结合，激发学生科研探索欲望（思政），帮助学生强化对晶体的基本性质的理解（教学）。

续表

教学内容	育人目标	融入元素契合形式
1. 导入型案例（5 分钟） 课堂活动： 提问：大家已经明确晶体的定义，那么学生是否了解晶体本质的探索过程？ （雨课堂可课前供给学生参考资料，检验学生预习效果，此过程注意生生互动，讨论式教学，对已授知识点进行回顾）。 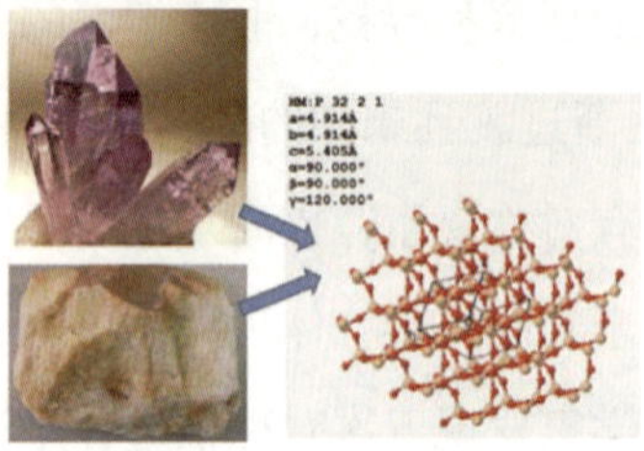 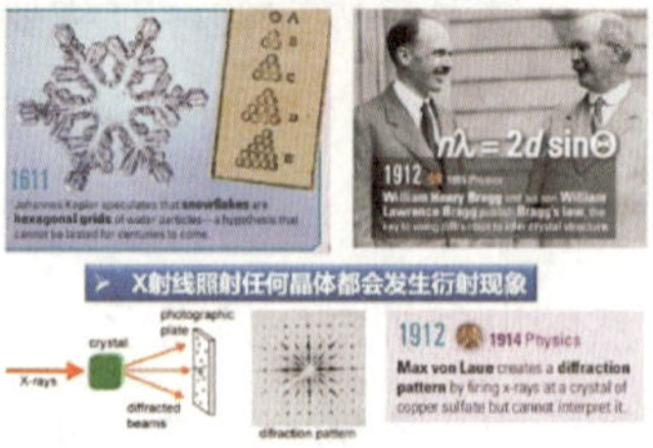 回答：关于晶体的本质，人们最初就是围绕雪花晶体进行的猜想。开普勒在四百多年前推测可能是水滴的六环网构成了雪花晶体，但一直没有得到验证。在三项诺贝尔奖工作的基础上才真正认识了晶体的本质是什么，一个是伦琴发现 X 射线，一个是劳埃证明了 X 射线的衍射，并证实有关晶体内部结构的猜想，而布拉格父子给出的布拉格定律，让我们可以精确地分析出晶体的内部结构，现代晶体学正式宣告诞生。	崇尚科学 追求真理	通过提问和雨课堂，让学生知道简单的科学现象背后总是伴随着长久的探索过程和众多相关重要的科学进展，任何科学知识的获得都需要一定的过程和基础，让学生继承地质人脚踏实地、艰苦朴素的优良传统。
2. 过程型案例（5 分钟） 课堂活动： 提问：什么是对称？ （检验学生对基础学科知识的掌握程度，此过程注意师生互动，引入课程知识点）。 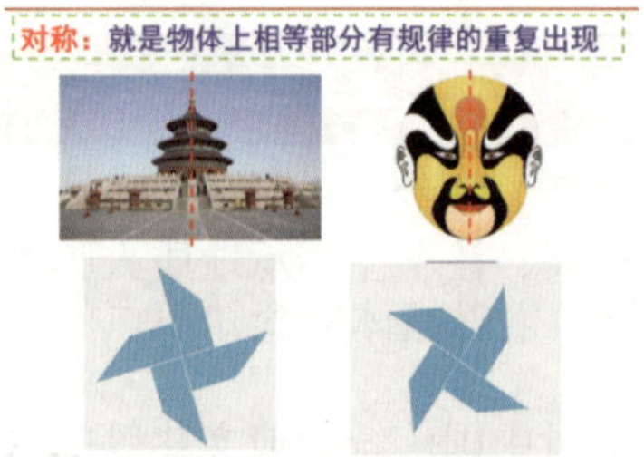 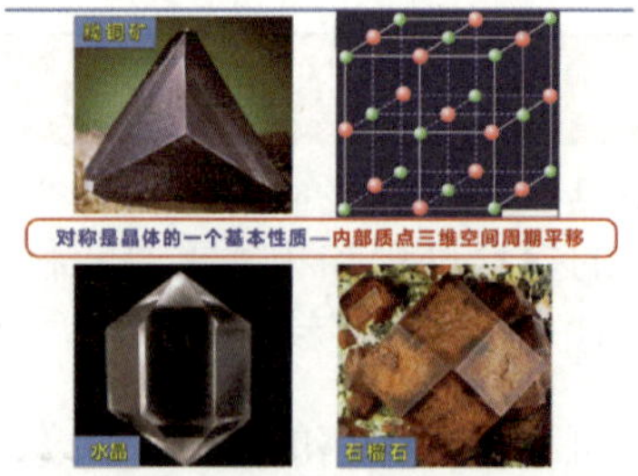 回答：中国是一个讲究对称美的国家，如拥有悠久历史文化的天坛公园祈年殿、中国戏剧脸谱都具有典型的对称美。所谓对称，就是物体上至少有两个相等的部分，且借助一定的要素和操作能够有规律地重复出现。如可以借助祈年殿和戏剧脸谱中间假想的平面，让左右相等部分通过镜像反映的方式。	爱国情怀	在对称讲解中，以天坛公园祈年殿和脸谱导入，通过古建筑和国粹脸谱的介绍，激发学生对中国传统非遗文化等的兴趣，增强民族的认同感和自豪感。

续表

教学内容	育人目标	融入元素契合形式
大家小时候玩过的风车也是对称的，在风车中间假想一个轴，围绕该轴旋转，也可以让相同部分重复出现。矿物晶体也具有对称美。晶体是一个具有格子构造的固体，内部质点在三维空间上周期性重复排列，所以对称是晶体一个基本性质，是晶体内部结构的外在表现。那么，晶体的对称有什么特点，可以借助哪些要素和操作表现晶体的对称呢？结合雨课堂引导学生思考。 对称与中华优秀传统文化教育相结合，使学生了解中国传统文化（如脸谱是中国戏曲独有的，不同于其他国家任何戏剧的化妆，戏曲脸谱有着独特的迷人魅力），“显性引导”与“隐性融合”相结合，避免了生搬硬套、空讲理论的现象，使学生传承中华文脉、富有中国心、饱含中国情、充满中国味。		
3. 总结型案例（5 分钟） 课堂活动： 通过模型、动画和视频展示回顾晶体的本质和对称的内涵，温故而知新。 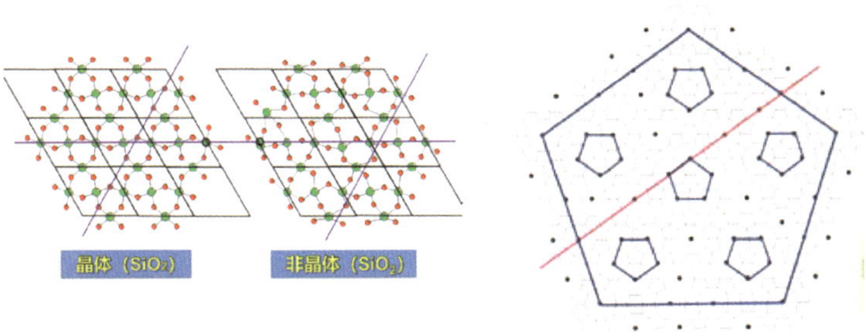 晶体（SiO_2）　非晶体（SiO_2） 引导学生考虑一下，是否存在介于晶体和非晶体内部结构特征之间的固体？具有五次对称轴的固体物质内部结构示意图。这种结构特征整体看上去跟晶体类似，质点的排布很有规律。整体的对称特征就像一个五角星。与晶体内部质点排布规律有何区别呢？ 准晶体是谢赫特曼 1982 年在美国约翰霍普金斯大学工作时发现的。当他发现人工合成的铝锰合金出现五次对称轴时，万分激动地告诉了同事，很可惜，他的同事没人支持他，实验室主管知道后，大发雷霆，让谢赫特曼好好复习一下教材。由于谢赫特曼坚持研究准晶体，最终丢掉了工作。投到美国《应用物理杂志》的文章也被退稿。后来，他回到以色列	崇尚科学 追求真理	通过模型和动画展示，把准晶体发现过程中遇到的困难告诉学生能培养学生勇往直前，不畏权威的科研精神。介绍准晶体研究现状，能与具体的地学研究结合，激发学生科研探索欲望。

续表

教学内容	育人目标	融入元素契合形式
自己的母校继续研究，找到了合作者，并于 1984 年在《物理评论快报》发表了准晶体的文章。文章发表后，主流科学家并不相信准晶体的存在，两届诺贝尔奖得主鲍林认为只有“准科学家”，甚至在 PNAS 公开发表论文指责谢赫特曼胡说八道。当 2011 年谢赫特曼独自获得诺贝尔化学奖时，说了这样一段话“当我告诉人们，我发现了准晶体的时候，所有人都嘲笑我。但我并不在意，我知道我是对的，他们是错的，时间终于证明了这一点”。 另外值得一提的是，我国科学家郭可信院士于 1985 年在合金中独立地也发现了五次对称的准晶体，遗憾的是晚了一年，与诺贝奖擦肩而过。希望学生能在以后的科研中勇往直前，学习他们的探索精神，不畏权威，争创第一。相信未来属于你们！	爱国情怀	

（五）教学反思

在学生掌握晶体学知识的基础上，引导学生思考固体物质的分类和鉴别。从雪花的迷人形状，带领学生探索和重温晶体本质的过程，了解相关重要科学进展，整合学生已有知识。在引发学生强烈探索欲望基础上，引导学生探索、发现和总结晶体内部结构特征的本质，教师负责引领思考大方向，主动分析交给学生，提高学生参与度。让学生在尝试、比较和推理过程中认识新知识，把知识学习和思维培养融为一体。在理解晶体定义基础上，进一步介绍晶体的对称性，从生活中的对称事物出发，逐步探索分析描述对称的基本要素，突出强调晶体中各种对称要素的特点。学生与教师一起分析和探索，加深了对知识的理解。针对学生相对熟悉的简单的对称面、对称轴和对称中心用较短时间讲授，把主要时间放在旋转反伸轴分析上，并用晶体模型带领学生寻找和分析，让学生在理解难点的基础上，加深对其他对称要素的理解。带领学生寻找对称要素最复杂的晶体模型，能让学生感受自然界的神奇。把准晶体的特殊对称特点和发现穿插到晶体对称中，能引起学生探索和创新的兴趣，并学习著名科学家不畏权威的科学精神。

《渗流力学》优秀课程思政设计及案例

曹仁义、程林松

一、课程基本信息

课程名称：渗流力学

开课学院：石油工程学院

课程类型：专业课

课程性质：必修

授课对象：石油工程专业、海洋油气工程专业二年级本科生

使用教材：《渗流力学》，ISBN 978-7-5021-8651-7，程林松，石油工业出版社，2011

教学课时：56 课时

二、课程思政教学整体设计思路

《渗流力学》是在高等数学、油层物理和流体力学基础上讲授关于油气水地下流动规律的基础课程，是石油工程、海洋油气工程及相关专业的专业基础课。知识结构以实际开发问题为工程背景，涵盖单相不可压缩液体刚性多孔介质稳定渗流理论、单相弱可压缩液体弹性多孔介质不稳定渗流理论、两相渗流理论、双重介质渗流理论、水平井近井渗流、非牛顿液体和物理化学渗流理论，具有从基础课向专业课过渡的承上启下作用，强调"夯实基本概念、提高基本技能"，培养学生掌握扎实的基本理论知识，以及较强的分析和解决实际工程中涉及油气渗流问题的能力，侧重于典型工程问题的渗流力学方法和求解结果的应用和分析。

课程思政任务 1：石油工程专业核心课程《渗流力学》在本科生二年级开设，此阶段是培养学生"石油精神""铁人精神"的关键核心期。石油是工业的血液，是一个国家基础工业能力先进与否的标志。油气渗流理论是石油工程专业的基础课程。通过本门

课程的学习，教育学生深刻认识石油开采和地下渗流理论在国家科技层面的重要性，事关国家经济和国防安全，掌握关键核心技术才拥有创新发展的话语权和主动权；我们应该踏踏实实做好基础科学知识储备。在课堂教学中，引导学生思考本门课对自己未来的职业生涯的影响，树立正确的人生观、价值观，为我国的石油行业做出自己的贡献。

课程思政任务 2：通过渗流力学，培养学生工程思维和复杂工程问题的解决能力。教学内容既注重知识系统性和完备性，又满足石油工程专业培养要求；既强调基本理论基本概念的讲授，又注重学生分析问题能力和实验技能的培养；既注意与已学课程的衔接，又强调与后续专业课的关系。通过该课程的学习，要求学生能够掌握油气渗流的基础理论，为石油工程专业及相关专业的学生后续课程学习打下坚实基础。该课程的重点是使学生掌握在油气藏中不同流动条件下的基本流动规律和数学描述方法，并结合典型工程问题进行渗流力学理论描述、基本问题求解以及对工程问题的应用分析。难点在于典型工程问题的渗流数学模型（物理问题和数学方法的高度结合）的建立，学习内容涉及了石油地质、油层物理、物理化学、现代数学、计算方法等多学科知识的交叉和结合。

课程思政任务 3：将《渗流力学》理论与矿场实际问题相结合，使学生了解我国油田高效开发的渗流力学“卡脖子”难题，培养学生创新能力和实践能力，激发“爱石油”“奉献石油”的科技报国精神。将《渗流力学》课程理论知识与矿场实际应用相结合，介绍我国主力大油田：大庆、胜利、长庆、新疆以及海上油田的开发难点，引出相关渗流力学“卡脖子”难题；阐述油田开发技术攻关和“会战”过程中的老一辈石油人的艰苦与不易：将水驱渗流知识点与大庆油田开发历史相结合，使学生更加了解“铁人”王进喜“宁可少活 20 年，拼命也要拿下大油田”的铁人精神、新时期铁人王启民“宁可把心血熬干，也要让油田稳产高产”的战斗精神；将物理化学渗流知识点与大庆油田三次采油的往事相结合，使学生了解我国石油人的集体智慧……在此过程中使学生了解老一辈石油勘探开发英模人物献身石油的生动实例，激发学生学石油、爱石油、奉献石油的责任感和自豪感，培养学生为国争光、为民族争气的爱国主义精神，独立自主、自力更生的艰苦创业精神，讲求科学、“三老四严”的科学求实精神以及胸怀大局、为国分忧的奉献精神。

三、各章节课程思政设计要点

第一章　渗流基本规律及渗流模型

【课程思政导入】剩余油预测→数学模型→高含水老油田→玉门油田→石油工业的开端。

【课程思政元素】通过介绍中国石油工业开端，使学生了解老君庙油田，时刻不忘中国石油工业的根。

【课程思政要点】培养学生“石油精神”“铁人精神”（铁人王进喜为老玉门人）；激发学生能源报国的热情。

【课程思政引出知识点】剩余油预测理论基础→渗流数学模型→数学模型的构成。

【教学重点】（1）了解油气藏的构成及其分类；（2）掌握五种压力的表达方式；（3）掌握油气藏开发的驱油能量及驱油方式；（4）掌握达西公式，渗透率 K 的物理意义，假想渗流速度与真实平均速度的差异；（5）对于非线性渗流，掌握产量和压力关系的两种表达形式：指数式及二项式；（6）对于渗流数学模型，掌握其概念及构成（运动方程、状态方程、质量守恒方程、边界条件及初始条件、其他附加方程）。掌握 Laplace 方程及热传导方程的推导过程。

第二章　单相不可压缩流体的稳定渗流规律

【课程思政导入】非常规油田增产技术问题→压裂酸化→渗流规律→压降漏斗→单相不可压缩流体的稳定渗流规律。

【课程思政元素】通过介绍非常规油田开发困难的问题，引出通过压裂酸化对近井地带进行改造的开发方式，使学生对压降漏斗概念的理解更加深入，从而更好理解单相不可压缩流体的稳定渗流规律。

【课程思政要点】培养学生工程思维和复杂工程问题的解决能力。

【课程思政引出知识点】压裂酸化方式→压降漏斗→渗流规律的特征。

【教学重点】（1）掌握三种基本流动（单向、平面径向、球形径向）的数学模型及渗流特征；（2）了解井的不完善性，弄清表皮系数、折算半径计算方法；（3）了解稳定试井的原理、方法和应用。

第三章　多井干扰理论

【课程思政导入】复杂断块油藏开发技术→胜利油田→国家重大专项技术难题。

【课程思政元素】通过介绍胜利油田复杂断块油藏的开发难题，使学生了解复杂断块油藏开发过程中涉及的镜像反映等知识点，进一步了解国家重大能源安全战略，引导学生积极思考，能源报国。

【课程思政要点】培养学生复杂工程问题的解决能力，激发学生科技报国的热情。

【课程思政引出知识点】复杂断块开发理论基础→镜像反映知识→边界效应问题。

【教学重点】（1）理解多井干扰的物理实质是渗流场的重新分布；（2）了解势函数、流函数的概念及其相互关系；（3）深刻理解叠加原理，掌握五种叠加的含义；（4）掌握无限大地层等产量一源一汇、两汇的求解（产量、压力分布、渗流场等）；（5）理解镜像反映的原理，并能解决一系列存在边界效应时的问题；（6）掌握等值渗流阻力法的原理及方法。

第四章　多相渗流理论基础

【课程思政导入】注水开发油水两相生产问题→大庆油田→油田开发史奇迹。

【课程思政元素】通过介绍大庆油田开发历史和连续 27 年稳产 5000 万吨的奇迹，使学生了解采用注水开发方式进行油田开发的重要性，明确注水开发进行水驱油的理论基础，同时引导学生学习了解以“铁人”王进喜为代表的石油人攻坚克难的无私精神，深埋能源报国的种子。

【课程思政要点】培养学生“石油精神”“铁人精神”。

【课程思政引出知识点】水驱油理论基础→多相渗流数学模型→数学模型的应用。

【教学重点】（1）活塞式水驱油的概念；（2）活塞式单向渗流、平面径向渗流模型；（3）一维活塞式水驱油的应用；（4）非活塞式水驱油的概念；（5）一维非活塞式水驱油理论；（6）非活塞式水驱油的应用；（7）油水两相渗流时的基本规律；（8）油水两相渗流数学模型；（9）油水两相一维渗流数学模型。

第五章　单相微可压缩液体弹性不稳定渗流理论

【课程思政导入】单井储量控制问题→压力波传播→不稳定渗流。

【课程思政元素】通过介绍各类油田在不同的开发方式下井网井距等参数优化的问题，使学生了解在生产过程中压力波传播规律，并结合油田现场实际，介绍四种情况不稳定渗流物理过程，使学生对实际油田开发过程产生兴趣，并积极思考优化井网井距等各种参数进行油田高效开发。

【课程思政要点】培养学生工程思维和复杂工程问题的解决能力。

【课程思政引出知识点】油田开发过程井网井距等参数→压力波传播规律→不稳定渗流物理过程。

【教学重点】（1）掌握“弹性驱动”的原因和机理；（2）掌握压力波传播的两个阶

段;(3)掌握四种情况不稳定渗流物理过程;(4)掌握叠加原理(一源一汇、两汇);(5)掌握拟稳定状态时平均地层压力方程。

第六章　水平井渗流概述

【课程思政导入】海上/非常规油藏开发问题→水平井→水平井渗流规律。

【课程思政元素】通过介绍水平井技术在我国胜利油田、大庆油田和塔里木油田等大型油田的突破性进展，使学生了解采用水平井开发方式进行油田开发的重要性。通过课程知识和发展历程相结合，勉励学生刻苦奋斗，奋起直追，努力发展我国水平井技术，使得我国的水平井理论更加完善。

【课程思政要点】培养学生工程思维和复杂工程问题的解决能力，学习老一辈石油人不怕苦不怕累的奋斗精神。

【课程思政引出知识点】中国海油海上油田超长水平井开发技术取得新突破→水平井定义→水平井渗流规律特点及优势。

【教学重点】(1)了解水平井的定义;(2)了解水平井发展方向和特点;(3)掌握水平井近井渗流评价的发展阶段及其特征;(4)掌握水平井近井渗流的影响因素;(5)分析水平井开发优势及适应性。

第七章　双重介质渗流理论

【课程思政导入】非常规油气藏多尺度渗流问题→庆城油田、古龙油田→基质－天然缝－人工缝耦合流动机理。

【课程思政元素】通过介绍实际工程问题，即相当一部分储层存在裂缝或者溶洞，与机理模型相比，双重介质或者三重介质油藏的渗流规律和渗流模型均不同，如低渗透、超低渗透油藏(如长庆油田)中天然裂缝发育，而且存在大量人工压裂缝；明确基质－天然裂缝－人工裂缝耦合的储层机理，对低渗透、超低渗透油藏的开发和调整具有重大意义，同时，低渗透、超低渗透油藏为我国开发的主力油田，因此，明确其渗流规律，对我国能源战略需求有着重大意义。

【课程思政要点】培养学生将理论规律和实际油田相结合的能力，激发学生能源报国的热情。

【课程思政引出知识点】低渗透、超低渗透等油藏多尺度渗流科学问题→双重介质模型的概念→双重介质模型的建立过程→双重介质模型试井曲线特征。

【教学重点】（1）掌握双重介质模型的概念，基质和裂缝在渗流过程中的作用；（2）掌握目前描述双重介质成型的四种模型；（3）掌握两个基本参数：弹性储容比和窜流系数，以及其物理意义；（4）了解单孔单渗和双孔单渗简化模型的假设性条件，双重介质模型的建立过程；（5）掌握基质和裂缝之间的窜流方程；（6）了解单孔单渗和双孔单渗模型的求解过程；（7）了解双重介质模型压力降落阶段和压力恢复阶段的试井曲线特征。

第八章　物理化学渗流

【课程思政导入】东部大部分油田注水开发，进入高含水阶段问题→化学驱提高采收率必要性→非牛顿、物化渗流。

【课程思政元素】通过介绍大庆油田王德民院士，引出针对当前我国东部的大部分油田采用注水开发导致大部分油藏处于高含水阶段的问题，提高采收率对我国能源战略安全的重要意义。例如，大庆油田通过化学驱提高采收率技术，实现了千万吨以上产量规模高效开发。截至 2021 年 6 月，大庆油田化学驱累计产油 2.75 亿吨，连续 19 年产量超千万吨，成为油田持续发展的关键技术。

【课程思政要点】（1）培养学生积极探索提高各类油田采收率的新技术的能力；（2）激励学生学习我校杰出校友化学驱科学家王德民院士刻苦探索的精神；（3）激发学生为国家石油工业的发展做出贡献的热情。

【课程思政引出知识点】化学驱提高采收率技术→非牛顿流体的流变性→考虑吸附和扩散的渗流数学模型。

【教学重点】（1）掌握流变学基本概念；（2）掌握纯黏性流体流变特性；（3）掌握黏弹性流体流变特性；（4）掌握塑性流体稳定渗流相关知识；（5）掌握塑性流体不稳定渗流相关知识；（6）理解拟塑性流体稳定渗流相关知识；（7）了解多孔介质中的扩散现象；（8）掌握一维理想扩散渗流方程及解；（9）了解多孔介质中的吸附现象；（10）掌握有吸附作用的单相渗流相关知识。

第九章　天然气渗流理论基础

【课程思政导入】西气东输工程→“碳达峰，碳中和”战略→天然气渗流。

【课程思政元素】通过介绍“西部大开发”序幕的标志性工程——西气东输工程，结合本章天然气渗流理论，引导学生积极学习我国能源结构和产业结构调整政策，明确西气东输工程对我国“碳达峰，碳中和”战略产生的积极影响：仅计算一二线项目每年输送的天然气，就可以减少 2 亿吨二氧化碳排放和 226 万吨二氧化硫排放。在本章内容和西气东输、CCUS 技术密切结合的基础上，引导学生勇担时代重任，在日常生活中，发现创新点，并将其应用到石油工程领域。

【课程思政要点】(1) 引导学生积极学习我国能源结构和产业结构调整政策;(2) 激励学生勇担时代重任;(3) 鼓励学生在日常生活中发现创新点，并将其应用到石油工程领域。

【课程思政引出知识点】西气东输工程→天然气渗流的基本微分方程→天然气的稳定和不稳定渗流。

【教学重点】(1) 明确连续性方程、运动方程及状态方程含义;(2) 掌握天然气基本微分方程建立思路及推导流程;(3) 掌握线性渗流条件下气体稳定渗流数学模型;(4) 了解稳定渗流压力、压力梯度等参数分布特征;(5) 掌握真实气体不稳定渗流基本微分方程。

第十章　非常规渗流

【课程思政导入】古龙页岩及庆城油田页岩油储量（CCTV 报道视频）→非常规油气藏→非常规油气藏渗流特征。

【课程思政元素】通过介绍国内外致密油分布、储量及开采情况，使学生了解非常规致密油气藏开发过程中会遇到的困难以及相关的“卡脖子”技术，增强学生自身的创新意识，培养其不懈奋斗的石油精神。举例给出长庆外围致密油藏井位图，开展课程研讨课，在综合考虑各个方面的因素后，充分结合每个人对此问题的看法，集思广益给出小组讨论结果，最后综合讨论全体学生看法的可能性。

【课程思政要点】(1) 使学生明白我国非常规油气藏开采的困难之处;(2) 激励学生勇担时代重任;(3) 激发学生做到在创新中发展。

【课程思政引出知识点】古龙、庆城油田页岩油→致密储层关键渗流参数及影响因素→超低渗透 - 致密 - 页岩油藏非线性渗流特征。

【教学重点】(1) 明确渗流环境问题——致密储层微观孔隙特征;(2) 掌握微纳米孔隙边界层效应;(3) 掌握关键渗流参数及影响因素;(4) 了解超低渗透 / 致密油藏非线性渗流特征。

四、案例展示

(一) 结合章节

第 3 章　多井干扰理论　第 4 节　复杂边界问题

针对国家重大能源战略“十三五”“十四五”期间中石化重大专项项目中复杂断块油藏的开发问题，通过渗流力学中镜像反映原理，解决国家重大能源战略问题，引导学生认识、学习镜像反映，培养解决镜像反映问题的能力。使学生清楚地理解并掌握镜像反映的原理，通过对数学模型的建立，学会各类夹角的镜像反映应用；引入“偏心井”的概念，掌握“偏心井”的镜像反映，运用叠加原理求解其产量。

（二）教学目标

1. 知识目标

（1）使学生清楚地理解镜像反映的原理，即通过对称求解产量和压力分布；使学生掌握封闭边界和供给边界的镜像反映原理，比较两种边界情况下的镜像反映异同。

（2）通过对数学模型的建立，学会 45°、60°、90°、120° 夹角的镜像反映应用；引入“偏心井”的概念，掌握“偏心井”的镜像反映，运用叠加原理求解其产量。

（3）通过类比发散思维，使学生掌握直线无限井排、直线供给边缘附近布有一直线井排、环形井排的镜像反映应用，并学会运用叠加原理求解其产量。

（4）通过以上授课内容，使学生掌握各种复杂问题的镜像反映图像，学会运用镜像反映求产量和压力分布。

2. 能力目标

培养学生将工程实际问题转化为物理问题或数学问题，并与经典理论模型相互衔接的能力，以及再对物理问题或数学问题进行求解，反映到工程实际问题的能力。告诫学生学好基本学科，扎牢基础，才能善于解决实际问题，激励学生不积跬步，无以至千里的决心。

3. 育人目标

（1）使学生意识到学习、积累、坚持的重要性，引导学生树立行在当下的积极作风，正所谓“九层之台，起于累土”，量变终能引起质变，让学生牢记“厚积薄发 开物成务”的校训。

（2）使学生理解镜像反映的巨大作用，提高学生的石油文化素养，增强学生的创新能力。增强学生对于事物普遍联系的认识，培养学生对科研的兴趣，增强学生的思维开放能力。

（3）通过“历史明镜”使学生牢记“使命初心”，让学生了解我国油气开发概况和难度，对比历史上油气开采初期的艰难情况，培养学生新时代铁人精神。

（三）教学重点与难点

1. 重点

（1）镜像反映的定义及应用；

（2）封闭边界和供给边界的镜像反映原理及异同。

2. 难点

封闭边界和供给边界的镜像反映原理及异同。

（四）具体教学过程设计

工程问题	胜利油田复杂断块油藏复杂边界问题 胜利油田某断块油田
思政导入	“十三五”“十四五”期间，随着主要大型油田的勘探开发，复杂构造、复杂岩性等非常规油田逐渐成为主要勘探开发对象，其中，以胜利油田为代表的复杂断块油藏为国家能源战略重点攻关油藏，而复杂渗流断块的开发离不开渗流力学知识的支撑，例如，《渗流力学》中的镜像反映等知识，可以用在复杂断块油藏的开发中，《渗流力学》课程对我国能源安全有着重要意义。
思政剖析	作为我国重要的能源基地，60 年来，胜利油田在促进石油石化工业发展、推动区域经济社会进步、支撑国民经济建设等方面发挥了重要作用，也成为我国石油开发、能源保障事业的一个缩影。因此，研究以胜利油田为典型代表的复杂断块油藏复杂边界问题具有重要的意义。 

续表

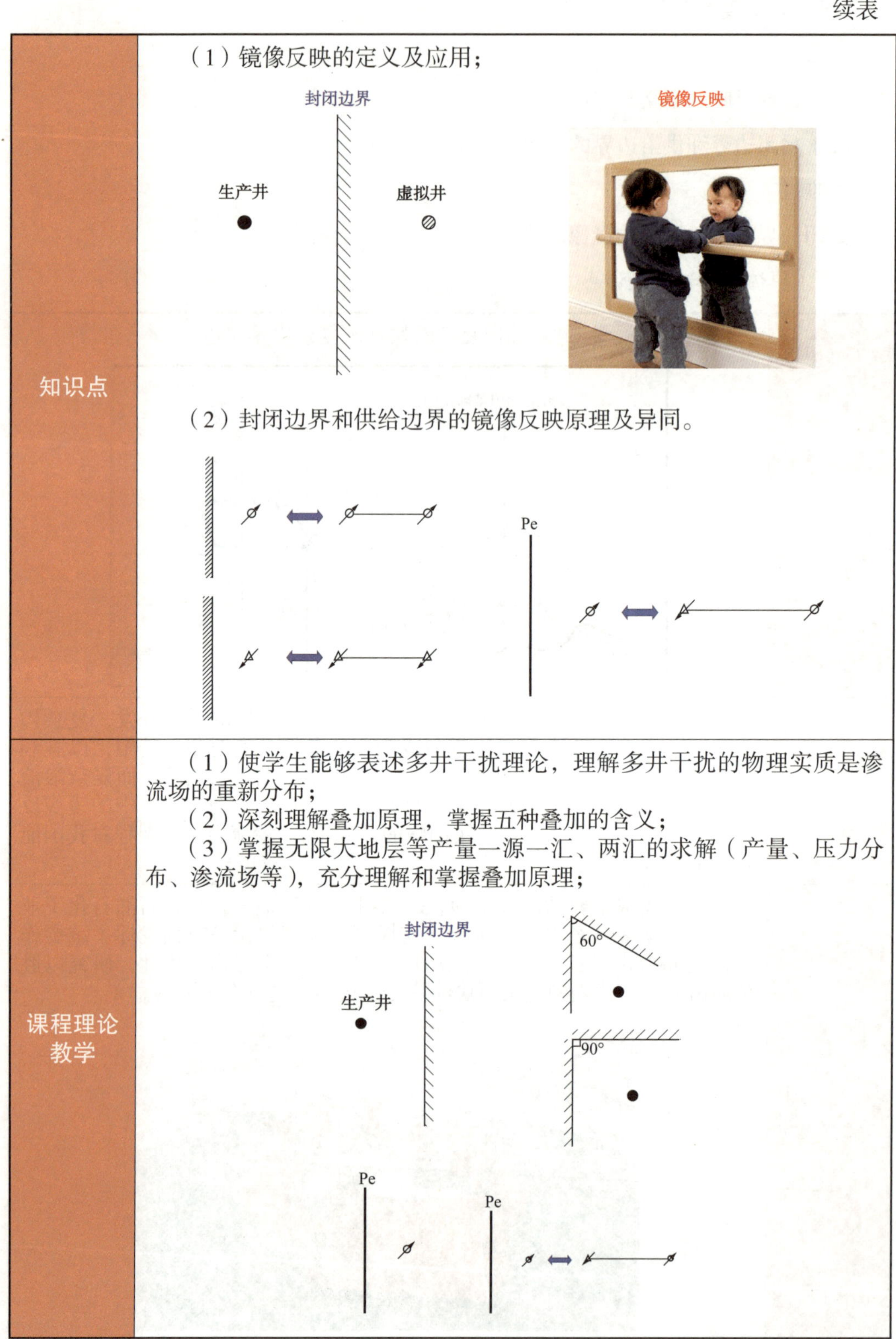

知识点	（1）镜像反映的定义及应用； （2）封闭边界和供给边界的镜像反映原理及异同。
课程理论教学	（1）使学生能够表述多井干扰理论，理解多井干扰的物理实质是渗流场的重新分布； （2）深刻理解叠加原理，掌握五种叠加的含义； （3）掌握无限大地层等产量一源一汇、两汇的求解（产量、压力分布、渗流场等），充分理解和掌握叠加原理；

续表

<table>
<tr>
<td>课程理论教学</td>
<td>

（4）使学生清楚地理解镜像反映的原理，即通过对称求解产量和压力分布；使学生掌握封闭边界和供给边界的镜像反映原理，比较两种边界情况下的镜像反映异同；

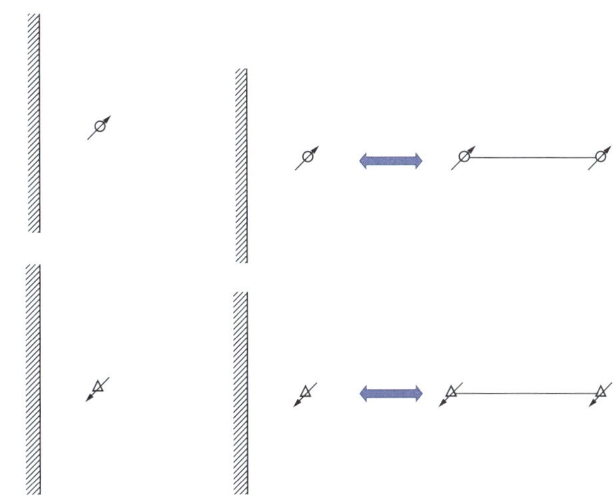

（5）通过对数学模型的建立，学会45°、60°、90°、120°夹角的镜像反映应用；引入“偏心井”的概念，掌握“偏心井”的镜像反映，运用叠加原理求解其产量；

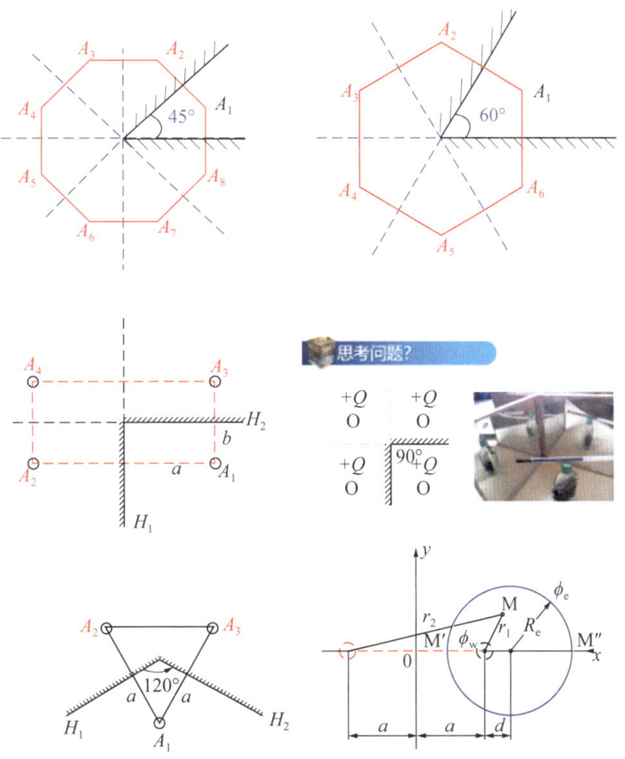

</td>
</tr>
</table>

续表

<table>
<tr><td>课程理论教学</td><td>（6）通过类比发散思维，使学生掌握直线无限井排、直线供给边缘附近布有一直线井排、环形井排的镜像反映应用，并学会运用叠加原理求解其产量；
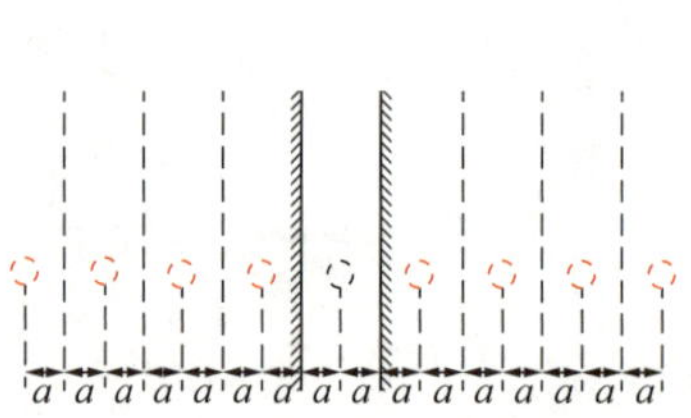
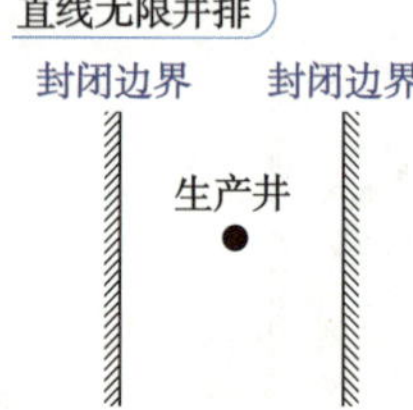

$$Q=\frac{2\pi Kh(p_e-p_w)}{\mu\left(\frac{\pi L}{2a}+\ln\frac{a}{\pi R_w}\right)}$$
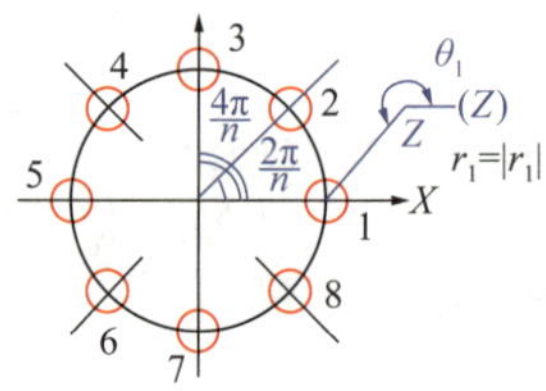
$$Q=\frac{2\pi Kh(P_e-P_w)}{\mu\left(n\ln\frac{R_e}{R}+\ln\frac{R}{\mathrm{n}R_w}\right)}$$
（7）通过以上讲课及小结，使学生掌握各种复杂问题的镜像反映图像，学会运用镜像反映求产量和压力分布。</td></tr>
<tr><td>解决工程问题</td><td>对于镜像反映，需要根据封闭边界和供给边界建立不同模型，根据建立的模型，运用叠加原理进行求解，进而确定产量和压力分布。引出了“偏心井”的概念，给出不同夹角情况以及直线无限井排、直线供给边缘附近布有一直线井排、环形井排的产量和压力分布。</td></tr>
<tr><td>思政总结</td><td>知识讲解和思政教育相融合，更好地培养学生将工程实际问题转化为物理问题或数学问题，然后对物理问题或数学问题进行求解再反映到工程实际问题的能力。例如临盘勘探开发研究院负责的《胜利临盘极复杂断块油田多层油藏提高采收率对策研究及应用》项目，充分利用《渗流力学》的知识，瞄准国家重大能源战略专项，将现场复杂断块问题，转化为物理和数学模型，来解决实际矿场难题，通过对复杂断块油藏进行分类，建立不同类型极复杂断块开发技术模式，编制示范区提高采收率方案，最终将研究区采收率提高 2%，为国家能源安全做出贡献。</td></tr>
</table>

（五）教学反思

1. 如何将课程思政与专业知识有机结合——“思政教育－专业知识”一体化教学

在教学过程中，课前让学生根据预习提纲阅读教材、提出问题，授课过程中通过设置适量的、能够激发学生探究兴趣的石油“会战”史等思政案例，让学生用眼观察、动脑思考、善于表达，培养学生工程思维和解决复杂工程问题的能力，将使学生在专业知识和思政案例学习中认知、感悟“石油精神”，进而获得专业知识，深埋能源报国的种子。

2. 如何避免“生硬”课程思政——“专业知识－石油精神－能源安全”巧妙融合

梳理课程教学目标和思政目标，借鉴各高校课程思政成果进展，在课程教案不同模块设置思政内容切入点，引入思政元素。将国情教育、石油精神和创新意识、工程伦理、能源安全等有机地嵌入相关专业知识教学过程中，将工程问题引入石油精神，联系实际能源安全问题，加强德育元素应用，促进教学实施过程中专业知识与课程思政知识的融会贯通。推进课程思政、落实立德树人，培养有责任、敢担当、有志向、能奉献的新时代石油人。

《油层物理》优秀课程思政设计及案例

杨胜来、李　靖、王秀宇、于海洋、章　星

一、课程基本信息

课程名称：油层物理

开课学院：石油工程学院

课程类型：专业课

课程性质：必修

授课对象：石油工程专业二年级本科生

使用教材：《油层物理学》，ISBN 978-7-5636-1501-8，杨胜来、魏俊之，石油工业出版社，2007

《Fundamentals of Petrophysics》（英文版），ISBN 978-7-5021-7589-4，杨胜来，石油工业出版社，2011

教学课时：48 课时

二、课程思政教学整体设计思路

1. 构建“三位一体”的课程思政教学知识体系

《油层物理》是石油工程、海洋油气工程专业学生学习其他专业课程的重要基础，其总体目标是通过各种教学环节，使学生掌握油层物理方面的基本概念、理论、计算方法和实验技能，并提高学生应用所学知识解决油藏实际问题的能力，达到学以致用的目的。该课程一般在二年级上学期开设，是学生接触石油工程类的**首门**专业基础课，因此需要向学生传授价值倾向和家国情怀，塑造爱国、敬业、诚信、友善的社会主义核心价值观。学生通过《油层物理》课程的学习进一步树立正确的世界观、人生观和价值观，为学生修读后续专业课程打下知识基础，也奠定思想基础。

根据课程的全部教学内容，系统梳理教学知识点，以专业知识为核心，结合知识点与理论和生活生产实际相结合的案例，进行课程思政元素的挖掘，构建了《油层物理》课程“专业知识—典型案例—思政元素”三位一体的知识与价值体系有机融合的课程思政教学知识体系，并将科学进展前沿融入课程内容中，增加课程的创新性。

2. 创新“三类主题”的课程思政育人模式

以课程思政课堂教学内容体系传授的第一课堂为核心，传授课程的基本概念和基本理论，在讲授过程中有机融入课程思政元素，引导学生养成良好的科研精神和石油品质；根据课程的大纲要求，课程内容主要分为三种类型：①课程内容偏向概念介绍（例如：油气相态、油气藏类型及划分标准等）；思政设计可以课程结合“中国石油发展史”，介绍“新时代传承大庆精神凝聚奋进力量”事迹和“新时代扎根西部油田奉献青春力量”事迹，在增加专业教学趣味的同时教育学生要继承石油先辈的奉献精神、服务国家重大战略需求。②课程内容偏向实验测量（例如：流体物性、岩石物性等）；思政设计要突出培育学生的科学精神、创新精神，并注重把辩证唯物主义、历史唯物主义贯穿渗透到课堂教学中，引导学生增强人与自然环境和谐共生意识、人类命运共同体意识，明确人类共同发展进步的历史担当。③课程内容偏向机理分析（例如：两相渗流、毛管力、界面显现等）。引导学生联想物理现象背后的原因，同时，鼓励学生要学会创新，转变自身思维，将思维的发展与新时代特色相结合。当今世界，创新者胜，创新者强，创新并不只意味着打破旧有的规则，更要保证新方法的实用性与可行性。

3. 形成“以学生为中心”的育人理念

充分运用线上录课 + 线下授课的混合式教学手段，采用讨论式教学法、启发式教学法、案例式教学法等多种教学方法，充分调动学生学习能动性，让学生深度参与到教学过程中来；采用课堂出勤成绩、研讨成绩等即时性评价和实验报告成绩、课程作业成绩等延时性评价成绩综合的多手段过程考核和最终考试并重的考核方式，提高课程考核难度；以专家学科前沿讲座、石油科普讲座等多形式的学科素养熏陶的第三课堂为环境浸润，培养学生的天下意识、家国情怀，最终形成“以学生为中心”的育人理念。

三、各章节课程思政设计要点

绪论

0.1　石油天然气开发的重要意义

0.2　油层物理学的研究内容和发展概况

课程思政内容设计：本章节是《油层物理》课程的开篇，首要目标是培养学生学石油、爱石油、为祖国献石油的家国情怀，培养学生学习兴趣、思维方法、分析和推理能力，使学生初步掌握油层物理的基础知识和基础理论，学习与掌握石油行业工作的一般方法，为后续专业课程的学习打下坚实基础。思政元素紧密围绕授课内容，从石油与天然气开发对我国发展的重要意义出发，结合时事政治与国际形势，引出油层物理学发展对油气开发的重要意义。授课教师结合习近平总书记新时代中国特色社会主义绿色能源特色发展的理论，让学生努力学习铁人精神、大庆精神，引导学生积极将自身奉献于能源开发行业。

第一章　油气藏流体的化学组成与性质

1.1　石油的化学组成

1.2　石油的物理性质

1.3　天然气的化学组成

1.4　油气藏按烃类流体物性分类

课程思政内容设计：本章节主要带领学生认识石油与天然气的基本物性，并且让学生对不同类型油气藏有一个最基本的概念。思政元素可以从我国主要油气藏类型出发，引出我国油气藏的开发难点，结合我国油气发展史，弘扬新时代“传承大庆精神、凝聚奋进力量”，涵盖大庆油田会战、玉门油田会战等，学习老一辈石油工人艰苦奋斗精神，在增加专业教学趣味的同时，教育学生要继承石油先辈的奉献精神、服务国家重大战略需求。

第二章　天然气的高压物理性质

2.1　天然气的视分子量和密度

2.2　天然气的状态方程和对比状态原理

2.3　天然气的高压物性

2.4　天然气水合物简介

课程思政内容设计：本章主要介绍天然气的视分子量和密度、高压物性及湿天然气和天然气水合物的基本特征，此类基本参数的测定需要通过开展大量的物理实验。因此，可以将科学严谨、求真务实、脚踏实地等思政元素融入课程实验，培养学生科学精神与工匠精神并使两者相结合。同时，向学生弘扬油田里的“大国工匠”精神，让学生领悟扎根边疆、坚守沙漠的胡杨精神。介绍克拉玛依校区选择留疆为祖国献石油的优秀毕业生，融入以艰苦创业为内核的“石油精神”，增强学生对石油一线和西部基层认同感，涵养学生的理想信念和爱国情怀，逐步树立扎根西部基层、奉献青春的远大志向。

第三章　油气藏烃类的相态和气－液平衡

3.1　油气藏烃类的相态特征

3.2　气－液相平衡

3.3　油气体系中气体的溶解与分离

3.4　用相态方程求解油气分离问题的实例

课程思政内容设计：本章主要讲授油气藏烃类流体的相态特征、汽－液相平衡、油气体系中气体的溶解和分离问题。思政元素可以围绕唯物辩证法的经典理论，即“内因是事物变化发展的依据，外因是事物变化发展的条件”。烃类体系组成是油气藏流体相态特征的关键内在因素，所处温度压力条件是引发相态特征差异甚至突变的重要外在因素。同时，气体的溶解与分离过程是一个对立统一的过程，在一定的条件下可以发生转化。对于同样的烃类体系，由于采用了不同的分离条件，将获得不同的油气组成和比例，说明外界条件对于事物的发展也会造成巨大的影响。引申到学生的学习过程，采用或努力或颓废的学习态度，将会获得截然不同的结果，并督促学生始终保持积极向上的求学精神。

第四章　地层流体的高压物性

4.1　地层油的高压物性

4.2　地层水的高压物性

课程思政内容设计：地下的流体都处于高温高压的状态，其性质与地面流体有所不同。本章主要讲述地层油的高压物性和地层水的高压物性，学习的关键在于考虑到油和水中溶解了天然气，且溶解量和溶解的规律在油藏饱和压力的前后有较大转变。引导学生在学习过程中认识到王进喜的名言“井无压力不出油，人无压力轻飘飘”，把压力转化为动力提高学习成绩。同时，原油的高压物性随压力的变化规律是最核心的知识，学生要努力做到“知其然并知其所以然”。既能够正确地绘制出地层油的密度、黏度、溶解气油比、体积系数和压缩系数随压力变化曲线，又能清晰地表达出产生这种变化的根本原因。

第五章　储层多孔介质的孔隙特性

5.1　砂岩的构成

5.2　储层岩石的孔隙度

5.3　储层岩石的压缩性

5.4　储层岩石流体饱和度

课程思政内容设计：本章主要介绍储层岩石的孔隙性、孔隙度、压缩性以及流体饱和度，涉及油 / 水在储层中的复杂赋存与流动特征。因此本章思政元素可以围绕油水驱替“阻力”，引出油气开采过程中，克服种种困难与阻力不断前行的故事。在水驱油过程中，水作为驱油介质要克服各种阻力，从孔道中驱出原油，与此同时会引起油层内部油、气、水数量和分布形式不断改变。引入故事：三八女子钻井队成员克服家庭关、社会关、技术关和体力关，以坚忍不拔的毅力和压倒一切困难的决心，以“只能拿绣花针的手”扛起了大钳，握起了刹把，拉起了矛头。面对困难时，让学生学会从多种因素出发，分析产生困难的原因，找到解决困难的办法，学会在困难之中变阻力为动力，不断成长。

第六章　储层岩石的渗透性

6.1　达西定律及岩石绝对渗透率

6.2　气测渗透率及气体滑动效应

6.3　影响岩石渗透率的因素

6.4　裂缝性、溶孔性岩石的渗透率

6.5　岩石结构的理想模型及应用

6.6　储层岩石的敏感性

课程思政内容设计：本章主要讲授油层物理课程的经典理论：达西定律，并基于此介绍岩石的绝对渗透率、克氏渗透率、气体滑脱效应和储层岩石敏感性等内容。思政元素可以从达西个人生平入手，讲述个人发展与城市、国家的关系，在学生中厚植家国情怀，鼓励学生努力学习，回馈家乡和整个人类社会。气体滑脱效应部分可以融入现象与本质的关系：特定条件下所呈现出来的表象或许只是假象，科学的内涵是在反复探索中找到事物发展的本质规律。引导学生明白凡事“预则立，不预则废”的道理，对待学习和生活要有规划、有目标，做好充分的预案。

第七章　非常规储层孔渗特性

研讨课

课程思政内容设计：学生们围绕习近平总书记关于油气领域系列重要指示批示精神“加大非常规油气领域的勘探开发力度，研究新理论和新工艺，实现非常规油气资源的低成本高效开发，不断提升我国油气保障能力”畅所欲言。

第八章　储层岩石中的界面现象与岩石的润湿性

8.1　储层流体的相间界面张力

8.2　界面吸附现象

8.3　储层岩石的润湿性

课程思政内容设计：本章主要讲授油气藏界面现象与润湿性对油气采收率的影响，思政元素引导学生认识到：地层油所处环境极其复杂，而我们对地下情况的认识又非常有限，开发过程中要克服重重困难，需要学生具备扎实的专业知识和勇于钻研的毅力。同时，非常规油气储层的开发方法已成为目前的研究热点及重点，由于非常规油气储层的孔喉以纳米－微米孔喉为主，界面现象与常规储层相比更为复杂，因此鼓励学生要学会创新，将思维的发展与新时代特色相结合。当今世界，创新者胜，创新者强，创新并不只意味着打破旧有的规则，更要保证新方法的实用性与可行性。

第九章　储层岩石中的毛管压力及其曲线

9.1　毛管压力的概念

9.2　岩石毛管压力曲线的测定和换算

9.3　岩石毛管压力曲线的基本特征

9.4　毛管压力曲线的应用

课程思政内容设计：本章主要讲授多相流体在孔道中的毛细管压力特性，并推广到实际岩石孔道中，探讨多相流体在毛细管中的流动规律。思政元素从毛细管效应的研究历史切入，由 1485 年达芬奇第一个观察到毛细管上升效应，直至 1806 年被 Laplace 的理论完全揭示，科学的发展经历了漫长的阶段。引导学生在学习和工作中，只有全情投入才会有回报，只有拼搏才会获得辉煌的成功。同时引申讨论“科学无国界，但科学家有祖国”，以钱伟长、周培源等留学归来的著名力学家的人生经历，展示他们的爱国之心、报国之志和强国之功。作为幸福地成长在红旗下的新一代学子，不仅要认真学习科学文化知识，还要把爱国科学家们的精神代代传承，发扬光大，为中华更辉煌的崛起而努力奋斗！

第十章　孔隙介质中多相流动与相对渗透率曲线

10.1　孔隙介质中的多相流

10.2　多相渗流的相对渗透率

10.3　相对渗透率曲线的应用

课程思政内容设计：本章主要讲授岩石－流体的相互作用及含多相流体的岩石渗流特征，油气藏多是油水、油气甚至油气水共存，彼此间会相互作用、干扰和影响，产生多种毛管效应增加流动阻力。思政元素引申至：树牢中华民族历史观，铸牢中国心、中华魂，构筑中华民族共有精神家园。推动各族群众逐步实现在空间、文化、经济、社会、心理等方面的全方位嵌入，促进各民族像石榴籽一样紧紧抱在一起。再谈个人与社会，个人理想与国家理想的关系。一个人的理想只有同国家的前途和民族的命运相结合才有价值，一个人的追求只有同社会的需要和人民的利益相一致才有意义。引导学生在成长过程中树立正确的价值观，学会将自我理想融入国家理想之中。作为新时代青年，只有胸怀忧国忧民之心、爱国爱民之情，才能准确定位自己的人生目标和奋斗方向。

四、案例展示

（一）结合章节

本次案例结合《油层物理》绪论，主要讲授：（1）石油天然气开发的重要意义；（2）油层物理学的研究内容和发展概况。

（二）教学目标

1. 了解石油与天然气开发的重要意义

石油和天然气是当今世界经济发展中必不可少的主要能源和物资，进入 21 世纪以来，我国已经成为世界第二大石油消费国，国内能源形式愈发严峻，能源安全问题成为了制约国家发展的关键问题。能源的开发和合理利用是整个社会发展的源泉和依据，决定着一个国家的竞争实力和综合国力。对此，习近平总书记多次指示："加大勘探开发力度，在石油天然气等领域前面攻坚，能源的饭碗必须端在自己手里。"

2. 熟悉油层物理学的研究内容与任务

油层物理学是研究油气层物理和物理化学现象的科学，主要内容包括：①油气藏中流体的物理性质（包括油、气、水的高压物理性质，油气相态变化规律）；②油气藏岩石的物理性质（包括孔隙度、渗透率、饱和度、储层敏感性等）；③饱和多相流体的油气层的物理性质及多相渗流机理。

3. 了解油层物理学的发展概况

结合"中国石油发展史"，介绍一些与课程授课内容相关的案例，例如：大庆油田会战、玉门油田会战、"新时代传承大庆精神凝聚奋进力量"事迹、"新时代扎根西部油田奉献青春力量"事迹。在增加专业教学趣味的同时，教育学生要继承石油先辈的奉献精神、服务国家重大战略需求。

（三）具体教学过程设计

1. 课程导学

从中国石油大学（北京）的校史及校园文化入手，引入石油工程专业及《油层物理》课程。

新中国成立之初，国民经济建设急需石油资源，石油工业发展急需专业人才。在这种形势下，1952 年 11 月，政务院文化教育委员会批准以清华大学石油工程系为基础，在北京文教区东北部组建成立了新中国第一所石油高等学府——北京石油学院。1953 年 4 月，北京石油学院开工建设，占地面积 58 万平方米。

1953 年 10 月 1 日，千余名师生迁入新校址，在半是田野半是工地的校园里举行开学典礼，新中国第一所石油高等学府诞生，从而迈出了我国石油高等教育的第一步，10 月 1 日这一天被定为学校的校庆日。北京石油学院隶属燃料工业部，是当时北京著名的八大学院之一。老一辈的石油人在学院西侧、面对学院路搭起简易校门，挂起"北京石油学院"的牌匾，见证了北京石油学院的诞生（图 1）。

1969 年中苏关系严重恶化，各大中城市也进行了疏散人口、下放干部、外迁大专院校的紧急动员。1969 年 10 月 27 日—11 月 7 日，北京石油学院师生员工、家属分三批乘专列迁往东营。直至 1981 年 6 月 22 日，石油部、教育部联合发文，宣布成立石油学院北京研究生部（图 2），设在原北京石油学院校址。

图 1 “北京石油学院”牌匾

图 2 石油学院北京研究生部成立

1984 年，经国家计委与北京市建委研究，同意在昌平选址建设北京研究生部；1988 年，国家教育委员会批准在北京研究生部基础上组建石油大学，实行山东、北京两地办学；1989 年石油大学（北京）恢复招收本科生。2005 年，经教育部批准，石油大学（北京）更名为中国石油大学（北京）（图 3）。

图 3 中国石油大学（北京）昌平校区

2015 年 12 月，为支援西部建设，加强西部石油人才培养，中国石油大学（北京）建设克拉玛依校区。2020 年 7 月 7 日，习近平总书记给克拉玛依校区毕业生回信，肯定他们到边疆基层工作的选择，对广大高校毕业生提出殷切期望。

2. 教学内容

（1）石油与天然气开发的重要意义。

目前，国内油气对外依存度分别为 73% 和 45%，石油对外依存度超过了 70% 的能源安全红线。国内原油产量增幅不明显，但是国内原油消耗量持续走高。综合考虑目前油气消耗量及“双碳”战略实施情况，预计 2060 年后，国内每年仍需 3 亿吨原油、4000 亿立方米天然气，国内长期供油 2 亿吨、气 3000 亿立方米是红线。国内油气增产保障是国家能源安全和“双碳”转型的红线和压舱石。国内能源形势愈发严峻，能源安全问题成为了制约国家发展的关键问题。能源的开发和合理利用是整个社会发展的源泉和依据，决定着一个国家的竞争实力和综合国力。对此，习近平总主席多次指示：“加大勘探开发力度，在石油天然气等领域前面攻坚，能源的饭碗必须端在自己手里。”国内原油产量及消费量见图 4。

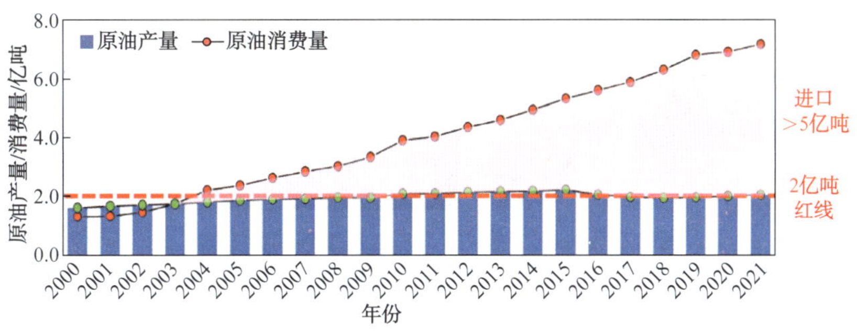

图 4　国内原油产量及消费量

（2）中国石油发展史及油田会战。

结合“中国石油发展史”，介绍一些与课程授课内容相关的案例，例如：大庆油田、胜利油田、新疆油田、玉门油田等大油田会战，介绍石油标杆人物的先进事迹，鼓励学生求真务实、敬业奉献、拼搏创新，培养当代大学生社会主义核心价值观、家国情怀和爱国主义精神。

大庆油田：1959 年发现的中国第一大油田，世界十大油田之一，年产量 4000 万至 5000 万吨，位于黑龙江省大庆市。大庆油田主要由中国石油天然气集团子公司大庆油田有限责任公司负责。1960 年初，中共中央批准石油部申请，调集全国数万石油职工以及急需的 3 万新增劳动力（大部分为中国人民解放军转业官兵）会师大庆，展开了“大庆石油会战”（图 5）。

图 5　大庆石油会战（左）及大庆油田（右）

胜利油田：中国第二大油田，主要分布在山东省东营市。经过 40 年的开发建设，陆续发现了 69 个油田，原油最高年产量达 3355 万吨。目前隶属于中国石油化工股份有限公司的胜利油田分公司。1963 年 12 月 7 日，第一辆载满石油的卡车驶出胜利油田“胜利门”（图 6）。

图 6　石油跨过胜利门（左）及胜利油田（右）

新疆油田：中国西部最大的石油生产企业，隶属于中国石油天然气股份有限公司。新疆油田的主力——克拉玛依油田是新中国成立后发现的第一个大油田。1960 年，克拉玛依油田生产原油 164 万吨，占全国当年原油产量的 40%，成为大庆油田发现前全国最大的石油生产基地（图 7）。

图 7　“黑油山”下的抽油机（左）及新疆油田（右）

3. 课程思政

（1）大庆油田“三代”铁人及精神传承。

经过 60 多年的发展，大庆油田成为我国最大的石油生产基地，涌现出王进喜、王启民、李新民等三代“铁人”（图 8），形成了宝贵的大庆精神、铁人精神。自力更生、艰苦奋斗是大庆精神、铁人精神的鲜明特质，鼓舞着一代代石油人迎难而上、奋勇争先，成为激励中国人民攻坚克难、勇往直前的宝贵精神财富。

“铁人”王进喜：直面外部压力和恶劣环境，“没有条件创造条件也要上”（图 9）。

“铁人”王启民：攻克开采科技难题，“宁肯把心血熬干，也要让油田稳产再高产”。

“铁人”李新民：战胜国外各种挑战，“宁肯历尽千难万险，也要为祖国献石油”。

图 8　大庆油田“三代”铁人：王进喜、王启民、李新民

图 9　中国石油大学（北京）铁人雕像

（2）杰出校友王德民院士。

中国石油大学（北京）杰出校友中国工程院院士王德民是我国油田分层开采和化学驱油技术奠基人，使我国在这些领域处于国际领先水平，为大庆油田各个阶段的发展和稳定提供了技术保证。2016 年，国际小行星中心将 210231 号小行星命名为“王德民星”（图 10）。

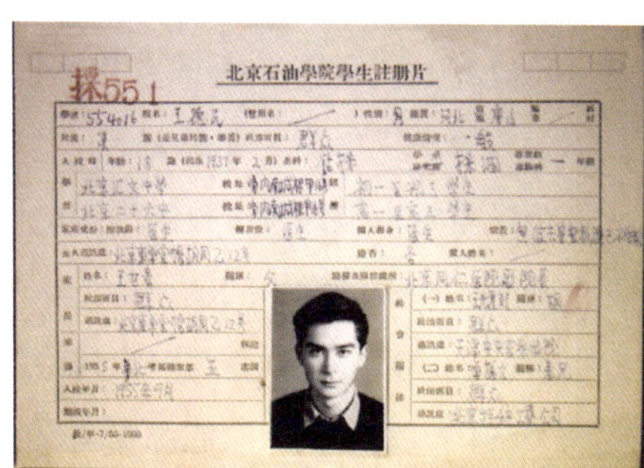
北京石油學院學生註册片

图 10　中国工程院院士王德民

（3）大庆采油班长刘丽。

通过讲述扎根在大庆油田一线岗位的采油班长刘丽（图 11），践行铁人精神，在工作中不畏艰难、勇于挑战、成为新时代大庆“最美奋斗者”的事迹，培养学生求真务实、敬业奉献、拼搏创新的精神。

（4）习近平总书记考察胜利油田。

习近平总书记在山东胜利油田考察时，提出了“把能源饭碗牢牢端在自己手里”“石油清洁高效开发利用”“要加大勘探开发力度，夯实国内产量基础，提高自我保障能力”等要求，激发学生的爱国情怀与能源意识（图 12）。

图 11　大庆采油班长刘丽

图 12　习近平总书记在山东胜利油田考察

4. 教学方法

①启发式教学法：通过图片或实物的观察，启发学生根据已有知识或者日常生活实际进行思考，并形成自己的认识。

②讨论式教学法：通过分组讨论认识与了解我国能源现状，引发学生的关注与思考，为后续专业课程奠定基础，激发学生对专业课程的学习兴趣。

③案例教学法：通过讲述我国大型油田（大庆油田、胜利油田、新疆油田等）发展史，介绍石油标杆人物（三代铁人、王德民院士、采油女工等）的先进事迹，鼓励学生求真务实、敬业奉献、拼搏创新，培养当代大学生社会主义核心价值观、家国情怀和爱国主义精神。

（四）教学反思

通过分析学生对本节课的反馈评价得出，大部分学生对本节课所讲授的内容产生较为浓厚的兴趣，学生自发组成讨论小组，与授课老师进行积极的学术问题讨论，从中可以看出，学生对本节课所教授的难点和重点掌握得很好。通过提问抽查与分组讨论的方式了解到，学生认识到石油与天然气资源对于我国经济稳步发展及国家能源安全保障的重要意义，对国际石油行业形势以及国内石油消耗、供给、资源赋存量等诸多方面有了初步认识。此外，通过传达习近平总书记关于“加大勘探开发力度，在石油天然气等领域前面攻坚，能源的饭碗必须端在自己手里”等批示指示，给学生树立起石油人应有的责任与意识。

同时，油层物理是每个学生所接触的第一门专业核心课程，学生普遍缺乏基础专业知识。因此，在讲授课程中要尽量采取通俗易懂的方式，并且随时与学生互动，时刻了解学生的掌握情况。必要时刻，还需要停下来，回顾加深一下已学习的内容，争取不给学生留下晦涩难懂的印象，持续培养他们对于本门课程的兴趣。

《油藏工程》优秀课程思政设计及案例

李俊键

一、课程基本信息

课程名称：油藏工程

开课学院：石油工程学院

课程类型：专业课

课程性质：必修

授课对象：石油工程专业三、四年级本科生

使用教材：《油藏工程原理与方法》，ISBN 978-7-5636-6419-1，刘慧卿、李俊键、姜汉桥，中国石油大学出版社，2019

教学课时：48 课时

二、课程思政教学整体设计思路

油藏工程是一门与石油勘探、开发和生产密切相关的专业课程，旨在帮助学生深入理解和掌握油藏工程相关理论和实践。本课程虽然重在培养学生的专业技术能力，但也需要注重思政教育的融入。以爱国情怀、社会文化和科学精神为三条主线展开设计课程思政教学，将工程哲学、工程伦理等与专业知识有机融合，大力弘扬大庆精神、铁人精神。提升学生对建设能源强国以及“双碳”目标重要性的认识，通过引导学生了解国家的发展需求和方向，培养学生在科技创新和社会服务方面的使命担当和责任感，让学生成为具有高度文化认同和文化自信的人才，同时促进学生的思想交流和文化融合，培养学生的国际视野和开放精神，进而达到立德树人的目的，培养德智体美劳全面发展的高素质人才，为国家和社会的发展做出贡献。

在这门课程中，我们将思政教育元素与专业知识有机融合，旨在通过教学内容的设计和教学方法的选取，提高学生的思想政治素质和专业素养，具体整体设计思路如下：

第一，科学精神与工程伦理教育相结合。在课堂教学中，引导学生运用科学思维分析和解决问题，注重培养学生的逻辑思维、推理能力和判断能力并将其应用于实际问题的解决中。同时我们将通过讲授油田开发的成功与失败案例，深入分析油田工程中的伦理道德问题，引导学生树立职业道德和职业操守，使学生明确油田工程师的职业责任和使命。

第二，加强国情教育。在课程中引入油藏工程的历史事件和发展进程，让学生了解油藏工程发展的过程和重要事件激发学生的爱国热情和责任感，并将通过讲解国家能源安全战略和能源开发利用现状，引导学生了解我国的能源资源状况和发展趋势，激发学生的责任感和使命感，提高学生的国家意识和荣誉感。

第三，行业发展与国计民生需求相结合，在课程中引入国家能源政策，让学生了解国家能源发展的需求和目标，可以帮助学生更好地了解油藏工程的社会意义和作用，促进学生的综合素质提升，为学生未来的发展奠定坚实的基础。同时也要引导学生关于石油开发在环境保护、可持续发展方面的思考。

第四，注重创新教育。在课堂上将注重引导学生掌握科学研究方法和培养其创新思维，鼓励学生在探索油藏开发新技术和新方法方面进行创新，激发学生的创新意识和实践能力。

第五，加强实践教育。将通过实验教学和实践实习等方式，让学生更加深入地了解油藏工程的实际操作和应用，提高学生的实际动手能力。组织学生进行专业交流和分享活动，让学生了解同行业的发展情况和先进经验，同时也让学生分享自己的学习和实践经验，培养学生的团队合作精神和交流能力。

这样的思政教学整体设计，旨在全面提高学生的综合素质和专业水平，培养具有高尚道德情操、扎实专业基础和创新实践能力的高素质油田工程师。

三、各章节课程思政设计要点

本课程主要包括四章内容，围绕着一个中心、三个基本点开展讲授工作。一个中心指的是油藏工程设计基础，三个基本点是非混相驱替与注水开发动态预测，油藏动态监测原理与方法及油藏动态分析方法。

针对传统以教师为主导的“讲－听”授课模式存在的问题，提出了“以学生为中心”的多元混合式教学模式，包括多种有效教学方式（如课堂讲授、课堂讨论、自主学习、项目研究、合作学习、学生汇报研讨等）的有机结合。同时，油藏工程课程重视课堂思政，讲授过程中将专业发展和历史事件进程相结合，将行业发展与国计民生需求相结合，将科学精神与工程伦理教育相结合。

第一章 油藏工程设计基础

1.1 油田勘探开发程序

1.2 油藏评价

1.3 油田开发层系的划分

1.4 井网与注水方式

1.5 油田开发方案编写

1.6 复杂油田开发

1.7 油田开发调整

课程思政内容设计：本章主要介绍油藏工程设计基础，包括油田勘探开发程序、油藏评价、油田开发层系的划分、井网与注水方式、油田开发方案编写、复杂油田开发和油田开发调整。授课老师可以引导学生了解石油产业的历史和现状，了解石油对于国家经济和社会发展的重要性，以及石油对外依存形势的风险和挑战。同时，可以通过大庆油田勘探开发历程，讲述“大庆精神”“铁人精神”在大庆油田发展过程中起到的重要作用。在油藏评价和储量计算方面，可以以冀东油田的储量计算和开发过程为例引导学生理解储量对于油田开发的重要性和意义。在断块油田开发方面，可以向学生讲述东辛－五忽油田和孙龙德院士等代表性案例和人物，让学生了解断块油田开发的理论和方法，以及科技创新对于油田开发的重要性和作用。此外，引导学生了解环保意识和工程伦理在双碳技术开发中的重要性，让学生了解如何在技术发展和产业升级中平衡经济发展和环境保护，做出符合社会和人类利益的决策。

第二章 非混相驱替及注水开发指标计算

2.1 一维不稳定驱替

2.2 底水锥进

2.3 剩余油及其可流动性

2.4 水动力学调整方法

课程思政内容设计：本章主要介绍非混相驱替及注水开发指标计算，包括一维不稳定驱替、底水锥进、剩余油及其可流动性以及水动力学调整方法。在思政内容设计方面，可以注重强化学生的国家意识和责任意识，引导学生了解数值模拟技术“卡脖子”的原因及影响，以及国内和国外在数值模拟方面的研究进展和差距。同时，引导学生了解不同预测方法的准确度和投资风险，让学生了解科学精神和工程伦理在预测和决策中的重要性。此外，可以引导学生学习油田开发中的精神风貌，如注重环境保护、提高资源利用率的精神，以及在油田开发中推崇技术创新和人才培养的精神。

第三章　油藏动态监测原理与方法

3.1　试井及试井分析

3.2　均质油藏试井方法

3.3　生产测井技术应用

课程思政内容设计：本章主要介绍油藏动态监测原理与方法，包括试井及试井分析、均质油藏试井方法和生产测井技术应用。在思政内容设计方面，在课程中引导学生了解科学方法、双对数发现过程、反问题和不确定性的概念和应用，从而提高学生的思维能力、科学素养和责任意识，培养学生的探究精神和创新能力。同时，引导学生了解智能诊断技术的发展和应用，以及其在油藏管理和维护中的重要性和意义，让学生了解如何在技术发展和产业升级中平衡经济发展和环境保护，做出符合社会和人类利益的决策。增强学生的责任意识和创新能力，提高学生的综合素质和实践能力。

第四章　油藏动态分析方法

4.1　物质平衡方法

4.2　水驱特征曲线分析

4.3　产量递减分析

课程思政内容设计：本章主要介绍油藏动态分析方法，包括物质平衡方法、水驱特征曲线分析和产量递减分析。在物质平衡方法课程中，引导学生了解物质平衡和缝洞技术的创新和发展，了解物质平衡和缝洞技术的发展历程和应用现状，以及其在油田开发中的作用和意义，培养学生的创新精神和责任意识。在水驱课程中，可以引导学生学习童宪章院士的科研精神。童宪章院士是中国科学院院士，油气田勘探开发方面的专家，曾在水驱曲线理论和应用方面做出了重要贡献。引导学生了解科技创新对能源领域的重要性和推动国家现代化的重要作用，理解优化开发方案对资源节约和环境保护的意义。此外，可以引导学生学习童宪章院士在油田开发中的精神风貌，如注重实践和创新，积极探索和应用新技术、新方法，以及推崇科学精神和开放合作的重要性，培养学生的科研精神和创新意识，为油田开发和能源转型做出贡献。同时引导学生从油藏角度出发，强调专业认同感，有助于提高学生的专业素养和责任意识，增强学生的团队合作和创新精神。

四、案例展示

（一）结合章节

第一章　油藏工程设计基础　第六节　复杂油田开发

（二）教学目标

了解东辛－五忽油田的地质特征和开发情况，了解孙龙德院士的科研成果和贡献，培养学生的爱国主义、创新精神、绿色意识和责任担当。

1. 知识目标

了解断块油田开发的基本原理和技术，掌握东辛－五忽等典型断块油田的地质特征和开发经验。

2. 能力目标

培养学生分析和解决断块油田开发中的实际问题的能力，提高学生的实践能力和创新思维。

3. 育人目标

通过讲述孙龙德院士的故事，培养学生的家国情怀以及团队合作精神和创新思维，增强学生的责任意识和爱国主义精神，鼓励学生为国家能源事业做出贡献。

（三）教学重点与难点

教学重点：断块油田开发的基本方法和技术；东辛－五忽油田的地质特征和开发情况；孙龙德院士的科研成果和贡献，培养学生的创新思维。

教学难点：如何让学生“感同身受”，如何将创新思维培养、家国情怀思政教学融入油藏课程的教学中，如何引导学生思考油藏开发与可持续发展的关系以及敢于创新敢于挑战的重要性。

（四）具体教学过程设计

通过讲述中国著名的地球物理学家和地球物理勘探技术专家，也是中国科学院院士的孙龙德工作生活中的故事，将我国非稳态复杂油田开发理论技术发展和工程实施的历史与老一辈科学家的人生经历紧密联系起来，让学生深刻地体会老一辈科学家敢为人先，求真务实的家国情怀，培养学生学习老一辈科学家的爱国主义精神，以达到立德树人效果。孙龙德院士在东辛－五忽油田的开发中，不断探索和尝试，不断突破难关，取得了一系列的技术创新和实践经验，对于中国油气勘探开发事业的发展做出了重要贡献。他的经验和成就，为中国油气勘探开发事业的发展提供了有益的借鉴和启示。

1. 导入环节

介绍断块油田开发的背景和意义，引入东辛－五忽典型断块油田的故事。东辛油田是中国华北地区发现最早的油田，胜利油田发现井——华八井、营二井均位于东辛油田，是复杂断块油藏的典型代表。这个油田的开发经历了一系列的技术创新和难点突破，对于中国油气勘探开发事业的发展做出了重要贡献。其中，孙龙德院士是断块油田开发的重要领军人物之一，他在技术创新和实践经验上都有着丰富的经历和卓越的成就。

2. 理论分析＋知识讲解

讲解断块油田开发的基本原理和技术，以及东辛、五忽等典型断块油田的地质特征和开发经验；通过展开讲解东辛－五忽典型断块油田的开发历史故事以及开发过程进行思政教育。

1961 年 4 月 16 日，华北石油勘探处 32120 钻井队钻探的华 8 井，获日产 8.1 吨的工业油流。华 8 井的成功，是发现东辛油田乃至胜利油气区的重要标志，更是华北平原和渤海湾地区石油勘探的重大突破。1962 年 9 月 23 日，营 2 井沙三段发现岩性油气藏，产 555 吨 / 天，是当时全国最高产油井，命名为“九二三厂”。截至 2020 年 12 月，东辛油田共投产油井 1887 口，动用石油地质储量 2.7 亿吨，年产油 111 万吨，采出程度 35.84%。

对于渤海湾盆地地质的复杂性，康世恩先是用了一个形象的比喻来说明。他说：“渤海湾地区的地质情况，就像一个摔在地上的破盘子，又被人狠狠地踢了一脚，搞得七零八碎，对不起来。”后来，又进一步把它概括为“五忽”油田。他说：“东营探区复杂的地下情况，可以概括为‘五忽’现象，具体讲就是：油气层忽有忽无；目的层忽水忽油；油井产量忽高忽低；油层厚度忽薄忽厚；原油性质忽稀忽稠。‘五忽’就是矛盾的具体体现，要通过现象看本质，从‘五忽’中找出规律。”

东辛油田开发初期，大家原本以为这是整块油田，并按照整块油田的开发方式进行开采，结果开采效果并不理想。后来孙龙德院士和其团队发现了这一问题并进行研究，发现并提出“五忽”油田这一特点，在经过无数个日日夜夜的创新探讨，终于形成了一套针对复杂断块油藏的滚动勘探开发技术，并提出“整体部署、分步实施、及时调整和逐步完善”16 字开发口诀。为石油行业目前大力推行的勘探开发一体化奠定了理论和实践基础，孙院士也被誉为“滚动专家”。他善于用哲学的观点指导油气勘探开发实践，积极倡导并努力推动勘探开发一体化，打破了以往油气勘探开发相分割的工作格局，把油气勘探开发作为一个连续的系统进行运作，实现了市场经济条件下油气勘探开发效益的最大化。

3. 小组讨论

组织学生分组，就断块油田开发中的具体问题以及整体开发思想、从其中学到的创新精神和工程哲学思想进行讨论和探究，以及强调开发必须严格按照步骤进行，否则会出现的一系列问题。

4. 总结反思

引导学生总结本次课程的收获和体会，反思自己在学习和实践中的不足和改进，进一步强调创新思维的重要性。

（五）教学反思

通过对本节课程的教学，学生不仅了解了油藏开发的基本概念和原理，掌握了断块油田开发的基本方法和技术，还可以了解东辛－五忽油田的地质特征和开发情况，深入了解孙龙德院士的科研成果和创新贡献。同时引导学生思考油藏开发与可持续发展的关系，培养学生的爱国主义精神、创新思维、绿色意识和责任担当。但也需要进一步完善授课方式和方法，使学生更好地掌握复杂油藏开发技术，并加强对可持续发展的认识和理解。注重结合实际案例和数据进行讲解，让学生更加深入地了解断块油田开发的实际问题；教师应注重对学生的实践能力进行培养和考核，让学生能够将所学知识应用到实践中去；教师应引导学生深入思考和反思，促进学生的成长和进步。

《岩石力学》优秀课程思政设计及案例

张广清

一、课程基本信息

课程名称：岩石力学

开课学院：石油工程学院

课程类型：专业课

课程性质：必修

授课对象：石油工程专业、海洋油气工程专业三年级本科生

使用教材：《石油工程岩石力学基础》，ISBN 978-7-5021-8537-4，陈勉、金衍、张广清，石油工业出版社，2011

教学课时：32 课时

二、课程思政教学整体设计思路

《岩石力学》课程教学目标是通过本课程学习，首先使学生掌握岩石的物理、力学性质、孔隙弹性、地应力、岩石本构关系及强度等基本概念；其次掌握石油工程岩石力学中重要参数的试验和确定方法；最终针对岩石力学相关的石油工程问题，将基本概念、模型和工程实例与技术相结合，深化和加强对工程问题的理解和认识。

在《岩石力学》总体教学环节设计中**融入课程思政元素**，在绪论中向学生阐述石油精神、铁人精神以及我校克拉玛依校区所在的城市及新疆油田半个世纪从无到有、从小到大的发展历程，并结合我校知名校友、新时代“铁人”王启民的感人事迹的讲述，培养学生热爱石油的情怀。结合身边油田新一代骨干力量拼搏进取、甘于奉献的优秀事迹，激发青年学子的事业心和责任感。

在**理论内容**的教学中，结合岩石力学与钻井、完井工程应用以及生产安全事故的分析，树立学生以严谨精神进行科学研究的态度，同时对知识孜孜以求，逐步形成今后为突破我国石油工程“卡脖子”技术贡献力量的信心和勇气。

在**实验教学**中，不断引导学生培养勇于探索、不怕吃苦、实践出真知的价值观，为今后投身石油事业奠定坚实基础。**课外实践**是和课内的课程思政学习互为补充的，石油工程学院与大庆油田共建了实践育人基地，学生通过生产实习、红色教育和亲身实践等，把课内的思政元素转化到专业实践之中，并反哺课堂学习，让课程思政效果不断得到加深和巩固。

三、各章节课程思政设计要点

第一章　绪论

本章内容包括岩石力学的定义、研究对象的特点、岩石力学的历史、岩石力学的研究内容及研究方法。

课程思政内容设计：阐述石油精神、铁人精神以及我校克拉玛依校区所在的城市及新疆油田半个世纪从无到有、从小到大的发展历程，并结合我校知名校友、新时代“铁人”王启民的感人事迹的讲述，培养学生热爱石油的情怀。结合身边油田新一代骨干力量拼搏进取、甘于奉献的优秀事迹，激发青年学子的事业心和责任感。此外，介绍岩石力学发展史，严谨的科学精神，以及岩石力学理论与方法支持大国建造等，提升民族自豪感和文化自信。

第二章　弹性力学及孔隙弹性力学基础

本章内容包括应力、应变的概念及表达方式、一点的应力状态、岩石的孔隙弹性特征及孔隙弹性力学的基本原理等。

课程思政内容设计：介绍弹性力学基本概念的形成与发展历史，弹性力学公式的美学元素，推导弹性力学公式的哲学元素和思想等。

第三章　岩石的组构特征及其物理性质

本章内容包括岩石的组构特征及其地质基础、岩石的特殊力学性质，岩石的密度、吸水性等物理性质等。

课程思政内容设计：介绍岩石的地质形成与演化规律，岩石组构特征的美学元素，岩石在复杂甚至恶劣环境下“生存与发展的不屈精神”等。

第四章　岩石的变形性质

本章内容包括岩石变形性质的研究方法、全应力－应变曲线的特征、岩石变形特征的分类、岩石的流变性及模型等。

课程思政内容设计：从现象中挖掘本质的探索精神，内在性质与外在表现的哲学关系，岩石从弹性到塑性变形过程表现的“承压能力与坚韧精神”等。

第五章　岩石的破坏及破坏准则

本章内容包括岩石强度、破坏准则的概念，Mohr-Coulomb 破坏准则、格里菲斯破坏准则等。

课程思政内容设计：由岩石强度理论推到历史、科学家精神，公式形式的美学元素，从具体到抽象，从繁琐到简化，抓住主要矛盾等哲学思想。

第六章　地应力的概念及测定方法

本章内容包括地应力的概念来源、分布规律，地应力大小及方向的测定方法和原理及其断层对地应力的影响。

课程思政内容设计：从理论到实际，从室内到现场测量所需精益求精的工匠精神。我校老一辈石油工程岩石力学专家提出的地应力模式，解决油田实际问题，体现了科学精神和创新实践思维，提升学生对自己所在学科的自信心和认同感。

第七章　井壁失稳的类型及原理分析

本章内容包括井壁坍塌压力及破裂压力的计算模式、井壁稳定的影响因素、特殊复杂地层井壁稳定性等。

课程思政内容设计：传承“铁人精神”，介绍铁人用身体搅拌泥浆的感人事迹，结合井喷、压井、泥浆的概念和控制地层压力等问题开展介绍，把铁人艰苦奋斗的精神与井壁稳定的专业知识、科学内涵有机结合，让新一代石油工程专业学子在培养科学精神的同时，继承和发扬石油精神优良传统。

第八章　水力压裂及油气井出砂

本章内容包括水力压裂概述，小型压裂，水力压裂的数值及物理模拟，出砂的机理，影响因素，可能性预测的基本方法，出砂量预测的流固耦合模型及其求解方法等。

课程思政内容设计：坚持工程设计的原理和规范，以工匠精神投入专业学习和现场实践。运用理论知识，结合工程问题，解决现场需求问题。结合工程案例和科研成果，提升学生对本课程的学习兴趣与价值认同。

四、案例展示

（一）结合章节

第六章　地应力的概念及测定方法　第二节　地应力的测量

（二）教学目标

1. 知识目标

掌握地应力的基本概念，地应力测量的基本理论。

2. 能力目标

掌握地应力的测试方法，了解室内实验、现场测试等多种方法的拓展应用。

3. 育人目标

培养地应力测试中理论联系实际的思想、测量中的工匠精神与协作能力，以及对老一辈科学家自主创新的价值认同。

针对育人目标的具体展开，有以下三个方面内容：

（1）通过学习地应力测量的基本理论与现场测试方法，培养学生理论联系实际的思想意识，如何将书本理论与现场测量两者有机结合，最终达到“实践出真知”的育人效果。

（2）通过学习地应力测量的基本理论与室内实验方法，培养学生亲自动手、自己实践，在动手测量中的工匠精神和写作能力。

（3）通过学习多个地应力计算模型，特别是我校石油与天然气工程老一辈科学家结合国内实际，创新性提出的地应力计算模型，从而解决油田实际需求问题，从中体现出科学精神和创新实践思维，提升学生对所在学科的自信心和认同感。

（三）教学重点与难点

教学重点：水压致裂法（现场测试）和 Kaiser 效应法 / 差应变法等（室内实验）

教学难点：水压致裂法的基本测量原理

（四）具体教学过程设计

教学过程及时间分配	教学内容	教学方法的运用
一、问题的引出（5 分钟）	为什么要研究地应力，其重要性在哪些方面？ 1. 勘探方面 2. 钻井方面 3. 开发方面	通过问题提出，引发学生思考 提问讨论（通过互动，组织学生选择答案）
二、新课教学	测量方法介绍 · 水压致裂法 · Kaiser 效应法测地应力 · 差应变法	
水压致裂法的课程思政元素	水压致裂法是一种现场测试方法，通过学习地应力测量的这一典型的现场测试方法，培养学生理论联系实际的思想。 现场测量系统和测量曲线的关键结果，与地应力理论中的关键参数具体对应。理论与实际的内在联系，通过水压致裂法的学习使学生认真感悟。	
水压致裂法的介绍（5 分钟）	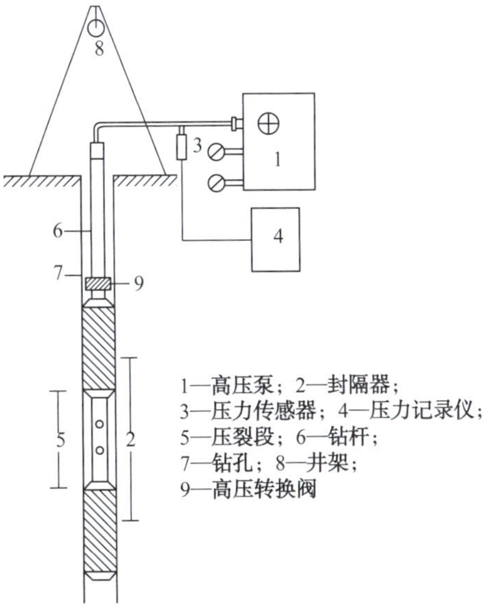 1—高压泵；2—封隔器；3—压力传感器；4—压力记录仪；5—压裂段；6—钻杆；7—钻孔；8—井架；9—高压转换阀 水压致裂应力测量系统示意图	介绍水压致裂应力测量系统。

续表

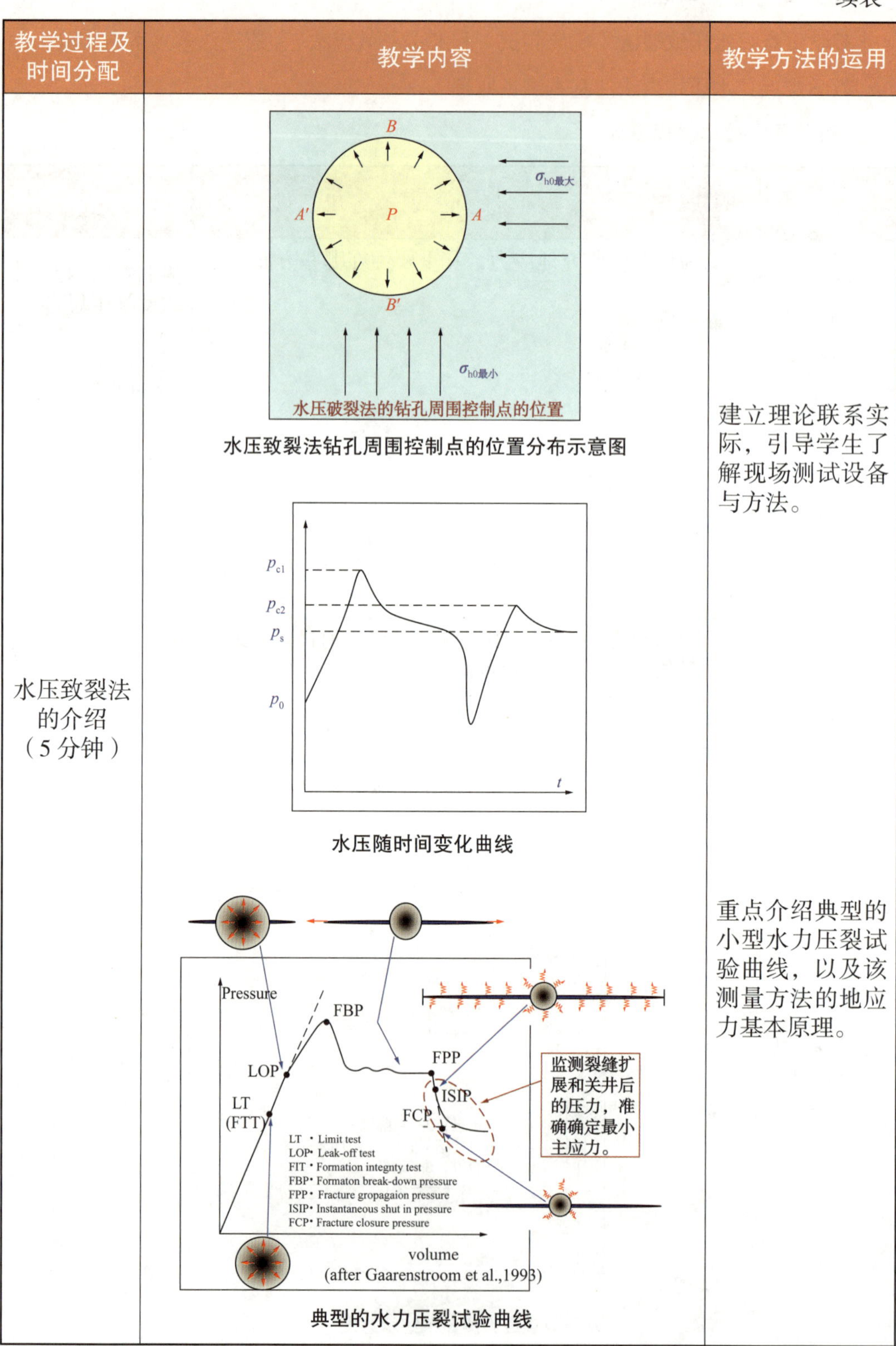

教学过程及时间分配	教学内容	教学方法的运用
水压致裂法的介绍（5分钟）	水压致裂法钻孔周围控制点的位置分布示意图 水压随时间变化曲线 典型的水力压裂试验曲线	建立理论联系实际，引导学生了解现场测试设备与方法。 重点介绍典型的小型水力压裂试验曲线，以及该测量方法的地应力基本原理。

续表

教学过程及时间分配	教学内容	教学方法的运用
水压致裂法的介绍（5 分钟）	· 地层破裂压力（P_f）：FBP； · 裂缝延伸压力（P_r）：FPP； · 裂缝闭合压力（P_{Fcp}）：FCP，最小水平主地应力； 瞬时停泵压力（P_{ISIP}）：关泵瞬间的裂缝中的压力。一般大于 P_{Fcp}，两者之间的差别一般在 0.1~7MPa 之间变化，它取决压裂工艺及岩石性质。在低渗透性地层，两者近似相等。	培养学生理论与实践相结合的思想意识，现场测试数据对于后续分析评价具有关键作用。
水压致裂法计算方法的介绍（10 分钟）	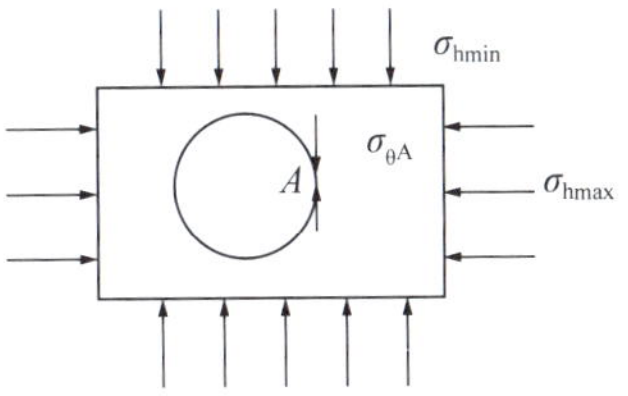 水压致裂法计算方法 天然应力为水平应力场，假设在均质、各向同性、连续的线弹性岩体中的一个垂直小圆孔，在水压力作用下，孔壁产生拉破裂的条件为： $$3\sigma_{hmin}-\sigma_{hmax}+\sigma_t=p_{c1}$$ p_{c1}：破裂压力 破裂压力 $3\sigma_{hmin}-\sigma_{hmax}+\sigma_t=p_{c1}$ 裂缝延伸条件 $p_s=\sigma_{hmin}$ 联立两式有 $$\sigma_{hmax}=3p_s+\sigma_t-p_{c1}$$ $$\sigma_{hmin}=p_s$$ 而 $$\sigma_t=p_{c1}-p_{c2}$$ $$\sigma_{hmax}=3p_s-p_{c2}$$ $$\sigma_{hmin}=p_s$$ 测点的天然应力为 $$\sigma_v=\rho gz$$ $$\sigma_{hmax}=3p_s-p_{c2}$$ $$\sigma_{hmin}=p_s$$ 岩体破裂方向确定 · 破裂平行于 σ_{hmax}，垂直于 σ_{hmin}，破裂方向由压痕或井下电视确定。 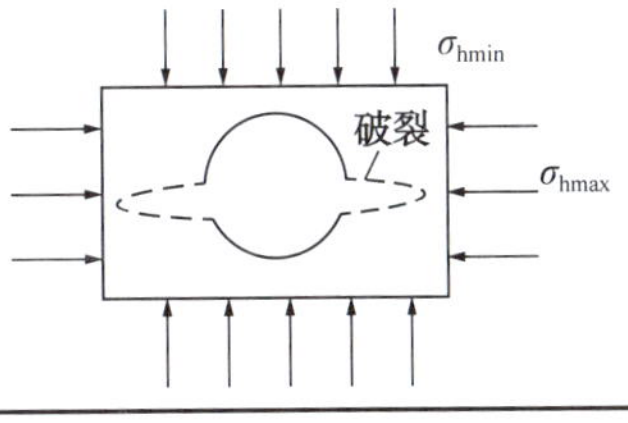	水压致裂法的计算方法，建立主应力与压裂曲线上几个关键压力的关系。 从设备到理论方法，再到计算方法，层层推进。 破裂方向给予确定，同时展示测量效果图。

续表

教学过程及时间分配	教学内容	教学方法的运用
水压致裂法计算方法的介绍（10 分钟）	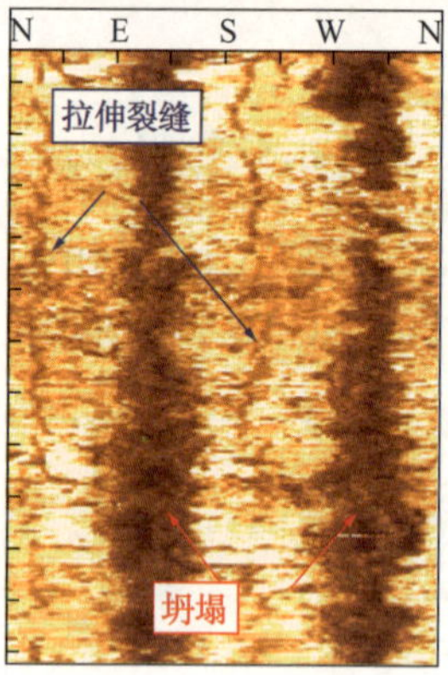 N E S W N 拉伸裂缝 坍塌 水压致裂法测量效果图 优点：测深大，z 可达数百米，5108 米；施工技术简单，不需要应力计等仪器。	
室内实验法的课程思政元素	Kaiser 效应法和差应变法是室内实验方法，通过学习地应力测量的典型室内实验方法，使学生认识到，室内实验需要每一步操作以及配合的精准，准确地进行实验可以得出精确的结果，从而培养学生动手能力、工匠精神和协作能力。	
Kaiser 效应法测定地应力（10 分钟）	■ 凯塞尔效应 指岩石的声发射活动能够“记忆”岩石所受过的最大应力的效应。 ■ 原理 声发射凯塞尔效应实验可以测量岩石在野外曾经承受过的最大压应力，即：在轴向加载过程中声发射率突然增大点对应着的轴向应力是沿该岩样钻取方向曾经受过的最大压应力。 目前的实验的方法一般采用与钻井岩芯轴线垂直的水平面内，增量为 45° 的方向钻取三块岩样，测出三个方向的正应力，而后求出水平最大、最小主应力。 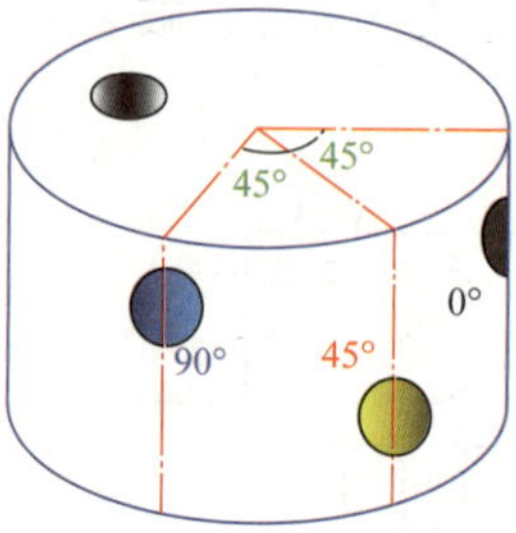 45° 45° 0° 90° 45°	Kaiser 效应的概念，以及具体原理。 岩石具有“记忆”效应。 Kaiser 效应的实验方法，如何准确地钻取岩心岩样，关系到后续实验的准确性。

续表

教学过程及时间分配	教学内容	教学方法的运用
Kaiser 效应法测定地应力（10 分钟）	围压声发射凯塞尔效应法 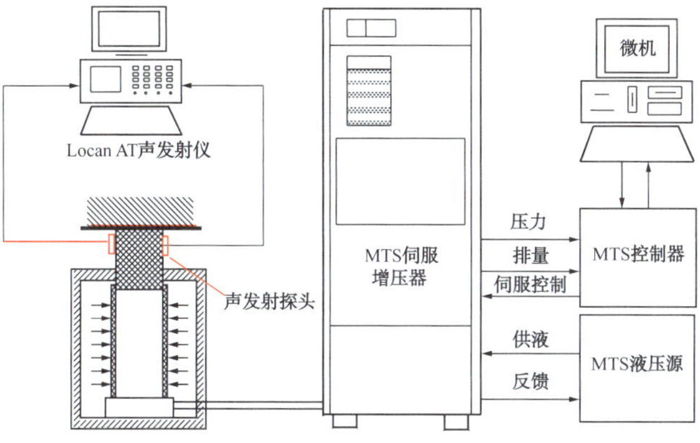 围压下声发射法测地应力流程图 关键：找出 Kaiser 点的出现与围压之间的相关性 当所取岩芯的井深大于 3000 米时，若按照常规声发射实验方法对岩样进行压缩实验，岩样常常在 Kaiser 点出现之前就发生破坏，采集到的信号是岩样的破裂信号，而不是 Kaiser 效应信号，因此就无法用声发射 Kaiser 效应来测定岩芯所处地层的原地应力大小。	Kaiser 效应的测量应力流程介绍。
差应变法测地应力（10 分钟）	■ 将柱状钻井岩心切取成 2 个相互垂直的面，形成至少 3 个彼此正交的平面，每个平面贴 1 个应变花（由 3 个应变片组成），放入围岩仓中，不同围压下，都可以给出 9 个应变值； ■ 可结合地破实验，求出地应力大小。 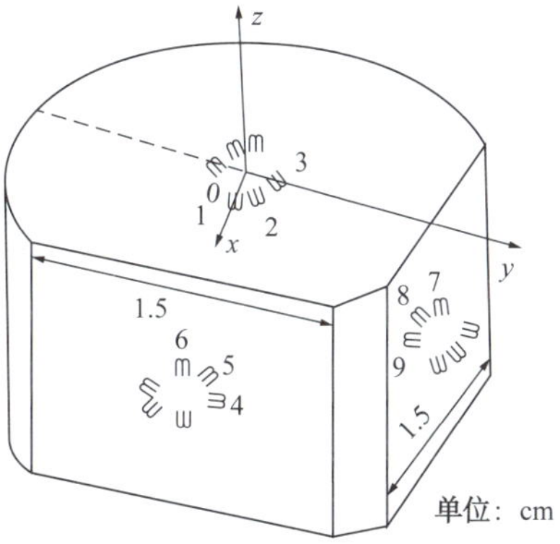	差应变法测地应力的具体原理、方法。 如果准确地贴应变化，对于学生动手操作、协同配合有一定要求。

续表

教学过程及时间分配	教学内容	教学方法的运用
差应变法测地应力（10 分钟）	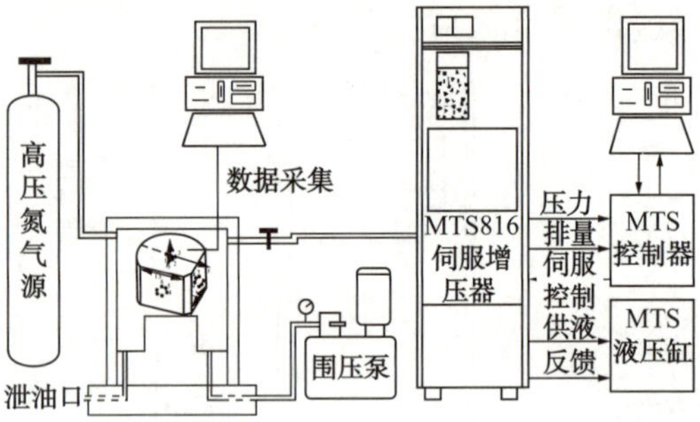 高压氮气源、数据采集、MTS816伺服增压器、压力排量、伺服控制、供液反馈、MTS控制器、MTS液压缸、围压泵、泄油口 $\sigma_H:\sigma_h:\sigma_v=m:n:o$ $m=\mu(\varepsilon_h+\varepsilon_v)+(1-\mu)\varepsilon_H$ $n=\mu(\varepsilon_v+\varepsilon_H)+(1-\mu)\varepsilon_h$ $o=\mu(\varepsilon_H+\varepsilon_h)+(1-\mu)\varepsilon_v$ $\sigma_H=\dfrac{m(p_f+\alpha p_p-S_t)}{3n-m}$ $\sigma_h=\dfrac{n(p_f+\alpha p_p-S_t)}{3n-m}$	
地应力计算模型的课程思政元素	我校石油与天然气工程学科的老一辈专家紧密结合现场需求，把理论和应用紧密结合，不断增加理论假设的复杂性和准确性。 通过课程教学，使学生体会科学精神和创新实践的重要性，提升学生对石油工程学科的自信心和认同感。	
地应力纵向分布计算模型（5 分钟）	□ 单轴应变模式 $\sigma_H=\sigma_h=\dfrac{\mu}{1-\mu}\sigma_v$ 只适用于均匀各向同性且无孔隙地层。 Mattens & Kelly 模型 $\sigma_H-P_p=\sigma_h-P_p=K_i(\sigma_v-P_p)$	主要介绍石油大学（北京）黄荣樽教授等对于地应力理论公式的研究贡献。

续表

教学过程及时间分配	教学内容	教学方法的运用
地应力纵向分布计算模型（5 分钟）	Terzaghi 模型 $$\sigma_{\mathrm{H}}-P_{\mathrm{p}}=\sigma_{\mathrm{h}}-P_{\mathrm{p}}=\frac{\mu}{1-\mu}(\sigma_{\mathrm{v}}-P_{\mathrm{p}})$$ Anderson 模型 $$\sigma_{\mathrm{H}}-\alpha P_{\mathrm{p}}=\sigma_{\mathrm{h}}-\alpha P_{\mathrm{p}}=\frac{\mu}{1-\mu}(\sigma_{\mathrm{v}}-\alpha P_{\mathrm{p}})$$ Newberry 模型 $$\sigma_{\mathrm{h}}-P_{\mathrm{p}}=\frac{\mu}{1-\mu}(\sigma_{\mathrm{v}}-\alpha P_{\mathrm{p}})$$ 单轴应变模式没有包括构造应力项，适用于弱构造运动地层。 ■ 六五模式 $$\sigma_{\mathrm{H}}=\left(\frac{\mu_{\mathrm{s}}}{1-\mu_{\mathrm{s}}}+\xi_1\right)(\sigma_{\mathrm{z}}-\alpha P_{\mathrm{p}})+\alpha P_{\mathrm{p}}$$ $$\sigma_{\mathrm{h}}=\left(\frac{\mu_{\mathrm{s}}}{1-\mu_{\mathrm{s}}}+\xi_2\right)(\sigma_{\mathrm{z}}-\alpha P_{\mathrm{p}})+\alpha P_{\mathrm{p}}$$ 石油大学（北京）岩石力学室黄荣樽教授等人假设地下岩层的地应力主要由上覆岩层压力与水平方向的构造应力产生，且水平方向的构造应力与上覆压力成正比，包含构造应力的影响，但没有刚性地层和岩性对地应力的影响。 ■ 七五模式 $$\sigma_{\mathrm{H}}=\frac{1}{2}\left[\frac{\xi_1 E_{\mathrm{s}}}{1-\mu_{\mathrm{s}}}+\frac{2\mu_{\mathrm{s}}\left(\sigma_{\mathrm{z}}-\alpha P_{\mathrm{p}}\right)}{1-\mu_{\mathrm{s}}}+\frac{\xi_2 E_{\mathrm{s}}}{1+\mu_{\mathrm{s}}}\right]+\alpha P_{\mathrm{p}}$$ $$\sigma_{\mathrm{h}}=\frac{1}{2}\left[\frac{\xi_1 E_{\mathrm{s}}}{1-\mu_{\mathrm{s}}}+\frac{2\mu_{\mathrm{s}}\left(\sigma_{\mathrm{z}}-\alpha P_{\mathrm{p}}\right)}{1-\mu_{\mathrm{s}}}-\frac{\xi_2 E_{\mathrm{s}}}{1+\mu_{\mathrm{s}}}\right]+\alpha P_{\mathrm{p}}$$ 这种模式意味着地应力不但与泊松比有关，而且与地层的弹性模量成正比，此模式可解释砂岩地层比相邻页岩地层有更高的地应力现象。其缺陷在于：各岩层水平方向应变相等的假设在构造运动剧烈地区受到一定的限制。	老一辈石油工程专家紧密结合现场需求，把理论和应用紧密结合，不断增加理论假设的复杂性和准确性。

续表

教学过程及时间分配	教学内容	教学方法的运用
三、应用拓展（5 分钟）	案例：某油田区块的单井标志层应力破面及油藏初始应力场反演。 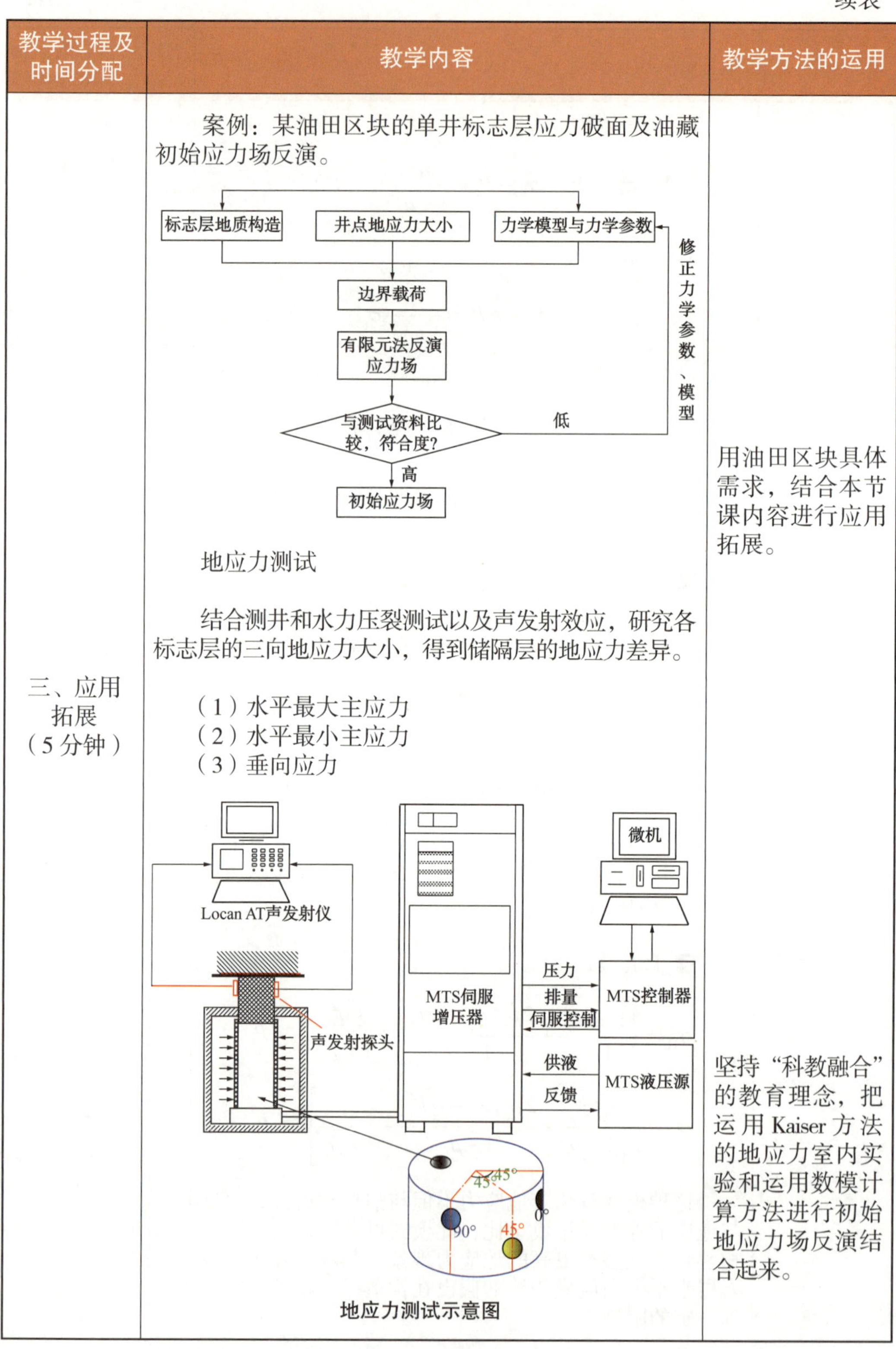 地应力测试 结合测井和水力压裂测试以及声发射效应，研究各标志层的三向地应力大小，得到储隔层的地应力差异。 （1）水平最大主应力 （2）水平最小主应力 （3）垂向应力 地应力测试示意图	用油田区块具体需求，结合本节课内容进行应用拓展。 坚持“科教融合”的教育理念，把运用 Kaiser 方法的地应力室内实验和运用数模计算方法进行初始地应力场反演结合起来。

续表

教学过程及时间分配	教学内容	教学方法的运用
三、应用拓展 （5 分钟）	根据地应力测试结果，借助有限元方法反演区块的初始地应力场。 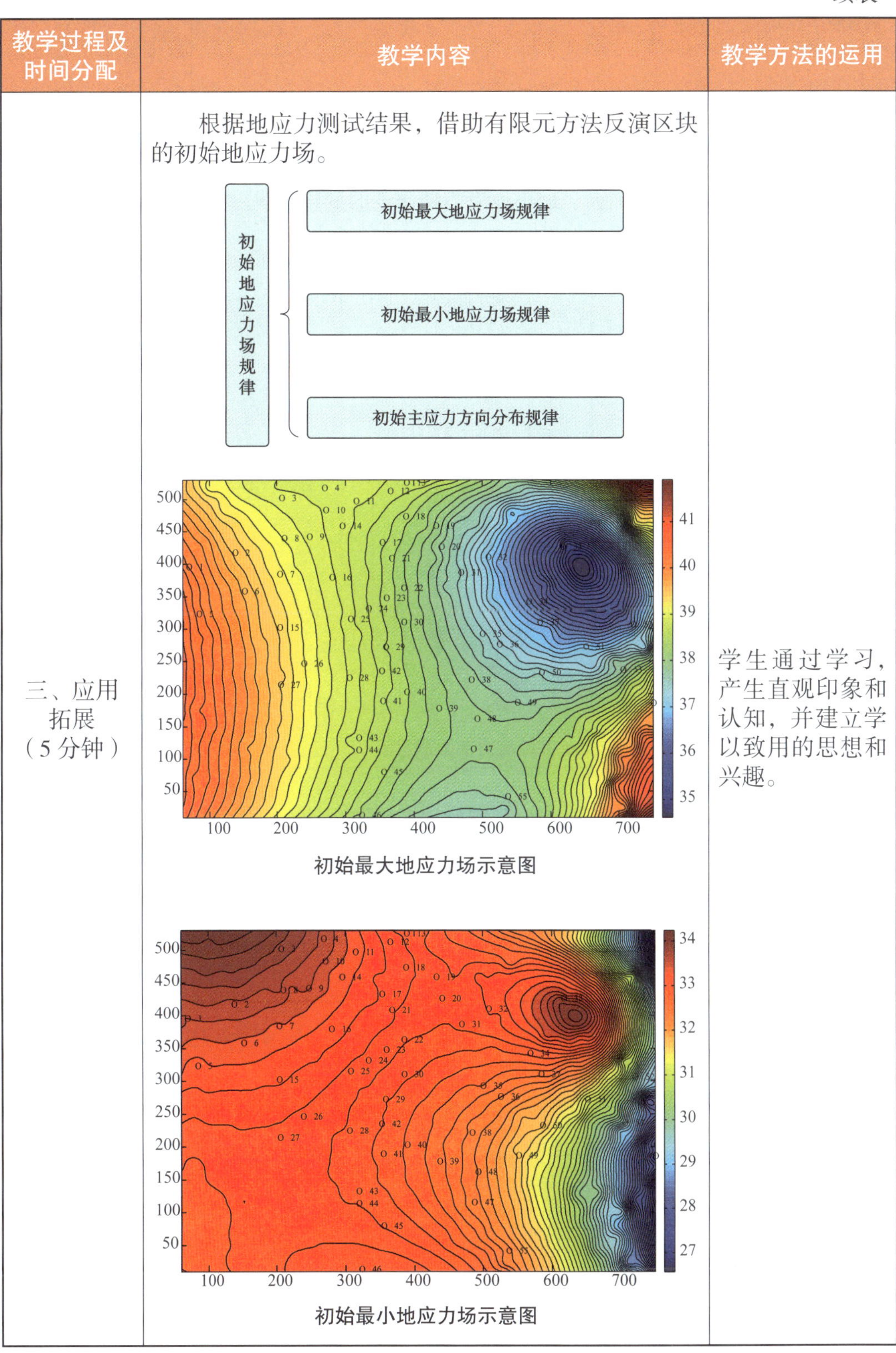 初始最大地应力场示意图 初始最小地应力场示意图	学生通过学习，产生直观印象和认知，并建立学以致用的思想和兴趣。

续表

教学过程及时间分配	教学内容	教学方法的运用
三、应用拓展（5分钟）	单井地应力剖面 根据 Kaiser 应力法测得地层主应力大小，结合测井曲线建立最大、最小地应力随深度的变化曲线。 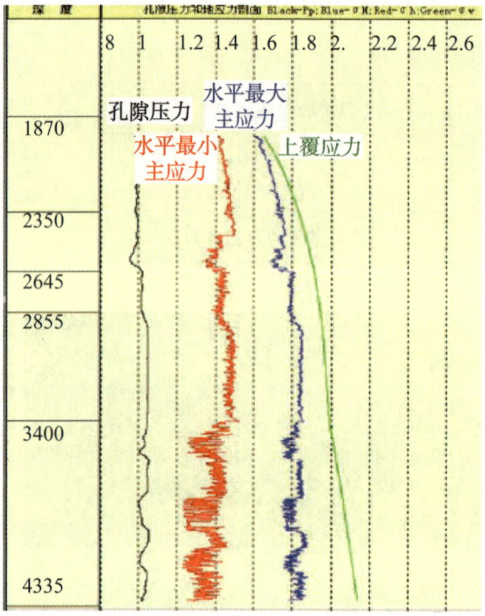 单井地应力剖面示意图	
	思考题 · 地壳浅部地应力分布的基本规律是什么？ · 影响地应力分布的因素有哪些？ · 水压致裂法的基本测量原理是什么？ · 地应力测量方法分哪两类？	布置课后思考题，对本节课的内容进行回顾。
作业及预习	作业：第六章习题 5、6； 预习：第七章。	

（五）教学反思

授课教师全过程坚持“立德树人”教育理念，并在教学建设、教学过程和质量反馈等环节中不断改进。添加的课程思政元素不仅具备高度的思想性、理论性，还具备生活性、针对性，便于提升学生的理解与实践能力。结合工程案例和科研成果，进行课程知识点讲解与拓展应用，具有良好效果。需要进一步挖掘岩石力学概念理论、计算方法、实验方法以及工程案例中的课程思政元素，并与专业知识点和课程目标深度融合，后续需要进一步在实验教学环节以及现场实践拓展等领域进一步推进课程思政建设。

《材料力学》优秀课程思政设计及案例

李世远、彭　岩、李　妍、刘　伟、黄文君

一、课程基本信息

课程名称：材料力学

开课学院：石油工程学院

课程类型：专业课

课程性质：必修

授课对象：石油工程专业一、二年级本科生

使用教材：《材料力学》，ISBN 978-7-0404-7975-1，刘鸿文，高等教育出版社，2017

教学课时：48 课时

二、课程思政教学整体设计思路

材料力学课程是高等学校工科基础课。通过材料力学的学习，要求学生对杆件的强度、刚度和稳定性问题具有明确的基本概念，必要的基础知识和初步的计算能力，从而使学生能对简单的工程问题进行定量和定性分析。对常用材料的基本力学性能及其测定方法、试验应力分析的基本原理和基本方法有初步认识。

材料力学具有既是基础学科，又是应用学科的特点。这门课程就是数理科学向工程科学过渡衔接的桥梁，具有重要的意义。此后的课程，将以石油工程专业课为主。力学课程思维有三个落脚点，即工程、力学原理和数学。力学思维就是在工程、力学和数学三者之间的相互转化（图 1）。而课程又以自然语言、图形语言和符号语言三者交织（图 2）。因此，授课过程中注重基础理论的推导，注重力学原理的讲解，注重与生活和工程实际的结合，注重科学思维和创新能力的培养和提升。

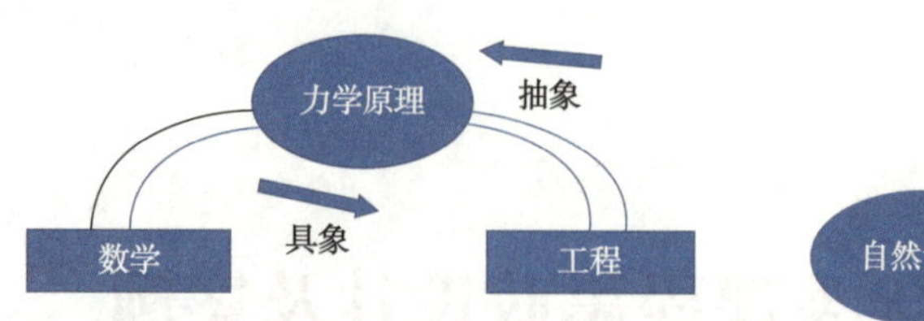

图 1　力学思维的三个落脚点
（参考文献：马宏伟、张伟伟，《工程力学十讲》，高等教育出版社，2020.2）

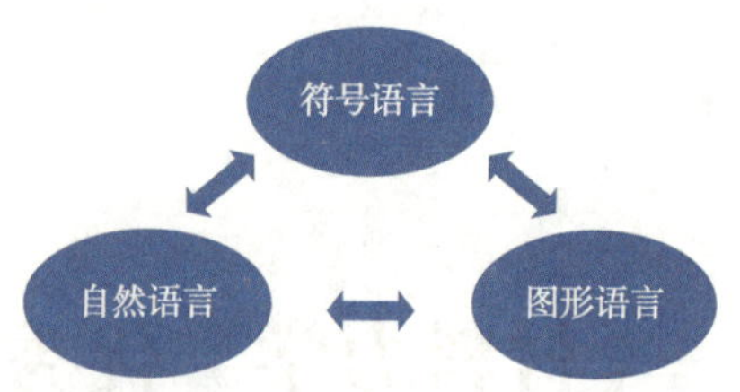

图 2　力学课程的三种语言
（参考文献：马宏伟、张伟伟，《工程力学十讲》，高等教育出版社，2020.2）

材料力学是一门工科基础课。针对**课程概念抽象化多、解析计算性强、工程应用性广**的特点，**对学生学习有一定要求**的情况，开展课程思政建设，实现**从课程知识目标到能力目标，最终达到价值目标**的课程思政实现路径。在讲授知识点的同时，围绕课内与课外延伸的各环节，开展五个方面推进课程思政建设（图 3）：

（1）红色资源的课程思政。以老一辈力学家、“两弹一星”功勋科学家、石油力学家的先进事迹和风范、“铁人精神”感召与鼓舞学生。（知识目标）

（2）科学历史的课程思政。结合材料力学发展史，介绍其历史演化，理清一些重要概念和公式的来龙去脉，培育学生的科学精神和严谨态度。（知识目标）

（3）立足时代的课程思政。树立结合材料力学在大国制造、民生保障、疫情防控的重要作用，培育学生的社会责任感和职业规范。（能力目标）

（4）融合行业的课程思政。结合材料力学课程的石油特色，形成油气行业工程的课程思政案例库，突显课程知识点在标志工程中的关键作用。（价值目标）

（5）班级建设的课程思政。结合力学课程教学，借助任课教师与班导师双重身份，引导并参与班级思政建设，将课程思政与班集体建设有机融合。（价值目标）

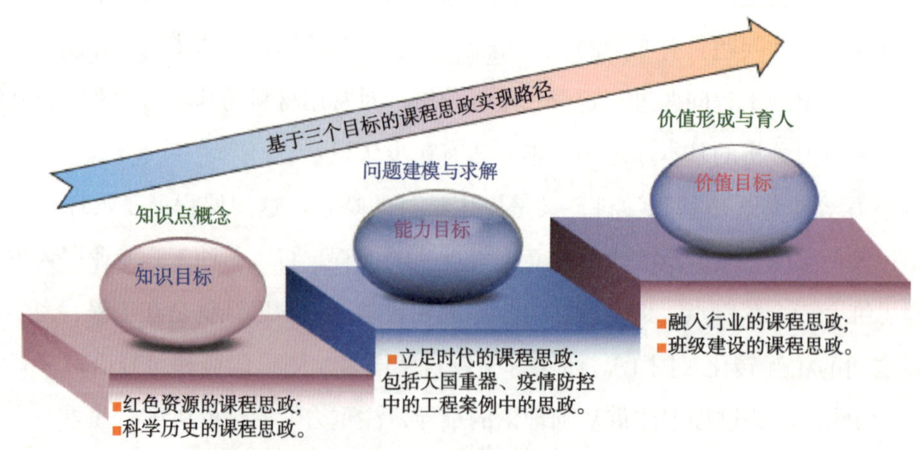

图 3　三个目标渐进式、阶梯式的课程思政实现路径

通过五个方面的具体实践，探索形成了材料力学课程思政建设模式，即**力学红色资源 – 力学发展史 – 国计民生或油气行业标志性工程应用案例 – 班集体思政建设**的有机融合，实现了课内**以知识点概念的知识目标 – 以行业标志性工程应用案例分析的能力目标 – 以工程师使命责任与专业智慧支撑行业和国家发展的价值目标**的课程思政方法路径（图 4、图 5）。

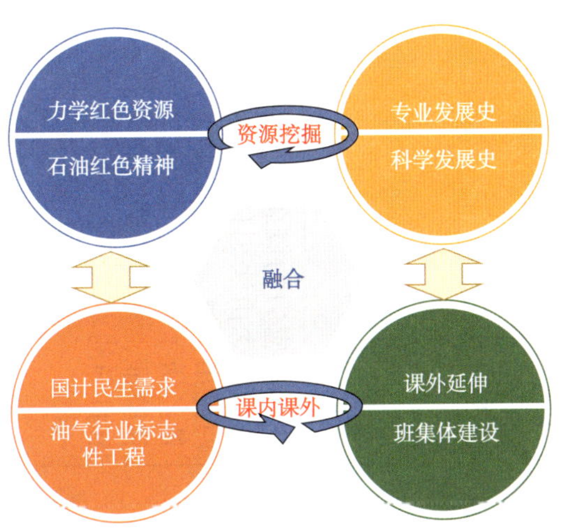

图 4　力学发展史 – 国计民生标志性工程应用思政建设有机融合

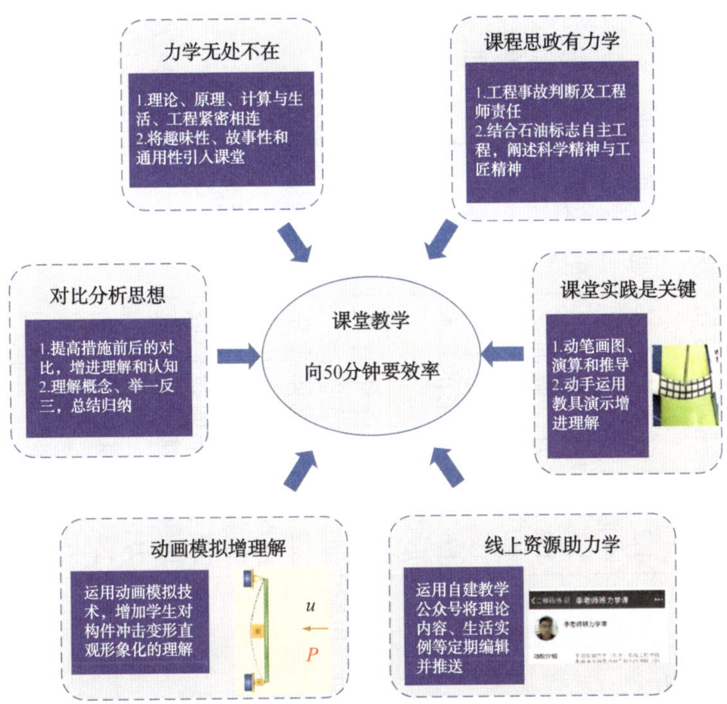

图 5　结合多种教学方法以及自己开发的微信公众号提高课堂教学效果

三、各章节课程思政设计要点

章节	专业知识点	教学方法	案例	教学环节与设计	思政教学目标
第一章 绪论	1.1 材料力学的任务； 1.2 变形固体的基本假设； 1.3 外力及其分类； 1.4 内力、截面法和应力的概念； 1.5 变形与应变； 1.6 杆件变形的基本形式。	教师讲解 观看动画 互动交流	深层与深水钻井过程中的钻柱力学问题。 疫情防控中传递物品的斜面、无人机投递食物等运用的力学基本原理。	在介绍材料力学的任务中，通过展示油气行业、国民生计中的具体工程案例，引导学生进行专业思考，提升学生对课程学习的兴趣及树立社会责任感。	培养学生从事科学研究的严谨、创新精神。 培养学生把课程与行业标志性工程紧密联系。
第二章 拉伸、压缩与剪切	2.1 轴向拉伸与压缩的概念和实例； 2.2 轴向拉伸或压缩时横截面上的内力和应力； 2.3 直杆轴向拉伸或压缩时斜截面上的应力； 2.4 材料拉伸时的力学性能； 2.5 材料压缩时的力学性能； 2.6 失效、安全因数和强度计算； 2.7 轴向拉伸或压缩时的变形；	教师讲解 教具展示 互动交流	法国科学家柯西对应力概念的提出。 法国科学家圣维南提出了力作用的局部性思想。 英国科学家胡克与我国东汉的经学和教育家郑玄对弹性概念的提出。	在讲授应力的概念中，应力的概念由法国科学家柯西提出，概念的形成往往是经历了很长时间的摸索和验证，要具有严谨思考和推导的素质。	

续表

章节	专业知识点	教学方法	案例	教学环节与设计	思政教学目标
第二章 拉伸、压缩与剪切	2.8　轴向拉伸或压缩时的应变能； 2.9　拉伸、压缩超静定问题； 2.10　温度应力和装配应力； 2.11　应力集中的概念； 2.12　剪切和挤压的实用计算。		国内自主研发的“深海一号”气田的深水浅层钻井管柱优化设计。	在讲授圣维南原理的概念中，介绍法国科学家圣维南的学术钻研的精神。 在讲授弹性的概念中，弹性的概念最先由英国科学家胡克于 1678 年在他的《论弹簧》中提出。东汉的经学和教育家郑玄在《周礼注疏·卷四十二》提出，比西方科学家认知早千年，培养严谨的科学精神、激发学生的爱国主义情怀。 在介绍具体工程应用的环节，以“深海一号”气田的深水浅层钻井管柱优化设计为例，突出大国重器和油气行业标志性工程中的弹塑性力学理论知识。	培养学生从事科学研究的严谨、创新精神。 培养本质与表象、抽象与形象的逻辑关系和哲学思维。 述力学发展，激发学生的学习兴趣。 培养学生从事科学研究的严谨、创新精神。 思大国重器，增强民族自信，传播优秀传统文化，激发爱国主义情怀。
第三章 扭转	3.1　扭转的概念和实例；	教师讲解	法国科学家柯西对应变概念的提出。	在讲授应变的概念中，应变的概念由法国科学家柯西提出，概念的形成往往是经历了很长时间的摸索和验证，要具有严谨思考和推导的素质。	培养学生从事科学研究的严谨、创新精神。

续表

章节	专业知识点	教学方法	案例	教学环节与设计	思政教学目标
第三章 扭转	3.2　外力偶矩的计算、扭矩和扭矩图； 3.3　纯剪切； 3.4　圆轴扭转时的应力； 3.5　圆轴扭转时的变形。	教具展示 互动交流	提升管柱抗扭转的性能设计。	管柱的力学稳定性分析中，具体的空心形状设计，有针对地讨论结构提升抗扭性能。	
第四章 弯曲内力	4.1　弯曲的概念和实例； 4.2　受弯杆件的简化； 4.3　剪力和弯矩； 4.4　剪力方程和弯矩方程、剪力图和弯矩图； 4.5　载荷集度、剪力和弯矩间的关系。	教师讲解 教具展示 互动交流	某建筑房屋结构横梁倒塌。 小组讨论集体绘制剪力图和弯矩图。	通过外载作用下的建筑结构横梁的弯曲受力分析，突出工程设计优化取得了新的技术突破。 通过小组讨论，培养互动合作的精神，一起研究绘制梁的剪力和弯矩图，形成结果，并分组给予展示。	思大国重器，增强民族自信，立志报效国家投身行业发展。 学生的合作研讨能力、展示表达能力的培养。
第五章 弯曲应力	5.1　概述； 5.2　纯弯曲时的正应力； 5.3　横力弯曲时的正应力；	教师讲解	从基本方程看力学的和谐统一美、对称简洁美。	讲授弹性力学的基本方程，运用张量方法，突出体现力学的和谐统一美，将纷繁复杂的多个方程归一为简单的式子。同时还体现了力学的对称美、简洁美。	育审美情怀，发现并感受力学中的美学。

续表

章节	专业知识点	教学方法	案例	教学环节与设计	思政教学目标
第五章 弯曲应力	5.4 弯曲切应力； 5.5 提高弯曲强度的措施。	互动交流 算例推演	我国自主研发的首条海洋深水输油软管的抗弯性能提升。	在讲解弯曲应力的具体应用中，介绍我国自主研发的首条海洋深水输油软管，从骨架设计的角度结合提升抗弯能力进行分析介绍。	增强民族自信，立志投身油气行业及国家发展的专业志向和价值观。
第六章 弯曲变形	6.1 工程中的弯曲变形问题； 6.2 挠曲线的微分方程； 6.3 用积分法求弯曲变形； 6.4 用叠加法求弯曲变形； 6.5 简单超静定梁； 6.6 提高弯曲刚度的一些措施。	教师讲解 算例推演	积分法求解弯曲变形，以及简单超静定梁的计算，增强学生推演能力，磨炼意志。	弯曲变形问题的求解，对学生的数理基础有一定要求，计算推演都比较抽象，这就给学生在学习过程中磨炼意志、坚韧品格及社会责任和道德规范的培养创造了难得契机。	铸坚韧品格，公式的推导和题目的演算是需要下苦功的，同时磨炼坚韧的意志品质。
第七章 应力和应变分析、强度理论	7.1 应力状态概述； 7.2 二向和三向应力状态的实例； 7.3 二向应力状态分析——解析法； 7.4 二向应力状态分析——图解法； 7.5 三向应力状态；	教师讲解	从强度理论的推导中，体现“简单”与“复杂”、“一般”与“特殊”等哲学思想。	在讲授强度理论时，突出力学中充满的辩证法思想，“一般”与“特殊”、“简单”与“复杂”的辩证关系。用一个待定的应力函数大大简化平面问题的求解。	培养学生从事科学研究的严谨、创新精神。

续表

章节	专业知识点	教学方法	案例	教学环节与设计	思政教学目标
第七章 应力和应变分析、强度理论	7.6 广义胡克定律； 7.7 复杂应力状态的应变能密度； 7.8 强度理论概述； 7.9 四种常用强度理论； 7.10 莫尔强度理论。	算例推演 互动交流	我国科学家对弹塑性力学发展贡献及对数值方法的提出。	对我国老一辈力学家在弹性力学和数值方法的发展，特别是在中国的推广应用做出的重要贡献进行介绍。	述力学发展，增强民族自信，学习老一辈功勋科学家的先进事迹。
			数学和力学问题的内在联系，对问题实质和关键的把握。	在讲授主应力和主应变的概念中，结合线性代数中的特征值和特征向量，把抽象的数学概念和形象的物体变形结合起来进行介绍。	培养本质与表象、抽象与形象的逻辑关系和哲学思维。
			我国万米深潜器“奋斗者”号应力分析。		思大国重器，增强民族自信，立志报效国家投身行业发展。
				在讲授常用的屈服条件中，增加工程应用案例环节，以我国万米深潜器“奋斗者”号为例，通过外载作用下的工作应力计算，结合常用的屈服条件进行判断，突出工程设计优化取得了新的技术突破。	

续表

章节	专业知识点	教学方法	案例	教学环节与设计	思政教学目标
第八章 组合变形	8.1 组合变形和叠加原理； 8.2 拉伸或压缩与弯曲的组合； 8.3 扭转与弯曲的组合。	教师讲解 算例推演 互动交流	通过组合变形进行叠加分析，体会线性叠加的具体思想。	在讲授组合变形这一专题时，充分运用叠加原理，并根据各种变形特点分别进行分析，最后进行叠加。 叠加后的强度条件与分析，体现了计算公式的简洁化和统一化的优美。	培育学生的叠加思想，以及公式的简洁化和统一化的思想。
第九章 压杆稳定	9.1 压杆稳定的概念； 9.2 两端铰支细长压杆的临界压力； 9.3 其他支座条件下细长压杆的临界压力； 9.4 欧拉公式的适用范围、经验公式； 9.5 压杆的稳定性校核； 9.6 提高压杆稳定性的措施。	教师讲解 算例推演 互动交流	从基本方程看力学的和谐统一美、对称简洁美。 以某隔离点坍塌这一反例，分析提升压杆稳定性能。 以我国自主研发的首条海洋深水输油软管为例，探讨提高压杆稳定性能。	讲授弹性力学的基本方程，运用张量方法，突出体现力学的和谐统一美，将纷繁复杂的多个方程归一为简单的式子。同时还体现了力学的对称美、简洁美。 具体以某疫情隔离点的坍塌为例，进行分析，从主要控制因素角度给予讨论，如何通过反例举一反三，避免事故的发生。 根据自主研发的深水软管为例，具体探讨提高压杆稳定性能的措施，通过正面实例给予研究和讨论。	育审美情怀，发现并感受力学中的美学。 培养学生的社会责任感，工程师的职业操守。 提升学生运用力学原理解决工程问题的能力。

四、案例展示

（一）教学目标

本案例是《材料力学》的第九章第 6 节，从知识讲授、能力培养、价值塑造三个方面阐述案例的教学目标内容如下：

1. 知识讲授的教学目标

（1）掌握欧拉公式的适用范围；

（2）掌握压杆稳定性的校核方法；

（3）理解提高压杆稳定性的措施；

（4）理解生活实例（如某疫情隔离点建筑坍塌）的稳定性分析方法。

2. 能力培养的教学目标

（1）培养学生观察能力和提炼出力学模型的能力；

（2）结合工程和生活实例，提高学生理论联系实际的能力。

3. 价值塑造的教学目标

（1）通过某建筑结构关注国计民生时事和疫情防控，以反例或反问题育人，树立工程技术人员的职业道德和社会责任感；

（2）结合油气行业标志性工程，以正面育人，以专业智慧贡献行业发展，提升新一代学子对国家和行业发展的信心和力量。

（二）具体教学过程设计

教学过程及时间分配	教学内容	教学方法的运用
一、问题的引出 问题 1 （5 分钟）	1. 列举某疫情隔离点建筑坍塌的实例（图 6），引出思考，为什么和压杆存在内在的关联？ 图 6　某疫情隔离点建筑坍塌现场 据公开报道，发生坍塌的福建某建筑原始结构为大平层的钢架结构，对房屋结构增加了楼层，并增加隔间，做成宾馆。	通过生活实例，引发学生思考 提问讨论（通过互动，组织学生选择答案）

续表

教学过程及时间分配	教学内容	教学方法的运用
二、新课教学 欧拉公式的适用范围（5 分钟）	1. 稳定性 – 构件在外力作用下，保持其原有平衡状态的能力。 压力等于临界力时，压杆丧失直线状态的平衡，过渡到曲线状态的平衡。称为丧失稳定，简称失稳，也称为屈曲（图 7）。 柔度，又称长细比，柔度大，变形就大。构件在轴向受力时，沿着垂直轴向方向发生变形的大小。 2. 欧拉公式的适用范围 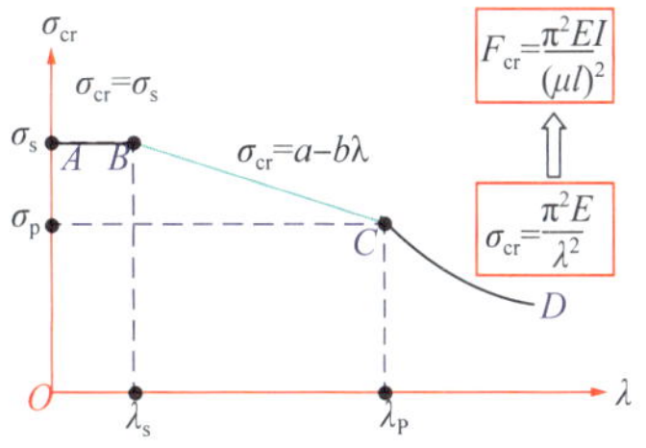σ_{cr} $\sigma_{cr}=\sigma_s$ σ_s A B $\sigma_{cr}=a-b\lambda$ σ_p C D O λ_s λ_p λ $F_{cr}=\frac{\pi^2EI}{(\mu l)^2}$ $\sigma_{cr}=\frac{\pi^2E}{\lambda^2}$ **图 7　三种情况的临界应力** 3. 压杆的稳定校核 $$F\leqslant[F]=\frac{F_{cr}}{n_{st}}$$ 压杆的稳定性条件： $$n=\frac{F_{cr}}{F}\geqslant n_{st}$$ 压杆的临界压力：F_{cr} 压杆的实际压力：F	理解大柔度杆情况下，欧拉公式的运用，举例并详细分析
结合力学史的课程思政元素	通过欧拉公式的讲授，进而介绍法国科学家欧拉（图 8），引导学生能够认识到一个科学问题常常经过几代科学家的严谨论证，不断树立科学精神和严谨求实的态度。	
	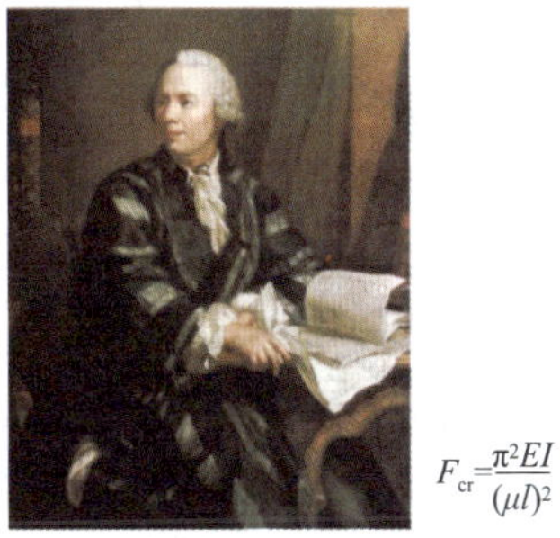$F_{cr}=\frac{\pi^2EI}{(\mu l)^2}$ Leonhard Euler，1707—1783 **图 8　法国科学家欧拉**	简述力学史，介绍法国科学家欧拉。 一个科学问题常常经过几代科学家的严谨论证，才得到我们今天学习的结论。

续表

教学过程及时间分配	教学内容	教学方法的运用
举例讲解、研讨及学生练习（9 分钟）	例 1：已知拖架 D 处承受载荷 F=10kN。AB 杆外径 D=50mm，内径 d=40mm，材料为 Q235 钢，E=200GPa，λ_1=100，$[n_{st}]$=3。校核 AB 杆的稳定性。	进行算例的分析和讲解
举例讲解、研讨及学生练习（9 分钟）	例 2：图示托架中 AB 杆的直径 d=40mm，长度 l=800mm，两端可视为铰支，杆 CD 为刚性杆，杆 AB 的材料弹性模量 E=200MPa，比例极限 σ_p=350MPa。若已知 Q=70kN，AB 杆的稳定安全系数规定为 2，试问此托架是否安全。	进行算例的分析和讲解
提高压杆稳定性的措施（8 分钟）	3. 提高压杆稳定性的措施 $F_{cr}=\dfrac{\pi^2 EI}{(\mu l)^2}$ 欧拉公式 F_{cr} 越大越稳定 （1）减小压杆长度 l； （2）减小长度系数 μ（增强约束）； （3）增大截面惯性矩 I（合理选择截面形状）； （4）增大弹性模量 E（合理选择材料）。 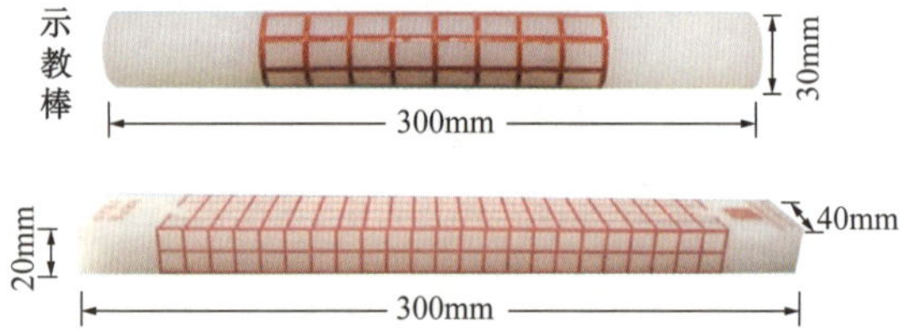 示教棒 30mm 300mm 20mm 40mm 300mm 力学示教棒实物图 图 9　教学中教具实物图	进行不同情况的对比说明，同时结合教具（图9）演示，让学生掌握不同因素对提升压杆稳定性的影响 同时，借助教具进行展示
钢材的力学特性（2 分钟）	4. 钢材的力学特性 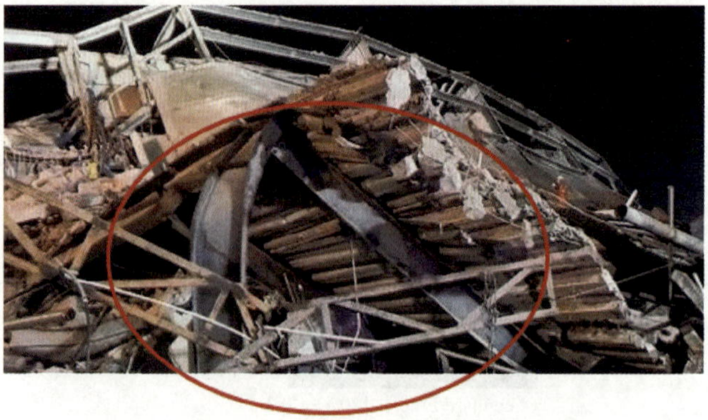 图 10　倒塌的工字钢结构	结合本课开始引入的倒塌建筑（图 10）的案例，前后呼应，并结合本课的力学原理、工程案例进行分析。即从开始的实例到理论，再到这里的从理论回到实际案例

续表

教学过程及时间分配	教学内容	教学方法的运用
钢材的力学特性（2 分钟）	· 钢架结构为工字形钢结构； · 在原有建筑结构上改造后，钢结构立柱被压塌。	
结合案例分析部分的课程思政元素	通过某建筑结构关注国计民生时事和疫情防控，以反例或反问题育人，具体结合到提高压杆稳定性的几个措施，深入到该案例分析之中，从而引导学生树立工程技术人员的职业道德和社会责任感。	
结合案例分析（6 分钟）	5. 建筑结构坍塌的分析 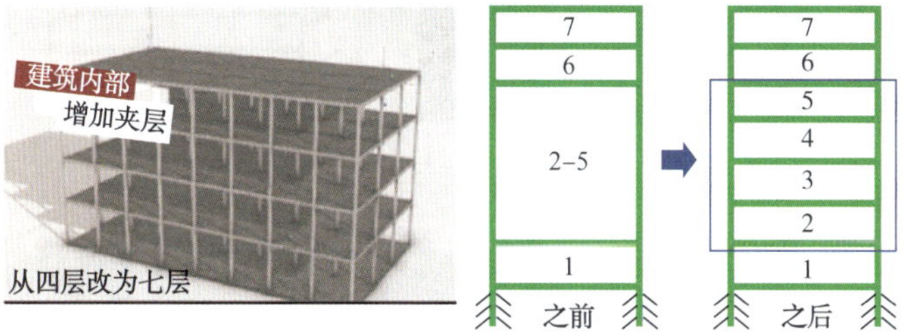 图 11　建筑结构增加夹层前后的对比 钢架结构，细长杆满足欧拉公式，属于压杆失稳。改造后的结构多加了三个层面（图 11），增加了实际载荷 F。	某疫情隔离点建筑坍塌的理论分析
	◇ 案例分析  ➢ 增加隔层前 $F_{cr}=\frac{\pi^2 EI}{(\mu l)^2}=\frac{\pi^2\times200\times10^6\times158\times10^{-8}}{3^2}=346\text{kN}$ 假设此时实际载荷 F=130kN，则： $n=\frac{F_{cr}}{F}=\frac{346\text{kN}}{130\text{kN}}=2.66\geqslant n_{st}=2$(安全) ➢ 增加隔层后：改造后的结构多加了三个层面，增加了实际载荷 F 假设此时实际载荷 F=200kN，则： $n=\frac{F_{cr}}{F}=\frac{346\text{kN}}{200\text{kN}}=1.73\leqslant n_{st}=2$(失稳) 结论：增加隔层导致压杆失稳 F_{cr}—临界压力 EI—抗弯刚度 μ—长度因数 l—杆件长度 n_{st}—稳定安全系数，取钢的 $n_{st}=2$ F—压杆实际压力 n—安全系数 图 12　增加隔层前后的分析计算	巩固理解与讨论（与课堂引入相呼应再次提出生活中的实例，探究背后的压杆失稳机理）

续表

教学过程及时间分配	教学内容	教学方法的运用
结合案例分析（6 分钟）	$$\frac{F_{cr}}{F} \geqslant n_{st}$$ 当实际载荷增大时，安全系数就会减小，接近或低于安全稳定系数。 · 建筑一侧正在修地基； · 减弱了约束，加速了杆件失稳（图 13）。  图 13　结构最先失稳的破坏位置 媒体公开报道，事发时，酒店一侧正进行地基维修，恰恰就是这个诱因，导致酒店坍塌。	运用结合时政的典型案例，充分分析说明，对概念的理解有所提升，抓住这样的典型案例形成课程教学的优质素材，提升教学效果可以做到“事半功倍”
应用拓展部分的课程思政元素	结合油气行业标志性工程，具体说明我国自主研发的首条海洋漂浮输油软管在设计上运用到的材料力学基本理论。以正面育人，以专业智慧贡献行业发展，提升新一代学子对国家和行业发展的信心和力量。	
三、应用拓展与课后思考（6 分钟）	2021 年 3 月，我国自主研发了首条海洋漂浮输油软管（图 14）投产使用。 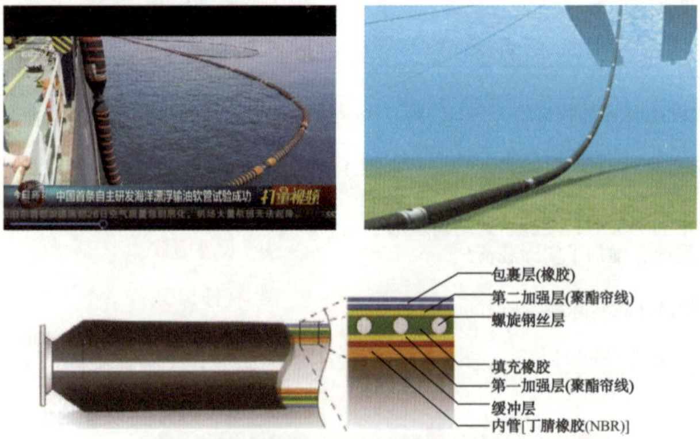 单层骨架水下软管 图 14　海洋输油软管及单、双层骨架水下软管	用油气行业标志性自主研发的成果，结合专业谈价值塑造

续表

教学过程及时间分配	教学内容	教学方法的运用
三、应用拓展与课后思考（6 分钟）	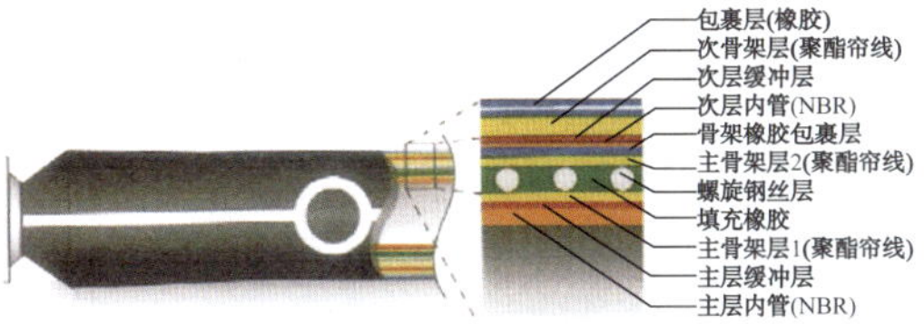 双层骨架水下软管 **图 14　海洋输油软管及单、双层骨架水下软管（续图）** ◇ 打破了国外对该技术的长期垄断； ◇ 价格成本低于国外同类产品； ◇ 结构、材料及生产工艺满足个性化要求。 关键技术： 在于提升软管压杆稳定性。在原有单层骨架基础上，实现双层骨架结构设计。	用油气行业标志性自主研发的成果，结合专业谈价值塑造
作业及预习	作业：第九章习题 15、习题 16。 预习：第九章第 7 节 纵横弯曲的概念。	

（三）教学反思

课程思政实践还有进一步完善之处，因此，材料力学课程在课程思政方面的持续建设计划包括：

（1）出版课程思政辅助教材或教学读物，将课程思政案例库进一步完善并形成出版读物。

（2）开发教学网站平台，以线上形式呈现课程思政教学资源。

（3）结合材料力学实验教学，融入课程思政元素，形成实验教学案例。

《石油工程岩石力学基础》优秀课程思政设计及案例

侯　冰、陈　勉

一、课程基本信息

课程名称：石油工程岩石力学基础

开课学院：石油工程学院

课程类型：专业课

课程性质：必修

教学课时：32 课时

授课对象：石油工程、地质学专业本科生

使用教材：

1.《石油工程岩石力学基础》（第二版·富媒体），ISBN 978-7-5183-5273-9，陈勉、金衍、侯冰，石油工业出版社，2022

2.《石油工程岩石力学实验基础》（富媒体），ISBN 978-7-5183-5217-3，侯冰、陈勉、金衍，石油工业出版社，2022

二、课程思政教学整体设计思路

《石油工程岩石力学基础》课程是石油工程专业学生必修的一门课程，它是理解和解决石油开采中的岩石力学问题的重要基础。课程思政元素不仅需要具备高度的思想性、理论性，还具备需要生活性、针对性，便于提升学生的理解与实践能力。

首先，在教学内容设计中，注重培养学生的实践能力和创新精神。课程思政的设置不仅要具备高度的思想性、理论性，提升学生理论水平，还要具备生活性、针对性，提升学生的实践水平。如在授课中讲述石油人熟悉的铁人精神（中国共产党人精

神谱系之第一批伟大精神）。这一点可以通过针对实际工程问题进行案例分析，并引导学生归纳总结岩石力学理论，培养学生解决实际问题的能力。同时，开设综合性实验课程，让学生在实验室中身临其境地探究实际石油开采问题，提高学生科学研究和实际操作能力。这样，不仅可以加深学生对岩石力学知识的理解，还可以帮助学生增强创新精神。

其次，在教学方法上，应该注重激发学生的责任担当。在授课中引导学生关注石油工程对社会的影响，学生可以从中了解到一个行业对社会持续和谐的发展具有极其重要的影响，从而使学生对社会责任和担当有更深刻的认识。在教学中坚持问题导向，改革和创新思想政治工作的方式和方法，把思想教育和价值引领贯穿于学生学习生活的全过程。创新育人载体，实现“三全育人”，创建智慧树中文慕课、学堂在线英文慕课、石油云等新型智慧教育平台，结合石油工程专业特点提升思想政治教育的针对性和实效性，强化专业教育的育人功能，加强课程的思想价值引领，加强教学与科研的协同，充分发挥高水平科研对高水平教学的支撑作用，通过科研环节培养学生的创新精神、奋斗精神。

最后，在考试和评价方法上，应该注重贯彻以学生为主体的理念。只有引导学生正确的学习态度和价值观，赋予他们自主选择、探究学习的权利，才能真正实现教育生产者和教育接受者的双向营造。了解学生所想所需，把解决学生成长过程中关心的问题作为思想政治工作改革创新的着力点和出发点。将学生的思想状况、成长体验、课程收获、指导帮扶等纳入教育教学评估内容。同时，注重考试评价方式的多样化，引导学生在跨学科、综合性的项目设计与评价、技能比赛和学科竞赛等活动中展示自己的才华和能力。

三、各章节课程思政设计要点

第一章　绪论

本章内容包括岩石力学的意义、发展历史及现状、岩石力学研究对象的特点及研究方法。

课程思政内容设计：本章从岩石力学基本发展脉络展开，培养学生的唯物主义历史观、严谨的科学态度以及将复杂问题抽象化、理论化的能力。

第二章　岩石的组构特征及物理性质

本章内容包括岩石的定义及分类、岩石的组成、特征参数、岩石的构造及其差异、岩石的孔渗性质、热学性质特征。

课程思政内容设计：通过讲解岩石的组构特征及物理性质，引导学生了解自然、尊重自然、保护自然，增强绿色发展和可持续发展意识，培养科学素质和人文素养。

第三章　岩石的变形性质

本章内容包括岩石变形类型及区别、岩石单轴压缩实验方法及评价参数、不同岩石变形类型及过程、岩石三轴压缩实验原理及流程、岩石拉伸破坏实验原理及流程以及岩石蠕变概念及机理。

课程思政内容设计：将岩石变形性质引入课程思政中，可引发学生对物质结构与变形规律的思考，进一步反思自然规律与人的实践活动的关系，使学生领悟到人类活动与自然规律之间的高度契合性和相互依存性，培养学生探索和应用自然规律的科学精神。

第四章　岩石的破坏及破坏准则

本章内容包括岩石破坏的类型、岩石强度概念、岩石破坏准则的概念及评价方式、Mohr-Coulomb 破坏准则及莫尔圆、Drucker-Prager 破坏准则、格里菲斯破坏准则概念及表达。

课程思政内容设计：锻炼学生将复杂问题简单化，抽象问题具体化能力和意识。

第五章　地应力的概念及测定方法

本章内容包括地应力的概念及测定方法、断层对地应力的影响、地应力研究的应用。

课程思政内容设计：地应力涉及许多科学技术的应用，可以帮助学生了解科技发展的重要性，促进其自主学习的能力，提高科技创新意识，培养学生不断探索和实践的精神和能力。

第六章　井壁失稳

本章内容包括分析井周应力状态、坍塌压力及破裂压力的求解方法、分析井壁稳定的应力状态。

课程思政内容设计：通过井壁失稳这一种不稳定状态，提醒学生应当时刻保持警惕，不断改进自己的思考和行动方式，从而实现更加平稳、安全、可持续的生活状态，理解应该如何在生活中树立正确的意识形态。

第七章　水力压裂

本章内容包括水力压裂的定义和工序、水力裂缝破裂与延伸机理、裂缝形态与影响因素、水力压裂的数学力学模型及水力压裂的物理模拟、数值模拟。

课程思政内容设计：培养学生从理论出发通过有限的数据联系实际的意识，通过实践掌握水力压裂技术，培养学生的实践能力和创新精神，进一步提高学生的行业素养和社会责任感。

第八章　油气井出砂

本章内容包括出砂概念及原理、出砂分析及预测方法。

课程思政内容设计：通过讲授油气井出砂会导致一系列安全问题，培养学生的安全意识，明确重视安全的重要性；同时解决油气井出砂问题需要创新思维和技术手段的支持，以此鼓励学生积极探索高效、经济、环保的解决方案，培养学生的创新精神。

四、案例展示

（一）结合章节

第七章　水力压裂

本单元是该课程的第七章“水力压裂”，主要讲授水力压裂的概念、裂缝延伸的机理和影响因素，裂缝形态及物理模拟方法。具体教学内容包括：水力压裂概述；水力裂缝破裂与延伸机理；裂缝形态与影响因素；水力压裂的数学力学模型；水力压裂的物理模拟；水力压裂设计与数值模拟。

（二）教学目标

1. 知识目标

（1）掌握水力压裂的定义和工序；

（2）掌握水力裂缝破裂与延伸机理；

（3）掌握裂缝形态与影响因素；

（4）了解水力压裂的数学力学模型及水力压裂的物理模拟；

（5）了解水力压裂的数值模拟。

2. 能力目标

（1）能够将数学、自然科学、工程基础和专业知识用于解决水力压裂领域内的复杂工程问题。

（2）能够基于科学原理并采用科学方法对水力压裂领域内的复杂工程问题进行研究，包括设计实验、分析与解释数据，并通过信息综合得到合理有效的结论。

（3）能够针对水力压裂领域内的复杂工程问题，开发、选择与使用恰当的技术、资源、现代工程工具和信息技术工具，包括对复杂工程问题的预测与模拟，并能够理解其局限性。

3. 育人目标

培养学生从理论出发，通过有限数据联系实际的意识。通过实践掌握水力压裂技术，培养学生的实践能力和创新精神，进一步提高学生的行业素养和社会责任感。

教学目标——知识学习与科研思维培养，如图 1 所示。

（三）教学重点与难点

（1）针对水力压裂形成基本认识：突出对水力压裂作用的理解，明白理想压裂情况与实际的不同；熟悉典型的水力压裂压力曲线。

（2）裂缝在地下的形态和延伸机理：从一般裂缝延伸情况，深化对缝宽缝高缝长的理解，了解影响裂缝形态的原因。明白各个注液环节的作用。

（3）了解水力压裂的数学力学模型与物理模拟实验思路：掌握 PKN、KGD 数学力学模型的特点和区别。通过水力压裂实验实例，理解裂缝在岩石中的形态，明确实验步骤。

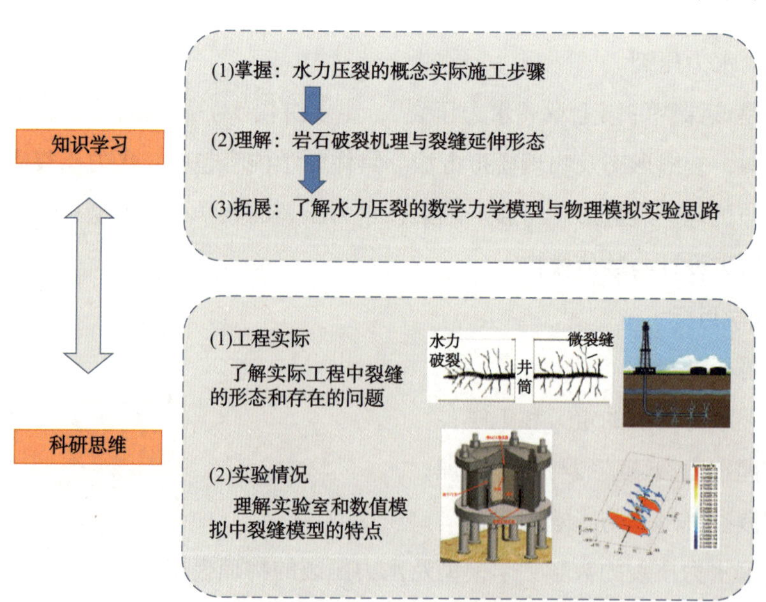

图 1　教学目标——知识学习与科研思维培养

（四）具体教学过程设计

教学过程及时间分配	教学内容	教学方法的运用
一、问题的引出 （2 分钟）	复习上一节课关于地破压力实验的知识点 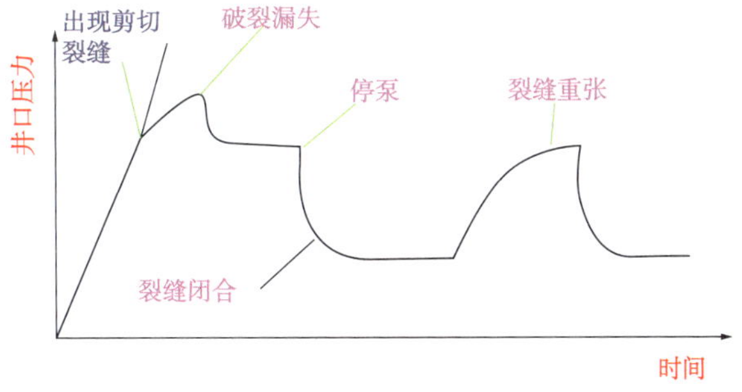 地层破裂压力（P_f）：地层破裂产生流体漏失时的井底压力。 裂缝延伸压力（P_r）：使一个已存在的裂缝延伸扩展时的井底压力。 裂缝闭合压力（P_{Fcp}）：使一个存在的裂缝保持张开时的最小井底压力，它等于作用在岩体上垂直裂缝面的法向应力，即最小水平主地应力。 瞬时停泵压力（P_{ISIP}）：关泵瞬间的裂缝中的压力。它一般大于 P_{Fcp}，两者之间的差别一般在 0.1~7MPa，它取决压裂工艺及岩石性质。在低渗透性地层，两者近似相等。 水力压裂定义围绕地层破裂压力展开。	通过复习上一章内容引出水力压裂的定义
二、新课教学 水力压裂的定义及要素（8 分钟）	概念导入 1. 水力压裂概述 水力压裂是利用高压、大排量泵组，把高黏性流体以大大超过地层吸收能力的排量注入井筒，在井底附近形成超高压使地层破裂。 随着压裂液继续注入裂缝会继续向前延伸，形成具有一定长度和宽度裂缝后泵入带有支撑剂的液体，形成具有一定长度、宽度及导流能力的支撑裂缝，井停泵后仍具有高流通能力。 水力压裂过程中产生人工裂缝或裂缝网络，改变了储层中流体的流动，它是一种广泛接受和使用的提高油气井产能的主要工程方法。 2. 水力压裂的要素 水力压裂的要素包括：岩石力学，控制裂缝几何形态；化学，控制施工中使用的化学材料的性能；流体力学，控制裂缝中的流体流动及支撑剂的布置。	提问讨论 通过互动，组织学生选择答案

续表

<table>
<tr><th>教学过程及时间分配</th><th>教学内容</th><th>教学方法的运用</th></tr>
<tr><td>二、新课教学

水力压裂的定义及要素（8 分钟）</td><td> 油藏描述、地质学情况、储层流体、岩石物理性质及漏失特性研究
完井方式的选择
温度的影响、压裂液、压裂材料的选择
射孔方式的选择
裂缝的几何形状与导流能力
水力压裂的诊断
水力压裂施工监测
地质力学

3. 水力压裂的目的
（1）穿透近井地带的伤害区，使井恢复其自然产能；
（2）延伸原有水力裂缝，提高油井产量。</td><td>提问讨论

通过互动，组织学生选择答案</td></tr>
<tr><td>水力裂缝几何形状及裂缝延伸模型

（6 分钟）</td><td>一、岩石断裂力学 – 裂缝类型
根据位移的形态将裂纹分为三种类型，即张开型、错开型和撕开型，又称Ⅰ型、Ⅱ型、Ⅲ型裂纹，任何一种裂纹变形状态均可由这三种基本形式迭加得到： 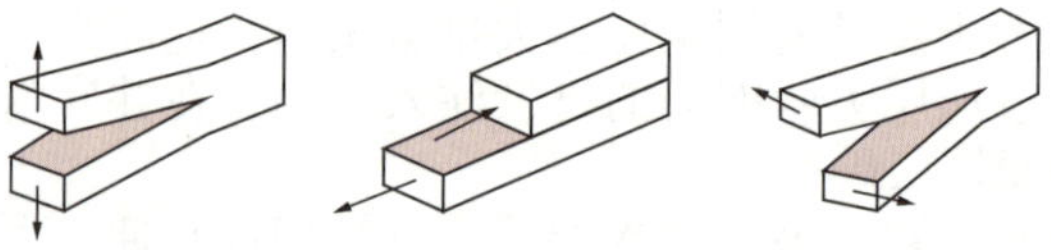

二、裂缝形态影响因素
岩石力学在控制水力压裂裂缝几何形状方面起着重要的作用，影响裂缝延伸的主要因素包括：
（1）地层中不同层位的地应力；
（2）压裂地层的相对厚度；
（3）地层之间的边界状况；
（4）地层弹性模量、泊松比、断裂韧性等岩石力学参数的分布；
（5）裂缝内的液压梯度；
（6）地层中孔隙压力的分布；
（7）地层中的孔隙度、渗透率等物理参数。</td><td></td></tr>
</table>

续表

教学过程及时间分配	教学内容	教学方法的运用
水力裂缝几何形状及裂缝延伸模型 （6 分钟）	三、地应力对裂缝形态的影响 一般认为局部地应力场和相邻层之间地应力差是控制裂缝形状及垂向延伸的重要因素，裂缝通常在垂直于最小主地应力方向延伸： 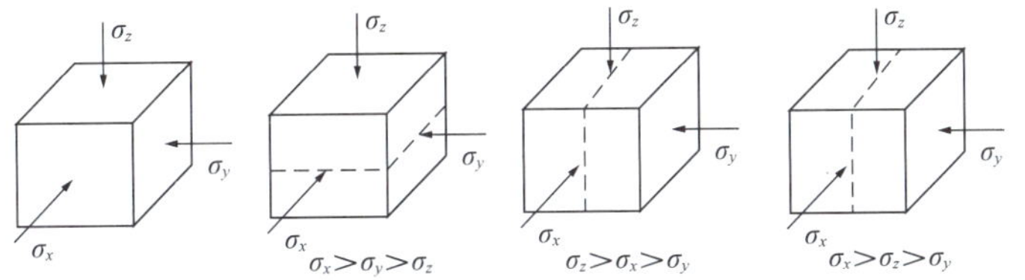 σ_z σ_y σ_x (a)三向应力状态 $\sigma_x>\sigma_y>\sigma_z$ (b)水平裂缝 $\sigma_z>\sigma_x>\sigma_y$ (c)纵向延伸的垂直缝 $\sigma_x>\sigma_z>\sigma_y$ (d)横向延伸的垂直缝 当 $\sigma_x>\sigma_y>\sigma_z$ 时，如图（b）所示，将会出现垂直于 σ_z 的水平裂缝，其扩展方向为水平方向； 当 $\sigma_z>\sigma_x>\sigma_y$ 时，如图（c）所示，产生垂向张破裂，而且主扩展方向与 σ_z 平行； 当 $\sigma_x>\sigma_z>\sigma_y$ 时，如图（d）所示，产生垂直张破裂，而且主扩展方向与 σ_x 平行。	进行提问判断不同应力分布下的裂缝形态
	四、层间地应力差异可以明显地影响裂缝形状 通常裂缝延伸理论假定一种简单的裂缝形状，但实际上裂缝形状会十分复杂。 通过利用“糖葫芦”的比喻，让学生们能更直观更好地理解裂缝延伸理论，运用生活中随处可见的例子来模拟抽象的理论知识，让学生切身感受到理论联系实际的思想和方法。 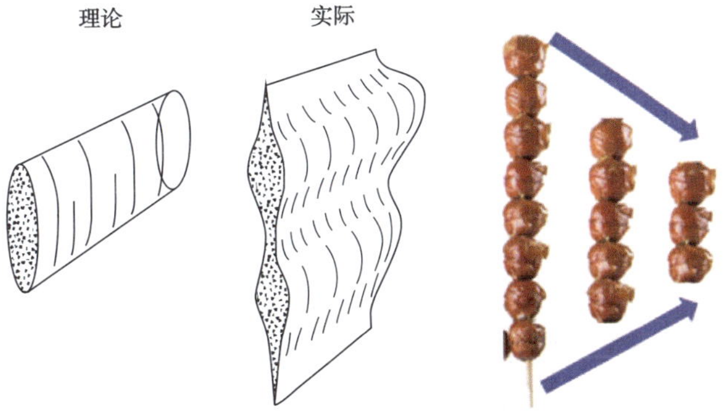 理论　实际	实际裂缝形态有可能为“糖葫芦”状，展示课堂的趣味性

续表

教学过程及时间分配	教学内容	教学方法的运用
水力压裂的数学力学模型（6 分钟）	一、引入新课概念 水力压裂的力学模型：PKN 模型，KGD 模型，拟三维模型，全三维模型。 PKN 模型：基于垂直面的平面应变假设建立的二维模型，每个垂直截面的变形与其他垂直截面无关。垂直截面中缝宽可通过液体流动方程和连续性方程求解。 KGD 模型：基于平面应变假设建立的二维模型，考虑了水平截面和垂直截面的平面应变条件，裂缝的变形应与上、下层无关，裂缝的形态与其垂直位置无关。 拟三维模型：拟三维模型同时考虑裂缝的三维延伸和裂缝中的一维流动问题。它假设裂缝是按椭圆形状向前延伸，且多为垂直缝，并考虑了压裂过程中裂缝高度的变化。 全三维模型：全三维模型从三维岩石变形和二维流动出发来建立裂缝控制方程，把地层的弹性状态看作位置的函数，忽略流体沿裂缝宽度方向的流动，而考虑缝长和缝高两个方向上的流动，同时认为流体在裂缝中的流动为定常层流流动。 通过学习模型，利用建模解决问题的方法能让学生们学会举一反三和类比的思维模式，以及不要局限于一种思考方式解决问题的思想，鼓励学生开拓思维，发散思维。 鼓励学生自由发挥，培养学生的全面思维方式，不局限于讲授的内容。	归纳分析 指出拟三维模拟和全三维模拟各自的优缺点
水力压裂的物理模拟（10 分钟）	一、水力压裂物理模拟方法 水力压裂物理模拟实验是研究储层中水力裂缝扩展机制的重要途径。 举例说明水力压裂的物理模拟的“优势”； （1）通过真三轴水力压裂实验可以研究岩性、天然裂缝、地应力、排量、压裂液流变性等对水力裂缝的影响； （2）实验过程中可以对裂缝扩展的实际物理过程进行监测和分析； （3）实验后可以直观地观察和记录水力裂缝形态，分析其扩展特征； （4）真三轴水力压裂实验可以很大程度还原现场压裂工况，有力地指导施工。 二、水力压裂物理模拟实验装置 水力压裂模拟试验一般采用大尺寸真三轴模拟试验系统，实验系统由声发射仪、真三轴实验架、三轴液压稳压源、油水分离器、MTS 增压及控制器、数据采集及处理系统等组成。 通过后续参观实验室带领学生们全面了解压裂实验室相关仪器原理与使用方法，让学生将书本上的知识带出书本，走进现实。	

续表

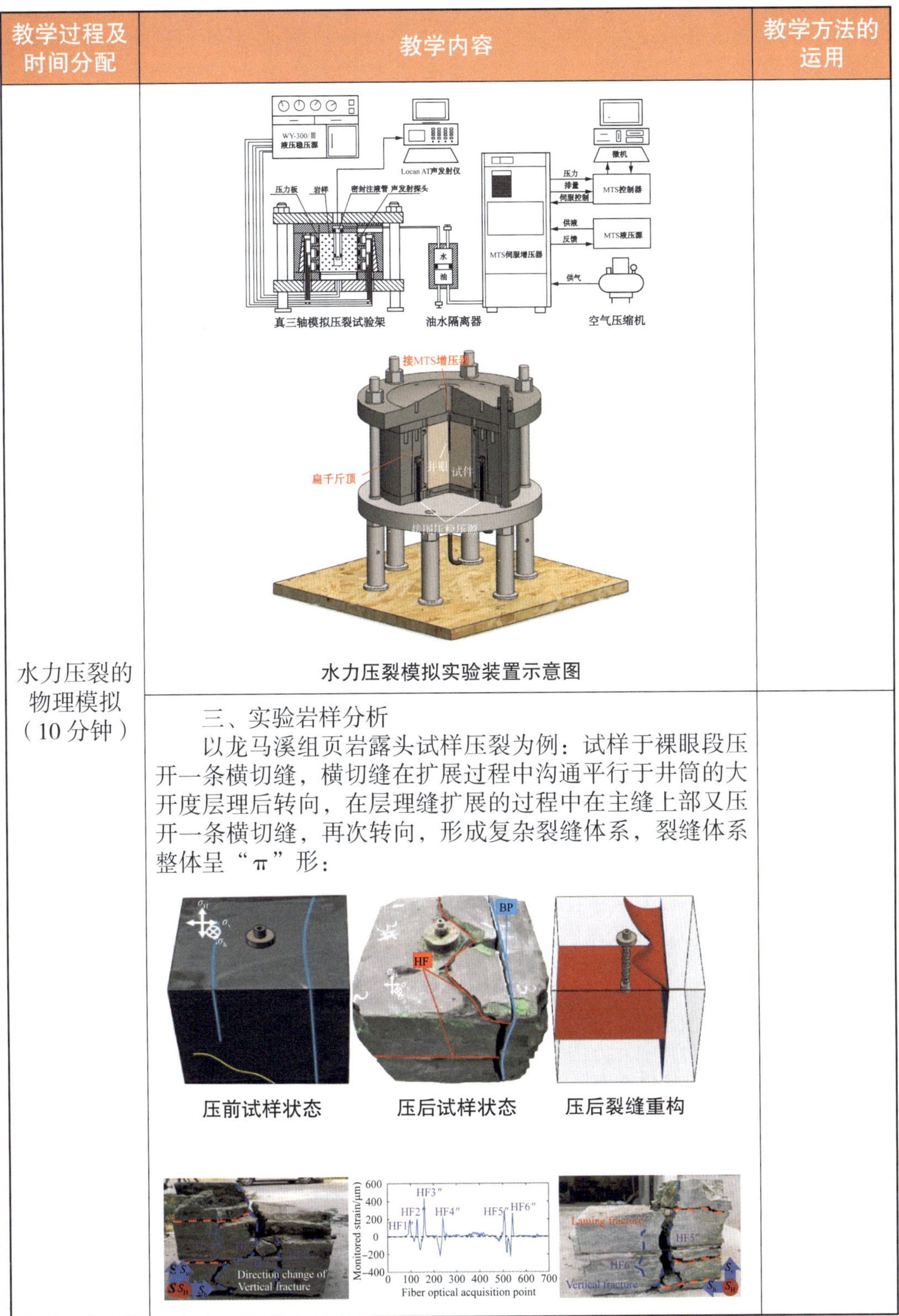

教学过程及时间分配	教学内容	教学方法的运用
水力压裂的物理模拟（10分钟）	水力压裂模拟实验装置示意图	
	三、实验岩样分析 以龙马溪组页岩露头试样压裂为例：试样于裸眼段压开一条横切缝，横切缝在扩展过程中沟通平行于井筒的大开度层理后转向，在层理缝扩展的过程中在主缝上部又压开一条横切缝，再次转向，形成复杂裂缝体系，裂缝体系整体呈“π”形： 压前试样状态　压后试样状态　压后裂缝重构	

续表

教学过程及时间分配	教学内容	教学方法的运用
水力压裂的物理模拟（10 分钟）	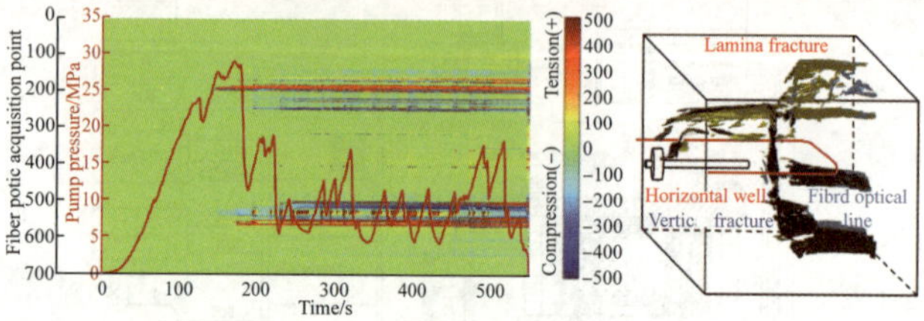 以另一块包裹光纤的岩样进行分析——光纤采集到的信息与实际裂缝情况匹配良好； 通过比较实验室与现场的区别，加深学生对压裂实验的理解； 通过多媒体与板书结合的教学，加上例题的讲解不仅能充分调动学生学习的兴趣和主动性，而且有利于培养学生的创新能力和知识迁移能力； 展示案例由浅入深，循序渐进； 培养学生细致入微的工匠精神，对于细节的钻研与坚持精神。	
水力压裂的数值模拟（8 分钟）	在数值分析中，差分法（difference methods，DM），是一种微分方程数值方法，是通过有限差分来近似导数，从而寻求微分方程的近似解，是微分方程的一种近似数值解法。 变分法是 17 世纪末发展起来的一门数学分支，是处理函数的数学领域，和处理数的函数的普通微积分相对。它最终寻求的是极值函数：它们使得泛函取得极大值或极小值。 有限单元法，是一种有效解决数学问题的解题方法。其基础是变分原理和加权余量法，其基本求解思想是把计算域划分为有限个互不重叠的单元，在每个单元内，选择一些合适的节点作为求解函数的插值点，将微分方程中的变量改写成由各变量或其导数的节点值与所选用的插值函数组成的线性表达式，借助于变分原理或加权余量法，将微分方程离散求解。采用不同的权函数和插值函数形式，便构成不同的有限元方法。有限元方法最早应用于结构力学，后来随着计算机的发展慢慢用于流体力学的数值模拟。 离散元法是专门用来解决不连续介质问题的数值模拟方法。该方法把节理岩体视为由离散的岩块和岩块间的节理面所组成，允许岩块平移、转动和变形，而节理面可被压缩、分离或滑动，岩体被看作一种不连续的离散介质。 循循善诱，同时由浅入深，从工程到力学原理，再到数学方程和公式，层层递进，引人思考，提升理解和掌握效果。	

续表

教学过程及时间分配	教学内容	教学方法的运用
水力压裂的数值模拟（8 分钟）	【思政设计】通过介绍几种不同的水力压裂数值模拟方法，让学生在学习知识的同时，感受老一代科学家们敢于探索，勇于挖掘新科研方法，不怕失败，不怕困难，迎难而上，举一反三的科学家精神，由此告诉学生在学习知识的同时也要锻炼开放的思维模式，“读书不能读死了”，不能只停留在课本上，对于前人创造出来的知识，更多地要有自己的想法与理解，在前人的基础上能作出新的创新与贡献。	
现场压裂情况（8 分钟）	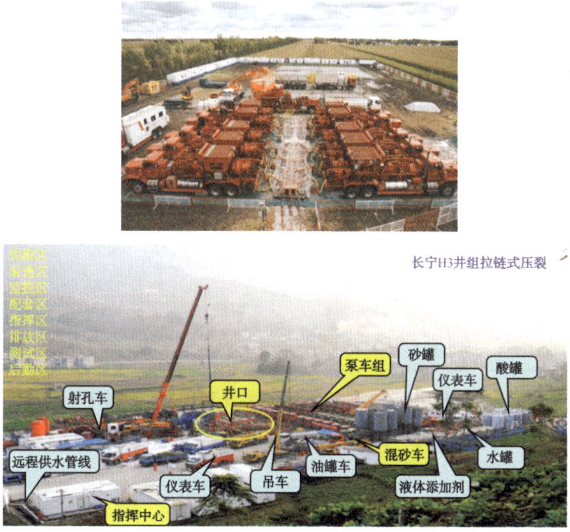 水力压裂作业现场图 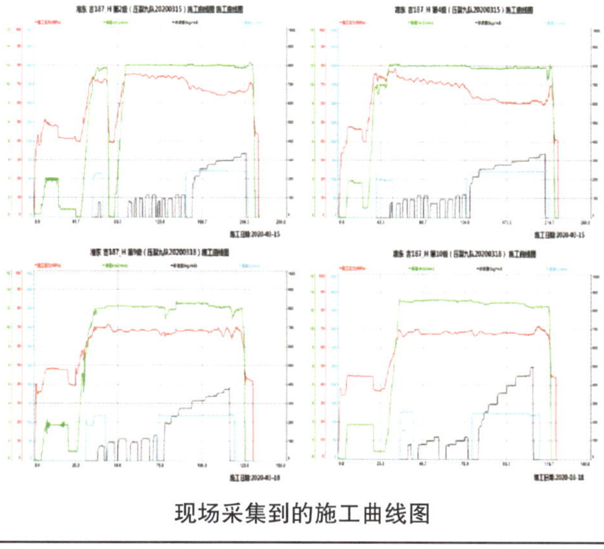 现场采集到的施工曲线图	

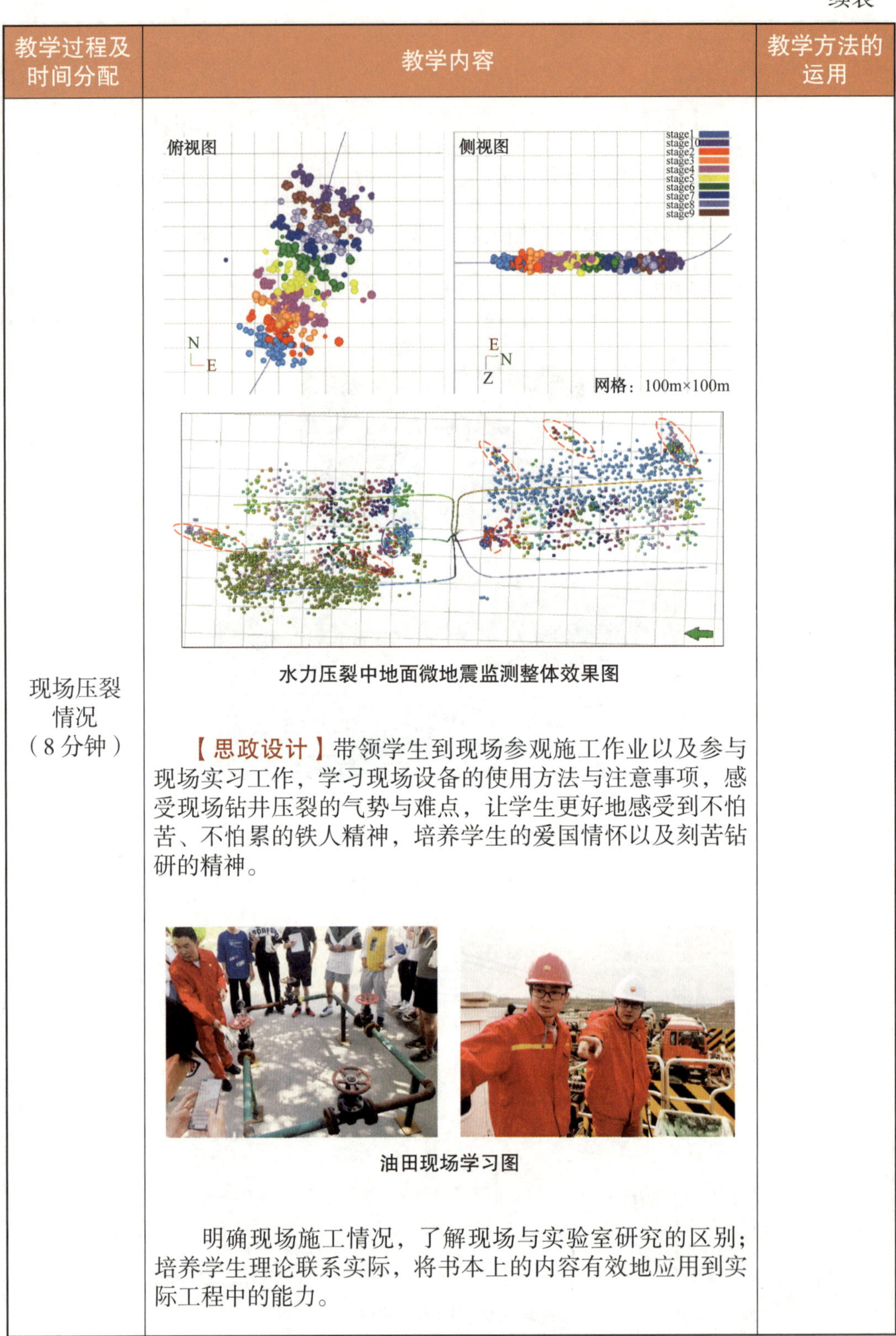

续表

教学过程及时间分配	教学内容	教学方法的运用
现场压裂情况 （8 分钟）	俯视图　侧视图　网格：100m×100m 水力压裂中地面微地震监测整体效果图 【思政设计】带领学生到现场参观施工作业以及参与现场实习工作，学习现场设备的使用方法与注意事项，感受现场钻井压裂的气势与难点，让学生更好地感受到不怕苦、不怕累的铁人精神，培养学生的爱国情怀以及刻苦钻研的精神。 油田现场学习图 明确现场施工情况，了解现场与实验室研究的区别；培养学生理论联系实际，将书本上的内容有效地应用到实际工程中的能力。	

续表

教学过程及时间分配	教学内容	教学方法的运用
三、本课小结及思考题（3 分钟）	（1）总结水力压裂的内容及应用； （2）总结水力压裂数值模拟的方法； （3）总结不同水力压裂物理模拟方法。 思考题：调研并思考页岩气开采中的大规模水力压裂与常规水力压裂有哪些异同。	总结与讨论 （与课堂引入相呼应）
四、参观压裂实验室与铁人广场（15 分钟）	【思政设计】带领学生参观真三轴压裂实验室，讲解各压裂设备原理及使用方法，比较实验室和现场的异同点。参观铁人广场，在学习专业知识的同时，对学生们进行思政教育，感受石油精神和铁人精神的内在意义。	
四、参观压裂实验室与铁人广场（15 分钟）	压裂实验室设备图 让学生们从课本中走出来，模拟感受现场施工的难点与问题，亲自动手实验，培养石油精神与铁人精神。	
作业及预习	预习：出砂、防砂方法及原理。	

（五）教学反思

课程内容较为专业，需要将技术原理、设备操作等内容有机整合，让学生能够真正理解和掌握。因此，教学应该从理论基础出发，以工程实践为核心，在理论知识的讲解同时，安排充分的实验环节和工程实践教学，让学生能够亲身参与操作、实践和掌握相关技能。教师应当积极利用实验、模拟设备与模型、多媒体教学软件、实地教学等多种方式，提高教学效果和学生参与度，注重学生的参与度和实践操作能力培养，加强教学资源整合和科学性评价，才能更好地提高教学质量和学生实用能力。

授课教师不断挖掘有效载体与路径，加强中国特色新型智库人才队伍建设，培养高层次石油领域后备人才。举办《石油魂》系列思想政治课程讲座，组织观看《榜样1~5》专题节目，参观大庆铁人纪念馆，培养学生家国情怀、科学与人文精神素养，弘扬社会主义核心价值，发扬石油精神和铁人精神。

授课教师在教书育人全过程融入德育教育理念，并在教学建设、教学过程和质量反馈等环节中不断改进。添加的课程思政元素不仅具备高度的思想性、理论性，还具备生活性、针对性，便于提升学生的理解与实践能力。参加过 1989 年塔里木石油会战的陈勉和金衍，以口述的形式传达沐浴着改革开放东风的石油人体现出的“三种精神”。邀请国内外油田现场专家、工程博士开设讲座，讲述中国石油工业，大庆、长庆、塔里木和克拉玛依等油田崛起和发展的一点一滴。

《试油与试采》优秀课程思政设计及案例

王　敬、宁正福、刘慧卿、张红玲

一、课程基本信息

课程名称：试油与试采

开课学院：石油工程学院

课程类型：专业课

课程性质：选修

授课对象：石油工程专业四年级本科生

使用教材：《试油与测试工艺》，ISBN 978-7-5021-9895-4，程时清、张红玲，石油工业出版社，2013

教学课时：32 课时

二、课程思政教学整体设计思路

《试油与试采》是为石油工程专业学生开设的一门专业选修课，是从事油气田开发工作的专业选修课。总体目标是通过各种教学环节，使学生掌握勘探开发阶段试油与试采的基本概念、基本原理、基本工艺过程，为将来毕业从事油气田开发、井下作业、勘探评价工作打下良好的基础。课程思政建设从专业特色和国家重大需求出发重点通过构建“三维三策六统一”的立体化、多元化、精细化思政育人格局（图 1），给学生树立人才强国、知识兴国、能源报国的理念，培养学生艰苦奋斗、无私奉献、求实创新的精神，塑造正确的世界观、人生观和价值观。“三维”实现立体化思政即校内课堂维度、校外基地维度、线上平台维度；“三策”实现多元化思政即专业知识渗思政、一线专家传思政、专题研讨辩思政；“六个统一”实现精细化思政即教书与育人相统一、言传与身教相统一、守正与创新相统

一、主观与客观相统一、理论与实践相统一、隐性与显性相统一。从而充分发挥特色优势，推进专业课程思政育人进程，破解课程思政“窄路径”“硬融入”“表面化”难题。

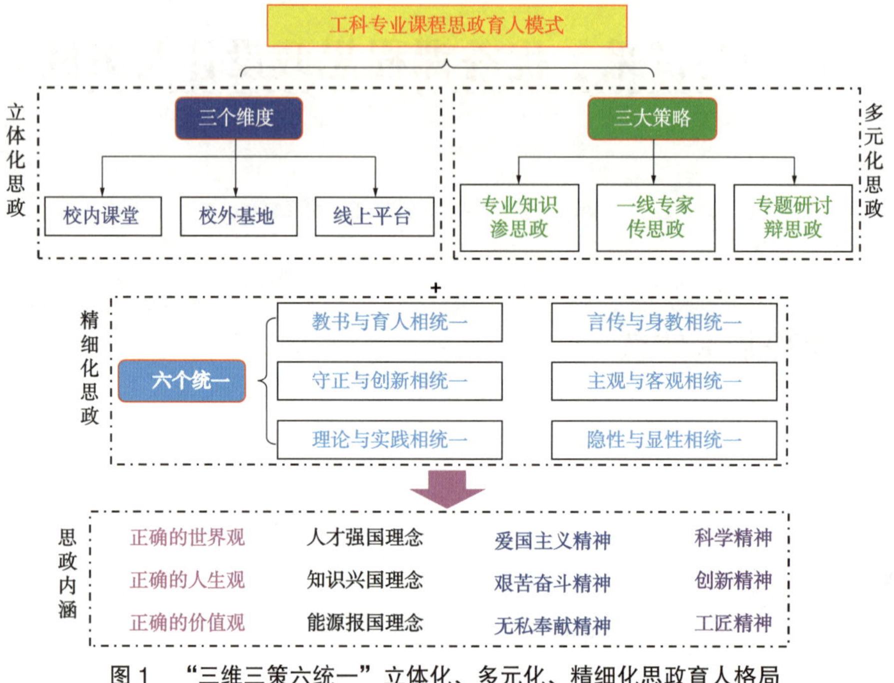

图 1 “三维三策六统一”立体化、多元化、精细化思政育人格局

1.“三个维度”打造立体化思政

随着社会发展和需求提升，学生学习空间呈现立体化特征，已从传统的线下转变为线上与线下相结合，线下又从传统的校内课堂转变为课堂传授与校外实践相结合。因此，课程思政也要与时俱进，根据校内课堂、校外基地、线上平台三个维度的特点全面挖掘和融入思政元素。校内课堂传授时，挖掘或将思政元素有机地融入内容，建立《试油与试采》课程思政案例集，通过不断努力逐步实现“章章话思政、节节融思政”；校外实践时，团队老师将课上内容融入现场实习并以铁人钻井队（1205 队）、女子修井队等为例开展场景模拟，最大限度让学生感受情景还原，增加感性体验，使课程思政无形之中入脑入心；线上平台则通过创建微信平台思政版块，充分发挥互联网时效性、便捷性和学生对网络的黏性，实时发布身边的思政要闻，如《习总书记给我校毕业生回信》《能源的饭碗必须端在自己手里》等，实现“随时随地可思政”。

2.“三大策略”推进多元化思政

课程思政方法和内容需要不断创新，向多元化发展，增强育人效果。三大策略即通过思政元素渗课堂、研讨辩论入课堂、一线书记进课堂实现多元化思政。思政元素渗课堂为隐性渗透，将思政元素自然融入或知识引出思政案例实现润物无声，如松基三井试油发现了大庆油田融入石油精神、大庆精神、铁人精神，煤层气开采提高煤矿安全性和南海神狐海域可燃冰世界首次成功开采融入人才强国、知识兴国、能源报国，并强化专业自信心、民族自豪感；一线书记进课堂则为显性灌输，通过邀请试油一线的党员、书记等专家讲述试油试采作业中可歌可泣的感人故事，传承石油人的红色基因，塑造正确的世界观、人生观和价值观；研讨辩论入课堂则为隐性－显性混合教化，通过优选辩论主题，如 CCUS 对石油行业产生的利弊、深海油气资源开发面临的挑战与南海问题等，以辩沉思、以思铸论，点燃学生爱国、强国、复兴热情。

3.“六个统一”践行精细化思政

思想政治教育需要做精、做细、做实，来提升针对性、亲和力和感染力。六个统一是重要遵循。教书与育人相统一就是从试油与试采知识本身去挖掘和融入思政元素，将品德教育与知识教学有机地结合；言传与身教相统一就是作为老师要修炼内功，以身作则为学生做表率；创新与守正相统一就是课程思政需要不断改革创新但要确保不跑偏、不变形、不走样，不忘立德树人的初心，牢记教育报国的使命；主观与客观相统一就是课程思政开展过程中既要发挥教师的主观能动性又要尊重客观规律，做到“己欲立而立人，己欲达而达人”；理论与实践相统一就是课程思政理论与实践并重，要在课堂教学的基础上创造实践机会，借助实习基地、网络平台、一线专家进课堂等加强实践育人；隐性与显性相统一就是授课过程中既要挖掘潜在的思政元素，春风化雨、润物无声，也要亮明底色、旗帜鲜明，为学生指明方向。

通过校内课堂、校外基地、线上平台三维空间，利用思政元素渗课堂、研讨辩论入课堂、一线书记进课堂三大策略，践行教书与育人、言传与身教、守正与创新、主观与客观、理论与实践、隐性与显性六个相统一，给学生塑造正确的世界观、人生观和价值观，树立人才强国、知识兴国、能源报国的理念，培养学生爱国主义、艰苦奋斗、无私奉献精神，以及科学精神、创新精神和工匠精神。

三、各章节课程思政设计要点

第一章　试油工艺概述

课程思政内容设计：本章主要介绍试油目的和任务、试油层位的选择和试油的主要工序和资料录取。本章中的思政元素重点在于新中国成立初期我国石油资源极度匮乏，被西方殖民者扣上了“贫油国”的帽子。1959 年 9 月 26 日，松基 3 井试油时喜获工业油流，从而发现大庆油田，此后大庆油田持续高产稳产 5000 万吨以上达 27 年，创造了世界同类油田开发史上的奇迹。教育学生弘扬大庆精神、铁人精神，树立为国争光、为民族争气的爱国主义精神；独立自主、自力更生的艰苦创业精神；讲求科学、“三老四严”的科学求实精神；胸怀全局、为国分忧的奉献精神。同时，讲授过程中结合习近平总书记 2021 年 10 月 21 日在胜利油田视察时讲话“能源的饭碗必须端在自己手里”，激发学生学习热情以及责任担当，树立“能源报国”理念，做到胸怀国之大者。

第二章　常规试油工艺

课程思政内容设计：本章主要介绍常规试油工艺所涉及的井场工具准备、常规试油工艺流程、试油过程中的井控等。本章中的思政元素重点在于井控重要性，以“12・23”重庆开县气矿井喷事件为例，介绍井喷给人民生命、国家财产带来的巨大损失，让学生体会到知识对于人民生命财产安全的重要性，从而树立知识救国救民，学习知识可以造福人民，使无辜人民免受伤害的理念。

第三章　地层测试工艺

课程思政内容设计：本章主要介绍地层测试基本原理、测试工具、地层测试工艺与优化设计和压力测试数据解释。本章是该课程最重要的章节，本章思政元素主要包括两个方面，一方面是依托地层测试工具，讲述高精尖设备和破解“卡脖子”技术的重大意义。并以教育系统“时代楷模”称号获得者黄大年为例，号召学生学习黄大年同志放弃国外优越条件，怀着一腔爱国热情义无反顾返回祖国的爱国主义精神。学习他淡泊名利、甘于奉献，带领科研团队辛勤奉献、顽强攻关核心技术装备，为深地探测和国防安全作出突出贡献的科学精神和创新精神，树立正确的世界观、人生观和价值观。另一方面是特邀大港油田一线党支部书记给学生讲授现场试油试采主要流程、技术关键以及发生在工作过程中可歌可泣的感人故事，用来自一线的声音感染学生，学习一线工作者工匠精神和一丝不苟的拼搏奋斗精神。

第四章　气井试气工艺

课程思政内容设计：本章主要介绍常规气井试气工艺、试井工艺、试气地面流程和特殊气井的试气。本章思政元素是依托试气过程中天然气水合物形成及预防介绍 2017 年 5 月 18 日我国全球首次在南海成功试采海域可燃冰，取得天然气水合物试开采历史性突破，标志着中国在该领域综合实力达到世界顶尖水平。通过本案例融入人才强国、知识兴国、能源报国的理念，并强化学生的专业自信心和民族自豪感，立志成为可堪大用、能担重任的社会主义建设者和接班人。

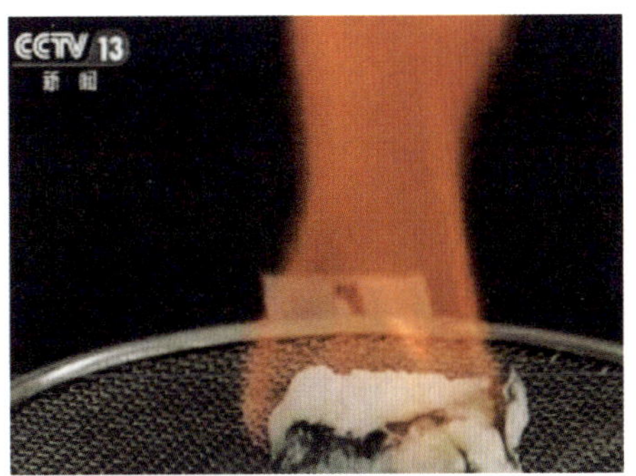

第五章　特殊井试油工艺

课程思政内容设计：本章主要介绍水平井、高温高压井、稠油井以及浅海试油的主要工艺及流程。本章思政元素是依托浅海试油工艺技术及其特殊性，以 2019 年国家科技进步特等奖“海上大型绞吸疏浚装备”为例，介绍该研究成果走出了一条我国在该领域从“技术被封锁”到“技术管制”的跨越之路，使“国轮国造”的百年梦想得以实现，让学生感受创新的力量，为学生展示中国速度、中国力量，增强民族自豪感、使命感。

第六章　油气田开发动态监测工艺

课程思政内容设计：本章主要介绍油井环空液面测试、油井常规测压、井下关井测压与永久式压力测试等内容。本章思政元素是利用新疆黑油山的案例讲述油井环空液面测试，并进一步引申至习近平总书记给我校克拉玛依校区学生回信，激励学生志存高远、脚踏实地，不畏艰难险阻，勇担时代使命，把个人的理想追求融入党和国家事业之中，为党、为祖国、为人民多作贡献，到祖国最需要的地方去建功立业。

四、案例展示

（一）结合章节

第一章　试油工艺概论

（1）试油目的和任务；

（2）试油层位的选择。

（二）教学目标

1. 知识目标

（1）掌握试油试采的基本概念；

（2）掌握试油的目的及任务；

（3）理解试油层位的选择原则。

2. 能力目标

（1）发现问题和总结归纳能力：试油的目的及意义。

（2）分析问题的能力：试油层位该如何选择？

（3）解决问题及应用能力：试油层位选取和主要工序。

3. 育人目标

依托大庆油田发现过程以及27年稳产5000万吨的历史，讲述试油试采在整个油气田勘探开发中所处的环节和地位，教育学生传承石油精神红色基因，弘扬大庆精神、铁人精神，树立爱国主义精神、艰苦创业精神、科学求实精神、无私奉献精神，并结合习近平总书记视察胜利油田讲话，引导学生树立专业自信心，做胸怀“国之大者”。

（三）教学重点与难点

（1）重点掌握试油作业的目的和任务，理解试油在不同层面、不同阶段、不同角度的重要性以及不同类别试油井的任务。

（2）重点掌握试油层位的选取原则，分析试油层位选取原则的背景，弄懂测试层位目标及其原因。

（四）总体思路

本节主要采取“设问引入、讨论启发式、举例论证、总结归纳、讲授演示”等教学方法。首先，结合课程名称提出“什么是试油？试油在油气田勘探开发中所处的环节和地位？”然后，结合大庆油田发现过程实例阐明试油在油气田勘探开发中所处的环节和地位，并通过介绍大庆会战引入石油精神、大庆精神、铁人精神，融入课程思政，并进一步提出石油行业发展与挑战，引入习近平总书记在视察胜利油田时的讲话，激励学生增强民族自信心、行业自信心，树立远大理想，做可堪大用、能担大任的国家栋梁之才。近一步通过对试油环节和地位的认识归纳总结出试油、试采的概念，并启发学生初步总结试油的目的和任务。在此基础上，老师用PPT讲授试油试采概念、类型，试油的目的和任务及不同类型井的任务。试油层位选择部分，主要通过提问引导的方式，阐明试油层位选取的总体原则、不同类型井试油层位选取原则。

（五）具体教学过程设计

教学内容	教学设计
教学环节 1：问题导入及试油主要目的及任务	**教学方法与手段：**设问、启发、举例、总结归纳的递进式方法；多媒体。
	具体教学内容及过程设计： 一、问题引入（10 分钟） 问题：什么是试油？试油在油气田勘探开发中所处的环节和地位？ 通过回顾前学期的油田开发地质学基础、测井解释、钻井工程等课程所讲述的内容以及重要任务，梳理油气田勘探开发全流程主要环节、各环节重点工作，进而引出试油与试采所处环节和作用。 以大庆油田发现过程为例，阐明从地质综合分析、确定钻探井位→对可能的油气水层进行钻探→识别油、气、水层的全过程，近一步介绍大庆会战引入石油精神、大庆精神、铁人精神，融入课程思政，并进一步提出石油行业发展与挑战，引入习近平总书记在胜利油田提出的“能源的饭碗必须端在自己手里”，激励学生增强民族自信心、行业自信心，树立远大理想，做可堪大用、能担大任的国家栋梁之才。 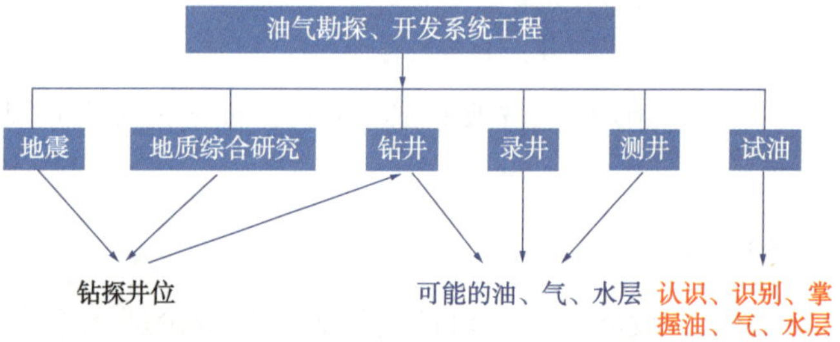 

续表

<table>
<tr><th>教学内容</th><th>教学设计</th></tr>
<tr><td>教学环节 1：问题导入及试油主要目的及任务</td><td>
1958年2月石油部对松辽平原进行地质普查，同年11月，石油部批准大庆第一口油井钻探，1959年9月26日该井喜喷油流。从此，中国摘掉了石油工业落后的帽子，结束了贫油国的历史。从1960年，展开了大庆石油会战，建成了具有世界先进水平的大油田，这口油井是大庆石油会战的历史见证，也是新中国石油工业成就及大庆精神、铁人精神的主要象征。
能源的饭碗必须端在自己手里
石油能源建设对我们国家意义重大，中国作为制造业大国，要发展实体经济，能源的饭碗必须端在自己手里，希望你们再创佳绩、再立新功。
21日
大庆精神
为国争光、为民族争气的爱国主义精神；
独立自主、自力更生的艰苦创业精神；
讲求科学、“三老四严”的科学求实精神；
胸怀全局、为国分忧的奉献精神。
铁人精神
宁肯少活二十年，拼命也要拿下大油田
有条件要上，没有条件创造条件也要上
石油工人一声吼，地球也要抖三抖
二、试油定义及主要目的及任务（15 分钟）
1. 试油试采定义引出
引导学生通过上述的油气田勘探开发总结归纳试油试采的定义和目的及任务。
试油：对可能的油、气层，利用一套专用的设备和方法，降低井内液柱压力，诱导地层中的流体流入井内并取得流体产量、压力、温度、流体性质、地层参数等资料的工艺过程。
试采：对试油已经确定达到工业油气流的探井，按照采油方式诱导地层中的油气流入井内，并使之产出地面，同时利用专门的设备和方法，测量油气产量的过程。
2. 介绍几种常见的试油工艺类型并对比其差异性
常规试油：油井完井后采用以诱导油流方式为主的试油方式；
地层测试：又称钻杆测试，在钻井过程中（或下套管完井之后），用钻杆（或油管）将地层测试器送入井内，操作测试器开井、关井，对目的层进行测试的工艺；
电缆地层测试：在裸眼井段下入电缆测试器，在井壁抽取少量地层流体测试。 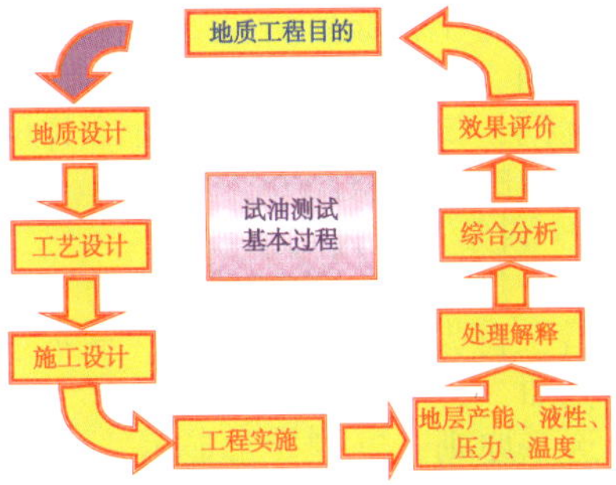
试油测试基本过程
地质工程目的
地质设计
工艺设计
施工设计
工程实施
地层产能、液性、压力、温度
处理解释
综合分析
效果评价
3. 启发、总结归纳试油的主要目的和任务
（1）探明新区、新构造是否有工业性油气流；
（2）查明油气田的含油气面积和油水或气水边界，以及油气藏的产油气能力、驱动类型；
</td></tr>
</table>

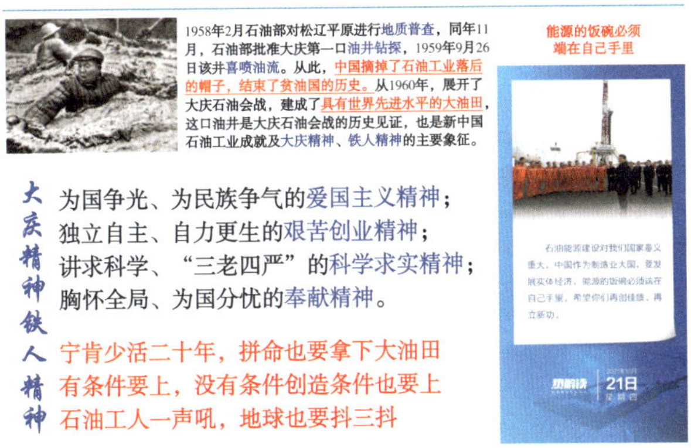

续表

教学内容	教学设计
教学环节 1：问题导入及试油主要目的及任务	（3）验证储层的含油、气情况和测井解释的可靠性，修正测井解释； （4）通过分层试油、试气取得各分层的测试资料及流体的性质，确定单井（层）的合理工作制度，为计算油、气田储量和编制开发方案提供依据； （5）评价油气藏，对油、气、水层做出正确结论。 工艺技术 工程实施 地层产能、液性、压力、温度 综合分析 解释评价 给储层下结论 
教学环节 2：试油层位选择	三、针对试油井类别介绍其目的和任务（10 分钟） （1）科学探索井；（2）参数井；（3）预探井；（4）详探井；（5）开发井。 **教学方法与手段：**采取提问、启发、递进的方法，培养学生分析问题能力。多媒体。 具体内容及教学过程设计： 四、试油层位选择 1. 给出试油层位选择总体原则和要求 提问：试油的目的是为了采油气还是找油气或水？ 总体原则：试油层位的选择以不漏掉一个油、气层为原则。 具体要求：探井要做好中途试油设计，钻进过程中自上而下搞清每一套含油气层的情况；完井试油要根据钻探目的分段分层试油，但要防止分层过细、层位过多。 2. 针对不同试油井类别的目的及任务分析其试油原则、试油层位选取原则 提问：试油时优先测试什么样的层位才能吸引更多的投资？才能回答试油的第 2 项任务？ 1）科学探索井与参数井 试油原则：钻井过程中，如遇油气显示，应进行中途试油测试。完井后，首先选择最好的油气显示层优先进行试油、试气，尽快打开新区找油、找气局面。 选层原则：气测异常显示、测井解释差油层、油水同层或可疑层。 2）预探井 试油原则：钻进过程遇良好油气显示，立即进行中途测试；完井后原则上自下而上分层试油，分清重点层位和次要的验证层位，提出不同的资料录取要求；新区前几口预探井，为迅速取得“揭开一点，推动全局”的形势，确定层位时首先打开最理想层段，以尽快取得资料。

续表

教学内容	教学设计
教学环节 2： 试油层位 选择	选层原则：气测异常明显、测井解释为差油层；特殊岩性、具有油斑显示、气测异常井段；综合解释为油层、水层界限不清的层段；钻井过程中井涌、井漏、放空、裂缝、地质录井见显示井段；主要目的层为水层。 3）详探井 试油原则：不能将油、气、水层大段混试，应按油层组自下而上或自上而下分段逐层试油；对于可疑层、认识不清的油水界面以及水层，均要单独测试。 选层原则：新层系的主力油层；钻井取心的油层、差油层；综合解释有效厚度小于 1m 的油气层；油水过渡带。
作业布置	资料调研：我国油田目前采用较多的试油工艺类型是什么？ 预习：结合所学过的钻完井工程课程，预习试油主要工序和资料录取。

（六）教学反思

（1）试油与试采是一门专业选修课，但会按照必修课的标准要求学生，从而提高学生学习选修课的重视程度。

（2）试油与试采授课对象主要为大三、大四的学生，很快就要走上工作岗位，但是大部分学生对所要面对的工作对象非常茫然，甚至一无所知，在工作竞争激烈的今天会一定程度上影响用人单位的印象。而试油与试采课程恰恰是与现场联系非常紧密的一门课程，主要源于矿场的实践，因此依托本课程可以进一步拓宽学生视野，了解石油工程、走进石油工程。高年级学生面临毕业设计、答辩、应聘等一系列综合性的考验，相对于专业基础性课程，选修课程可以更好地为学生提供综合素质提升的机会，如文献调研、总结归纳能力，口头表达、展示自我的能力，分工协作、密切配合能力，而试油与试采课程可以通过引入研讨课的方式在这些方面锻炼学生。

（3）通过本节课程的学习，使学生得到如下收获：

①了解油气田勘探开发的一般过程及试油试采的地位和重要性；

②通过讨论理解了试油的定义、目的及任务；

③试油主要工序相对来说比较抽象，通过视频动画的方式有助于学生更加直观地认识工序实现过程，加深了印象；

④通过大庆油田发现及开发历程的故事，感受到了石油人的红色基因和大庆精神、铁人精神，立志做可堪大用、能担大任的栋梁之才，学石油、爱石油、献身石油。

《石油工程导论》优秀课程思政设计及案例

田　冷、王宴滨、李根生、樊洪海、贾新峰

一、课程基本信息

课程名称：石油工程导论

开课学院：石油工程学院

课程类型：专业课

课程性质：选修

授课对象：石油工程专业一年级普通本科生和留学生

使用教材：《石油工程导论》，ISBN 978-7-5636-6850-2，田冷、樊洪海编，青岛：中国石油大学出版社，2020

教学课时：16 课时

二、课程思政总体目标

石油工业是国内工业进步的基础，是中华民族伟大复兴的关键领域之一。将国情教育、科学精神、工匠精神和职业规范等有机地嵌入相关教学内容中，通过本门课程的学习，教育学生深刻认识石油工程理论与技术在国家科技层面的重要性。在课程讲授过程中提升学生的爱国情怀，增强学生立志投身于先进石油工程技术学习的决心，将个人的成才梦想有机融入实现中华民族伟大复兴的道路中，引导学生思考本门课对自己未来职业生涯的影响，树立正确的人生观、价值观，为我国的石油行业做出自己的贡献。

三、各章节课程思政建设要点

教学内容	知识点	案例	思政
第一章　油气基本知识与石油工业概况	1. 中国原油对外依存度	习近平主席调研胜利油田提出“要把能源饭碗端在自己手里”	能源饭碗端在自己手里
	2. 石油工业概述——世界油气勘探简史	铁人王进喜	铁人精神
第二章　油藏流体与岩石的性质	1. 天然气的组成及其高压物性	开县 12·23 特大硫化氢井喷事故	安全生产，环保同行
	2. 岩石分类及其对应油藏介绍	渤海发现亿吨大油田渤中 26-6	能源饭碗端在自己手里
第三章　油气藏开发设计与动态分析	1. 油气藏开发的原则	中海油服百强最佳管理运营奖	团队协作精神
	2. 注采井网系统	逆沉积水流方向采收率高	志不求易者成，事不避难者进
第四章　油气钻井工程概述	1. 高温高压井	开县 12·23 特大硫化氢井喷事故	安全生产，环保同行
	2. 井的分类及用途	李根生院士提出水射流；高德利院士提出井工厂	理想教育
第五章　固井与完井工程概述	储层保护与完井液	开县 12·23 特大硫化氢井喷事故	安全生产，环保同行
第六章　采油采气工程概述	排水采气技术	开展智能控制排水采气	科技创新
第七章　油气增产技术概述	1. 石油开采面临的挑战	不忘初心，牢记石油人的使命	铁人精神
	2. 压裂液等注入地层	开县 12·23 特大硫化氢井喷事故	安全生产，环保同行
	3. 水平井压裂	水平井细分切割体积压裂技术	科技创新

四、课程思政案例展示

（一）案例展示

· 案例一

1. 案例主题

能源的饭碗必须端在自己手里

2. 结合章节

第二章　油藏流体与岩石的性质

3. 案例知识点展示

油藏岩石通常分为沉积岩、岩浆岩和变质岩三类，不同油藏岩石的骨架性质、孔隙性质和渗透性各不相同。世界上 99% 以上的沉积岩储层是由碎屑岩和碳酸盐岩组成。我国大部分油田都是碎屑岩储层，但也有变质岩，如渤中 26–6 油田。

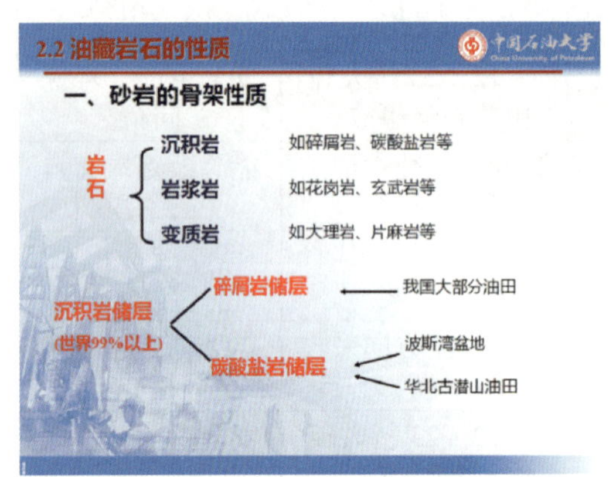

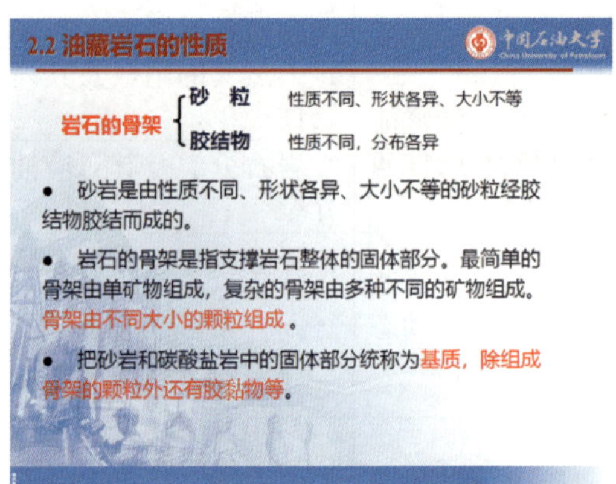

4. 案例描述

渤中 26–6 油田位于渤海南部海域，距离天津市约 170 千米，平均水深 22.1 米，构造位于渤海黄河口凹陷与渤中凹陷两大富烃凹陷之间。发现井渤中 26–6–2 井钻遇油气层累计超过 320 米，完钻井深 4480 米，测试平均日产油超 270 吨，平均日产气超 32 万立方米，证实了该油田具有储量规模大、油品性质好、测试产能高的特点。

渤中 26–6 亿吨大油田

[新闻直播间]我国渤海再发现亿吨级油田　渤中 26–6 油田（cctv.com）

渤中 26–6 油田探明地质储量超 1.3 亿吨油当量，按正常采收率，能够开采原油超 2000 万吨，提炼成汽油后可供 10000 辆小汽车正常行驶 30 年，同时可开采天然气超 90 亿立方米，能够满足天津市常住人口使用近 15 年，具有可观的经济与社会效益。

5. 案例意义

“居安思危，思则有备，备则无患。”能源安全是关系国家经济社会发展的全局性、战略性问题。

（1）通过课程中穿插的能源安全教育，促使新时代大学生更加深刻地认识到能源是现代社会发展的重要支撑。随着我国经济快速发展，油气资源供需矛盾突出，能源安全形势愈加严峻，必须加强保障，推进绿色、低碳、可持续发展，才能满足人民日益增长的物质和文化需求，维护国家长治久安。

（2）积极引导学生自觉加强学习，让他们充分认识到自身责任和担当。只有不断提高自己的专业本领，才能更好地为保障国家能源安全贡献力量。在课程与实践中，学生应当注重提高自身公民素质和社会责任感，积极参与能源安全宣传和教育活动，进一步落实和弘扬国家宏观战略，为国家能源事业做贡献。

· 案例二

1. 案例主题

科技创新

2. 结合章节

第二章　油藏流体与岩石的性质

第六章　采油采气工程概述

第七章　油气增产技术概述

3. 案例知识点展示

天然气作为清洁能源之一，其高效开发与利用是实现“碳达峰、碳中和”宏伟目标的重要保障。我国的致密砂岩气资源潜力大，分布范围广，是天然气增储上产的重要领域。但致密气储层致密、资源品位低、物性差，开采难度大，开发成本进一步升高。

一、背景与意义 

（一）背景

- **天然气**作为清洁能源之一，其高效开发与利用是实现“**碳达峰、碳中和**”宏伟目标的重要保障；
- 2020年我国天然气**对外依存度**升至43%，严重影响**国家能源安全**，亟需加大国内天然气勘探开发力度。

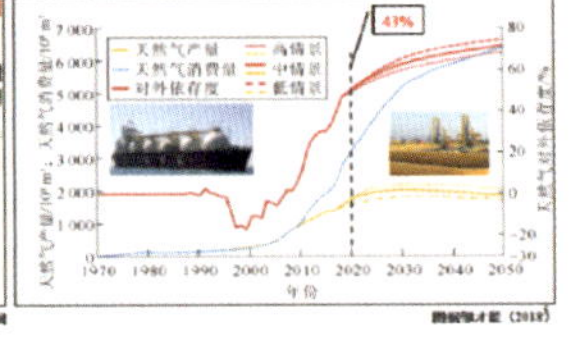

一、背景与意义 

（一）背景

- **致密砂岩气**作为我国天然气产量的重要组成部分，资源潜力大，分布范围广，2020年产量达到476亿立方米，占天然气总产量的25.2%，预计致密砂岩气2030年产量将达到600亿立方米以上，是我国天然气增储上产的重要领域。

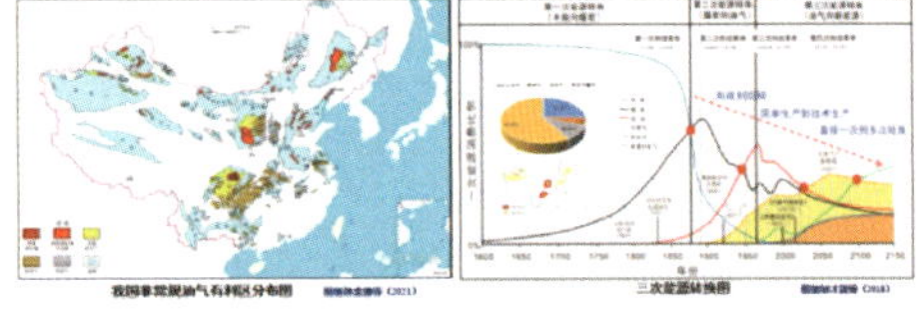

习近平总书记对能源科技创新寄予厚望，他强调“加快实现高水平科技自立自强，是推动高质量发展的必由之路”，明确把科技创新摆在发展全局的核心位置。经过国内

创新性成果

1. 差异化布井技术

类型	地质特征	部署立体图	部署示意图	优点
大丛式直定向井部署	发育多套含气层系，砂体连续性差，单层砂体不具优势性，储量集中度低			提高纵向储量动用程度 井型组合灵活 便于井网调整 控制程度高
水平井整体部署	多期河道叠置发育 储层展布稳定			提升水平井比例 提高富集区储量动用程度
大丛式混合井部署	主河道砂体发育稳定 具有主力气层 横向展布范围大			既确保多层系储量均衡动用，又能确保优势层储量整体动用
大丛式水平井立体部署	发育多套主力气层 储层展布稳定			多层系储量整体动用 推进规模开发
大斜度井部署	纵向发育多套含气层系，储层规模变化大，非均质强			动用多套层系，增大井筒与气层接触面积，提高单井产量

油气田开发工作者不断攻关，长庆油田建成了以苏里格气田为代表的致密气生产基地，集成创新形成了以优快钻井、基于储层地质条件的差异化布井、储层改造等为核心的致密气勘探开发关键技术。石油人对科技自立自强的不懈追求结出了累累硕果，为保障国家能源安全以及推动能源转型升级注入了强大驱动力。

4. 案例意义

国家将碳达峰、碳中和列为未来重点工作之一，这要求积极创新、加快发展低碳清洁能源。科技创新能力已经越来越成为综合国力竞争的决定性因素。

（1）通过对油气田开发行业发展以及非常规油气资源开发实例的介绍，帮助学生了解油气资源开发面临的挑战，前辈们不断创新艰苦奋斗的精神，引导学生为实现科技创新，打破技术壁垒，成为具有家国情怀、强烈社会责任感和拼搏进取意志的油气田开发技术人才而努力拼搏。

（2）教师在课程讲授过程中，穿插自己的读书、科研经历，分享科研过程遇到的问题和取得的突破。让学生明白，科研意识是前提，科研志趣是基础，而乐观心态则是科研成功的保障。坚持在专业教学过程中培养家国情怀、树立远大梦想。

《大国基石》第一集《气蕴华夏》讲述了中国石油加大油气勘探开发和增储上产力度，深入推进能源革命，助力实现“双碳”目标，建设美丽中国的故事。长庆油田保障着40多个城市天然气供应，是油气当量超六千万吨的“西部大庆”，而这些油气从“磨刀石”中开采，这些“磨刀石”里藏着致密气这种天然气资源。

中央广播电视总台和国务院国资委联合制作的13集大型系列纪录片《大国基石》第一集《气蕴华夏》

https：//video.weibo.com/show?fid=1034：4852430974943296

· 案例三

1. 案例主题

安全生产，环保同行

2. 结合章节

第二章　油藏流体与岩石的性质

第四章　油气钻井工程概述

3. 案例知识点展示

天然气无色可燃，主要由甲烷、乙烷、丙烷、丁烷、戊烷等低链烷烃组成，其中也可能含有氮、氢、二氧化碳、硫化氢及水蒸气等非烃类气体及少量氦、氩等惰性气体。

二、天然气的高压物性

1. 天然气的组成

低分子饱和烷烃（主要）

CH_4　70%~98%

C_2H_6　C_3H_8　C_4H_{10}　$>C_5$

非烃气体（少量）

CO_2　CO　N_2　H_2O

惰性气体He　Ar

有毒气体：H_2S

33

4. 案例描述

高含硫天然气的开采面临腐蚀性强、毒性大等风险。2003 年 12 月 23 日深夜 21 时 55 分，重庆市开县（今开州区）高桥镇罗家寨发生特大井喷事故，富含硫化氢的天然气猛烈喷射 30 多米高，失控的有毒气体随空气迅速向四周弥漫，距离气井较近的重庆市开县 4 个乡镇 6 万多灾民需要紧急疏散转移。事故导致 243 人因硫化氢中毒死亡、2142 人因硫化氢中毒住院治疗、65000 人被紧急疏散安置。

川东北气矿天然气“井喷”事故图

事故原因包括高含硫高产天然气水平井的钻井工艺不成熟以及有关人员违章操作，经过专家组的分析论证，认定这次事故是一起责任事故，并对六名有关人员量刑。

在“12 · 23”井喷事故以后，政府安全管理机构和气田企业均在高含硫气田开发安全设计、安全评价、应急保障体系建设等方面开展了大量的研究工作，并制定了一系列安全标准。从 2009 年龙岗、普光气田投产开始，我国高含硫气田进入了大规模开发期，安全风险防控意识及手段达到了国内天然气开发的高峰。

5. 案例意义

以史为鉴，居安思危。剖析国内外重大典型油气事故，结合安全工程理论，抽丝剥茧、层层深入，总结事故经验教训，进一步阐述油气生产主要风险事故类型的突出特点，引领学生对油气安全生产建立更清晰的认知。着眼国家战略，启发青衿之志。

（1）通过思想政治教育工作，使学生树立科学发展观，坚守行而弥坚的初心，担负能源报国的责任使命，将青春镌刻在保障国家油气资源安全的奋斗历程中。

（2）通过事故原因剖析，提高学生的安全防范意识和安全素质，让他们认识到执行安全生产各项规定的重要性。

（3）把安全生产摆在“讲政治、保稳定、促发展”的大局高度，不断提高思想认识，通过对事故负责人的惩罚措施，提高教育效果。

《生命重于泰山——学习习近平总书记关于安全生产重要论述》电视专题片启示：安全生产必须警钟长鸣、常抓不懈。要提高政治站位，从增强“四个意识”、坚定“四个自信”、做到“两个维护”的高度，引导学生深入学习贯彻习近平总书记关于安全生产重要论述，守住安全生产底线和红线，实现安全发展、科学发展、高质量发展。

《生命重于泰山》电视专题片

· 案例四

1. 案例主题

践行铁人精神，赓续红色血脉

2. 结合章节

第一章　油气基本知识与石油工业概况

第四章　油气钻井工程概述

3. 案例知识点展示

19 世纪 50 年代初，新中国刚成立不久，百废待兴，百业待举。新中国的石油基础十分薄弱，油气资源勘探经历了从最开始的寻找油气苗（露头），到利用背斜聚集学说勘探背斜褶皱顶部，再到采用地球物理勘探、协同勘探和深化勘探等多个阶段。目前，油气勘探向深层、深水、超深水、低渗透和非常规等新领域进军，加强油气地质综合研究和强化高新技术的应用，注重深化和精细勘探。

1.4 石油工业概述——世界油气勘探简史

1．原始直接找油阶段

19世纪50年代，勘探的依据是油气苗，油气苗是地下油气藏的直接显示。因此，井位主要选择在接近油苗和先期钻探成功井的附近。

1.4 石油工业概述——世界油气勘探简史

2．背斜找油阶段

美国地质学家怀特于1861年提出了具有划时代意义的背斜聚集学说。该学说认为：石油和天然气聚集于背斜构造中，石油、天然气和地层水按其比重分异，油气的密度低，占据背斜的顶部，而水占据底部。因此，背斜褶皱的顶部被公认为是勘探油气的最佳对象。

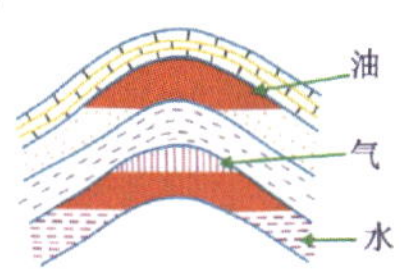

1.4 石油工业概述——世界油气勘探简史

3．地球物理勘探找油阶段

1926年首次利用重力勘探发现了美国得克萨斯州的一些盐丘油田，随后地球物理勘探方法在圈定构造油气田方面开始显示成效。

✓ 重力勘探是测量与围岩有密度差异的地质体在其周围引起的重力异常，以确定这些地质体存在的空间位置、大小和形状，从而对工作地区的地质构造和矿产分布情况作出判断的一种地球物理勘探方法。

1.4 石油工业概述——世界油气勘探简史

4．协同勘探找油阶段

第二次石油技术革命主要发生在20世纪60—70年代。

- 板块构造理论的诞生，被称为地学上的一次革命。
- 有机地球化学研究，可对沉积盆地的成油条件、油源及生油量进行定量评价，指出有利油气勘探地区(化探)。
- 沉积学研究从现代沉积类比入手建立了地层学，可以充分利用地震信息，进行地层、岩性和岩相的研究(沉积地层学)。

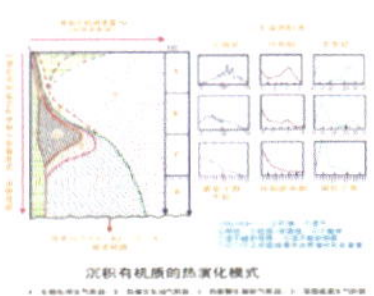

1.4 石油工业概述——世界油气勘探简史

5．深化勘探找油气阶段

自20世纪80年代至今的第三次石油科技革命正在向纵深发展，以信息技术为主要特征。石油科技新概念、新理论、新方法层出不穷：高分辨率地震、三维地震、处理解释一体化、三维可视化、核磁共振测井等。

油气勘探的显著特点是向深层、深水、超深水、低渗透和非常规等新领域进军，大大地加强了油气地质的综合研究和强化高新技术的应用，注重深化勘探和精细勘探。

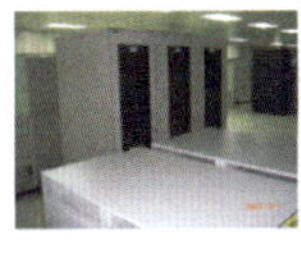

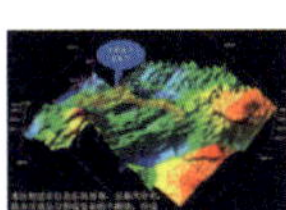

油藏温度高、压力高会给钻进过程带来困难。国际通用概念中温度大于150℃即为高温井，超过220℃为超高温井。地层压力当量密度 >1.8g/cm^3 或用 >70MPa 井口装置时称高压井，井底压力超过105MPa的井为超高压井。

4.1 钻井的目的与井的类型 中国石油大学

（五）按温度、压力的高低分类：

1. 高温高压井：
   - ✓ 按国际通用概念，地温 >150 ℃称为高温井
   - ✓ 地层压力当量密度 >1.8 g/cm^{3}或用 >70MPa井口装置时称高压井
   - ✓ 两者同时具备的井称为高温高压井（HTHP）
2. 超高温高压井：

   井底温度超过220 ℃，井底压力超过105 MPa的井。

异常高温超压天然气可谓“气老虎”，对开发工程造成极大威胁。这类气藏开发难、风险高、周期长、费用高。

4. 案例描述

1960年，铁人王进喜在打第二口井时，面

永不过时的劳模精神——王进喜

对突然井喷时，由于没有压井用的重晶粉，于是决定使用水泥。可是成袋的水泥倒入泥浆池后却搅拌不开，王进喜不顾腿的伤势，跳进齐腰深的泥浆池中，用身体搅拌起泥浆。历经 3 个多小时的奋斗之后，王进喜成功地压井，保住了油井和钻机。

5. 案例意义

石油大会战时期，广大石油工人以“有条件要上，没有条件创造条件也要上”的冲天干劲，最终让中国石油工业走出困境，从根本上改变了中国石油工业的落后面貌，极大地振奋了中华民族精神。

（1）学生学习铁人王进喜的爱国主义精神，懂得国家的发展离不开每个人的共同努力；学习艰苦奋斗精神，意识到成功来之不易，必须坚持不懈；学习奉献精神，了解到为人民服务、为社会贡献是每个人的责任和使命。这些精神的丰富，不仅能让学生学业有成，更重要的是使他们在精神上得到了更加充实和丰盈的体验。

（2）通过将铁人王进喜作为榜样，我们可以引导广大青年树立正确的理想信念，提升自身的思想境界。深入挖掘并传承他生命中的宝贵经验和高妙智慧，让青年人在学习中加深对理想信念的认识，明确自己的人生目标和方向，牢记初心使命，努力奋斗。同时，铁人王进喜的故事也是一本生动教材，能帮助青年人更好地了解和掌握我国优秀传统文化和革命历史，增强文化自信，坚定爱国之情，为祖国的繁荣昌盛贡献力量。

· 案例五

1. 案例主题

树立正确的理想信念

2. 结合章节

第一章　油气基本知识与石油工业概况

3. 案例知识点展示

石油在工农业生产中担负着和血液一样重要的职责，是一种不可或缺的能源，是维持现代文明的工具，也是很重要的化工原料，因此被称为“工业的血液”“现代文明的神经动脉”和“黑色的金子”。石油是国家发展的命脉，对经济、政治、军事和生活都有很大的影响。

一、石油与天然气的用途

（一）石油用途

- 石油被称为“工业的血液”，广泛应用于汽车及航空燃料、工业用润滑剂、合成橡胶、建筑、医疗等、

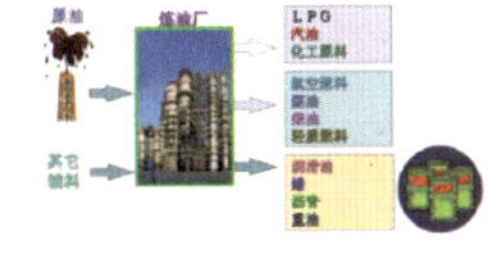

石油全身是宝，即使提炼下来的残渣——沥青，也可以用来铺柏油马路！

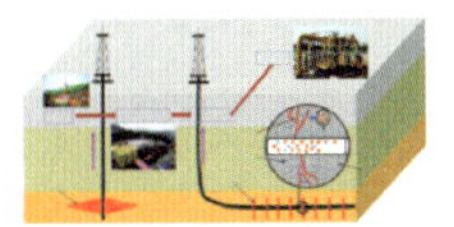

4

三、石油工业概述

（一）油气田开发

- 石油工作人员的工作环境较为艰苦，比如在油田、海上钻井平台等地，面对高温、低温、风沙、风浪、高空等各种极端天气条件。
- 石油工人在工作中需要掌握油田勘探、钻井、采油、注水、采气、注气、油气储运等技术流程，同时还需要掌握先进的机械设备操作和维护技术。

沙漠腹地的一处塔里木油田钻井平台

在山间行走的物探队员

没有荒凉的沙漠，
只有荒凉的人生

荒原中的工作站

雪中巡检

5

在石油行业的发展过程中，石油工人们坚韧不拔，其工作环境较为艰苦，比如在沙漠油田、海上钻井平台等地点，需要面对高温、低温、风沙、风浪、高空等各种极端天气条件。

石油工人在工作中需要具备一定的专业知识和技能，他们需要熟知油田勘探、钻井、采油、注水、采气、注气、油气储运等技术流程，同时还要掌握先进机械设备的操作和维护。此外，石油工人需要高度的责任心和安全意识，因为石油行业的工作环境极其特殊，稍有不慎就可能导致重大的事故和灾难。

4. 案例描述

“志不求易者成，事不避难者进。”习近平总书记给中国石油大学（北京）克拉玛依校区毕业生回信，肯定他们到边疆基层工作的选择，对广大高校毕业生提出殷切期望。

5. 案例意义

让青春之花绽放在祖国最需要的地方，相信新时代青年人会为石油行业带去无尽的生命力。

（1）引导新时代青年石油学子，不仅要立足基础，勇于创新，扎实成长，努力成才，甘于奉献，投身石油工业及国民经济建设，更要有家国情怀，将个人命运与国家命运紧密相连，肩负起保障国家能源安全的历史重任。

（2）为祖国奉献，青年接续奋斗传承石油精神。把学习作为首要任务，不断增强综合素质，实现全面发展，不畏艰难险阻、勇担时代使命。始终保持政治清醒，为维护社会稳定和长治久安奉献青春力量、书写青春担当。始终坚守做人底线，在任何岗位上都不打“擦边球”、不碰“高压线”。矢志不渝扎根新疆、扎根基层，用激昂青春书写华彩人生篇章。

· 案例六

1. 案例主题

“双碳”背景下我国能源消费结构现状及发展方向。

2. 结合章节

《石油工程导论——名家讲坛》相关内容。

3. 案例知识点展示

李根生：教授、博导，中国工程院院士。长期从事油气钻井和完井工程理论与技术研究，率团队发展了围压下自振空化射流基础理论，创新研发了深井空化射流钻井系列技术，发明了水力喷砂射孔与分段压裂联作技术。

李根生院士从全球宏观角度出发，通过介绍当前气候变化条件下世界各国“双碳”目标的达成情况，引出我国“双碳”目标的发展战略与规划，帮助学生更加清晰地认识、了解“双碳”目标和石油行业。

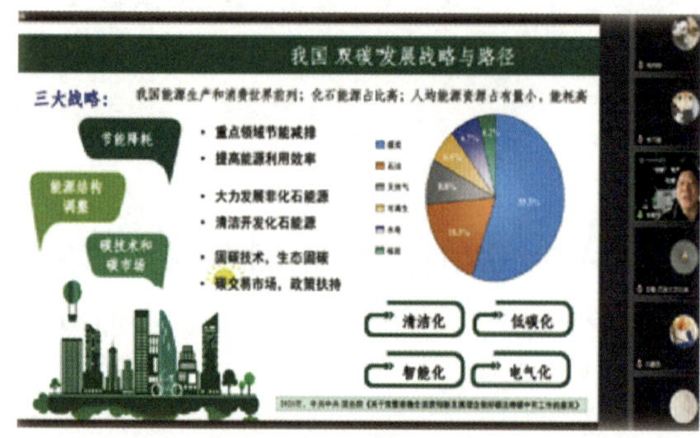

高德利：教授、博导，中国科学院院士。长期从事油气井工程领域的教学与科研工作，在油气田井下管具力学与控制工程、定向钻井、深水钻完井、井筒完整性及工程作业极限等方面取得了重要研究成果。

高德利院士以“石油工程概论——基本概念和知识”为主题，简述了目前世界能源消费的主要结构，阐述了不同时代全球能源消费结构的变化，结合时事引出我国能源消费结构现状，深入浅出揭示了行业的未来发展方向。高院士用生动的语言讲述了油气产生的过程与目前油气开采的发展方向，详细解读工程过程，对学科进行定义，为学生打开了新世界的大门。

4. 案例描述

我国最大的碳捕集利用与封存全产业链示范基地、国内首个百万吨级 CCUS 项目——“齐鲁石化 – 胜利油田百万吨级 CCUS 项目”正式注气运行，标志着我国 CCUS 产业开始进入技术示范中后段——成熟的商业化运营。该项目每年可减排二氧化碳 100 万吨，相当于植树近 900 万棵，对搭建“人工碳循环”模式具有重要意义，将为我国大规模开展 CCUS 项目建设提供更丰富的工程实践经验和技术数据，有效助力我国实现“双碳”目标。

CCUS 项目丰深 15 区块二氧化碳 1 站现场

5. 案例意义

勉励石油学子增强专业自信心与自豪感，积极投身科学研究，肩负起中石大人的时代责任与能源使命，力促我国油气资源实现安全、高效、绿色、智能化发展。

（1）介绍了我国能源转型与结构调整的主要方向，对“双碳”目标下的油气发展战略路径和举措进行了深入解读，分享了地方政府为推动“双碳”目标达成而作出的努力，凸显了我国推进“双碳”目标的总体思路以及油气在未来能源结构中的战略地位，激励学生树立远大理想。

（2）立足实际生产，着眼人才培养，在我国“双碳”战略背景下，国家持续推进产业结构与能源结构调整，油气能源面临绿色开发转型，当前正是机遇与挑战并存之际，鼓励学生乘风直上，牢记习近平总书记“端牢能源饭碗”的重要指示，勇担能源报国的责任使命。

（二）教学重点与难点

1. 教学重点

（1）培养高素质的石油工程专业人才。随着时代的发展，社会对毕业生的要求不断变化，对学生的社会适应能力、创新创业能力、交流沟通能力等要求不断提高，职业道德、职业态度和职业核心能力等综合素质也越来越被用人单位重视，加强专业核心能力培养是目前高校人才培养计划中的重要任务。

（2）培养学生树立正确的理想信念。青年大学生在价值观选择上易受外界影响。国内外敌对势力、利益集团的各种诱惑和多元价值观念相互碰撞，给高校意识形态工作带来了一定挑战。每一位教师都要成为学生理想信念教育的主力军，用好课堂教学这个主渠道，将思想政治教育贯穿于教育教学全过程，培养学生的民族自豪感。

2. 课程思政的推行面临的难点

（1）石油领域专业知识与思政教育融合存在难度。课程思政的难点首先在于如何将专业知识和思想政治教育相融合。专业知识的教学侧重于知识的“求真”，而思想政治教育则要求“真善美”的统一。

（2）发挥教师融合的纽带作用存在难度。课程思政最终要通过教师这一关键主体发挥桥梁纽带作用。这对每一位课程教师提出了更高要求，不仅要掌握专业课知识，更要掌握每门知识背后所蕴含的社会价值。

（3）教学方法比较单一，教学效率低。专业课程教学方法主要采用课堂理论讲授和案例分析相结合，教学方法比较单一，效率较低。

（三）具体教学过程设计

以立德树人为根本任务，将课程思政融入教学全过程，实现价值塑造、知识传授和能力培养三位一体，帮助学生塑造正确的世界观、人生观和价值观。

（1）课堂教学：精心设计课堂教学环节，引入多样化教学形式。课程开设名家讲坛环节，邀请专业知名院士专家，为学生解读国家战略、展望行业前景、传递石油精神、提供成长建议。在讲授课程知识的同时，把思政元素嵌入教学体系，潜移默化地培养学生树立正确的世界观、价值观和人生观。

（2）第二课堂：为引导学生建构正确三观，在课堂之外通过“石油工程设计大赛”和“创新创业大赛”等活动，课程组教师作为指导教师积极参与指导。将第一课堂与第二课堂结合，指导学生掌握油气勘探开发方法，深入剖析开发难题，引导学生学石油、爱石油，立志为祖国献石油。

（3）线下指导：利用微信、QQ、座谈等多种途径，课下与学生多渠道交流沟通，了解学生动态，引导学生积极成长为有责任、有担当的油气田开发尖兵。

（四）教学反馈

1. 教师感悟

《石油工程导论》是一门重要的基础性课程，旨在向学生传授石油工程专业的基本理论知识，同时也注重引导学生树立正确的世界观、价值观和人生观。在授课过程中，我们重视实践教学，通过课堂授课和案例分析等方式深化学生对石油行业的了解。我们注重激发学生的创新意识和实践能力，培养他们的团队协作精神和综合分析能力。我们希望培养出能够适应社会需求、具备创新精神的综合型技术人才。当今中国正处于百年未有之大变局，处于全面建设社会主义现代化国家并向第二个百年奋斗目标进军的阶段，我们将引导学生了解国家、社会以及石油行业的发展形势，增强学生的爱国情怀和责任意识，激发学生对专业的热爱和信心。

课程思政不仅仅是一种教学理念，更是一种立德树人的教育方式。作为《石油工程导论》课程的教师，我们需要以身作则，注重课程知识与思政内容的融合，将课程思政贯穿整个教学过程，助力培养高素质的石油工程专业人才。

2. 学生反馈

作为修读《石油工程导论》的学生，深刻认识到石油工程行业在国家经济和社会发展中的重要地位。通过老师的讲解和案例分析，对石油资源的形成和开发过程有了更为清晰和全面的了解，也对石油开发的相关技术方法和操作流程有了初步的认识。在这门课程中，铁人精神和环境保护意识也给我们留下了深刻印象。铁人精神告诉我们只有坚持不懈、百折不挠的奋斗才能创造出不一样的人生。环境保护则提醒我们在石油勘探和开采中应当注重生态环境的保护，实现经济效益与环境友好的良性循环。

总的来说，这门课程让我们更深入地了解了石油工程行业的基础知识和实践应用，感受到了石油人的初心使命。希望今后能够在这个领域里深入学习和探索，为石油资源的高效利用和可持续发展做出贡献。

《石油工程热工学》优秀课程思政设计及案例

东晓虎、刘慧卿、吕晓聪、王　庆

一、课程基本信息

课程名称：石油工程热工学

开课学院：石油工程学院

课程类型：专业课

课程性质：必修

授课对象：石油工程专业三年级本科生

使用教材：《石油工程热工学基础》，ISBN 978-7-5636-7990-0，刘慧卿、东晓虎，中国石油大学出版社，2023

教学课时：48 课时

二、课程思政教学整体设计思路

习近平总书记在党的二十大报告中提出，“积极稳妥推进碳达峰碳中和，立足我国能源资源禀赋，坚持先立后破，有计划分步骤实施碳达峰行动”，“加快煤炭清洁高效利用，加大油气资源勘探开发和增储上产力度，加快规划建设新型能源体系，统筹水电开发和生态保护，积极安全有序发展核电”。党的二十大报告为新时代能源行业发展，保障国家能源资源安全指明了前进方向。为落实党的二十大报告中深入推进能源革命、加快油气资源勘探开发和增储上产、加快规划建设新型能源体系，确保国家能源资源安全的重大需求，必须以能源资源开发、转换及利用过程中的一系列关键问题为抓手。在不同的能源资源类型中，热能最具代表性，是不同能量相互转化的最广泛能量形式，近代以来，主要来源于煤炭、石油、天然气、油页岩、地热能及天然气水合物能等矿物燃料和核燃料。而石油是能源资源的最典型代表，是经济社会发展的重要物质基础。对石油资源开发、利用过程中涉及的热工学问题，即石油工程热工学基础科学问题，进行教育教学，对于落实党的二十大报告关于能源的论述，培养能源领域可堪大用、能担重任的栋梁之才，具有重要意义。

热工问题及相关理论技术是目前工业制造及石油等能源行业的一个基础环节，在提高工业制造能力、改善产品质量及改善油气采收率等方面，热工学理论极为重要，增强学生立志投身于先进技术学习和石油工业，将个人的成才梦想有机地融入实现中华民族伟大复兴的道路中。将国情教育、科学家精神、石油精神等有机地嵌入相关教学内容中。通过本门课程的学习，教育学生深刻认识到热工学在国家科技层面的重要性，掌握关键核心技术才拥有创新发展的话语权和主动权，我们应该踏踏实实做好基础科学知识储备。在课堂教学中，引导学生思考本门课对自己未来的职业生涯的影响，树立正确的人生观、价值观，为我国的石油工业及其他能源行业发展做出自己的贡献。

三、各章节课程思政设计要点

第一章　概论

1. 能量、热能与能源

2. 石油工程热工学主要内容

课程思政内容设计：这一章主要介绍能量的基本概念和存在形式、热量的本质及普遍性特征、热力学和传热学的基本概念。本章中思政元素的重点在于引入我国多个大型能源工程的建设史和发展史，包括大庆油田、胜利油田、大亚湾核电站及三峡大坝等，以及这些大型工程建设过程中形成的系列精神，包括大庆精神、铁人精神等，同时注重树立学生节能和环保的意识。授课过程中，与习近平总书记在党的二十大报告及多个场合中提出的能源相关论述紧密结合，通过当前的国际、国内能源形势及石油对外依存度等具体的数据，引导学生体会能源行业对国家经济技术发展的重要性，提升学生的爱国情怀，争做国家能源领域的栋梁之才。

第二章　工质及其热力状态

1. 热力系统

2. 热力状态与状态参数

3. 热力过程及功量和热量

课程思政内容设计：这一章主要介绍热力系统的概念、热力状态及其参数、准平衡过程和可逆过程的假设条件及其工程意义、功量和热量的计算方法。本章中思政元素的重点在于引入热力学中对时空尺度、状态变化等问题，采取的抽象、概括、理想化和简化的处理方法。在讲到“平衡状态”的时候，结合平衡状态的特征，教育学生要打破自我平衡，才能寻求进步。在讲到“热力学第零定律”的时候，结合新冠疫情中，常规水银式体温计测温方法与红外成像技术温度测量方法的差异，科技改变生活，致敬医务工作者的辛勤付出，激励学生们的使命担当。在讲到“准平衡过程和可逆过程”的时候，结合这种理想化的处理方法，引导学生联想石油工程专业“无限大平面、水平井无限导流”等假设的处理方式，帮助学生感悟自然实际和理想或绝对之间的辩证关系。对于实际的复杂工程问题，通过简化方法处理，方便分析，可以大大精简问题的解决思路。同时，还可以借用热力学系统与人体系统的相似性，热力系统对外作功类似于人体对外输出的各种功量/能量，号召学生们树立正确的人生价值观，凡事坚持正能量。

第三章　热力学第一定律

1. 热力系统的储存能

2. 热力学第一定律

3. 开口系统稳定流动能量方程

4. 稳定流动能量方程式的应用

课程思政内容设计：这一章主要介绍热力学第一定律的表述方式、闭口系统的能量守恒方程、开口系统能量方程及应用、石油工程中的能量守恒方程式。本章中思政元素的重点在于引入德国物理学家迈尔、英国物理学家焦耳等科学家发现热力学第一定律的历史过程，学生对于热力学第一定律（能量守恒）普适性的理解。讲到“第一类永动机不可能制造成功”的热力学第一定律表述方式的时候，教育学生不要抱有不劳而获的想法，有付出才能有回报。在讲到“稳定流动能量方程式的应用”的时候，结合相关案例，讲述严谨、认真的科学研究精神。一切自然现象都无一例外受热力学第一定律的制约，研究自然界中任何复杂热力过程存在的能量转化问题，都需要应用热力学第一定律。鼓励学生们在面对实际复杂工程难题时，应追根溯源，从能量守恒的根本出发。

第四章　理想气体性质及热力过程

1. 理想气体热力学性质

2. 理想气体混合物热力参数

3. 理想气体热力过程

课程思政内容设计：这一章主要介绍理想气体的热力学性质、热力学参数和热力学过程的计算。本章中思政元素的重点在于学习理想气体的简化处理方式，培养学生问题简化的抽象思维能力，对于复杂的工程难题，要抓住问题的主要矛盾而忽略次要矛盾，才能更高效地解决问题。在讲到“理想气体混合物热力参数”的时候，结合《爱莲说》“出淤泥而不染，濯清涟而不妖”的例子，通过外界因素对个体的影响分析，引导学生不失本性。在讲到“理想气体热力过程”的时候，通过引入作功极限、安全阀等案例，引导学生树立“安全无小事”的意识，同时培养学生的节能意识。

第五章　热力学第二定律

1. 热力学第二定律

2. 卡诺循环与卡诺定理

3. 熵

课程思政内容设计：这一章主要介绍自发过程方向性、热力学第二定律、卡诺循环与卡诺定理、克劳修斯不等式、熵的概念及应用、孤立系统熵增原理。本章中思政元素的重点在于引入克劳修斯、开尔文、卡诺等科学家的励志故事，引导学生树立正确的目标，努力奋斗，同时善于从失败中总结经验教训。讲到“自发过程的方向性”的时候，启发学生树立环保意识，引导学生牢固树立绿色发展理念，使学生意识到扩散、传热过程等是自发的不可逆过程，理解国家关于环境保护的相关政策。同时，结合“第二类永动机的不可能性”，强化学生对“实践是检验真理的唯一标准”的理解。在讲到“孤立系统熵增原理”的时候，结合熵增原理与人生发展规律的相似性，熵代表“无序度”或“混乱度”，人生目标则是我们奋斗的动力源泉。引导学生树立崇高的人生目标，坚定目标、找对方向、努力奋斗的过程，从热力学角度看，就是思想、行动有序的熵减过程，内部耗散因素减小，更能达成目标。

第六章　水蒸气性质及热力过程

1. 水蒸气的产生过程

2. 水蒸气的状态参数

3. 水蒸气热力过程

课程思政内容设计：这一章主要介绍水蒸气的状态、水蒸气产生的过程、水蒸气的状态参数及状态参数表、水蒸气热力过程及其计算。本章中思政元素的重点在于引入水蒸气在能源动力、油气工程及航空航天等领域的广泛引用，使学生理解水蒸气的一系列妙用。结合《世界地理志》中的相关说法，“地面之水蒸发不断，浮而上升，是为水蒸气”，帮助学生理解水蒸气的相关概念及产生过程。在讲到“水蒸气热力过程”的时候，引入超临界水的案例，激励学生的科研创新意识，理解研究人员通过发挥超临界水蒸气的特性优势，解决了多个难题。同时，介绍 2022 年北京冬奥会大放异彩的世界首个 CO_2 超（跨）临界直冷制冰系统的速度滑冰馆——“冰丝带”，增强学生的民族自豪感，激励学生理解目前国家注重强化自主知识创新的重要性。

第七章　导热理论与计算

1. 导热理论技术

2. 稳态导热理论

3. 不稳态导热理论

课程思政内容设计：这一章主要介绍导热基本定律的形式、导热方程推导方法、导热方程定解条件、稳定导热量计算方法、不稳定导热量计算方法。本章中思政元素的重点在于引入在能源动力、微电子、航空航天等领域存在的大量传热问题，使学生理解传热及导热问题的普遍性。结合当前油气行业发展的重点，深层、超深层油气开发，其中的一个典型难题就是解决井下高温高压环境下的井筒传热学难题，以及由此带来的对相关测试工具和钻完井工具等的挑战，激励学生立志解决油气行业“卡脖子”难题，甘坐科研冷板凳。在讲述“傅里叶定律”的时候，穿插讲授法国数学家、物理学家导热理论奠基人傅里叶及我国数值传热学的重要奠基人西安交通大学陶文铨院士等的名人故事，为学生树立榜样，提高学生对传热学的学习兴趣。在讲述“稳态导热理论”和“不稳态导热理论”的时候，引入神舟号火箭发射升空、返回舱返回地面、中国空间站在轨运行、深层地热开发及深层油气开发等多个重大工程中存在的传热学和导热问题，通过相关工程的建设历程，引导学生树立为国分忧的远大抱负，为国家的繁荣发展贡献力量。

第八章　对流换热理论与计算

1. 对流换热理论模型

2. 外掠平板层流换热

3. 自然对流换热

4. 对流换热实验方法及典型关联式

课程思政内容设计：这一章主要介绍牛顿冷却定律、对流换热数学模型、边界层对流换热微分方程、对流换热特征数关联式、对流换热系数和换热量计算、对流换热实验方法。本章中思政元素的重点在于结合相关的传热学案例，引导学生思考热对流问题的普遍性，同时通过传热学名人故事，激励学生树立正确的人生观和价值观，引导担当时代重任。在讲到“物质对流换热系数”的时候，结合电影《泰坦尼克号》片段，直观感受海水与空气对流换热系数的差别。在讲到“边界层理论”的时候，穿插老一辈伟大科学家钱学森、钱伟长、陆世嘉的名人故事，增强学生家国情怀，激励学生树立远大抱负，树立为国分忧的理想信念，积极投身新时代中国特色社会主义事业的伟大实践。在讲到“毕渥数和努塞尔数”的时候，让学生体会两个无量纲数形式虽然相同，但物理意义却存在本质差别，引导学生遇到问题时，要透过现象看本质，不能只看表象。在讲到“对流换热实验方法”的时候，通过不同尺度相似实验之间的关联数对应关系，引导学生体会同类事物之间的内在联系。同时，结合石油工程矿场尺度的试验和室内实验室小尺度的试验之间的相似性，培养学生严密的逻辑思维能力和实验设计能力。

第九章　辐射换热理论与计算

1. 热辐射基本定律

2. 实际物体辐射特性

3. 辐射换热计算方法

课程思政内容设计：这一章主要介绍物体的辐射特性、黑体辐射基本定律、实际物体辐射特性、物体间辐射传热的计算。本章中思政元素的重点在于引入相关的传热学名人故事，为学生树立榜样，强化学生的合作精神和科研创新意识，具体包括斯忒藩、玻尔兹曼、普朗克、维恩、兰贝特等。在讲到“实际物体对辐射能的吸收选择性”的时候，结合人的个性及对自我的认知，引导学生思考个性与共性的关系。结合温室效应与辐射传热的关系，引申人与自然和谐共处，提高学生的节能环保意识。在讲到“斯忒藩－玻尔兹曼定律”的时候，很小的温度变化就会引起辐射力的大幅度变化，引导学生要想成就一番大事业，必须从小事做起。同时，介绍我国青海省的大型热电装置等大国重器，增强学生的民族自豪感，引导学生将个人理想追求融入党和国家的需求。

第十章 辐射换热理论与计算

1. 工程复合传热过程分析
2. 典型石油工程复合传热应用
3. 油藏非等温传热应用

课程思政内容设计：这一章主要介绍不同传热方式的复合传热量计算、地面管线/井筒复合传热过程分析及实际油藏的非等温传热过程分析。本章中思政元素的重点在于结合部分大国重器，包括航母、空间站及C919大飞机等，引导学生思考其中的传热学方式及问题，锻炼学生对科学问题的抽提能力，并开展爱国教育，增强学生的民族自豪感。在讲到“肋片传热”的时候，引导学生要具体问题具体分析，锻炼辩证思维能力。在讲到“多层圆筒壁传热计算”的时候，结合不同隔热层厚度的传热量结果，引导学生对最佳保温层厚度进行思考，引入工程设计中的“适度”原则。同时，结合强化传热中高效、经济、可靠等原则之间的制约关系，引导学生对于具体的复杂工程问题，既要看主要矛盾，又要看次要矛盾，既要看同一矛盾的主要方面，又要看次要方面。

四、案例展示

（一）结合章节

第六章 水蒸气性质及热力过程 第一节 水蒸气的产生过程

（二）教学目标

1. 知识目标：理解水和水蒸气的状态；掌握水蒸气的定压产生过程；掌握水蒸气的相态图线。

2. 能力目标：理解水蒸气在众多工程案例中具有广泛应用的原因；能够分析水蒸气在定压条件下产生的基本过程；能够结合水蒸气的相态图线，理解水蒸气的相关性质及部分理论；培养学生工程思维的能力。

3. 育人目标：授课教师结合本节课内容，介绍水蒸气在石油工程、能源动力、航空航天等多个行业中的广泛应用，激发学生进行多学科交叉发展，激励学生们树立科研创新意识，引导大家立志解决能源领域“卡脖子”技术问题。

（三）教学重点与难点

水蒸气的定压产生过程和水蒸气的相态图线是本章节教学的重点内容，其中水蒸气 $p\text{–}v$ 和 $T\text{–}s$ 两个相态图线是本章节教学的难点，拟采用讨论式教学和启发式教学相结合的方式。

（四）具体教学过程设计

1. 案例意义

本案例的课程思政融入点：首先需要学生思考水蒸气在日常生活、能源动力、国防重器及油气工程等各个领域的广泛应用案例，包括“火箭发射时的白色烟雾”“航空母舰中的蒸汽轮机”及“油田生产现场的蒸汽锅炉”等，对于航母中的汽轮机，引导学生思考或调研我国 2022 年 6 月下水的 003 福建号航母，采用的动力方式是什么？经过讨论式教学，结合大国重器的建设案例，增强学生的民族自豪感，强化学生的科研创新意识。

除上述融入点之外，对于水蒸气的第四种状态（超临界水）的认识以及对物质超临界性质的重要认识，可进一步结合 2022 年冬奥会期间大放异彩的世界首个 CO_2 超临界直冷制冰系统的速度滑冰馆，开展讨论和分析。

2. 教学方法与教学设计

（1）教学方法

主要采用问题导向式教学方法和开放式研讨教学方法。

（2）教学设计

第一步：提出问题。授课教师首先引导学生思考日常生活中水蒸气的应用场景。如蒸汽拖把、蒸锅、蒸汽消毒等。之后，继续思考在工业领域中，水蒸气的应用场景，如蒸汽轮机、蒸汽锅炉等。通过两个思考，引导学生体会到水蒸气的广泛应用。思考水蒸气的优点，无毒、来源广、携热性能等。基于上述引导，教师提出重要问题：“日常生活中的水蒸气和工业领域中的水蒸气有何不同，是怎么产生的？”

第二步：知识讲解。学生带着这样一个问题，就有了了解水蒸气产生方式的需求。此时，授课教师按部就班地开始水蒸气的基本概念、产生方式、相态图线等的相关讲解、介绍及分析，过程中结合《世界地理志》中的相关说法，“地面之水蒸发不断，浮而上升，是为水蒸气”，帮助同学们理解，并通过案例，强化学生认识。

第三步：引导研讨。学习完水蒸气的产生方式后，教师引导学生结合 *p-v* 图和 *T-s* 图两个相态图线，思考水蒸气的类型，并回答："日常生活中的水蒸气和工业领域中的水蒸气有何不同？"进一步，引出超临界水的概念，并对物质的超临界属性进行研讨。结合学生的分析和讨论，培养学生的科研创新意识。

进一步，基于对物质超临界属性的认识，结合当前碳达峰碳中和的知识大背景，引入对于 CO_2 超临界特征的问题。并结合 2022 年北京冬奥会大放异彩的世界首个 CO_2 超（跨）临界直冷制冰系统的速度滑冰馆——"冰丝带"的建设背景及技术分析，增强学生的民族自豪感，同时激励学生理解目前国家注重强化自主知识创新的重要性。

（五）教学反思

面对当前错综复杂的国内外形势，我国科技人员唯有迎难而上，在重大核心技术上取得突破和领先，才能在发展中不受制于人，乃至掌握大国之间竞争的主动权。本节课内容以水蒸气的产生过程为内容，选取水蒸气相关应用案例及"冰丝带"等物质超临界属性的应用场景作为思政切入点，通过身边的例子，增强学生的民族自豪感及科研创新意识。

授课教师通过这一案例的引导，结合发生在学生身边的案例，培养和提升学生生逢其时的使命感，增强学生的科研创新意识，以达到立德育人的教学效果。

《化工原理Ⅱ》优秀课程思政设计及案例

曹　睿

一、课程基本信息

课程名称：化工原理Ⅱ

开课学院：化学工程与环境学院

课程类型：专业课

课程性质：必修

授课对象：化学工程与工艺、能源化学工程、环境工程、过程装备与控制工程专业三年级本科生

使用教材：《石油化学工程原理》，ISBN 978-7-8022-9526-1，李阳初、刘雪暖主编，中国石化出版社，2008

教学课时：56 课时

二、课程思政教学整体设计思路

1. 课程思政建设目标、方向和重点

（1）目标：价值认同引领能力培养，造就现代高级石油化工人才。

（2）方向：通过多维度、多层次的思政建设促使学生形成价值认同，通过大量工程案例提升学生的工程能力。通过二者的协同强化，实现培养“具有实践能力、创新精神和国际视野的高级专门人才”的专业培养目标。

（3）重点：如何通过专业学习形成思想认同，实现“知识－能力－价值”的逐级深化。

2. 课程思政内容供给

（1）知识获取

通过将课程知识与思政教育相结合，使学生更深入地掌握典型单元操作的基础理

论、工艺计算方法，促进学生形成系统化的思维方式和方法论，并通过逐步解决复杂工程问题，使学生获得巨大的成就感，反思课程知识的价值，重新定位自身未来的发展。

（2）能力培养

带领学生逐步剖析复杂工程问题，引出其中蕴含的课程基本知识，从工程实践和科技创新两个层面进行思考拓展，辅以工程伦理教育，找到最终的工业实训方案，培养学生的工程创新和实践能力。

（3）价值认同

通过“历史传承 – 先辈风范 – 言传身教 – 我辈楷模”四个层面的课程思政建设促使学生形成强烈的价值认同。通过讲授建校初曹本熹院士白手起家建校和创立本专业、沈复教授开创 F–1 浮阀塔并在全国推广，以及时铭显院士等先辈开发旋分系列技术并将 UOP 等国际公司挤出国内市场的先进事迹，介绍徐春明院士等当代科学家解决国家重大需求的科学精神，以及易蒙等杰出校友解决复杂工程问题获得行业金奖等事例，引导学生形成强烈的行业认同感和正确的价值观。

三、各章节课程思政设计要点

第八章　绪论 + 传质过程概论

课程思政内容设计：

中国石油大学（北京）的历史可以说是中国石油的历史，从清华大学的石油系，到北京石油学院，华东石油学院，中国石油大学……。这一路走来，多少磕磕绊绊，荆棘丛生，1969 年的迁校改变了多少人的生活，从北京到山东东营的盐碱滩，当年的父辈们（有很多比我们现在还年轻）一干就是几十年……，经历了风风雨雨的洗礼，学校不但没有倒下，反而焕发出新的青春。作为这段历史的亲历者，更作为前面无数兢兢业业辛苦耕耘的老教师们的思想传承者，不仅有必要、更有义务把这段历史告诉大家，这样宝贵的精神财富无论如何不能让它流逝掉，应该让它激励每一个石油学子，让他（她）为我们的母校、为我们的石油事业、为我们的国家感到自豪！

铭记历史，才能砥砺前行。曹本熹院士作为学校的创始人之一，可以说没有他就没有我们的学校、没有我们学院、更没有《化工原理》这门课程。当年他在听周恩来总理作抗美援朝报告时，听说我们志愿军军车因油料问题抛锚而遭轰炸，痛心不已，提出要建立化工系，继而创建石油工程系，以及后来的北京石油学院，这才有了我们的最高石油学府。他当年留美归来，写信邀请了很多知名的学者一起报效祖国，北京石油学院这才有了很多有名的教授，武迟、傅鹰、朱亚杰院士等。他为了我国的石油事业呕心沥血、鞠躬尽瘁，不仅如此，后来他又调到核工业部担任总工，对核工业发展也功不可没。而这样一个人唯独没有想的是自己，他的女儿在清华上学期间不幸得了白血病，组织上照顾他，想让他借出差机会去照顾孩子，可他都没有多待几天。后来他在晚年疾病缠身的时候，还努力学外语跟外宾技术交流，甚至在临终前一周，还努力挣扎着给外国朋友写圣诞卡。他这种至高至纯的精神境界，不正是我们年轻一代所缺少的吗？

《化工原理》是建校初期就开设的专业课。曹本熹院士、沈复教授、时铭显院士等老一辈科学家白手起家，创建了石油化工专业和《化工原理》课程，成为精馏、现代塔器技术和气固分离技术等奠基人，更是为传质过程的发展做出了突出贡献（图1）。他们都曾在清华大学任教过，可是当国家需要他们的时候，他们毅然决然地投身到新的工作岗位，当时的条件还很简陋、缺少实验器材，就自己动手制作教具；除了上课，他们经常会进行业务学习和讨论，努力提高自身的学术水平，不仅具有一流的教学水平，在国际上也具有很大影响力。更可贵的是他们对学生就像亲人一样，很多当年的学生在回忆他们时常常潸然泪下，为他们的高风亮节所感动。这些年培养出了无数石油化工行业的专家、石油企业的高级管理人员。藉此将学校建校历史和《化工原理》课程建设历程融入教学，用石油精神勉励学生，激发学生的专业认同感。

图1　先辈及其课程的建设历程

第九章　蒸馏

课程思政内容设计：蒸馏是传质过程中最主要的部分，在中国共产党成立 100 周年到来之际，88 岁的杰出校友、中国工程院院士汪燮卿将自己珍藏多年的大学时代在北京石油学院的《化工原理》课堂笔记捐赠给学校，献礼党的百年华诞，对学校来说弥足珍贵，对广大师生员工的教育意义更是深远。在汪院士的笔记中详细系统地记录了蒸馏的计算过程（图 2），不仅图文并茂，而且全面系统，令人赞叹！

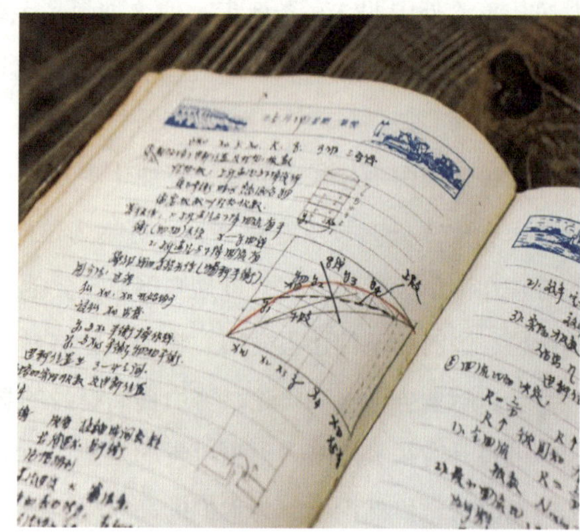

图 2　汪燮卿院士笔记

1951 年，汪院士进入清华大学化工系。1952 年，国家对高等院校进行了院系大调整，成立了北京石油学院炼制系，于是他又转到北京石油学院炼制系接受本科教育。那时候，北京石油学院刚刚筹建，只有几排简陋的平房作为教室，就连开学典礼也是在半是荒野、半是工地的校园里举行的。即使条件艰苦，也丝毫没有影响师生们的学习热情。“那时上课没有正规的教科书，就靠自己在课堂上记笔记，我至今还保留着《化工原理》课堂笔记本。”汪院士回忆道。

此外，以自身为例，通过教学和科研探索开发提出的理论板数新计算法——指数函数严格（EFRC）计算法在 TOP 期刊 CES 和 IECR 上发表，可替代逐板法和 Gililland 法，填补了本领域知识空白。以此事例向学生说明现在国家繁荣昌盛，只要刻苦钻研，普通人也能对深层次科学问题有独特见解，激发学生的学习热情。

同时，还联系到习近平总书记给我校克拉玛依校区毕业生回信，肯定他们到边疆基层工作的选择，并对广大高校毕业生提出殷切期望。志不求易者成，事不避难者进，习近平总书记勉励大家志存高远、脚踏实地，不畏艰难险阻，勇担时代使命，把个人的理想追求融入党和国家事业之中，为党、为祖国、为人民贡献青春力量，帮助学生提升民族自信心，树立“学好专业，报效祖国”的理想信念。

第十章　气体吸收

课程思政内容设计：介绍 2017 届优秀本科毕业生易蒙入职中石化镇海炼化公司，承担贵金属催化剂密度分级工作，节约成本 450 万元；利用 RSIM 软件模拟优化，结束了 20 年老装置碳七馏分不满足国Ⅵ汽油调和标准的历史；解决了稳定塔铵盐堵塞和再生气循环机故障问题，并在 2019 年在全国催化重整职业技能大赛中获金牌；被评为“中国石化青年岗位能手”，2021 年被评为“全国优秀共青团员”。

他毕业仅 4 年就脱颖而出，充分说明我们的学生在企业是具有竞争力的，帮助学生树立职业自豪感和自信心。

第十一章　萃取

课程思政内容设计：讲到萃取，我们不得不提到屠呦呦通过萃取方法成功提取青蒿素，并于 2015 年 4 月 5 日，也就是八十五岁高龄时候被授予诺贝尔医学奖或生理学奖项。她与团队经过艰苦的钻研，不惜以身试药，研发了青蒿素，为世界带来了一种全新的抗疟疾药物，有效降低了疟疾患者的死亡率。1967 年 5 月 23 日，我国紧急启动“疟疾防治药物研究工作协作”项目，代号为“523”。项目背后是残酷的现实：由于恶性疟原虫对氯喹为代表的老一代抗疟药产生抗药性，如何发明新药成为世界性的棘手问题。1971 年，屠呦呦课题组在第 191 次低沸点萃取实验中发现了抗疟效果为 100% 的青蒿提取物。

从屠呦呦研发青蒿素的过程中，我们看到科学研究不是一蹴而就的过程，是要经过长时间探索的过程。而且，科学研究过程无比艰苦，为了研发有效抗疟药，屠呦呦每日都泡在实验室里，屠呦呦是为了国家、为了人民的科研事业，牺牲了自己家庭与利益，乃是一种大公无私的情怀，以此鼓励学生热爱科学，坚持不懈，精益求精。

第十二章　气液传质设备

课程思政内容设计：塔设备作为本章的重点内容，与我们石油大学渊源颇深。二十世纪五六十年代，沈复教授带领北京设计院成功开发了 F–1 型浮阀塔板（图 3），在抚顺的一厂和三厂最先示范成功，之后在大连的七厂、新疆的独山子、广东的茂名炼油厂陆续投入使用，后来发展到几乎在我国每一个炼油厂、化工厂都用到。六十年代沈复教授又提出了“塔板负荷性能图分析技术”（图 3），直到现在还在使用，且他提出的 10% 雾沫夹带点的效率下降理论，在七十年代甚至领先于国外。此外，在观察到大塔的低限喘振现象后，沈先生又提出了塔设备的放大效应研究，可以快速有效地实现塔设备的故障诊断，将塔板自身结构性能所产生的适宜操作范围与工艺负荷有机结合，成为我国精馏塔设计与操作分析的主流方法。他对研究方向的把握，总能高瞻远瞩。

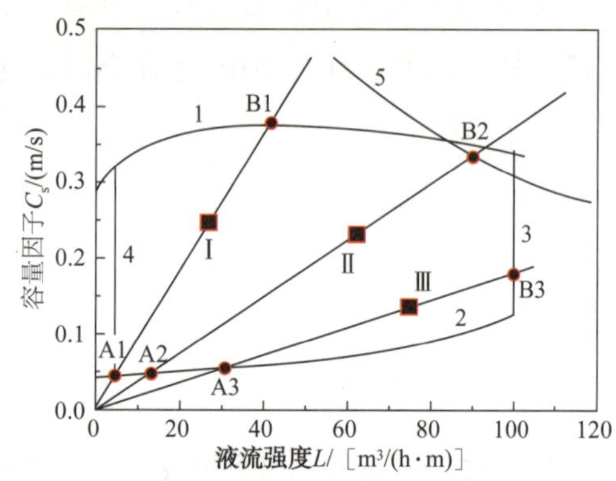

图 3　沈复教授提出的 F-1 型浮阀塔板及塔板负荷性能图分析技术

后来，刘艳升教授继承了沈先生的衣钵，把塔器技术进一步发扬光大，开发了 SV 系列的条形浮阀塔板和全塔负荷性能图分析技术，还做了塔设备的放大效应和低限喘振现象的研究，很有独到之处，实现了对石油精神的传承。

四、案例展示

（一）结合章节

第九章　蒸馏

第五节　双组分连续精馏塔的计算（二）

五、设计型计算（四）理论板数的计算（五）回流比的确定

（二）教学目标

1. 知识目标

掌握恒摩尔流假定和理论板模型，能熟练运用操作线方程（含 q 线方程）和相平衡方程，做好工艺计算的基础知识储备；重点掌握理论板数的逐板解析计算法和 y-x 图解

法；明确回流比对理论板数的影响。

2. 能力目标

借助物料衡算和相平衡工具求解理论板数，让学生理解如何将知识向技术转化；从塔高计算和操作条件对理论板数的影响引出对实际工程问题的探讨，从工业角度探寻设计和优化的合理途径，提升工程能力。针对理论问题，能够深入思考，给学生介绍一种能替代逐板计算的指数函数严格计算法，引导学生自主探究知识、培养辩证思维、科学分析的创新思维模式。

3. 价值目标

通过查看 88 岁的汪燮卿院士的《化工原理》关于蒸馏的笔记，激励学生将勤奋认真、脚踏实地的学习精神传承下去。让学生了解，理论板数计算方法的提出正值中国工业化落后时期，研究成果主要来自国外；引出汪院士在 TOP 期刊 CES 上发表的指数函数严格计算法如何填补本领域的知识空白，以鼓励学生刻苦钻研、开拓创新的精神；同时以习总书记对毕业生的回信提升民族自信心，树立“学好专业，报效祖国”的理想信念。

（三）教学重点与难点

1. 教学重点

· 操作线方程和相平衡方程的解析式及其在 y–x 相图中的表示方法。

· 逐板计算理论板数的工艺原理和解析法、图解法的具体实施过程。

· 指数函数严格计算法的开发思路和算法内容。

2. 教学难点

◆ 理论板数逐板计算法的设计思路

难点分析：在逐板计算中判断切换操作线和相平衡线的转变点。

教学思路：设计多媒体动态展示，配合板书、演示，结合提问与互动，逐步分析板上气液相组成与方程切换关系的设计思路。

◆ 理论板数指数函数严格计算法的设计思路

难点分析：如何构造出一种数学方程形式，既能使其自变量与理论板上的液相组成建立一一对应关系，自身的函数形式经数学处理又可以转化成线性关系，以实现普遍意义的解析计算。

教学思路：设计思考、提问和讲述相结合的方法解决第一个难点；设计分组讨论、小组展示与教师点评的方式解决第二个难点。

（四）具体教学过程设计

为实现教学目标，将教学思路设计用框图展示。本单元内容分为引题、点题、解题、设计、应用、扣题和思考 7 个部分，以问题为导向，以分析为基础，以设计为重点（两种方法），以应用为巩固，以思考为提升（拓展新方法），思政与专业融合，引导学生探究学习，辩证思考，价值塑造。

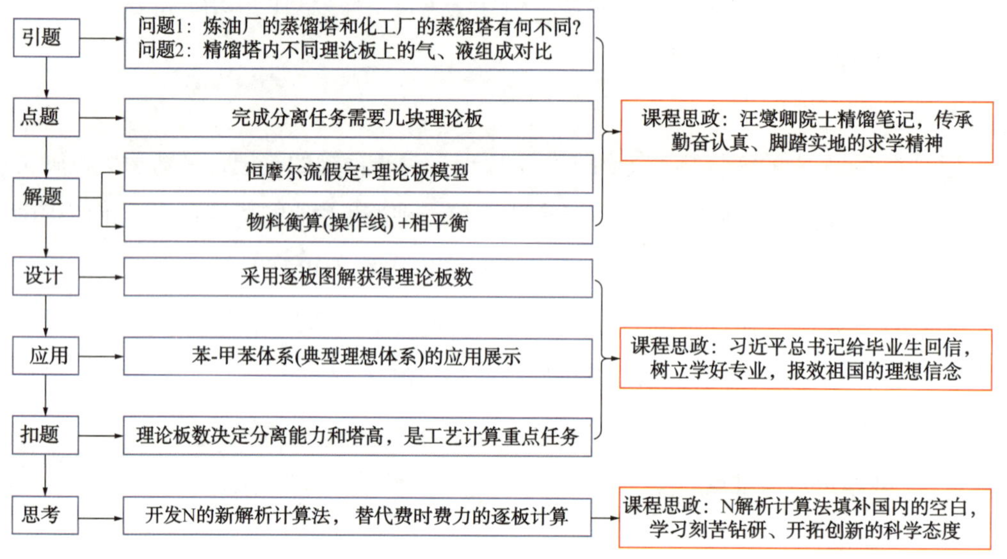

◆ 课前准备

（1）要求学生通过 MOOC 预习理论板数的逐板计算解析法和图解法。

（2）准备炼油厂和化工厂塔设备图片，引出塔高与理论板数及分离能力的关系。

◆ 内容介绍

（1）内容介绍；

（2）告知重点。

1. 提问和对已学知识的回顾引出本节课内容

■ 提问①：对比炼油厂和化工厂蒸馏塔的外形特征差异。

目的：说明塔径与气相处理量有关，塔高与分离要求有关，引出分离能力和塔高间的关系，强调理论板数在工艺计算中的重要性。

针对提问分析，说明塔高与分离要求有关。炼油厂和化工厂因物料处理量不同，分离要求不同而导致外形差异。引出理论板数是解决塔多高问题的关键。

■ 提问②：相邻两块理论板上的气、液相组成不同，让学生判断分属哪块板。引出理论板具有分离能力，可根据相平衡关系和物料衡算递推组成的特点。（雨课堂推送习题）

已知：某连续精馏塔中的四股物流的浓度组成分别为 0.62，0.70，0.75，0.82，试着找出 y_6，y_7，x_6，x_7 的对应值：

解：精馏塔自下往上，轻组分浓度不断提高，故 y_7 浓度最大，x_6 浓度最小；y_6，x_7 服从操作线关系，故可知：$y_6 > x_7$。

所以 y_6=0.82，y_7=0.75，x_6=0.70，x_7=0.62。

说明：指定分离所需要的**理论板数**及最适宜**进料位置**是设计计算中的重要内容。

■ 针对知识点穿插思政教育：

汪燮卿院士的《化工原理》笔记：

88 岁的汪燮卿院士是我校校友，为石油石化做出了杰出贡献，在中国共产党成立 100 周年到来之际，他将大学时期《化工原理》课堂笔记捐赠给学校，对广大师生员工的教育意义更是深远，激励我们的学生传承勤奋认真、脚踏实地的求学精神。

2. 理论板数的逐板计算法

（1）逐板计算法有解析计算和图解计算两类，是常规计算方法（Aspen 采用）；

（2）后面介绍 EFRC 法，让学生关注科学前沿；

（3）板书复习储备知识。

①熟悉假定，体会复杂工程问题的假定作用。（要求学生集体回答）

②熟悉根据物料平衡建立的精馏段操作线、提馏段操作线和 q 线方程。（要求学生集体回答）

③熟悉相平衡方程，关注 y-x 相图使用方法。

- □ 由于是理论板，因此离开第 1 板的液相组成 x_1 应与 y_1 平衡，可以由相平衡关系求出。如果能找出由第 2 板上升气相的组成 y_2，那么又可由相平衡关系求得 x_2。如此类推，可以逐层求出各板上气相和液相的组成，直到组成和进料组成相近为止，由使用过相平衡方程的次数即可定出精馏段所需的理论板数。
- □ 关键在于寻找相邻两层板间气液两流组成间的关系。这种关系可通过对塔顶至精馏段任意两层板间截面所作的物料衡算导出。
- □ 逐板计算法的讲解中引导学生从塔顶依次用操作线方程和平衡线方程计算，并请学生思考：什么时候切换操作线比较合理？
- □ 通过上次课的例题说明提馏段操作线的斜率一般均为一个很小的负数，故按精馏段操作线在 y–x 相图上的绘制方法，用对角线上的点及纵轴上的截距点绘制提馏段操作线误差较大，故引入 q 线方程。强调 q 线方程描述的是两段操作线的交点轨迹。

■ 提问③：为什么提前或滞后切换操作线，理论板数增加？

答案：提前或滞后切换相当于进料位置上移或下移，浓度低于或高于塔内浓度，引起返混。

复习思考题

①如何交替运用操作线方程和相平衡方程进行梯级的逐板计算？

②恒摩尔流是操作线方程为直线的前提，为什么？

■ 针对知识点穿插思政教育：

展示习主席对克拉玛依毕业生的回信，勉励学生投身艰苦行业；建校老一辈艰苦创业，引领行业发展，帮助学生**树立学好专业，报效祖国的理想信念。**

3. 理论板数的指数函数解析计算法

■ 针对知识点穿插思政教育：

背景：理论板数开发的年代，中国国家动荡，科技和工业落后。

以自身为例：提出指数函数严格（EFRC）计算法，解析法的突破，引导学生**学习刻苦钻研、开拓创新的科学态度。**

①解析法难点：

两层理论板 x_{i+1} 与 x_i 之间是非线性关系，只好采用逐板计算。

② EFRC 法原理：

逐板法是非线性函数关系递推，EFRC 法是指数函数关系递推，两者有相同计数 n。EFRC 构造的指数函数 Z_i 与 x_i 一一对应。指数函数求导后变线性，N 可用公式计算。

③ EFRC 法意义：

可以直接方便地求出理论板数、进料位置或任意板上的气、液相组成，避免了主板求解的繁琐过程，适宜编程。只要理想体系和恒摩尔流假定成立，所有的主板法计算都可以用指数函数严格计算法代替。

4. 深入思考复杂工程问题中的科学本质

例题：已知某苯－甲苯物系，x_F=0.25，x_D=0.98，x_W=0.085，α=2.47，R=5，q=1，塔顶为全凝器，泡点回流。

求：（1）理论板数 N 及其进料位置。

（2）判断改变 R 会对 N 造成什么影响，增大或降低 R 有什么缺点？

①分组讨论：改变 R 对 N 和技术经济性的影响。（小组展示结果，教师点评）

②以例题中的 R=5 可以得到理论板数 N=10。

③ Flash 动画演示：减小 R 使 N 增加；而增大 R 则相反。引出最小回流比和全回流特点，说明 R 是 N 的重要影响因素，为下堂课铺垫。

5. 课堂小结、布置作业和预习任务

例题：已知某苯甲苯物系，流量为 1000kmol/h，x_F=0.4，在常压精馏塔内分离。要求塔顶苯的摩尔分率为 x_D=0.98，苯的回收率不低于 90%，泡点状态进料，α=2.47，$R=1.5R_{min}$，塔顶为全凝器，泡点回流。

求：（1）塔顶产品量；

（2）塔釜产品量及组成；

（3）最小回流比；

（4）精馏段及提馏段操作性方程；

（5）理论板数 N 及其进料位置。

①给出课后补充习题，强化学生的计算能力。

②总结本堂主要内容。

③布置课后作业和预习任务。

④引导学生思考理论板数和操作条件关系。

（五）教学反思

1. 教学效果

教学过程采用“问题—理论—实践”的教学思路，强调以学生为中心的教学方法，并将思想政治教育元素融入其中。教学内容不仅涉及专业知识，还注重培养学生的科研能力和创新思维，同时树立学生的专业认同感、社会责任感和报效祖国的信念。通过这种教学方式，学生不仅拥有了扎实的学科知识，也培养了科研方法，增强了思想修养，受到广泛好评。

2. 存在的实际困难与问题

化工原理作为面向工程的专业课程，学生仅通过思政案例难以深刻领悟老一辈科学家在科研过程中所遭遇的挫折与困境，如何培养他们不畏失败、勇于迎接挑战的信心与毅力，以及开拓创新、勇攀高峰的科学精神，是一个需要长期不断实践的过程，并非仅仅通过几节课程和案例分析就可以完成。目前的思政教育内容主要集中在道德伦理教育、文化精神教育等方面，而对学生的创新创业能力、工程实践等方面的引导较为薄弱。

3. 改进思路

为有效实施课程思政，不仅需要单一的思政案例，而且需要充分契合整个课程的内容体系。教师需要深入挖掘课程思政内涵，将相关元素融入课程大纲，同时利用多种教学形式如研讨、课堂讨论等来激发学生主动学习思政内容，达到专业知识与思政元素的有机融合，让思政理念深入学生内心。

《石油加工工程》优秀课程思政设计及案例

孟祥海、李瑞丽、魏　强、张　睿、赵　亮

一、课程基本信息

课程名称：石油加工工程

开课学院：化学工程与环境学院

课程类型：专业课

课程性质：必修

授课对象：化学工程与工艺专业三年级本科生

使用教材：《石油炼制工程》（第五版），ISBN 978-7-5183-5377-4，徐春明、杨朝合，石油工业出版社，2022

教学课时：72 课时

二、课程思政教学整体设计思路

“石油加工工程”是研究石油资源高效转化与综合利用的学科。课程内容包括油品基础知识和加工工艺，前者主要讲授原油及其产品的组成、性质及质量标准，后者主要讲授原油一次和二次加工过程，以及原油和重质油的加工方案。

该课程具有鲜明的石油特色，重视理论知识及其实践应用。在课程讲授过程中，采用案例与研讨将课程思政内容融入专业知识学习中，在专业知识的传授中进行思政教育，培养学生以国家需求为己任的社会责任感与使命担当、艰苦奋斗的石油精神和开拓创新的科学精神，增进技术报国的家国情怀。

课程思政教学改革的思路：

（1）全课程全方位融合。根据专业知识点梳理思政元素，列入教学大纲。课上教师引导，课下学生查阅资料，自主学习。做到“全课程”与“全方位”课程思政。

（2）多种手段和方法促进课程思政教学。如“院士首堂课”活动，在课程的第一次课，全年级学生共同聆听院士开篇“首次课”；采用混合式教学，通过案例、提问、启发、讨论、讲解、总结等激励学生科学思维，探寻解决问题的科学方法。

（3）课程思政内容纳入考核中。评价机制引导学生课程思政的自觉学习内化于心，比如在讨论环节要求思政内容占总成绩的 5%。

三、各章节课程思政设计要点

第一章　绪论

课程思政内容设计：使命担当和学石油、爱石油、奉献石油，传承石油精神与铁人精神。

从中国石油炼制工业的发展历史，讲述我国石油炼制行业自力更生、艰苦奋斗、快速发展、自强与奋斗的发展史；介绍我国炼油行业发展初期绽放的“五朵金花”，引导当代大学生要勇担时代使命，学石油，爱石油，奉献石油，传承石油精神与铁人精神。

第二章　石油的化学组成

课程思政内容设计：科学精神，依托高分辨质谱，开发精准分析技术，深入认识重质油分子结构。

认识石油化学组成是认识石油的分子组成和馏分组成，以便科学合理地加工利用石油；重质油国家重点实验室将高分辨质谱仪引入石油行业，为深入认识石油与重质油发挥了重要作用，在国内外重质油分子结构研究领域处于领先地位。

第三章　石油及产品的物理性质

课程思政内容设计：安全教育，熟悉性质，遵守规范，避免油气“火冒三丈”。

石油及产品的物理性质是表征石油及产品的重要参数，本章要掌握石油的主要物理性质，安全使用油品非常重要，从油气的自燃、着火、爆炸的原理和案例出发，引出油品的使用安全和规范。

第四章　石油产品的质量要求

课程思政内容设计：使命担当，推进汽柴油质量标准不断进步，减少车辆尾气排放，减缓城市大气污染；发展清洁燃料和生物燃料，推进清洁油品的更新换代。

从汽油质量标准的变化看到我国对环保的重视，特别是国Ⅳ标准到国Ⅴ标准的硫含量与 RON 的选择，说明石油炼制行业的使命担当；发展生物燃料，燃料乙醇、生物柴油、生物航煤，丰富燃油结构，减少尾气排放，同时指出我国生物燃料发展需要关注的问题。

第五章　原油评价及加工方案流程

课程思政内容设计：科学精神，敢为人先，开创重质油超临界溶剂萃取分离评价方法。

根据原油评价特别是重质油评价方法，重质油全国重点实验室提出了原创表征方法，重质油加工性能表征参数——K_H，将适用于减压馏分的特性因数 K 进行转化升级，适用于重质油评价，为重质油合理加工利用的方案设计与优化提供理论指导。作为石油炼制行业国家唯一的全国重点实验室，在重质油分子结构和加工利用方面做出了巨大贡献。

第六章　石油蒸馏

课程思政内容设计：科学精神，发展分子炼油理念，服务石油炼制行业转型升级。

石油蒸馏是石油加工的龙头，就是把原油按照沸点高低进行蒸馏分离，重质油全国重点实验室，领先提出分子炼油的概念，在分子炼油理念与实践中，对石油组分进行精细化分离，对分离产物进行合理加工利用，高效高附加值利用石油资源，处于领先地位。

第七章　热加工过程

课程思政内容设计：使命担当，瞄准延迟焦化技术难题，累年持续攻关研究，成功解决工业运行难题。

热加工是重质油加工的重要途径，延迟焦化是热加工的重点工艺过程，但存在着焦化炉运转周期短与劣质弹丸焦生成的问题，重质油全国重点实验室瞄准行业技术难题，勇挑重担，组织队伍进行持续攻关，成功解决了困扰工业运行几十年的难题，为我国延迟焦化技术发展贡献了技术保障。

第八章　催化裂化

课程思政内容设计：科学精神，国家重大需要牵引，突破低烯烃清洁汽油生产以及催化裂化多项技术难关。

催化裂化是我国重要的重质油加工技术，我国在该领域从跟跑到并跑到现在的领跑，从我国第一套催化裂化装置设计师陈俊武院士，到我校率先将 CFD 引入石油行业并开展模拟研究，获得装置内部的流动特性，为有效调控反应进程、优化装置结构与操作提供新的思路与途径，解决了工业生产实际问题；我国自主研发的两段提升管催化裂化技术、汽油辅助提升管降烯烃技术、多产异构烷烃的催化裂化技术等，荣获多项国家技术奖励，学习科学家以国家需求为己任的科学精神。

第九章　催化加氢

课程思政内容设计：技术创新，催化裂化汽油选择性加氢脱硫等多项技术创新。

催化加氢是产品精制的最有效途径，催化裂化汽油选择性加氢脱硫生产低硫低烯高清洁汽油调和组分，为 2008 年北京奥运会的蓝天白云贡献力量；劣质重质油加氢面临原料性质差导致传统固定床加氢不适用的问题，重质油全国重点实验室几代人持续攻关，研发了重质油悬浮床加氢裂化技术，为劣质重质油高效加工利用提供了新的技术支持。

第十章　催化重整

课程思政内容设计：技术创新，发展低压连续重整技术，为炼油厂炼化一体化和化工转型升级贡献力量。

随着炼油化工一体化的新型炼油厂的需求，多产化工原料及化工产品是发展趋势，催化重整既可生产高辛烷值汽油调和组分，也可生产苯、甲苯、二甲苯等基本有机化工原料，我国研发了低压逆流连续重整技术，助力炼油企业转型升级。

第十一章　溶剂分离技术

课程思政内容设计：技术创新，炼油行业的高附加值产品，助力国防和电池行业。

重质油全国重点实验室在溶剂超临界分离技术方面，打破惯性思维，开发大规模超临界连续分离油浆制备高性能针状焦技术，使催化裂化油浆用途广泛，生产优质针状焦，助力国防和电池行业的应用发展。

第十二章　轻烃加工技术

课程思政内容设计：技术创新，研发离子液体碳四烷基化技术，推进高品质车用汽油生产。

在轻烃加工利用技术方面，重质油全国重点实验室领先提出离子液体催化碳四烷基化技术，相比传统的浓硫酸、氢氟酸烷基化技术更加安全环保；该技术在国内多家企业推广应用，目前正在国外推广。该技术可生产高辛烷值清洁汽油调和组分，助力车用汽油的质量升级。

第十三章　石油产品精制

课程思政内容设计：技术创新，直面困难，大胆创新，加速液化气高值化利用。

液化石油气（液化气）是催化裂化过程得到的重要的气体组分，充分利用石油气体，挖掘石油气体的利用价值，将液化气深度脱硫，解决实际困难，加速液化气的高值利用。

四、案例展示

从清洁汽油生产技术研发中学习时代楷模树立科技报国信念

（一）结合章节

案例讲授的是催化裂化汽油降低烯烃含量，是课程第 8.6 节的内容。本节主要是利用前面学过的催化裂化过程的理论知识去解决炼油生产过程中催化裂化得到的汽油烯烃含量高，不符合我国清洁油品质量要求的问题。从催化裂化反应原理分析，找到降烯烃的思路，提出提升管分区反应 MIP 技术。

（二）教学目标

（1）知识目标：了解催化裂化汽油降烯烃技术背景，掌握分区反应原理及 MIP 降烯烃技术的设计思路与技术特点，了解工业实施效果。

（2）能力目标：能够利用基本原理，科学分析，合理设计，探寻解决问题途径；能够利用分区反应原理分析降烯烃技术的设计思路。

（3）价值塑造：了解我国车用汽油质量标准现状以及汽油降烯烃技术的国内外推广，提升社会责任感和使命担当；学习时代楷模陈俊武院士对催化裂化领域的贡献，树立技术报国的理想信念，培养开拓创新的科学精神。

（三）教学重点与难点

本次案例教学内容分为三部分：①催化裂化汽油降烯烃的背景；②催化裂化汽油降烯烃的反应原理；③催化裂化汽油降烯烃的工艺技术。

教学方法主要采用混合式教学：提问、启发、讨论、动画展示、讲解、总结等环节，如图 1 所示。

教学的重点是从催化裂化反应原理找到解决问题的思路，进行技术创新。教学难点是怎么样把理论知识应用到实际生产中。

（四）具体教学过程设计

将案例内容分为引题、点题、解题、设计、应用、扣题和归纳总结 7 个部分，如图 2 所示。以问题为导向，以分析为基础，以设计为重点，以应用为巩固，以思考为提升，思政融入知识点，引导学生探究解决科学问题的方法，实现科技报国的价值塑造。以城市大气污染这一热点，引出车用汽油质量标准中的烯烃含量限制指标，分析得出催化裂化汽油降烯烃势在必行，增强学生的社会责任感；从我国催化裂化汽油占商品汽油的 70%，引出我国催化裂化技术奠基人陈俊武院士，感受自力更生、艰苦奋斗的石油精神；从反应机制出发分析烯烃发生的反应类型，得出降烯烃的分区反应原理，提出解决思路，将降烯烃技术应用于企业生产，学习开拓创新、勇攀高峰的科学精神，感受科技的力量，激发科研热情；我国自主研发的技术在国内外推广应用，树立民族自豪感、自信心以及培养技术报国的家国情怀。

1. 催化裂化汽油降烯烃的背景

本节内容主要从四个方面阐述：①汽车尾气排放对城市大气污染的影响；②汽油中烃类组成及烯烃含量的影响；③催化裂化汽油的特点；④怎么降烯烃保辛烷值？

以问题为引子，如大气污染问题、“双碳”背景等，提出石油石化人的责任，生产清洁汽油，减少排放与环境污染。（课程思政：以国家需求为己任的社会责任感与使命担当）

接下来分析汽油的烃类组成，特别关注汽油中烯烃含量以及高烯烃含量存在的危害，因此我国提出了现在的汽油标准。

我国商品汽油中催化裂化汽油占比 70%，催化裂化汽油的质量对我国汽油至关重要，但是催化裂化汽油的特点是：辛烷值高，烯烃含量也高，由此提出如何降低催化裂化汽油的烯烃含量？如何做到烯烃降低的同时辛烷值不变？这是要解决的难题。（提出问题，学生思考、讨论）

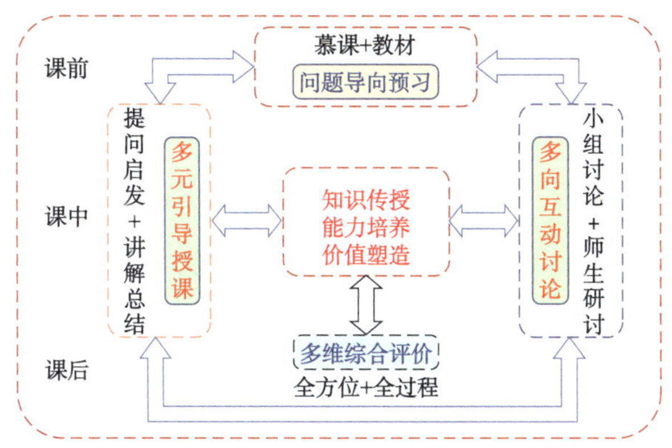

图 1　教学方法示意图

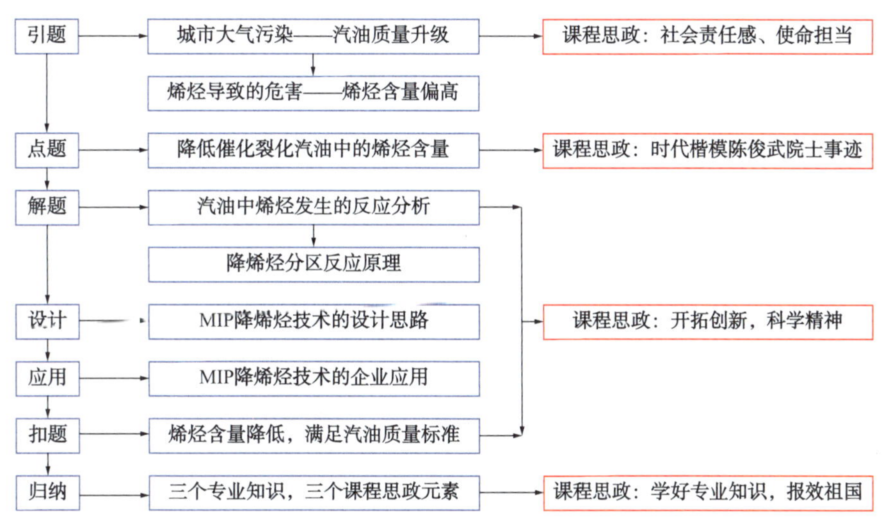

图 2　教学设计示意图

2. 催化裂化汽油降烯烃的原理

这部分内容主要从三个方面阐述：①催化裂化原料及产品；②催化裂化五类反应及其特点；③理想的降烯烃反应历程。

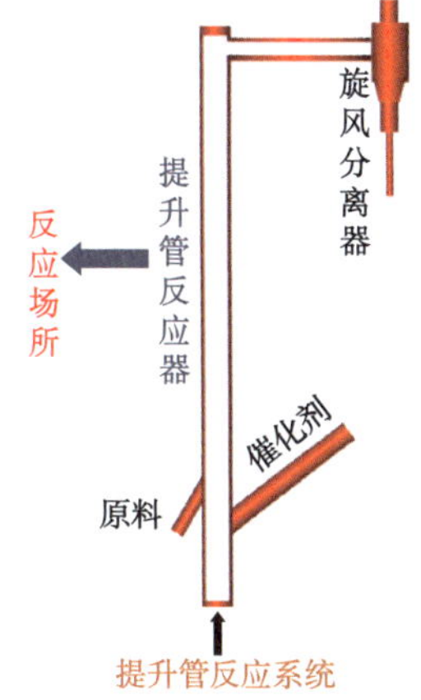

图 3　催化裂化提升管反应系统

催化裂化的主要反应是在提升管反应器内发生，首先动画演示提升管反应器，如图 3 所示。说明催化裂化反应的原理和产品特点，提出降烯烃的思路——将烯烃转化为异构烷烃和芳香烃。引出时代楷模陈俊武院士为我国设计第一套催化裂化装置的事迹，如图 4 所示。（课程思政：自力更生、艰苦奋斗的石油精神）

接着介绍催化裂化过程发生的五类主要裂化反应。分析五类反应对辛烷值的贡献和对烯烃的含量的影响，确定哪些反应是理

平均温度较高
反应时间短
高温、短反应时间
进料
催化剂
预提升介质
常规FCC反应器
平均温度较低
反应时间长
冷介质
高温、短反应时间
进料
催化剂
预提升介质
MIP反应器

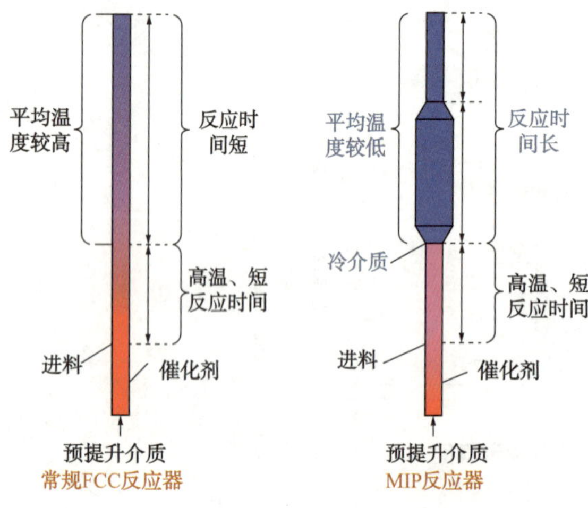

图 5　MIP 技术设计思路

想反应、哪些反应是非理想反应，强调需要促进的反应与需要抑制的反应。

怎样实现降烯烃的思路？将烯烃转化为异构烷烃和芳香烃？（讨论）

从几个烯烃反应的热力学分析：降烯烃需要促进的反应异构化、氢转移、芳构化，它们是放热反应，反应速率慢；而催化裂化的主反应，重馏分的裂化属于吸热反应，反应速率快。问题：这两类反应的优化反应条件是什么呢？对于第一类反应，需要较低的反应温度，大约 480℃；反应慢，需要较长的反应时间；而第二类反应，需要较高的反应温度，大约 550℃，反应快，需要较短的反应时间。分析对比讲解两大类反应的特点及其对应的优化操作条件。问题：两类优化条件不同，怎么办？（学生思考，回答）通过讨论得出分区反应原理。（课程思政：问题分析与解决的科学精神）

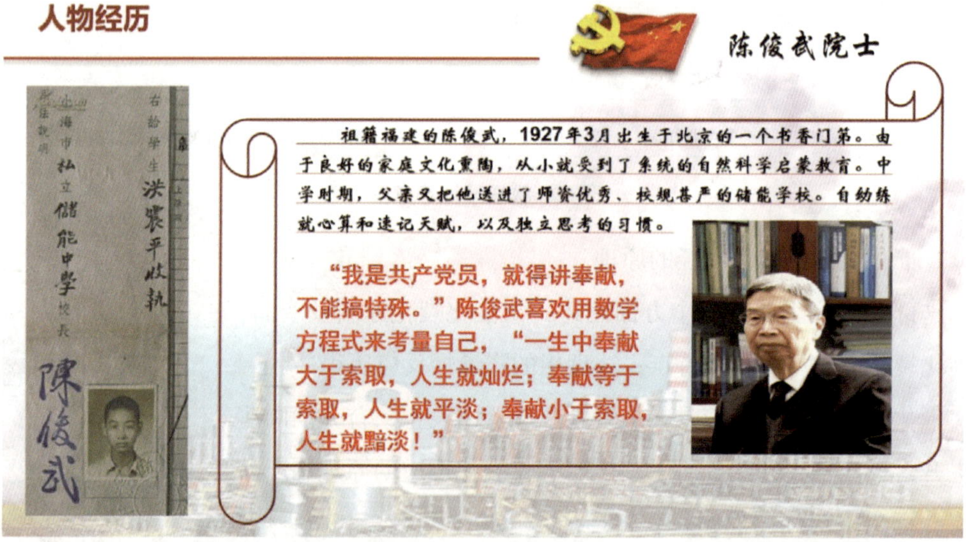

人物经历
陈俊武院士
祖籍福建的陈俊武，1927年3月出生于北京的一个书香门第。由于良好的家庭文化熏陶，从小就受到了系统的自然科学启蒙教育。中学时期，父亲又把他送进了师资优秀、校规甚严的储能学校。自幼练就心算和速记天赋，以及独立思考的习惯。
“我是共产党员，就得讲奉献，不能搞特殊。”陈俊武喜欢用数学方程式来考量自己，“一生中奉献大于索取，人生就灿烂；奉献等于索取，人生就平淡；奉献小于索取，人生就黯淡！”
上海市私立儲能中學
陳俊武

图 4　时代楷模陈俊武院士

3. 催化裂化汽油降烯烃的工艺技术——MIP

这部分内容主要从四个方面阐述：① MIP 设计思路；②技术特点；③工业应用；④经济效益等。

MIP 设计思路：首先讲解催化裂化反应管内分区特点，提出常规提升管反应器存在的两个问题，一是平均温度高，二是反应时间短。怎么解决这个问题？（学生思考，回答）补充介绍两个思路：一是冷介质包括油、水，还有催化剂，降低温度；二是增大第二反应区的直径，增大体积，进而延长反应时间，如图 5 所示。

技术特点：根据前面分析，提出采用串联提升管反应器的形式，把催化裂化反应器分成两个区，第一反应区，采用高反应温度、短反应时间的条件，适合重馏分的裂化反应；第二反应区：首先通过注入冷介质，降低反应温度，抑制裂化反应，增加异构化和氢转移反应；另外，通过扩径的方式，增大反应器体积，延长反应时间，有助于高辛烷值异构烷烃和芳烃的生成。

工业应用：MIP 反应 – 再生系统的示意图，反应器中间是扩径，低温催化剂从这里引入反应器，MIP 工业装置，如图 6 所示。（课程思政：开拓创新、勇攀高峰的科学精神）

提出延伸思考题：这里学习的主要是技术的设计思路与特点，在工程实施过程中会存在什么样的困难？请学生思考，并课下查阅资料。简单提示，催化剂在反应器内的流动、流化态如何保障？气固怎样高效接触？

经济效益：国内外推广；MIP 技术在中石化九江石化公司进行了工业应用。工业标定结果表明，汽油烯烃含量降低到了 28% 以下，辛烷值略有增大；进一步优化操作后，烯烃含量降低到了 15%，可满足国 VIB 汽油标准对烯烃含量的要求，同时辛烷值增大了 1.8 个单位。为企业年增加经济效益 3.5 亿元。

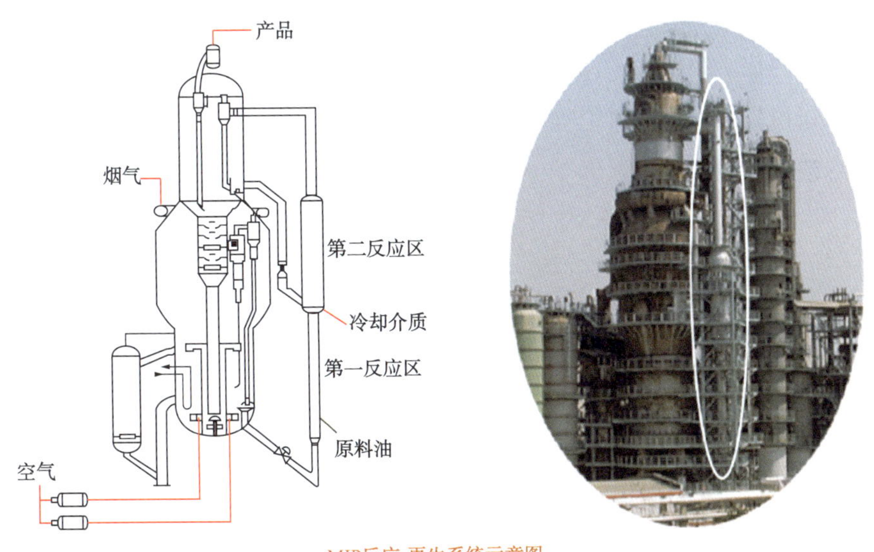

图 6　MIP 技术工业装置图

该技术还推广到了国外，处于世界领先水平！充分体现了我国催化裂化技术的先进性！（课程思政：提升民族自豪感与自信心，培养学好专业、报效祖国的家国情怀）

（4）总结

本案例讲授了三个知识点，即催化裂化汽油降烯烃的背景、分区反应原理和工艺技术。蕴含了四个课程思政元素：①改善大气环境，培养以国家需求为己任的社会责任感、使命担当；②学习陈俊武院士事迹，坚守自力更生、艰苦奋斗的石油精神；③塑造开拓创新、勇攀高峰的科学精神；④理论指导实践，学好专业知识，树立技术报国的理想信念。

（五）教学反思

教学过程采用“问题—启发—讨论—讲解—归纳—总结”等以学生为中心的教学方法，思政元素蕴含在其中，体现了社会责任、科技创新、报效祖国的信念。学生既学到了专业知识，又领会了科研方法，同时思想修养得到了熏陶，受到了学生高度好评。

在讲授过程中，学生很难理解科学家在科研过程中的艰辛和困扰，学生在科研道路上处于起步阶段，怎样培养学生不怕挫折失败与克服困难的决心和信心，如何培养学生开拓创新、勇攀高峰的科学精神，是一个长期的过程，只通过几次课与几个案例的讲授是不够的，需要长期实践。

课程思政不是一门课或者一个案例就能有显著的效果，需要所有课程行动起来，不同课程蕴含的思政元素各具特色。深挖思政内涵，在教学大纲里设置相应的思政元素，利用研讨题目等多种教学形式激励学生自觉地学习思政内容，达到与专业知识融为一体，思政元素内化于心。

考虑将研讨报告、课堂讨论等环节的课程思政纳入考核，以考核评价机制引导学生自觉学习思政内容。

《油田实习》优秀课程思政设计及案例

侯　磊、李兆慈、韩善鹏、孙　旭、孙　恒

一、课程基本信息

课程名称：油田实习

开课学院：机械与储运工程学院

课程类型：实践课

课程性质：必修

授课对象：油气储运工程专业四年级本科生

使用教材：《油气集输与矿场加工》，ISBN 978-7-5636-2189-7，冯叔初，中国石油大学出版社，2006

教学课时：32 课时

二、课程思政教学整体设计思路

根据学校办学定位、学科专业特色和人才培养要求，凝练了《油田实习》课程思政建设目标，在培养学生掌握油田地面集输与处理知识和技能的同时，通过示范操作、翻转课堂、信息平台、典型案例等方式，将石油精神和中石大精神融入教学，培养团队合作和自主学习等可迁移能力，为祖国石油工业培养可堪大用、能担重任的栋梁之材。

课程思政是石油与天然气工程一流学科（A+）和油气储运工程一流专业建设的重要举措，紧密围绕思政教学目标，坚持以学生发展为中心，加强课程思政集体教研，挖掘课程思政资源，创新课程思政教学方法，建设课程思政实践基地，注重价值塑造、知识传授与能力培养相统一，以专业课程知识为载体，将思政教育融入课程教学的各环节，增强学生的家国情怀和使命担当。

根据学校的人才培养定位和《油田实习》课程教学目标，教学团队深入挖掘油田实习的思政元素，逐步形成了以石油精神贯穿油田实习全过程的实践教学与思政元素多元融合的《油田实习》课程思政模式。

1. 凝练思政目标，明确考核要求

通过长期的油田实习教学，凝练形成了《油田实习》课程教学目标：使学生通过学习油田创业史、先进人物事迹和石油精神，继承和发扬石油行业艰苦奋斗的传统，培养作为“石油人”的责任感和服务国家能源战略需求的使命感。

结合课程考核方法，在实习日志、实习报告和实践过程各环节中明确提出课程思政考核内容，如要求学生基于对实习站场现状的分析，提出对安全、规范管理、职业发展方面的认识等，涵养学生的石油情怀。

2. 挖掘思政元素，融入实践教学

在制订实习计划和教学方案时，充分挖掘实习基地的课程思政素材，融入教学各环节。

入厂教育：聘请基地的劳动模范等优秀专家，通过座谈、安全教育、大师“面对面”等活动，讲述油田的创业史和“石油精神”，使学生学习石油工业艰苦奋斗的传统和先进人物事迹，感悟作为“石油人”的责任感和使命感。

现场实践：严格按照站场管理制度跟岗实习，传承“三老四严”的作风，培养学生的职业素养。根据实习基地现状，通过设置研讨课题，引导学生分析解决生产中存在的问题，激发学生学以致用的兴趣，鼓励投身科研创新。利用油田的思政教育基地等资源，对学生进行油田创业精神的教育。

3. 分工合作研讨，培养严谨作风

分组合作是实习的主要形式，小组成员通过合作完成实习任务，每天梳理实习内容，分析存在的问题并进行研讨，以“翻转课堂”形式分组汇报，全体学生与现场专家参与研讨，既训练学生分析和解决问题的能力，又培养其钻研的精神和严谨的作风。

4. 依托思政基地，深化校企合作

2021 年在中石化胜利油田孤岛采油厂建立了课程思政实践基地。校企双方共同建设课程思政实践基地，在编制课程思政实践方案、教师培训和课程思政实践教学等方面加强合作，充分保障了课程思政实践教学的质量，促进“三全育人”格局构建。

5. 发挥线上优势，创新课程思政

疫情防控期间，油田实习转为“云实习”模式。线上实习突破了实习基地的局限，丰富了实习的内容，也拓展了课程思政的资源。如目前的实习基地多在传统油田地区，虽然可挖掘的思政元素较多，但由于智能化等新技术应用较少，客观地影响学生对专业的兴趣。将行业发展的新技术通过线上形式生动展现，能够激发学生服务国家能源战略需求的使命感。

三、各章节课程思政设计要点

1. 校内实践动员

在进行油田实习动员的宣讲过程中，引领学生领会“三老四严”的石油精神，激发热爱专业、勤奋学习的热情，培养爱岗敬业、注重实践的工作作风和团结合作、勇于担当、吃苦耐劳的工作精神。展示胜利油田的历史文脉与精神丰碑。

2. 油田地面生产系统

在带领学生了解油田地面生产设施（井口装置 + 抽油机）、油气集输的基本流程和油田计量站的工作流程的过程中，让学生意识到油气储运行业内，干线管道、集输管道都是油气储运工程专业的工作对象，目前中石油的集输管道里程总量每 10 年能翻一番，油气田就业前景广阔，鼓励学生认真学习，将来干出一番事业。

3. 油气处理与设备系统

带领学生在油气集输站场实习，使学生掌握分离、脱水和计量等各岗位知识技能，还引导学生学习油田创业史、先进人物事迹和石油精神，继承和发扬石油行业艰苦奋斗的传统，培养作为“石油人”的责任感和服务国家能源战略需求的使命感。感受油田集输领域“三老四严”的工作作风，培养学生爱岗敬业、注重实践的良好工作作风。

4. 实践汇报讨论总结

在学生回顾及总结实习经历的过程中，引导学生分享个人实践体会与感受，包括思政方面的收获。通过实践汇报，使学生掌握油田实习相关工艺、流程和设备操作。通过分享和讨论，使学生更加深入体会石油精神。

四、案例展示

（一）结合章节

第三章　原油脱水流程与设备

（二）教学目标

（1）知识：学生掌握的专业理论知识与工程实践有脱节，需要将两者进行有机融合，培养学生知行合一，能够有针对性地解决现场工程实际问题。熟悉井流物中水的存在形式、脱水流程及设备的工作原理，具备从井流物特性、脱水策略、工艺参数等多个层面解析原油脱水流程合理性的专业知识。

（2）技能：培养学生从多学科角度解析原油脱水流程，把握流程设计及设备参数适应于井流物中油水物性的基本规律，迁移原油脱水中多种策略（加药、加热、加电场、延长停留时间、机械方法分离等）进行组合并面向实践应用。

（3）育人：使学生通过学习油田创业史、先进人物事迹和石油精神，继承和发扬石油工业艰苦奋斗的传统，培养作为“石油人”的责任感和服务国家能源战略需求的使命感。感受油田集输领域“三老四严”的工作作风，培养学生爱岗敬业、注重实践的良好工作作风。

（三）教学重点与难点

教学重点：掌握原油脱水工艺流程及设备的工艺原理，认识典型脱水工况。

教学难点：掌握脱水流程及设备与井流物油水物性相适应的设计方法。

（四）具体教学过程设计

教学过程为：前期导入、知识讲授、跟岗实习、互动指导、专题讨论和思政教育。

（1）前期导入：教师讲解井流物中水的主要存在形式，带领学生体会井流物中油水性质对接下来脱水流程的影响，使学生了解游离水、乳化水设置相应的脱水流程及设备，为后续跟岗实习做好理论导引。

（2）知识讲授：使用启发式教学方法，类比辽河油田稠油脱水设备与胜利油田中质油脱水设备的差别，帮助学生理解井流物油水物性与脱水流程及设备的关系。通过具体案例讲解工况记录的要求，为后续跟岗实习设置具体的关注内容、记录方法及要求。

（3）跟岗实习：教师观察并指导学生对流程设备信息的采集记录；通过站控控制信息平台分析具体工况。学生进行流程设备信息的采集和记录，在师傅指导下进行倒流程操作。通过体验式跟岗实习加深学生的直观认知。

（4）互动指导：教师指导学生绘制流程图、采集工艺参数，和学生一起研讨多个联合站的脱水工艺，进行对比分析，通过现场指导帮助学生及时发现并解决工程实际问题。

（5）思政教育：教师带领学生参观孤岛采油厂发现井“渤二井”和“东方红党性教育基地”，了解孤岛油田建设历程以及油气集输工艺的演变过程，学习“团结、求实、科学、奉献”的孤岛精神；参观“唐守忠创新工作室”，听全国劳模唐守忠讲述其破解原油脱水等关键技术难题、排除重点设备故障的故事以及从“小技工到大工匠”的个人成长历程，学习其“扎根一线、精益求精、锐意创新”的“工匠精神”。

（6）专题讨论：教师提出问题，组织学生以小组为单位对具体的专题开展讨论，老师对讨论结果进行点评。此外，教师引导学生结合实习经历，讨论如何传承石油工人“三老四严”工作作风，通过讨论分析加深认知。

（五）教学反思

1. 知识与技能教学

在原油脱水与设备教学过程中采用了集中讲解和分组指导的教学模式，并且针对实践过程中具体问题按“讲—思—练—讲”方式推进教学过程，符合学生的认知模式，有利于加深从感性认知向理性分析的过渡。

调查结果表明，学生对教学总体满意度评价较高，对教学模式的认可度高，学生的参与程度更高，对知识点的掌握情况更好，较好地实现了该课程的教学目的。

学生的设计实践能力和社会创新能力得到了明显提升。2014—2018 级有 19 名学生获得学校社会实践先进个人荣誉称号。近 5 年毕业生就业率均超过 97%，用人单位对毕业生在理论基础和专业技能上都给予高度评价。社会服务实践成果得到了企业、学校的肯定。

（2）课程思政教学

油田实习课程大纲中有明确的思想政治教学目标，在教学过程中通过聘请油田先进模范进行讲座和交流、按现场工作制度跟岗实习、参观厂矿荣誉室、分组协作交流汇报和“三位一体”考核等教学方法，系统地将石油精神融入教学全过程。油田实习教学过程充分调动了学生参与的积极性，提高了实践教学质量，实习日志和报告质量明显提高，内容丰富详实，不仅有现场设备和工艺的记录，还有对发现问题的思考，以及对现场管理的建议等。油田实习班级连续三年获得“优秀实习团队”，指导教师获得优秀实习指导教师的称号。

为推进课程思政的全面开展，团队还应继续积极参加各类思政培训与学习，并开展课程思政教学研讨，根据《油田实习》课程特点深度挖掘课程思政元素，并进行思政元素的凝练与融合。基于此，团队还应继续进行课程思政内容设计，进一步分析在实习教学的实习动员、入厂教育、现场实习、研讨和总结等各环节能够融入的思政元素，结合油田实习的具体教学内容，进一步修订课程的教学大纲，完善课程思政教案，将习近平总书记关于“能源的饭碗必须端在自己手里”指示精神、石油精神等思政元素融入课程教学。在课程教学目标中强化思想政治教育的内容，在课程考核部分加强思政教学目标的考核要求，在教学实践中检验思政教学效果。同时，持续推进课程思政实践基地建设，进一步保障油田实习的课程思政教学。

《过程流体机械》优秀课程思政设计及案例

陈建义

一、课程基本信息

课程名称：过程流体机械

开课学院：机械与储运工程学院

课程类型：专业课

课程性质：必修

授课对象：过程装备与控制工程专业三年级本科生

使用教材：《石油化工流体机械》，ISBN 978-7-5636-0706-0，张湘亚、陈弘主编，中国石油大学出版社，2013

教学课时：56 课时

二、课程思政教学整体设计思路

1. 课程思政教学设计思路

秉持立德树人、为国育才的教学理念，深挖课程思政元素，从流体机械历史、创新精神、大国重器、爱国奉献、工程师思维方法、智能制造的挑战等多方面，挖掘了 20 多个思政案例，并将其落实到教学日历中，在教学中以盐溶于水的方式，引导学生崇尚科学，重视实践，志存高远，勇担使命。

2. 课程思政教学目标

（1）弘扬科学严谨的专业精神，培养探索真知的品质和思辨、质疑能力；

（2）养成求真求实、实事求是的学风；

（3）领会和掌握工程思维方法，提升工程实践意识，涵养职业道德以及与人分享、团队协作的习惯；

（4）树立爱国、敬业的奉献精神，培养科技强国的责任感和使命感。

3. 课程思政教学方法——四结合教学法

（1）理论与实际结合。从学科知识体系和工程实践中寻找元素，因事而化，因时而进，因势而新。

（2）启发与渗透相结合。根据具体教学内容，采用创建场景、角色体验（扮演）等方式，使学生从被动、自发学习向主动、自觉学习转变。

（3）显性与隐性相结合。对于先进事迹，开展旗帜鲜明的、公开的道德教育；对于思维方法及工程意识等，通过溶盐于水、润物无声的方式进行教学。

（4）历史与现实结合。结合流体机械古今、中外的历史和发展，开展纵向历史与横向现实的比较，既比成就，更比差距，激发学生的历史使命感与时代责任感。

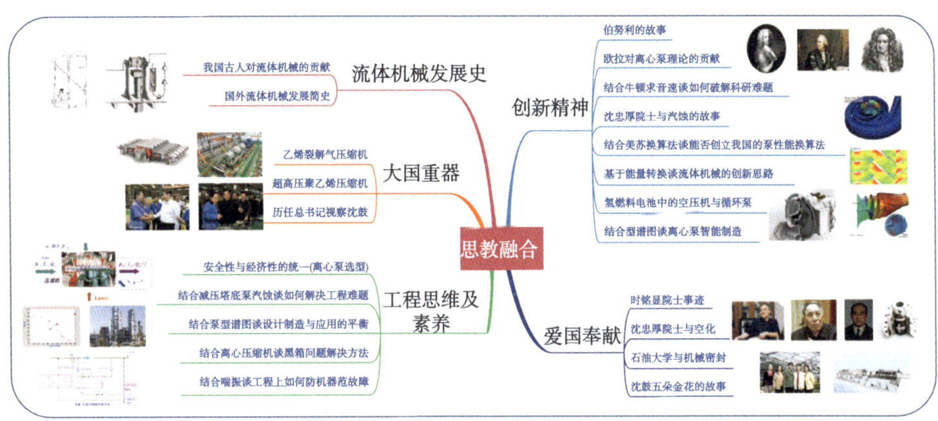

三、各章节课程思政设计要点

第一章　绪论

课程思政内容设计：

（1）结合流体机械发展史，介绍古代中国对流体机械发明及应用的贡献；通过比较国外流体机械发展简史，说明科学的思想和方法在工程技术进步中的重要作用。

（2）简介我国高端流体机械装备水平尚处于跟跑追跑的现实，以及《中国制造2025》将振兴我国的装备制造业定位成国家重大重要战略的形势，鼓励学生明确肩负的责任和使命。

（3）介绍沈鼓“五朵金花扛大梁”的事迹，观看中国百万吨乙烯压缩机设计师——中国第六届全国道德模范姜妍的事迹，引导学生培养家国情怀。

第二章　离心泵

课程思政内容设计：

第一节　概述

（1）以盛液容器内液体旋转的“思想实验”，引出离心泵的工作原理及其结构组成，培养学生从流体力学原理出发，理解流体机械结构组成的科学思维方式。

（2）结合离心泵工作参数及相互关系，培养学生将所学的理论（伯努利方程）用于实际（扬程计算）的能力，以及通过图表来表达参数关系的工程素养。

第二节　离心泵能量分析

（1）通过欧拉方程的推导，培养学生掌握解决复杂工程实际问题的科学思维方法：明确问题所属领域及本质——提出简化假设，抓住主要矛盾——运用基本物理定律，综合推导分析——摈弃假设，引入系数加以修正。

（2）结合轴向涡流现象，进一步巩固思想实验这一思维方法。

第三节　离心泵的汽蚀

（1）用成语“水滴石穿”启发学生思考“水滴铁穿”，并引申坚忍不拔、锲而不舍的精神品质。

（2）分析汽蚀发生的内外因，延伸到科学研究的哲学思维。

（3）结合沈忠厚院士空化射流钻井，说明看起来百害无一利的汽蚀现象，若能很好地利用也能服务于工程实践，启发学生通过“逆向思考”进行发明创造。

（4）结合防止汽蚀或提高抗汽蚀能力的要求，谈解决工程问题的原则思路和方法。

第四节　离心泵性的能曲线

结合目前性能曲线仍只能靠实验获得，谈真理来自实践以及实践是检验真理的唯一标准！

第五节　黏度对性能的影响

（1）结合前苏联换算法，谈前人如何用图解的方法巧妙克服工程计算的困难，并结合计算工具的演变历程和我国两弹一星科技工作者克服计算手段匮乏的困难的大无畏的精神。

（2）鼓励学生结合现代数据技术，提出我国的换算方法。

第六节　相似理论在泵中的应用

（1）介绍相似论的辩证思想和哲学意义，培养基于相似原理解决工程问题的能力。

（2）通过比转数的量纲分析，指出其应用方面的缺点，鼓励学生提出无量纲的比转数。

（3）基于泵型谱图，从设计、制造、应用和成本、节能等多个维度的平衡谈工程思维，并进一步探讨智能制造（“量体裁衣”式的定制）。

第七节　装置特性和工况调节

（1）结合泵的串并联（与电路串并联类似），培养学生采用类比方法去分析解决复杂问题的能力。

（2）结合泵的喘振现象，谈事物发展内因和外因的辩证关系。

第八节　离心泵的主要零部件

（1）简介我国离心泵行业发展历程和面临的挑战，激发学生学习创新的热情。

（2）结合石油大学在机械密封方面的成就，谈爱国奉献精神。

（3）结合离心泵选型案例，培养综合思维能力（即全面考虑设备的工艺、机械、安全和经济性能等），培养与人分享、团队协作的习惯，并讨论工程师的职业道德以及绿色低碳发展理念。

第三章　离心压缩机

课程思政内容设计：

第一节　概述

（1）以“离心泵能否对气体增压”为题，引出离心压缩机的原理及结构，培养学生比较分析的能力。

（2）简介国内外离心压缩机发展历程，引入大国重器——沈鼓乙烯三机重大突破的案例，介绍我国在压缩机“重大技术装备国产化”方面的艰难探索及取得的重大成就，激励学生肩负重任，勇于奋斗的使命担当。

第二节　级的工作原理

（1）通过黑箱方法，并结合比较法，培养学生掌握解决复杂工程实际问题的科学思维方法。

（2）基于五个非线性方程联立求气体参数的问题，介绍工程上常用的“试凑法（试差法）”。

第三节　级中的能量损失

（1）引入牛顿推导音速公式及验证的案例，说明权威也可能出错，培养学生的科学质疑精神。

（2）结合波阻损失，谈我国在先进发动机研制方面的差距和不足，激发学生的责任感和使命感。

第四节　离心压缩机的能曲线

（1）引入四个实际的喘振案例，介绍工程中分析特殊现象的思路和方法，特别是结合分子量变化引起的喘振案例，鼓励学生除了要学好流体机械本身，更要把视角拓展到过程工艺。

（2）结合喘振的防控，分析避免发生工程事故的原则思路和方法。

（3）以流量－压差防喘振系统为例，鼓励学生开展学科交叉，自行设计一套控制系统，提升解决工程问题的思维和实践能力。

第五节　装置特性及工况调节

通过不同调节方法的比较，介绍工程上为什么经常采取“多措并举”的解决方案，同时再从安全、绿色低碳角度谈新的工程理念。

第六节　相似理论的应用

（1）通过与泵相似的比较、结合通用性能曲线，并设置不同的角色（设计人员、操作人员）进一步强化对相似理论的理解；

（2）结合石油气、天然气压缩机的性能换算，进一步培养基于相似原理解决工程问题的能力。

第七节　主要零部件

（1）结合历任总书记视察沈鼓的事例，谈中国制造的重要意义。

（2）结合乙烯裂解压缩机的国产化，谈自主设计的艰辛坎坷与爱国奉献精神。

第四章　活塞式压缩机

课程思政内容设计：

第一节　概述

通过打气筒工作过程的分析，引出活塞式压缩机的原理及结构，培养学生观察日程生活现象，并将理论与实际结合，分析得出现象背后科学本质的习惯。

第二节　活塞压缩机的工作循环

通过实际工作循环到理论工作循环的简化，培养学生解决复杂工程问题的思维方法，并养成通过 p–V 图、T–S 图分析气体热力过程的能力。

第三节　活塞压缩机的工作参数

（1）结合排气量和指示功率，引导学生能够从压缩机设计、制造、使用等多个角度（或不同角色），理解同一概念的不同内涵及参数的不同的工程计算方法（尤其是图表法），强化工程实践素养。

（2）结合比功率的概念，谈我国在高压氮氢气压缩机方面的进展，以及对节能的贡献，激发学生的自豪感，并厚植可持续发展理念。

第四节　多级压缩

（1）结合实际压力比的级数及分配，谈工程简化分析与理论方法的异同。

（2）结合多级压缩的热力计算并布置实例，培养学生运用现代计算方法（如编程、Excel 表格等）来解决工程问题的能力。

第五节　装置特性及工况调节

结合气量调节的不同方法，培养学生根据基本原理和排气量计算式，自己得出不同调节方法的能力，并分析讨论为什么工程上经常会采取“多措并举”的解决方案，同时再从安全、绿色低碳角度谈新的工程理念。

第六节　活塞压缩机受力分析

结合切向力平衡与飞轮矩，拓展飞轮储能的知识，宣传绿色低碳的发展理念。

第七节　主要零部件

（1）结合历任总书记视察沈鼓的事例，谈中国制造的重要意义。

（2）结合乙烯裂解压缩机的国产化，谈自主设计的艰辛坎坷与爱国奉献精神。

（3）引入意大利新比隆、美国 GE 超高压压缩机（“卡脖子”关键装备）的案例，谈我国压缩机设计制造与国外先进水平的差距，进一步激发学生的使命感。

第五章　其他型式的泵和压缩机

课程思政内容设计：

（1）基于能量转换，谈流体机械的创新思路和方法。

（2）结合水锤泵及其在缺电山区的应用，谈大学生应有的家国情怀。

（3）结合空气增压和空气能汽车等，谈科技创新中应有的“大胆创新，小心求证”的态度和方法。

四、案例展示

（一）第一章　离心泵

第三节　离心泵的汽蚀

（二）教学目标

1. 知识目标

（1）理解离心泵汽蚀产生的机理及危害。

（2）掌握汽蚀余量的定义、汽蚀判别方法以及允许安装高度计算方法。

（3）掌握提高离心泵抗汽蚀能力的措施。

2. 能力目标

（1）能够联系热力学和流体力学基础知识对离心泵汽蚀的成因进行分析。

（2）理解有效汽蚀余量与必需汽蚀余量的区别。

（3）掌握吸入装置和离心泵内部结构设计等方面抗汽蚀能力的措施。

3. 育人目标

（1）用成语“水滴石穿”启发学生思考“水滴铁穿”，并引申坚忍不拔、锲而不舍的精神品质。

（2）分析汽蚀发生的内外因，延伸到科学研究的哲学思维。

（3）结合沈忠厚院士的空化射流钻井技术，说明看起来百害无一利的汽蚀现象，若能很好地利用也能服务于工程实践，启发学生通过“逆向思考”进行发明创造。

（4）结合防止汽蚀或提高抗汽蚀能力，谈解决工程问题的原则思路和方法。

（三）教学重点与难点

1. 教学重点

（1）离心泵汽蚀产生的机理及危害。

（2）汽蚀余量的定义、判别方法以及允许安装高度计算方法。

（3）提高离心泵抗汽蚀能力的措施。

2. 教学难点

（1）有效汽蚀余量与必需汽蚀余量的区别。

（2）吸上真空度、必需汽蚀余量与允许安装高度的关系。

（四）具体教学过程设计

本节课采取问题引导，并将理论教授与启发讨论、案例分析有机结合的方法开展教学。

（1）课程的引入：首先结合课程回顾提出两个问题：①泵应安装在什么位置？根据什么来决定安装位置？②同学们都知道“水滴石穿”，但听说过“水滴铁穿”吗？

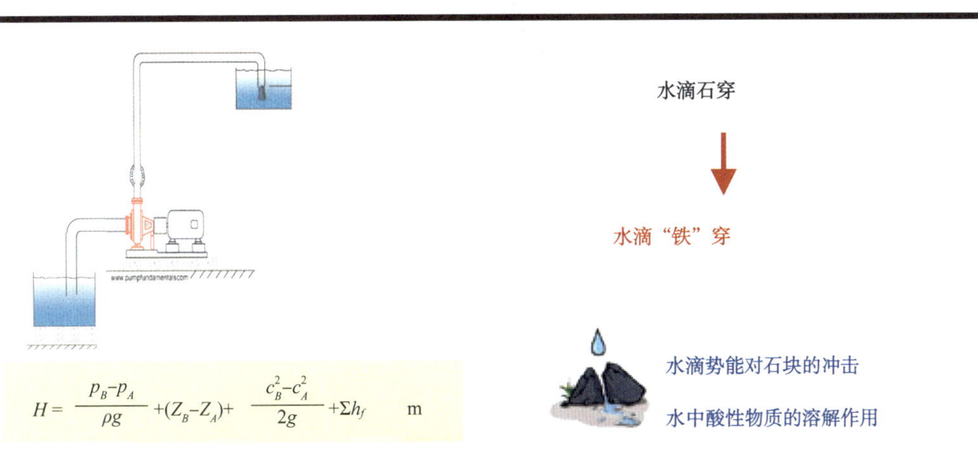

思政育人：用成语“水滴石穿”启发学生思考“水滴铁穿”，并引申坚忍不拔、锲而不舍的精神品质。

（2）再用若干图片展示离心泵中“水击铁穿”现象，重点指明“麻点”“表面腐蚀”“穿孔”等特征，引发学生对产生这一现象的原因进行思考。通过对流体气液相态变化的热力学规律，以及离心泵内部流动参数特别是静压变化特性的分析，阐明汽蚀的演化过程。最后介绍汽蚀的特征及危害。

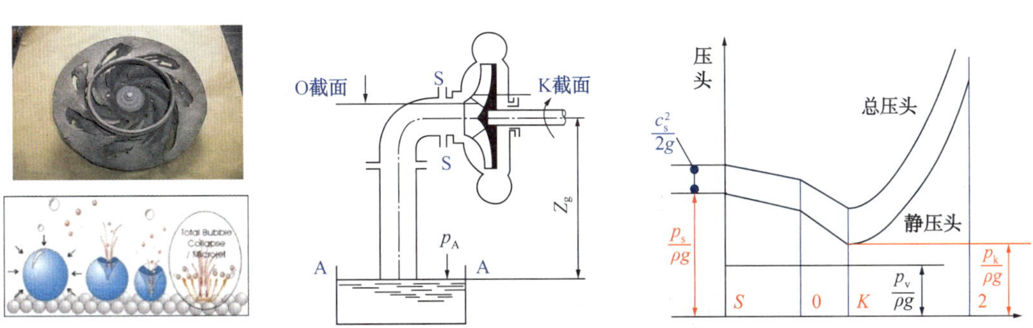

思政育人：通过介绍我校沈忠厚院士的空化射流钻井技术，说明看起来百害无一利的汽蚀现象，若能很好地利用也能服务于工程实践，启发学生通过“逆向思考”进行发明创造。

逆向思维与创新报国

沈忠厚院士：自振空化射流钻头

变害为利–逆向创新思维

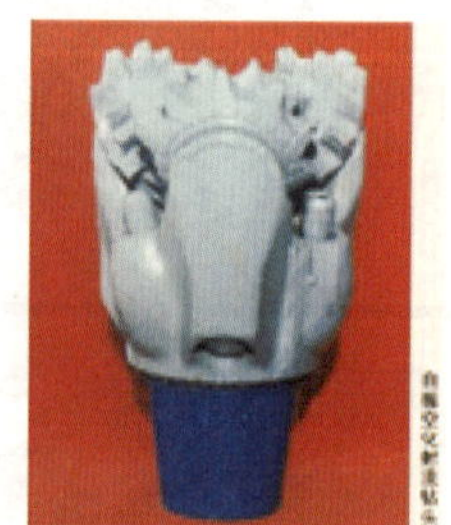

破岩效果提高1~3倍；钻速提高20%~60%

（3）由汽蚀发生的热力学条件 $p_k<p_v$，逐步引出有效汽蚀余量、必需汽蚀余量及转换的汽蚀判别式，再引出工程实际中确定一台泵必需汽蚀余量的两种方法（深井法和抽真空法）。

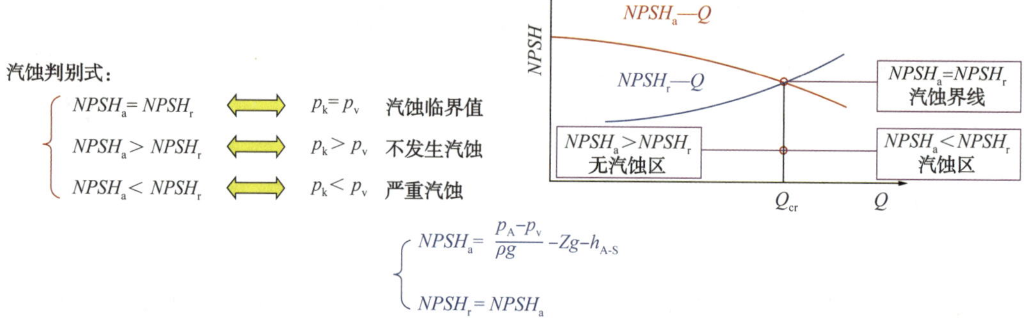

思政育人：从辩证唯物主义内外因关系来分析汽蚀发生的条件，并分析一个科学上看似简单的问题，但实际应用上会变得困难，以及工程上是如何通过转换的方法来解决问题的，以此提升学生的工程实践意识。

减压塔抬高裙座的目的——提供灌注头(–Zg)

（4）通过分析泵装置有效汽蚀余量和泵必需汽蚀余量表达式中各项的物理意义，分别得到从吸入装置和泵本身提高抗汽蚀性能的措施，并引出安装高度、吸上真空度等概念。通过例题演算和分析，说明计算泵的安装高度的两种方法；最后简要引入泵抽送碳氢化合物时汽蚀余量的修正方法，并引导学生思考讨论修正的结果及原因。

思政育人：以炼油装置减压塔为例，请学生分析为什么它的裙座比常压塔的高？它的 p_A、p_v 能不能改变？以此培养分析解决实际工程问题的思路和方法。

（五）教学反思

本节核心内容包括汽蚀发生的条件、汽蚀余量的定义与计算、允许安装高度的计算，都要用到流体力学的伯努利方程，而根据第一节离心泵概述课后作业的完成情况，学生对伯努利方程的理解还不够深刻，掌握运用尚不够灵活，所以在上述内容教学中要适当放慢速度。

泵必需的汽蚀余量、允许吸上真空度是反映抗汽蚀能力的不同指标，特别是通过这两个不同指标来计算允许安装高度，学生容易产生疑惑，可进一步采用比较和对照的方法讲解。

《油气安全工程导论》优秀课程思政设计及案例

李云涛、张来斌、帅　健、郑文培

一、课程基本信息

课程名称：油气安全工程导论

开课学院：安全与海洋工程学院

课程类型：专业课

课程性质：必修

授课对象：安全工程专业一年级本科生

使用教材：无

教学课时：16 课时

二、课程思政教学整体设计思路

党的二十大报告提出，要“提高公共安全治理水平”。习近平总书记多次强调“人民至上，生命至上，保护人民生命安全和身体健康可以不惜一切代价”。安全人才是实现安全发展的基础和主体，政府、社会、企业等对于安全人才的需求日益增加。

中国石油大学（北京）安全工程专业坚持以油气生产安全为特色，以培养德智体全面发展，具有社会使命感、责任感的安全工程人才为目标。《油气安全工程导论》是针对安全工程专业大一学生开设的课程，其目的是让学生对安全科学与工程形成较为全面的认识，了解安全工程专业的基本知识与内容，为后续专业课程的学习奠定坚实的基础。通过《油气安全工程导论》的学习，旨在让学生达到以下课程目标：

（1）了解石油石化行业背景知识，理解安全在油气生产领域的重要意义；

（2）了解我国的安全生产现状，熟悉典型的油气生产安全事故案例，理解油气安全从业人员的责任；

（3）熟悉安全科学与工程学科体系、专业培养方案和课程体系，具有在安全工程领域自主学习的意识和能力；

（4）了解安全工程领域的国际发展趋势和研究热点，激发投身安全技术研究的热情；

（5）理解安全发展理念，熟悉安全工程师的职业性质和社会责任。

从课程目标可以看出，《油气安全工程导论》作为一门导论课，不仅仅是知识传授和能力培养的载体，更重要的是对学生情感和价值的塑造，特别是要培养学生牢牢树立"生命重于泰山""安全第一"的安全责任意识，激发学生投身安全工程的热情，为保障人民生命财产安全贡献力量。可见，《油气安全工程导论》具有开展课程思政教学的天然背景和需求。

在课程思政教学设计方面，《油气安全工程导论》紧密围绕石油天然气生产安全，将"安全发展理念"融入课程教学全过程，充分挖掘了以"习近平总书记关于安全生产重要论述""习近平总书记关于能源工作重要论述""安全发展理念""总体国家安全观"等思政元素为代表的思想政治教育资源，在介绍安全工程专业的同时，使学生能够站在"国家发展""社会需求""自我实现"等不同维度，理解油气安全的重要意义，牢固树立安全责任意识。本课程的思政教学实践具体表现在：

（1）将党和国家关于"安全"重要论述融入课程。安全发展是国家的重大议题。本课程在第一堂课，介绍公共安全的支撑体系，从党的十九届五中全会、十九届六中全会、二十大报告中关于"统筹安全与发展"的相关内容出发，向学生阐述"安全"在国家和社会发展中的重要意义。本课程第二堂课前，请学生提前观看"生命重于泰山"专题纪录片，在课堂以"习近平总书记关于安全生产重要论述"为题（图 1），开展师生研讨，解读总书记重要论述"发展决不能以牺牲人的生命为代价，这是一条不可逾越的红线"等内容，激发学生从事安全事业的责任感和使命感。

图 1　主讲教师介绍习近平总书记关于安全生产重要论述

（2）依托油气生产安全事故案例开展安全责任思政教育。石油天然气和化工行业属于高风险行业，近年来国内外发生了多起石油天然气和化工领域的生产安全事故。但是，在很多的案例中，事故的发生往往是由于人们在生产工作中的疏忽和懈怠。本课程的第 3 讲"安全事故及启示"中，通过雨课堂等混合式教学手段，在教学实践环节发起投票，或是采用其他研讨式教学方式引导学生反思，仅通过安全技术，是否一定能够避免安全事故，引出“三老四严”精神，强调安全生产要“不打折扣、不留死角、不走过场”，牢固树立安全责任意识。

图 2　从“三老四严”精神看安全责任意识

（3）结合主讲教师自身经历激发学生从事安全事业的热情。在讲授“安全学科发展沿革与学科现状”时，主讲教师以科研团队的成果为例，向学生介绍油井管损伤巨磁阻记忆检测诊断技术、油气站场动力机组精确诊断预警技术等国家级科研成果，激发学生从事安全技术研究的热情。在讲授“油气安全工程人才的培养之路和职业发展”时，主讲教师张来斌院士将自己 40 年的求学、科研和行政工作贯穿其中，讲述自己在“我为祖国献石油”情怀的激励下，投身“油气生产安全”事业。引导学生“做一个平凡的人，在平凡中坚守，在平凡中成就”，为保障人民生命财产安全贡献力量。

图 4　学生小组汇报阐述安全工程专业人才的职业规划

在课程考核评价方面，《油气安全工程导论》的课程考核成绩由 10% 的课堂表现、30% 的小组汇报研讨和 60% 的结课考试构成。在小组汇报和结课考试中，都设置了与“课程思政”内容有关的评价内容。例如，以“习近平总书记关于安全生产重要论述”为题开展小组汇报研讨，将“如何看待‘发展决不能以牺牲人的生命为代价，这是一条不可逾越的红线’”作为结课考试的部分题目等，课程考核内容与课程目标紧密结合，可以有效支持课程目标的达成度评价。

《油气安全工程导论》在教学过程中强化了学生关于安全生产人命关天的“红线意识”，激发了学生投身油气安全工程领域解决“卡脖子”难题的热情，加深了学生的专业认同感，培养了学生的安全责任感和使命感，取得了很好的课程思政教学效果。课程的教学模式通过安全学科评议组、安全工程专业年会等渠道进行多方面展示，获得了其他院校安全专业同行的认可，已经开始辐射到矿山安全、化工安全、城市安全等其他安全行业专业课程教学过程。

三、各章节课程思政设计要点

第1章　绪论——公共安全科学技术体系

课程思政内容设计：

本次课是安全工程专业大一新生的第一堂课。学生刚进入大学校园，对一切都充满了新奇感，对专业也有不清楚和疑惑之处。因此，本堂课的教学设计，是要让学生了解专业，进而热爱专业。首先，通过雨课堂发起投票“你了解安全工程专业吗？”，在掌握学生对专业了解情况的同时，也可以通过这个问题使学生思考：通过这门课，我能够了解哪些内容。

在介绍安全工程专业之前，主讲教师结合自身的教学管理经验，为学生讲解“专业”在大学和人生职业发展中的重要地位：**“（1）专业是大学学习阶段的重要平台；（2）选择的专业并不一定是终身从事的事业；（3）在大学期间学习不要总是纠结专业的选择，否则会终身后悔。”**

然后，以**习近平总书记关于统筹发展和安全的重要论述**，站在国家和社会发展的高度，引出安全学科的重要意义。从**“安全双轮驱动”**到**“安全三足鼎立”**，从**“公共安全三角形”**到**“公共安全技术体系”**，向学生介绍安全学科的主要任务和内容。

接下来，向学生介绍“石油天然气”的全产业链过程，将**习近平总书记关于“能源安全”的重要论述**贯穿其中，并以“公共安全三角形”中的“事故灾难”为切入点，强调“石油天然气”作为高风险行业以及油气生产安全保障的重要意义。

最后，介绍我校安全工程专业相关情况，从安全学科发展历程到我校安全工程主要研究方向，再到教学实验条件及科研条件，着重介绍近些年来专业教学成果以及标志性科研成果，以及安全工程专业的师资队伍情况，**树立学生自信心**，培养学生**爱学校、爱专业**的情怀。

第2章　关于安全

课程思政内容设计：

首先提到**“安全发展是国家重大议题”，中国共产党坚持“人民至上、生命至上”的执政理念，安全是人类生存和发展的基本要求，是人民安康、社会进步、国家稳定的基石**。然后，从字形对“安全”进行解释，并结合不同资料阐述“安全”的定义。接着提出：安全是人类生产和发展的基本要求。并列举从古代到近代三次工业革命再到本世纪的相关案例进行阐述证明，通过分析全球安全形势引出：发展安全科学与技术势在必行。最后讲解安全学科的研究对象和研究内容、知识基础以及研究方法。

第 3 章　关于油气安全

课程思政内容设计：

首先让学生认识到**“党和国家高度重视石油天然气生产安全”**，了解中共中央关于安全生产的相关文件。对石油的危险化学品属性以及油气生产的主要过程进行详细讲解。

然后，结合“墨西哥湾漏油事故”“英国北海阿尔法平台爆炸事故”“BP 德克萨斯州炼油厂爆炸事故”“开县 12・23 井喷事故”“青岛 11・22 爆炸事故”等案例分析油气生产的高风险特点，强调重视油气安全的重要性。

接着根据当前油气生产“两深一非一网”（深层钻井、深远海油气开采、非常规、油气管网系统）的特点，引导学生思考、分析当前油气生产安全面临的挑战，进一步阐述研究油气安全的意义，并讲解油气安全的研究方向。

第 4 章　油气生产事故安全及启示

课程思政内容设计：

首先带领学生学习**中共中央办公厅、国务院办公厅印发《关于全面加强危险化学品安全生产工作的意见》**。重大危险源能量集中，一旦发生事故破坏力强，易造成重大人员伤亡和财产损失，社会影响大，因此要深入贯彻**以人民为中心的发展思想，牢固树立安全发展理念**。认识到坚持底线思维，是抓好安全工作的前提。

然后，讲解“开县 12・23 特大井喷事故”过程，分析导致井喷的主要原因，总结应急处置的经验教训，并对事故责任进行详细说明。

接着分析“青岛 11・22 输油管道爆炸事故”，介绍事故发生场所具体情况、事故发生过程及带来的后果，并从企业、政府、公众以及法律四个方面总结问题和教训。

最后分析这些安全事故案例给我们带来的启示。

第 5 章　习近平总书记关于安全生产工作的重要论述

课程思政内容设计：

课前观看专题纪录片“生命重于泰山”。

首先，向学生解读**习近平总书记针对安全生产所提出六大要点、十句硬话**的含义，深入学习贯彻习近平总书记重要论述和重要指示精神，明确**“发展决不能以牺牲人的生命为代价，这是一条不可逾越的红线”**的观念；安全生产人命关天，责任重于泰山，要有担当意识，为安全生产工作负责，以最坚决的态度牢牢守住“红线”，切实增强责任感、使命感和紧迫感。

然后，结合2013—2015年国内安全生产中发生的特别重大事故，展现安全生产领域面临的严峻形势，强调血的教训极其深刻，必须牢牢记取，引导学生理解**公共安全绝非小事，必须坚持安全发展，扎实落实安全生产责任制**。

随后，通过介绍及解读中共中央、国务院印发《关于推进安全生产领域改革发展的意见》，阐述**以习近平同志为核心的党中央对安全生产工作的极大重视**。

最后，通过分析**党的二十大报告**对安全生产工作的重要论述，再次强调把安全生产摆到重要位置，**树牢安全发展理念，牢牢守住底线**的重要性，进一步阐述树立安全发展理念，弘扬生命至上、安全第一的思想、健全公共安全体系，完善安全生产责任制的重要意义。

第6章　安全学科发展沿革与学科现状

课程思政内容设计：

首先，将2021—2025年的**国家安全战略**引入教学内容，介绍安全学科的定义与特点，阐述安全学科自1956年首都经济贸易大学设立劳动保护专业开始至2011年升级为一级学科的历史沿革，分析如今安全学科的三大发展需求，展现学科结构。

然后，分别介绍目前安全领域中安全科学、安全技术、安全系统工程、安全与应急管理、职业安全健康方面的基础科学问题，明确本学科的研究方向。

随后，深入分析在安全科学核心基础理论、安全检测、监测、预警和应急关键技术、系统风险评价技术、高危行业重大事故防控技术、职业安全健康领域未来的发展趋势。

最后，通过介绍国外安全学科四个历史发展阶段以及美国、欧洲、日本等国家和地区安全学科的发展方向帮助学生了解安全学科发展沿革与学科现状。

第7章　油气安全工程人才的培养之路

课程思政内容设计：

首先，向学生介绍油气安全工程的培养目标与5年后发展预期，帮助学生明确就读期间学院的培养方向；解读对学生毕业的能力要求、毕业合格标准及学位要求，**建议学**

生做好个人规划，明确目标和努力方向，按要求顺利完成学业。

然后，讲解本专业的基础课程与专业课程的设计安排，分别介绍数学与自然科学类课程、工程基础类课程、专业基础类课程、专业类课程工程实践与毕业设计（论文）等课程体系，让学生能够熟知本专业课程及课程所培养的方向。

随后，通过介绍油气安全工程的各个专业课程，使学生掌握各个课程的主要内容、教学目的、培养能力和课程特色，在未来能够带着目标进行学习；并对本专业实验室与课外实习安排进行简要介绍，引导学生注意提升个人综合素质。

最后，通过分析近年来本专业的就业情况和毕业去向，**帮助学生树立信心。**主讲教师以自身经历为例，引导学生**“做一个平凡的人，在平凡中坚守，在平凡中成就”，**为保障人民生命财产安全贡献力量。

第 8 章　油气生产安全与应急的企业实践（企业专家授课）

课程思政内容设计：

以“学好安全管理知识，为推动我国安全生产工作持续稳定向好贡献力量”为题，邀请中石油安全领域的企业专家授课。

向学生介绍安全管理中的基本科学原理，帮助学生客观认识海因里希法则、冰山理论、瑞士奶酪理论、库兹涅茨曲线、短板理论等安全生产的基本规律；通过分析我国历年生产安全事故和人均 GDP 情况，点明**推动安全生产工作持续稳定向好是长期性的工作。**

结合我国安全生产工作进入新阶段的历史背景，阐述安全生产“三个时期”——稳定向好期、新旧风险交织期、战略机遇期的内涵，在中国特色社会主义新时代下，应急管理部（原安监总局）高度重视化工安全人才培养工作，帮助学生**把握全国安全生产工作形势。**

对学生提出未来投身安全工作的几点建议：**坚定信念、筑牢基础，立志投身安全行业；结合实际，培养能力，立志成为一流人才。**

四、案例展示

（一）结合章节

绪论——公共安全科学技术体系

（二）教学目标

1. 知识目标

了解我国公共安全技术体系，熟悉我校安全学科的基本情况。

2. 能力目标

理解油气生产安全在公共安全体系中的地位。

3. 育人目标

（1）学习习近平总书记对于“统筹发展和安全”的重要论述，牢固树立切实落实安全发展理念；

（2）学习习近平总书记的重要指示“能源的饭碗必须端在自己手里”，理解能源安全在国家安全中的重要地位；

（3）了解安全工程专业发展沿革及标志性成果，使学生树立自信心，培养爱学校、爱专业的情怀。

（三）教学重点与难点

教学重点和难点是使学生了解公共安全技术体系，以及油气生产安全在公共安全体系中的地位，了解油气生产安全面临的困难与挑战。

（四）具体教学过程设计

教学环节 1：课程引入和讨论	**教学目标：**理解专业在大学学习和生活中的意义
	教学方法与手段：教师讲解、互动讨论
	时间分配：15 分钟
	具体内容及教学过程设计： 1. 向学生提出问题：是否了解本专业——通过雨课堂进行投票，查看学生对专业的了解程度。 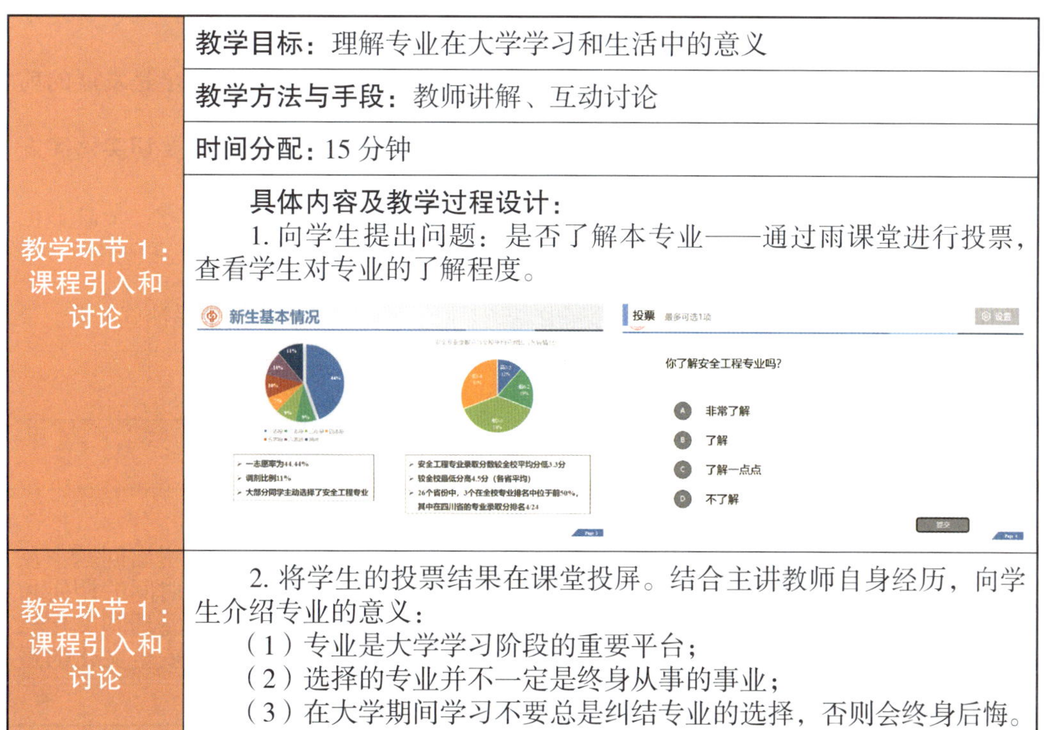
教学环节 1：课程引入和讨论	2. 将学生的投票结果在课堂投屏。结合主讲教师自身经历，向学生介绍专业的意义： （1）专业是大学学习阶段的重要平台； （2）选择的专业并不一定是终身从事的事业； （3）在大学期间学习不要总是纠结专业的选择，否则会终身后悔。

续表

教学环节 2：安全发展是国家重大议题	**教学目标：**理解习近平总书记关于统筹发展和安全的重要论述
	教学方法与手段：教师讲解、互动讨论
	时间分配：15 分钟
	学习习近平总书记关于安全发展的相关论述，着力抓好“发展”和“安全”两件大事。  习近平总书记 着力抓好 发展 和 安全 两件大事 “ • 发展决不能以牺牲人的生命为代价，这必须作为一条不可逾越的红线。（2013.6.6） • 党政同责、一岗双责（2013.7.18） • 编织全方位、立体化的公共安全网（2015中央政治局集体学习） • 牢固树立切实落实安全发展理念（2015.5.30） • 坚持总体国家安全观，统筹发展和安全（2017十九大报告） • 推进我国应急管理体系和能力现代化（2019中央政治局集体学习） • 健全国家公共卫生应急管理体系（2020中央深改委会议） • 统筹发展和安全，把安全发展贯穿国家发展各领域和全过程（2020.11十九届五中全会） （1）党的十八大以来，习近平总书记高度重视安全发展，多次强调**“要牢固树立安全发展理念”**。 （2）党的十九届五中全会就统筹抓好发展和安全两件大事、建设更高水平的平安中国作出重要部署。 （3）**发展和安全互为条件，彼此支撑。一方面，安全是发展的前提；另一方面，发展是安全的保障。** （4）**把安全发展贯穿国家发展各领域和全过程，需要切实落实好安全发展的重点任务。** 师生互动，通过**雨课堂提问**，请 2~3 位学生谈谈对习近平总书记关于安全发展重要论述的理解和认识。
教学环节 3：公共安全技术体系	**教学目标：**了解公共安全的基础理论，通过事故案例掌握油气安全
	教学方法与手段：多媒体教学、互动讨论
	时间分配：25 分钟
	具体内容及教学过程设计： 1. 公共安全的支撑体系，从双轮驱动到三足鼎立，提出问题：在公共安全领域原来强调管理和技术双轮驱动，经过一段时间的调研和求索，我们现在明确提出公共安全的保障需要靠技术、管理和文化三权鼎立支撑，文化这个要素为什么非常重要？**——强调安全文化的重要性（安全责任意识）**

续表

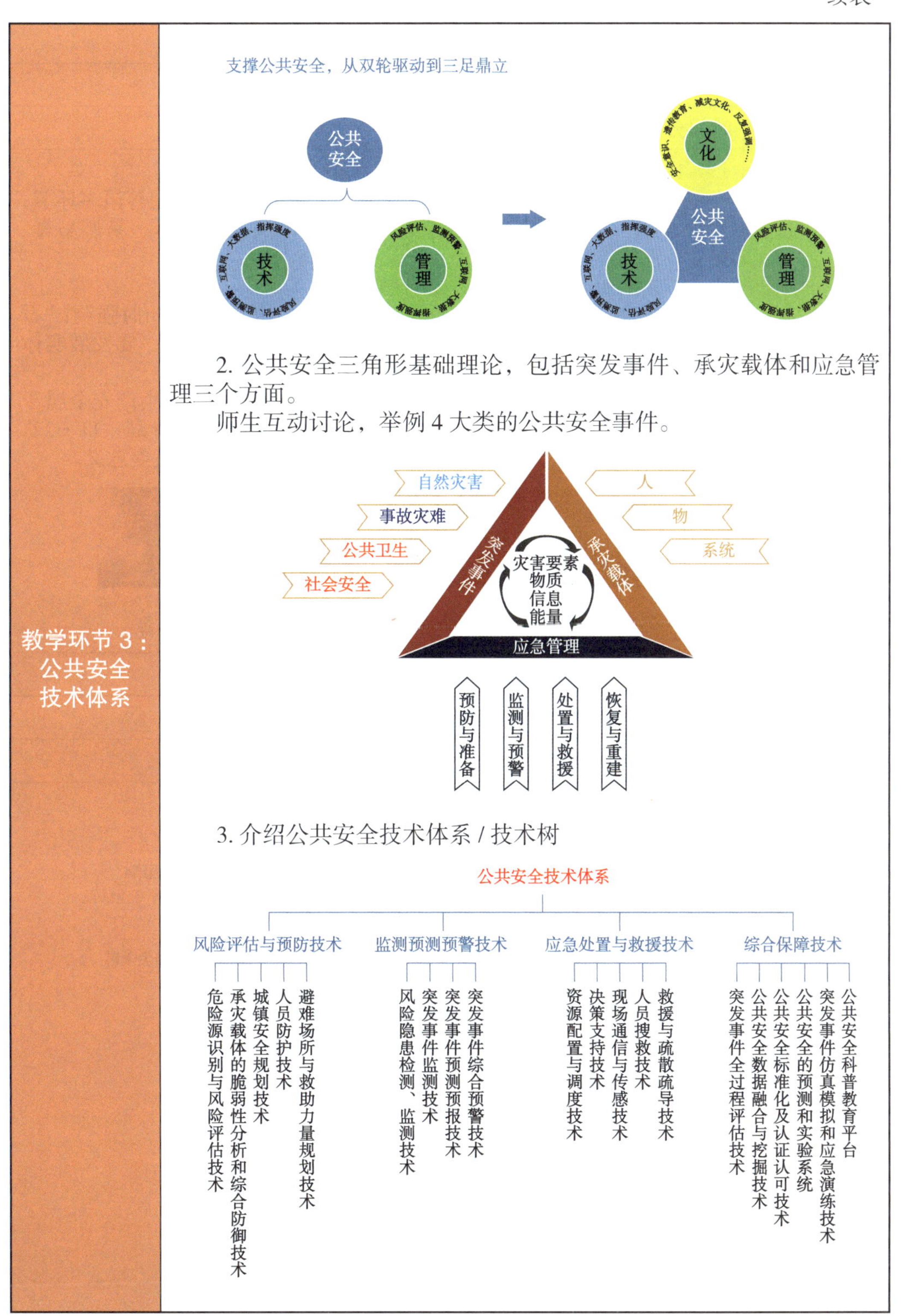

教学环节3：公共安全技术体系	2. 公共安全三角形基础理论，包括突发事件、承灾载体和应急管理三个方面。 师生互动讨论，举例4大类的公共安全事件。 3. 介绍公共安全技术体系/技术树

续表

<table>
<tr><td rowspan="4">教学环节 4：油气生产安全</td><td>教学目标：理解油气生产安全在公共安全体系中的地位</td></tr>
<tr><td>教学方法与手段：多媒体教学、互动讨论、案例教学</td></tr>
<tr><td>时间分配：15 分钟</td></tr>
<tr><td>1. 向学生介绍石油天然气产业链
油气生产涵盖勘探、开发、生产、储运与加工利用等诸多环节，易受地质、气候、社会等复杂因素影响，兼具高温高压、易燃易爆、有毒有害危险特点，是国际上公认的高风险行业。
2. 介绍能源安全在国家安全中的地位
2021 年 10 月 21 日，习近平总书记考察调研胜利油田时强调：“石油能源建设对我们国家意义重大，中国作为制造业大国，要发展实体经济，能源的饭碗必须端在自己手里。”
3. 油气生产安全是保障能源安全的重要一环。油气生产安全属于公共安全体系中的“事故灾难”。以开县“12・23”、青岛“11・22”等为例，列举油气安全事故，说明油气生产安全保障的重要意义。

重庆开县“12・23”井喷事故243人死亡　东黄输油管道11.22泄漏爆炸事故62人死亡　蓬莱19-3油田溢油事故损害价值16.83亿元　美国墨西哥湾钻井平台井喷燃爆事故污染海域5000平方千米</td></tr>
<tr><td rowspan="4">教学环节 5：我校安全学科概况</td><td>教学目标：了解我校安全工程专业的具体情况</td></tr>
<tr><td>教学方法与手段：多媒体教学，教师讲解</td></tr>
<tr><td>时间分配：20 分钟</td></tr>
<tr><td>具体内容及教学过程设计：
1. 我校安全学科发展历程
1999年，成立
2003年，硕士授予权
2006年，博士授予权
2007年，首批安全工程国家级特色专业
2008年，本科招生
2012年，第三轮学科评估第7
2016年，第四轮学科评估B+
2019年，软科排名全国第4
2019年，首批国家级一流专业建设
2019年，北京高校高精尖学科
2020年，软科排名全国第4
2020年，通过工程教育专业认证
2. 我校安全工程专业主要研究方向
（1）油气生产安全保障基础理论；
（2）安全检测与智能诊断；</td></tr>
</table>

续表

教学环节5：我校安全学科概况	（3）油气安全风险评估、预警与应急； （4）海洋油气生产安全保障； （5）油气安全信息化和智能化。 3. 我校安全工程专业教学成果及标志性科研成果  结合主讲教师自身经历，讲述基于巨磁阻效应的油井管损伤磁记忆检测诊断技术的研发历程，以及在解决油井管损伤检测中发挥的重要作用。

（五）教学反思

本次课是安全工程专业大一新生的第一堂课。学生刚进入大学校园，对一切都充满了新奇感，对专业也有不清楚和疑惑之处。从课程开始阶段雨课堂投票结果来看，74%的学生对于安全工程专业“了解一点点”，20%的学生（17人）甚至不了解安全工程专业。因此，本堂课首先要让学生了解专业在大学阶段的意义，即如何看待所学专业。然后再结合党和国家的大政方针介绍安全工程专业，让学生在了解专业的基础上，进而热爱专业。

在整门课结束后，我们又请学生回答了“你了解安全工程专业吗”这个问题。此时有58%的学生选择“了解”或“非常了解”，40%的学生选择“了解一点点”。相较第一堂课有很大的提升，基本达到了预定的课程目标。

《电化学基础》优秀课程思政设计及案例

邱　萍

一、课程基本信息

课程名称： 电化学基础

开课学院： 新能源与材料学院

课程类型： 专业课

课程性质： 必修

授课对象： 材料科学与工程专业三年级本科生

使用教材：《材料电化学基础》，ISBN 978-7-122-38203-0，邱萍、董玉华、张瑛，化学工业出版社，2021

教学课时： 32 课时

二、课程思政教学整体设计思路

为推进课程思政建设，加强专业课与思政课协同育人，全面落实立德树人根本任务，教学团队在电化学基础课程教学各环节中，在所授课的六个章节中，分别凝练思政教育元素，凸显课堂教学育人主渠道作用，从而帮助学生树立正确的学习理念，变被动学习为主动学习，坚定学生对本专业发展的信心。本课程从课程思政的融入点和课程建设的关键环节出发，通过合理设计教学内容，改革教学方法和考核评价方式等措施，从而有效提高该课程的教学质量。

三、各章节课程思政设计要点

第一章　绪论

课程思政内容设计：在对该课程进行总体介绍时，通过了解该课程的发展简史及发展趋势，了解我国电化学工业发展的整体现状及其与发达国家的差别，《科技日报》曾系列报道制约我国工业发展的35项“卡脖子”技术，严重制约着我国技术创新能力和全球竞争力的提高。例如，国外已经实现了燃料电池的量产，但我国还有多项关键技术尚未突破，铂基催化剂的制备就是其中之一。均一的反应条件、合适的铂颗粒尺寸和碳载体的稳定性是量产铂基催化剂的技术瓶颈，这与《电化学基础》课程中燃料电池部分内容紧密关联。锂离子电池是新能源汽车的动力来源，但是高端隔膜技术壁垒高，我国缺乏相关核心专利，尚未实现国产化，高端隔膜生产成为国产锂离子电池的短板。这与《电化学基础》课程中化学电池部分内容密切相关。从国情出发，如果能在高精尖领域有所成就，将能提升我国的国际地位，唤起学生心中对国家的使命感，激发学生的爱国情怀，为国家的繁荣发展贡献自己的一份力，为以后更好地服务社会打下思想基础。

第二章　电化学热力学

课程思政内容设计：在讲授电化学热力学的内容时，可以引入如下思政元素：社会是一个平衡的体系，大家各司其职，希望学生努力学习，进入社会后，找到适合自己、喜欢的职位，发挥自己的价值，让生命更有意义。电化学学科发展演变过程中会涉及多种哲学方法论，如马克思主义哲学中的对立统一规律、量变与质变规律、否定之否定规律等，在课堂教学中引入这些内容可以提高学生的思辨能力。电化学反应的速率控制步骤则可以类比为个人与团队的关系，有助于深化学生对于集体主义精神的理解和认知。

第三章　电极 / 溶液界面的结构与性质

在讲授电极 / 溶液界面的结构与性质时，以大家最为熟知的锂离子电池为例，引入思政元素：首先说明锂离子电池的工作原理和主要组成，然后从电化学原理方面分析为何手机需要很长的充电时间，得出目前制约锂离子电池充电速度的瓶颈因素是锂离子在电极材料中的扩散速率缓慢。

第四章　电极过程概述

在讲授电极过程的内容时，由原电池和电解池的区别引发学生思考，引入如下思政元素：引导学生在生活中学会分辨是非，在学习过程中，通过掌握基本特征和原理，对两种事物进行分辨。通过电极极化难易程度的判断，分析电极极化特性，并将上述知识点应用到双电极电解池的极化行为分析，同时了解电解制备氢能的技术瓶颈、研究现状及解决方案。

第五章　液相传质步骤动力学

在讲授液相传质步骤动力学的内容时，由稳态扩散和非稳态扩散引发学生思考，引入如下思政元素：学生的学习和生活一直在稳态和非稳态之间变换，如果学生安于现状，不愿打破安逸稳定的生活和学习节奏，就难以实现生活和学习上的突破。反而那些愿意打破现实的束缚，愿意往非稳态方向发展的学生，能不断快速突破自我，打破安逸的现状，获得生活和学习的进步。

第六章　电子转移动力学

在讲授电子转移动力学的内容时，由电化学极化和浓差极化的内容引发学生思考，引入如下思政元素：在平时生活中，教会学生遇事不气馁、不放弃，抓住事物的主要矛盾和矛盾的主要方面，认清事物本质，解决主要问题，提高分析和解决问题的能力。

四、案例展示

（一）结合章节

第四章　第 2 节　电极的极化现象

（二）教学目标

1. 知识目标

通过本节课内容的学习，学生将明确电极过程的基本历程，掌握电极极化的定义、产生的原因及极化行为，能够通过电极极化难易程度的判断，分析电极极化特性，并将上述知识点应用到双电极电解池的极化行为分析，同时了解电解制备氢能的技术瓶颈、研究现状及解决方案。

2. 能力目标

（1）了解国际能源结构新布局，氢能行业背景及技术现状；

（2）理解并记忆极化定义及产生原因；

（3）能够判断电极极化过程的难易，揭示电极极化对电化学反应动力学的影响；

（4）能够判断电极极化程度，阐述过电位对电化学反应能耗的影响；

（5）能够通过极化曲线识别不同电极的极化行为与规律；

（6）应用电解池极化行为，认识极化带来的能耗问题，了解氢能技术重点攻关方向。

综合运用所学知识，初步制定电化学水解制备氢能的关键技术方案。

3. 育人目标

引导学生在生活中学会分辨，在学习过程中，通过掌握基本特征和原理，对极化作用进行分辨；引导学生利用所学内容，分析极化对电解池负面案例进行合理解释，并探讨解决和预防这类问题的方法。在生活中，要学会根据现有知识以及不断学习新知识，分辨是非、明事理，能够利用所学，为国家能源事业发展面临的关键技术问题提供解决方案。

（三）教学重点与难点

教学重点：

（1）电极极化概念、产生原因及极化行为和规律；

（2）由电极极化拓展到电解池极化作用，并分析阻碍绿氢技术发展的本质原因。

教学难点：

如何通过极化曲线识别不同电极的极化行为与规律，并论述该行为规律对电化学反应热力学与动力学进程的影响。

（四）具体教学过程设计

教学环节 1：前期知识回顾

课堂互动：电化学重要应用，电化学体系分类，分类原则。

课程思政设计：

原电池的产生是一个典型的递进式问题解决的成功案例。第一步，提出问题。以生物学家伽伐尼发现“动物电”为开端，介绍所谓“动物电”的发现过程以及相关原理，并介绍当时社会对这一发现的轰动反响。第二步，针对这种权威，如何持正确的方法和态度去面对，即分析和解决问题。引入著名物理学家伏打如何通过实验分析“动物电”的假象，并给出相关实验结论，从而揭示化学电的本质。通过上述案例，鼓励学生在学习生活中，要用严谨、探索、敢于挑战权威的态度去面对新事物。并进一步向学生强调，解决问题并不是终点，基于问题的解决，继续探索钻研，即是创新。引入物理学家伏打在揭示“动物电”基础上形成了创新技术，发明了伏打电堆，从此开启了原电池相关产业的新时代。

提出问题：

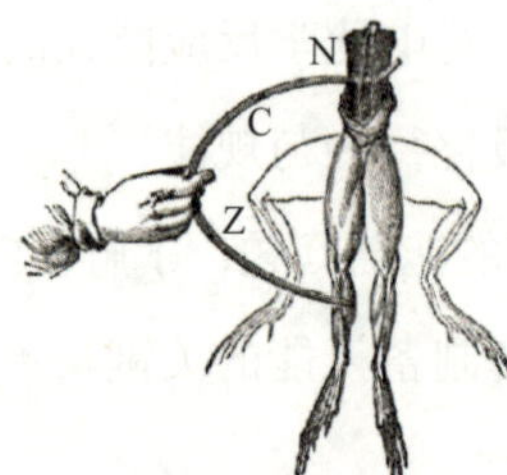

动物电：1780年，意大利解剖学教授伽伐尼(1737—1798年)，在解剖青蛙时，发现死去的青蛙竟然发生了抽搐。

动物的神经是电源，“动物电”通过金属探针来激活神经和肌肉组织，而铁钩等只不过起一种导体的作用而已。

分析、解决问题：

求证动物电：1794年意大利物理学家伏打(1745—1827年)实验发现要有两种金属同时接触蛙腿，才会产生抽搐。

金属是真正的电流激发者，而神经与肌肉起到连接两种不同金属(托盘和刀片)的作用。

形成创新技术：

伏打电堆问世：伏打在1799年将铜片和锌片叠起来，中间用浸有H_2SO_4的毛呢隔开，构成了电堆。

伏打电堆是可以产生恒定电流的电源——化学电源，实现了将化学能转化为电能。

形成产业：

课堂互动：通过能量转换方式不同，提问原电池和电解池差异。播放电解水视频，学生分析该过程的实验现象。

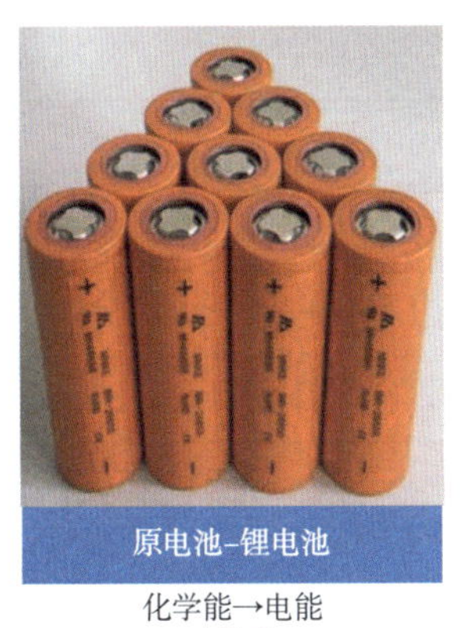

原电池-锂电池

化学能→电能

$\Delta G<0$

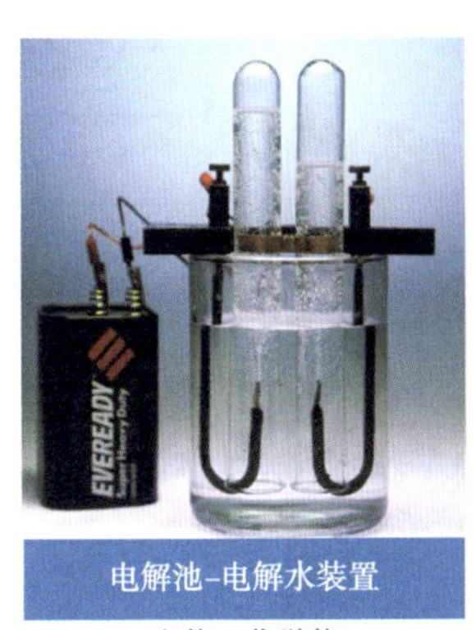

电解池-电解水装置

电能→化学能

$\Delta G>0$

腐蚀电池-金属海水腐蚀

化学能→热能

$\Delta G<0$

学生思考：整个电解池的电化学反应过程分哪几部分？电池体系上述过程的特点？

引入：阴极析氢电极过程

教学环节 2：氢能行业背景及技术现状介绍

课程思政设计：从当今世界能耗占比图中我们可以看到石油、天然气、煤仍然为主要能源，但随着世界能源需求的逐年增加，各国都在寻求新的能源，我们国家出台了能源技术革命创新行动计划政策，促进氢能行业发展。而传统制氢技术采用化石燃料、工业副产物和生物原料制备氢气，称为“灰氢”“蓝氢”，虽然技术成本低，但碳排放高，污染严重。用可再生能源制备的绿氢，生产过程做到零碳排放。电解水是一个典型的电化学过程，这节课以电解水为例介绍极化。

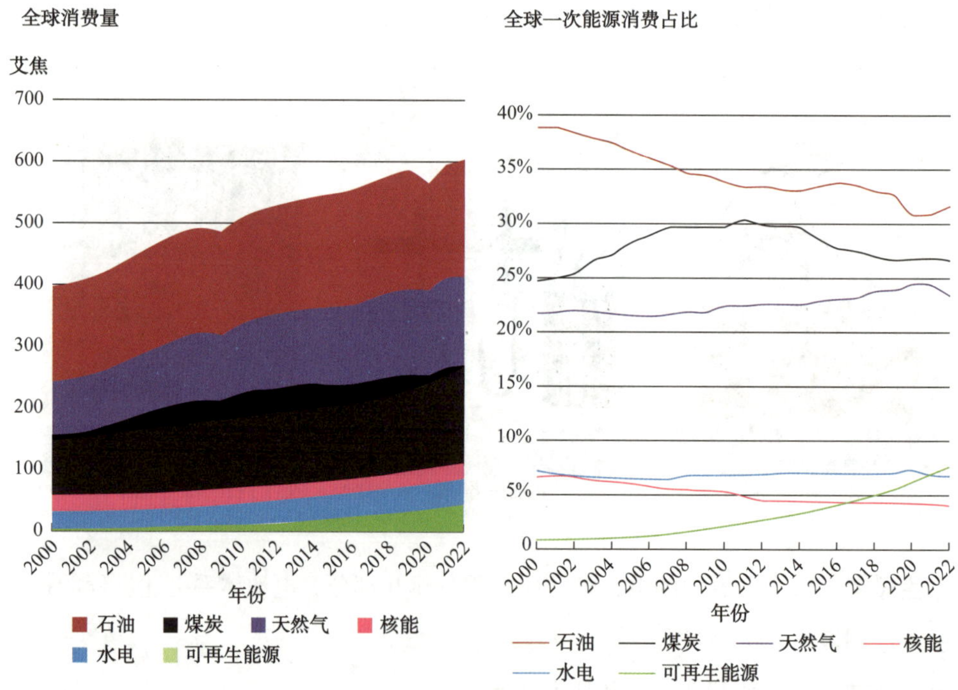

教学环节 3：探索电极极化

课堂互动：上述电解池接通电源后，一系列电极过程的结果是什么？

学生思考：（1）电极上有电流流过；（2）电极表面有净反应发生，产生氢气和氧气。

问题引入：那么电极电位会发生什么变化呢？

视频播放：电解水过程中电位随电流变化的录像

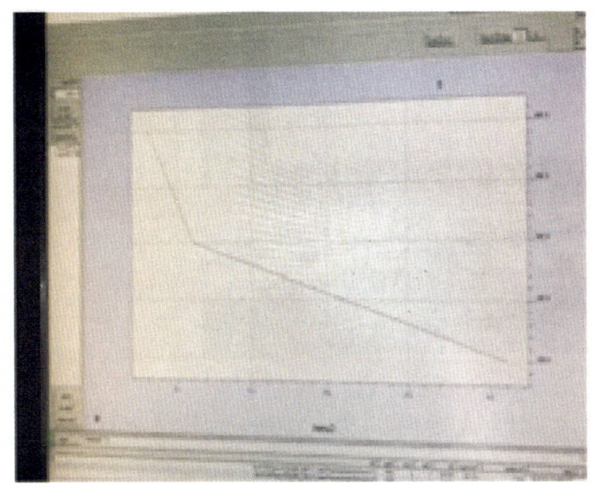

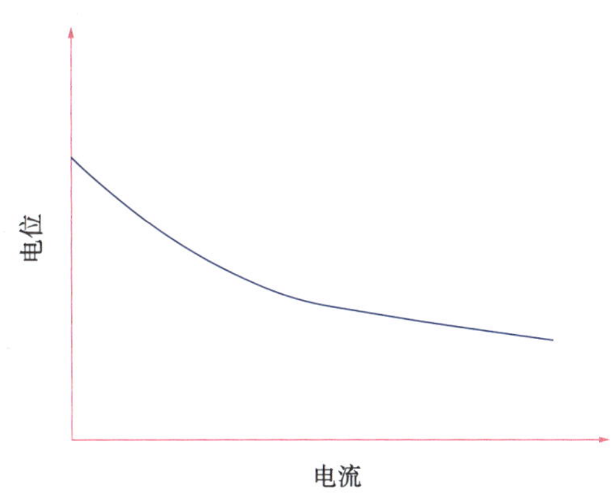

电解水过程中电位随电流变化的录像

学生思考：启发学生思考为什么会出现极化现象？

问题分析：揭示极化作用与去极化作用的矛盾。

教学环节 4：探索电极极化行为与规律

问题导入：通过电解水视频引入极化行为分析手段

实验演示：

介绍三种用于电解水制备氢气的工作电极：三个不同的电极分别是铂、钢、钛；展示电解池构成：使用酸性水溶液，石墨电极作为辅助电极，甘汞作为参比电极。

测试方法：电解池与电源正负极连通后，我们可以记录该电极的极化曲线。

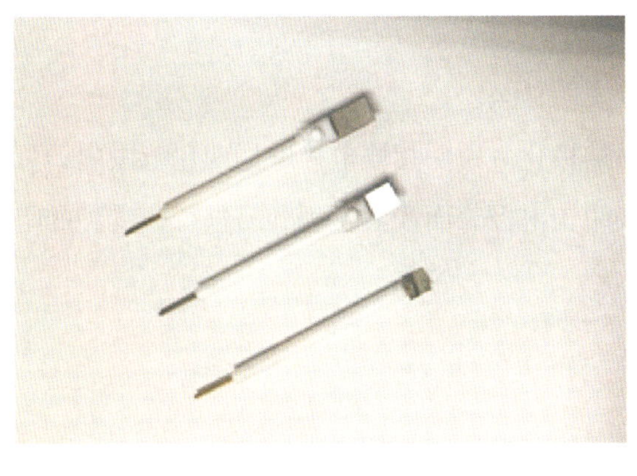

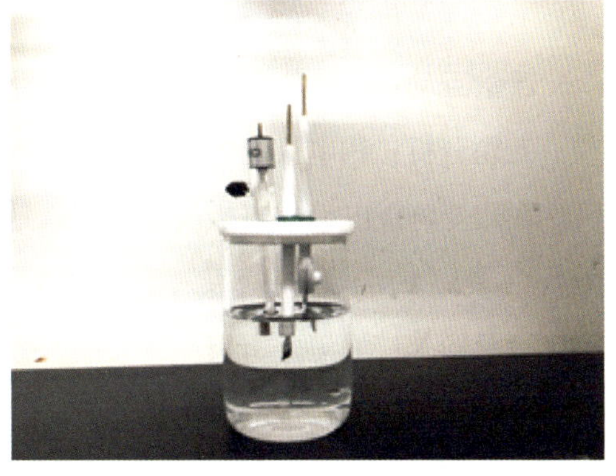

介绍极化曲线测试操作方法：利用电化学工作站，测量的模块为：动电位测量或者线性极化，设定极化电位区间和扫描速率。

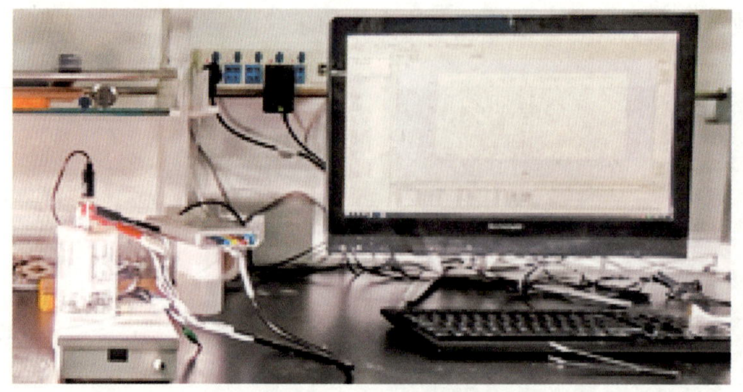

问题导入：依据刚刚测得的极化曲线，引入如何从测得的极化曲线分析不同电极的极化特性。

问题分析：引入极化度定义。

课堂互动：通过学习和练习，现场分析学生对上述知识点掌握情况。

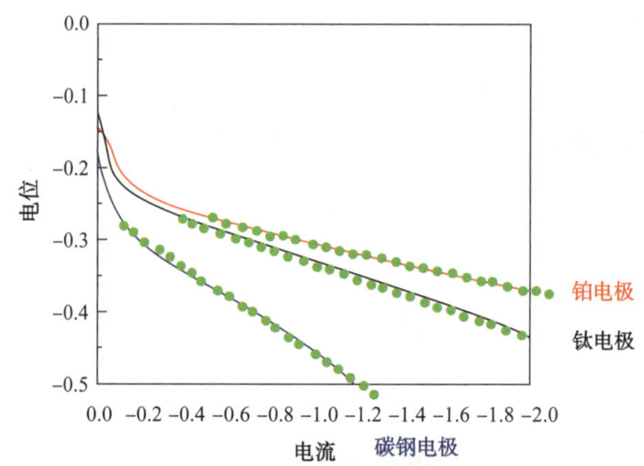

课堂互动：哪一个电极不容易被极化？说明什么？

问题分析：铂电极的极化度小，不容易被极化。说明相同电极电位变化范围内，可以显著改变电极电流即电极反应速度。这表明铂电极表面产氢过程容易进行，受到的阻力最小。

问题导入：如何分析极化的程度？

问题分析：引入过电位定义。

教学环节 5：极化制约氢能技术发展的认识

课堂引导：引导学生对极化行为规律中极化程度判据的应用的思考。并引导学生分析由单电极极化行为拓展到电解池极化行为，掌握电极极化程度判据的重要意义。同时，引导学生思考原电池极化行为，作为课堂练习。

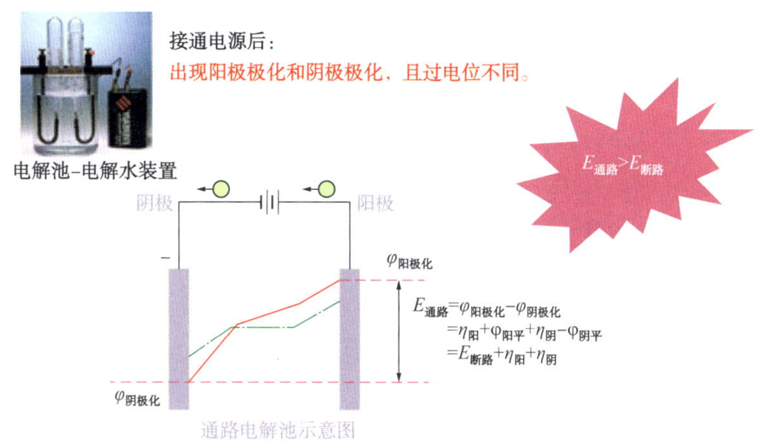

课程思政设计：引入国家“十四五”规划中关于氢能技术的重点攻关方向，到2030年，形成较为完备的氢能产业技术创新体系、清洁能源制氢以及供应体系，产业布局合理有序，有力支撑碳达峰目标实现。到2035年，形成氢能多元应用生态，可再生能源制氢在终端能源消费中的比例明显提升，对能源绿色转型发展起到重要支撑作用。引导学生认识到，制氢是整个氢能链条的起点，但面临着严重技术瓶颈问题。该问题的本质就是电解水过程中极化所引发的能耗问题，从而导致成本大幅增加。基于此，以引导学生思考可以采取哪些手段解决上述问题，如利用弃风弃电，采用合理设计的催化剂，降低极化影响。

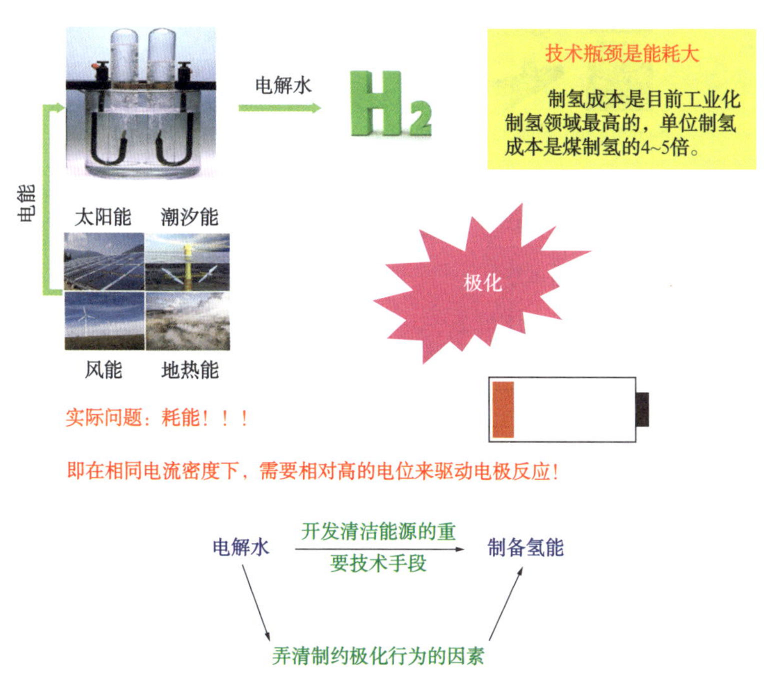

案例引入：近期发表在 Science 上的一篇文章，详细论述了不同催化材料极化特性差异的机制。向学生介绍析氢反应催化材料种类，以及克服极化作用对催化材料的制备要求。

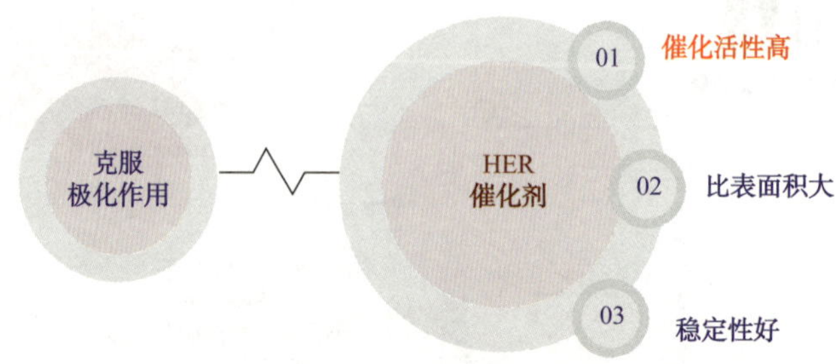

同时，向学生解释通过形貌控制、提升导电性以及构筑纳米结构，可以增加催化材料活性位点、多晶化处理、表面吸附、合金化等可以增加本征活性，这些是提升催化产氢性能的关键技术。这里给出文章 DOI 号，学生课下学习。

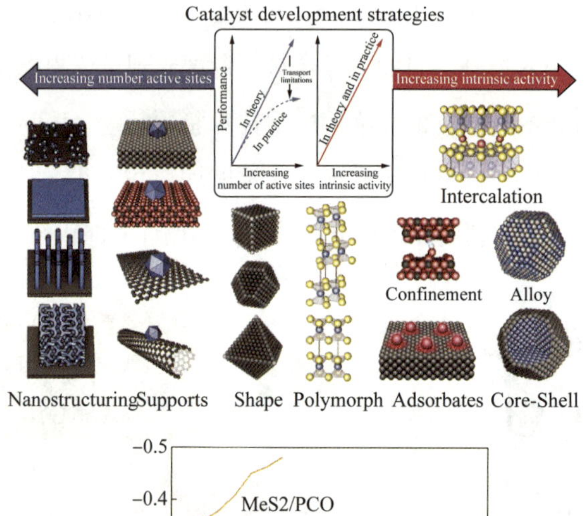

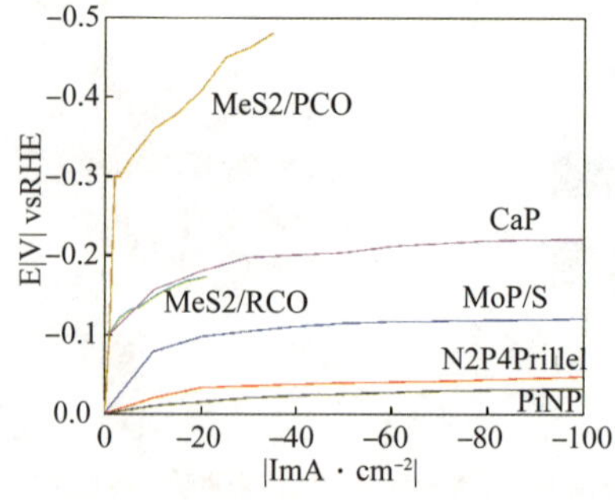

并举例分析采用上述策略构筑的复合催化材料的性能，并对比分析极化行为。

教学环节 6：项目学习

课堂引导：引导学生设计所学知识的思维导图，对所学知识进行梳理。

项目学习：引导学生综合利用电化学极化知识，分析抑制极化的关键技术难点、制约因素及解决方案。

板书设计：

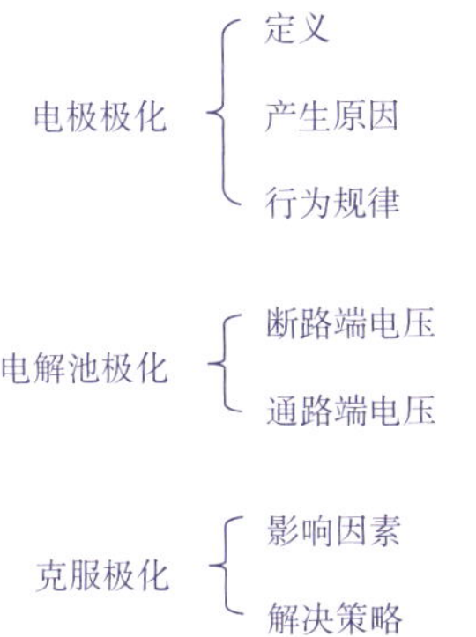

作业布置：

1. 学习任务：利用电化学极化知识寻求解决电化学水解制氢能的关键技术难点的方案。并且分析：

（1）抑制电化学极化的关键技术难点是什么？

（2）该关键技术难点的制约因素有哪些？

（3）相应的解决方案有哪些？

2. 预习：电极过程的历程和速率控制步骤

（五）教学反思

通过本节课程的学习，学生了解国际能源结构新布局，了解电解水制氢技术所具有重要地位。初步掌握电极过程、电极过程动力学及电极极化之间的关系。学生能够明确电极过程的基本历程，掌握电极的定义、产生的原因及极化行为的分析，能够通过极化度和过电位的判断，分析该行为规律对电化学反应热力学与动力学进程的影响，同时了解电解水制备氢气的技术现状及需求。学生对于极化行为的认识仍不能很好联系实际，接下来需要在该知识点多方面举证，并结合练习题加强应用理解。

《高等数学 A（I）》优秀课程思政设计及案例

刘建军、许香敏、武国宁、陈小民、赵彤远

一、课程基本信息

课程名称： 高等数学 A（I）

开课学院： 理学院

课程类型： 通识课

课程性质： 必修

授课对象： 全校一年级本科生

使用教材：《高等数学》（上册：富媒体），ISBN 978-7-5183-5491-7，刘建军，石油工业出版社，2022

教学课时： 96 课时

二、课程思政教学整体设计思路

《高等数学 A（I）》课程面向石油工程、化学工程与工艺等重点专业开设，是重要的公共基础理论课程之一，该课程的教学目标，除了扩充学生的知识结构，培养学生的创造性思维能力、抽象概括能力、逻辑推理能力、自学能力、分析问题和解决问题能力之外，更要服务于我国石油和石化工程建设，培养石油石化工程技术人才所必备的数学素质，哺育实事求是、艰苦奋斗、爱国奉献、开拓创新的石油精神。

围绕我校人才培养目标，同时突出行业特色，高等数学课程教学团队在数学公共基础课程的课程目标与专业课程的课程目标以及学校人才培养的总目标之间建立联系，形成了以下课程思政的整体设计思路：

（1）立足课程本身，多层次培养思维能力。结合课程知识点，通过思维在课堂中的自然流动提升学生参与度，在不知不觉中培养严密的逻辑推理能力、辩证思维能力和创造性思维能力。

（2）面向专业需求，多维度孵化科学志趣。结合学生专业需求，突出行业特色，引入工程设计及实际应用案例，同时加强数学实验教学，激发学习兴趣，培养学生的科学计算能力，工程创新思维等。

（3）哺育人文情怀，多途径引领精神成长。结合数学方面的辩证思维、人文历史，适时纳入社会热点，并引入项目实践活动等，引导学生在辩证思考、性格养成、习惯保持、文化自信、工匠精神、团队精神、爱国创新等各方面反思自省和学习升华，在传承石油精神的同时，立志做新时代石油精神的缔造者。

三、各章节课程思政设计要点

第一章　函数、极限与连续

第一节　函数、参数方程与极坐标

动画演示：参数方程、极坐标下的摆线、双扭线、玫瑰线、螺线、心脏线等。

第二节　函数的极限

极限思维（知识点：函数极限的定义）

第三节　无穷小量与无穷大量

无限思维（知识点：无穷大量的定义）

第四节　极限的性质和运算法则

反面思维（知识点：极限的存在性、有界性等）

第五节　数列的极限

完善思维（知识点：定义证明极限），讨论特殊情况，细节决定成败。

人文历史：九章算术，割圆术，增强民族自豪感，培养文化自信。

第六节　两个重要极限

假设思维（知识点：单调有界准则），介绍实数完备性定理的七个公理。

归纳思维（知识点：n 重根式的极限）介绍伯努利问题，欧拉数的发现。

对立思维（知识点：等价无穷小），应用指数函数与对数函数、根式函数与幂函数、三角函数与反三角函数的对立关系解决等价无穷小证明问题。

收敛思维（知识点：重要极限），解决未知（数学）问题时立足于已知的（数学）知识。

第七节　函数的连续性

反面思维（知识点：零点存在性证明）

逆向思维（知识点：零点定理、介值定理相关证明）

科学计算（知识点：零点定理与二分法），基于应用实例编程演示。

数学实验 1　应用 matlab 软件绘制函数图形，计算函数极限与判断函数连续性

第二章　导数与微分

第一节　导数的基本概念

构造思维（知识点：构造导数的定义），联想已知定义、概念，构造新的表达式。

人文历史：牛顿、莱布尼茨、二进制与中国的八卦，拓展知识面，培养学习兴趣。

第二节　导数的基本公式与运算法则

对立思维（知识点：反函数的求导法则）

第三节　隐函数及参数方程所确定的函数的求导法则

工程设计：摆线、最速降线、过山车的设计，编程演示。

第四节　高阶导数

归纳思维（知识点：高阶导数）

工程应用：高阶导数在桥梁、手机曲面屏中的应用。

第五节　微分

工程应用：误差分析、简单机械部件的热胀冷缩范围确定。

建模计算：奥运金镶玉奖牌设计，科学计算能力与大国工匠精神。

数学实验 2　应用 matlab 软件计算函数的导数

第三章　微分中值定理和导数的应用

第一节　微分中值定理

逆向思维（知识点：中值定理相关证明）

人文哲理：费马、拉格朗日、柯西，兴趣爱好与专业的关系，分析能力的培养等。

第二节　洛必达法则

收敛思维（知识点：洛必达法则证明）

人文哲理：洛必达，学习兴趣与适可而止。

第三节　泰勒公式

收敛思维（知识点：泰勒公式证明，函数的麦克劳林展开式）

科学计算：e 为无理数的证明，泰勒多项式逼近编程演示。

人文历史：马克思关于泰勒多项式的 8 份手稿。

第四节　函数的单调性、极值和最值

判断思维（知识点：单调性的证明与判断，极值的判定）

第五节　函数的凹凸性、拐点与渐近线

判断思维（知识点：凹凸性的证明与判断，凹凸性的判定）

人文社会：疫情拐点的判断及误区。

第六节　平面曲线的曲率

工程应用：砂轮的设计、曲率在自动驾驶中的应用。

数学实验 3　应用 matlab 软件计算函数的泰勒展开式与极值

第四章　不定积分

第一节　不定积分的概念

逆向思维（知识点：不定积分与原函数，积分与求导的关系）

第二节　换元积分法

关键思维（知识点：换元法与配元法）

第三节　分部积分法

转换思维（知识点：分部积分的思想）

第四节　几种特殊类型函数的不定积分

对比思维（知识点：三角函数有理式积分与万能代换），比较学习法。

数学实验 4　应用 matlab 软件计算不定积分

第五章　定积分

第一节　定积分的概念

极限思维（知识点：定积分的定义）

第二节　定积分的性质与积分中值定理

直觉思维（知识点：定积分的中值定理）

第三节　微积分基本定理

构造思维（知识点：积分上限函数）

关联思维（知识点：微积分基本定理）

第四节　定积分的换元积分法与分部积分法

递推思维（知识点：分部积分递推式与瓦利斯公式）

第五节　定积分的近似计算

科学计算（知识点：矩形法、梯形法与辛普森法则）

第六节　广义积分

极限思维（知识点：无穷限广义积分）

工程思维（知识点：广义积分与柯西主值积分）

数学实验 5　应用 matlab 软件计算定积分与广义积分

第六章　定积分的应用

第一节　微元法

元素思维（知识点：微元法）

人文哲理：道德经，千里之行，始于足下，持之以恒。

第二节　定积分的几何应用

元素思维（知识点：面积、体积与弧长计算）

第三节　定积分的物理应用

元素思维（知识点：功、压力、引力分析）

工程应用（知识点：松辽法计算地下油层压力）

人文历史：松辽法创始人王德民院士事迹，石油精神，大庆精神。

数学实验 6　应用 matlab 软件求解定积分应用问题

第七章　微分方程

第一节　微分方程的基本概念

工程设计：赵州桥、石拱桥的设计原理，爱国创新。

第二节　分离变量法

建模计算：空气净化器的效率问题。

第三节　一阶线性微分方程

关联思维（知识点：齐次方程与非齐次方程的关系）

第四节　可降阶的高阶微分方程

转化思维（知识点：高阶方程与一阶方程的关系）

第五节　二阶线性微分方程

拓展思维（知识点：函数线性无关、n 阶线性微分方程）

数学实验7　应用matlab软件求解常微分方程

四、案例展示

（一）结合章节

本案例基于的内容为:《高等数学》上册第六章第三节定积分的物理应用。

本章第一节为微元法，微元法的思想是将研究对象化整为零，得到它的元素，在分析微元的基础上，运用极限和微积分的思想求解复杂的问题，是积分法的灵魂，也是科研和工程技术人员的核心素养，同时也蕴含着做人做事做学问的辩证思维。

本章第二节为定积分的几何应用，微积分学解决几何问题的核心思想是在微元上“以直线近似曲线”，将不规则形体转化为一系列小的规则形体的和的极限进行求解。本节着重讲解微元法求平面图形的面积，旋转体的体积，以及平面曲线的弧长和旋转体的侧面积等几何问题。几何问题有着直观化的特点，能够帮助学生深入理解微元法的思想，着重培养学生的数学思维、提升学习兴趣。

本章第三节为定积分的物理应用，微积分学解决物理问题的核心思想是在微元上“以常量近似变量”，将非均匀量转化为一系列小的均匀量和的极限进行求解。在第二节学习的基础上，本节继续讲解物理应用，着重讲解变力沿直线运动做功、侧压力、引力等问题，侧重于实际工程问题，着重培养学生分析问题，解决实际问题的能力。

（二）教学目标

本案例通过首先讲解定积分的元素法，启发学生进行千里之行始于足下、积跬步以致千里等哲学思考，哺育人文精神，在此基础上引入实际工程应用案例，启发学生将抽象化的数学知识应用于具有工程背景的实际问题，激发学生学习数学基础课程的兴趣，培养学生发现问题、思考问题及创新性地应用数学知识解决实际问题的工程意识，同时基于学校的行业特色，号召学生学习艰苦奋斗、爱国奉献、开拓创新的石油精神、大庆精神等。

1. 知识目标

（1）理解微元法的思想和方法；

（2）掌握定积分在变力做功，侧压力计算方面的应用；

（3）了解地下油层压力计算的松辽法的原理。

2. 能力目标

（1）应用数学知识分析问题的能力；

（2）创新性地应用数学知识解决实际工程问题的能力。

3. 育人目标

（1）激发学习数学课程的兴趣；

（2）培养元素思维，思考人生哲理；

（3）培养工程意识，激发爱国奉献创新精神；

（4）传承石油精神、大庆精神。

（三）教学重点与难点

教学重点：定积分在做功、压力计算中的应用。

教学难点：地下油层压力元素的分析。

（四）具体教学过程设计

知识引入：在讲解定积分的定义时，我们考虑过曲边梯形的面积。当计算曲线 $f(x)$ 在区间 $[a, b]$ 上与 x 轴所围面积时，沿区间 $[a, b]$ 将曲边梯形分割为 n 份，任取宽度为 dx 的其中一份，如图 1 所示。

当 dx 很小时，$f(x)$ 在区间 $[x, x+dx]$ 上可以用直线近似（**以直线逼近曲线、以常量近似变量是微积分的核心思想**），该面积可以以矩形面积进行近似，从而得到面积元素 $dS=f(x)dx$。将所有小矩形的面积元素全部累加求和，最后取极限即可得到曲边梯形面积的精确值。该运算过程记为 $A=\int_a^b f(x)\,\mathrm{d}x$。

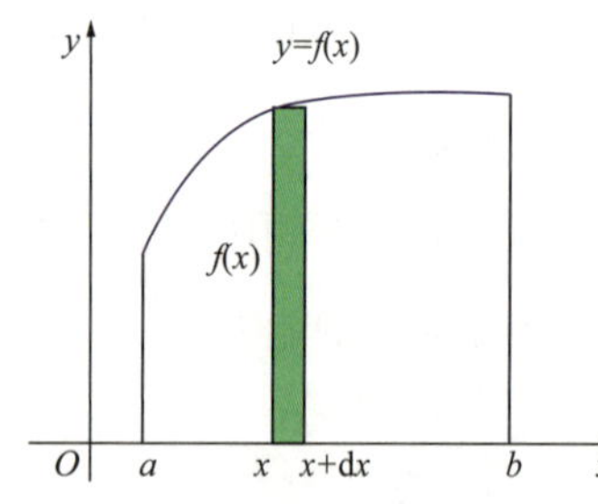

图 1　曲边梯形的面积元素

知识回顾：微元法：一般地，如果某一个实际问题中所求量 U 符合下列条件：

（1）U 是与某一个变量 x 的变化区间 $[a, b]$ 有关的量。

（2）U 对于区间 $[a, b]$ 具有可加性，也即：如果将区间 $[a, b]$ 分割成许多部分区间，则 U 相应地分成许多部分量；而 U 等于所有部分量之和。

（3）部分量 ΔU_i 的近似值可表示为 $f(\xi_i)\Delta x_i$，则可以考虑用定积分表示 U，即：$U=\int_a^b f(x)\,\mathrm{d}x$。

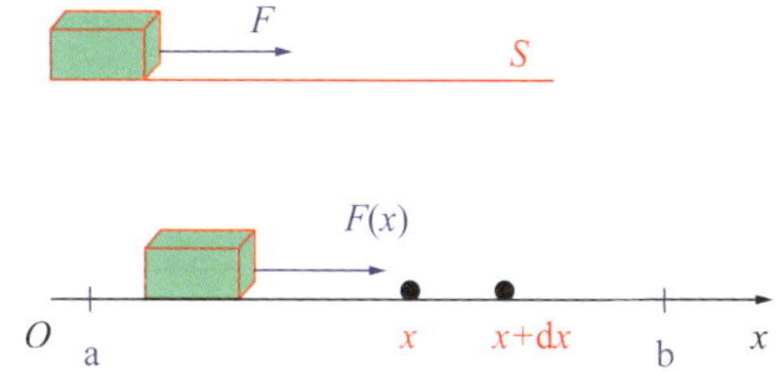

这种取微元计算积分方法称为微元法。微元法可以用来求变力沿着直线运动所做的功、水压力、引力、平面图形的面积、平面曲线的弧长、旋转体的体积，等等。

知识讲解：变力沿直线所作的功

若 F 为不变的力，则 F 对物体所做的功：$W=F\cdot s$

若 $F(x)$ 为变力，功元素：$\mathrm{d}W=F\cdot \mathrm{d}x$

则 $F(x)$ 对物体所做的功：$W=\int_a^b \mathrm{d}W=\int_a^b F(x)\mathrm{d}x$

例 1：计算深度 5 米盛满水的圆柱形蓄水池，底圆半径为 3 米，将池内的水全部吸出需要做的功。

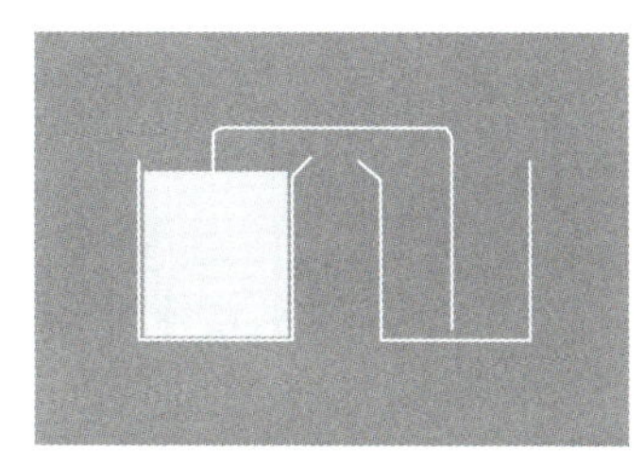

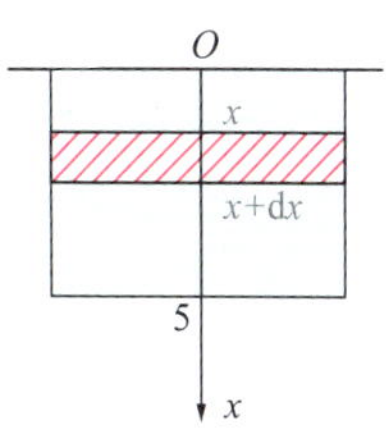

解：如上图建立直角坐标系。取深度 x 为积分变量，变化区间为 [0，5]。考虑相应于 [0，5] 上任一小区间 $[x, x+\mathrm{d}x]$ 的一薄层水。

高度：$\mathrm{d}x$，重力：$9.8\pi\cdot 3^2\mathrm{d}x=88.2\pi\mathrm{d}x$（kN）

由于 $\mathrm{d}x$ 足够小，这一薄层水被吸出时上升的高度近似为 x，因此将该薄层水吸出池外所需做的功近似为：$\mathrm{d}W=88.2\pi x\mathrm{d}x$（此即功元素）

根据定积分的定义，所求的功可表示为：

$$W=\int_0^5 \mathrm{d}W=\int_0^5 88.2\pi x\mathrm{d}x=88.2\pi\left.\frac{x^2}{2}\right|_0^5\approx 3462\ (\mathrm{kJ})$$

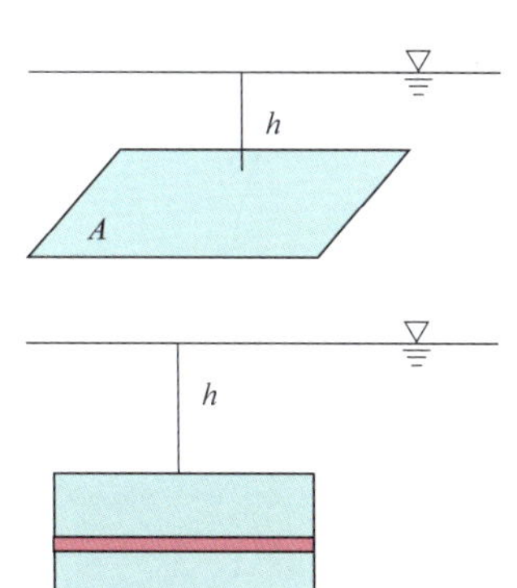

水压力

若平板水平放置在水下 h 米深处，平板面积为 A，水的密度为 ρ，水深 h 米处的压强为 $p=\rho gh$，从而平板一侧所受的水压力为 $P=pA=\rho ghA$

问题：现将平板垂直放置于水下 h 米深处，有什么不同?

答案：不同水深处压强不同，需采用微元法处理。

例 2：一个横放着的圆柱形油桶，桶内盛有半桶原油，设桶的底半径为 R，油的密度为 ρ，计算桶的一端面所受的压力。

解：在端面建立坐标系如右图所示。

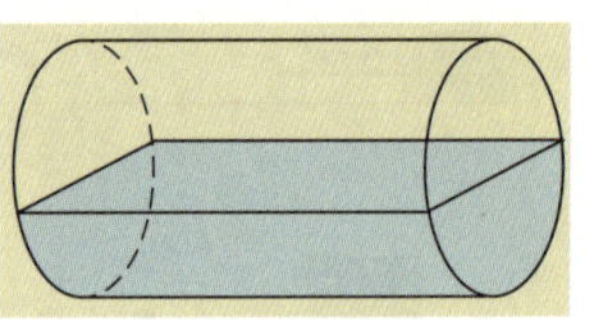

取深度 x 为积分变量，变化区间为 $[0, R]$。

考虑任一小区间 $[x, x+dx]$ 的一薄层原油（dx 足够小）。

问题： 小矩形片上各处压强？

答案： 近似相等：$p=\rho gx$

问题： 小矩形片的面积？

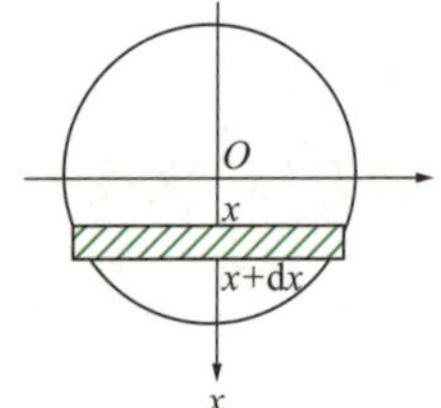

答案： $2\sqrt{R^2-x^2}\mathrm{d}x$

问题： 小矩形片上的压力元素？

答案： $\mathrm{d}P=2\rho gx\sqrt{R^2-x^2}\mathrm{d}x$

根据定积分的定义，端面上所受的压力可表示为：

$$P=\int_0^R 2\rho gx\sqrt{R^2-x^2}\mathrm{d}x=-\rho g\int_0^R\sqrt{R^2-x^2}\mathrm{d}(R^2-x^2)$$

$$=-\rho g\left[\frac{2}{3}\left(\sqrt{R^2-x^2}\right)^3\right]_0^R=\frac{2\rho g}{3}R^3$$

工程实例：计算给定深度上地下油层任意一点处的压力分布

工程背景： 油层压力的分布规律，是反映油田驱动能力大小的重要指标，与油田安全生产有关，影响到钻井、完井技术的选取，及油田开发方案的编制、开发方式的选择，受到油田安全人员、钻井设计人员、开发方案编制人员的广泛关注。

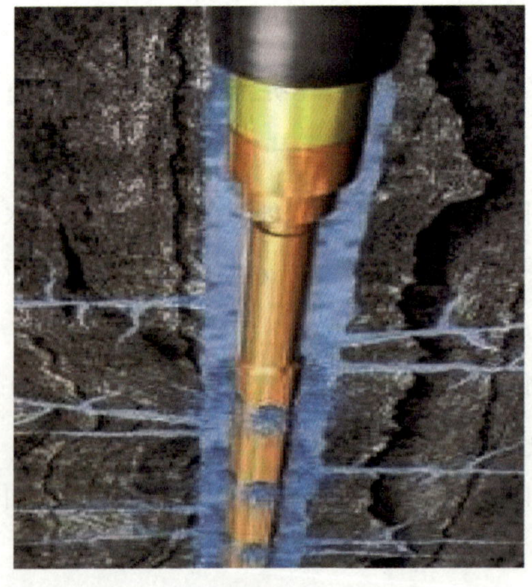

图 2　井周地下油层实效图

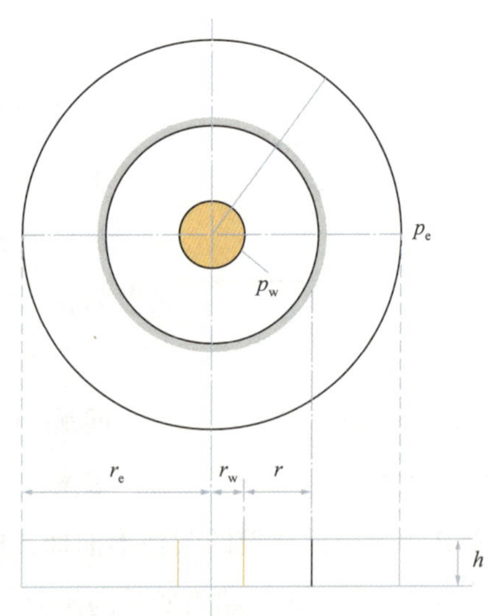

图 3　井周地下油层压力示意图

研讨求解：

取距油井中心 r 处，半径为 $\mathrm{d}r$，深度为 h 的一圈油层作为微元（**注意这里微元取法的创新性，适应井下的地形**）。

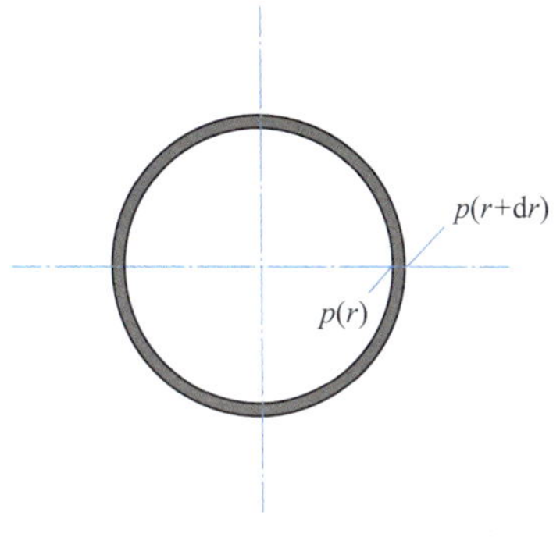

图 4　油层微元示意图

根据渗流力学中的达西定律，穿过有孔介质的液体的流速与断面处的压力差直线相关，与有孔介质的渗透率成正比，而与流体的黏度成反比。

问题： 如何表示该圈油层内原油渗流的平均速度？

答案： $\bar{v}=-\dfrac{K}{\mu^*}\dfrac{p(r+\mathrm{d}r)-p(r)}{\mathrm{d}r}$（其中负号表示流向井周）

其中：p 为地层压力，K 为渗透系数，μ^* 为油层中原油的特性黏度。

问题： 如何表示距油井中心 r 处原油的流速？

答案： 对平均速度求极限可得一点处的流速 $v_r=-\dfrac{K}{\mu^*}\dfrac{\mathrm{d}p}{\mathrm{d}r}$

问题： 如何表示距油井中心 r 处原油的流量？

答案： 流量等于流速乘以横截面积：

$$Q_r=|v_r|\cdot A=\frac{K}{\mu^*}\frac{\mathrm{d}p}{\mathrm{d}r}\cdot 2\pi rh$$

根据地下油层各处原油含量与井壁处原油流量 Q^* 的关系：

$$Q_r=Q^*\left(\frac{r_\mathrm{e}^2-r^2}{r_\mathrm{e}^2}\right)$$

综上可得油层压力元素：

$$\mathrm{d}p=\frac{Q^*\mu^*}{2\pi Khr_\mathrm{e}^2}\frac{r_\mathrm{e}^2-r^2}{r}\mathrm{d}r$$

两端积分可得：

$$\int_{p_\mathrm{w}}^{p}\mathrm{d}p=\frac{Q\mu^*}{2\pi Khr_\mathrm{e}^2}\int_{r_\mathrm{w}}^{r}\frac{r_e^2-r^2}{r}\mathrm{d}r$$

即可得到地下油层给定深度 h 上至井壁距离为 r 处任意一点处的油层压力。

研究背景：

本例中计算油层压力的方法称为松辽法，由中国油田分层开采和化学驱油技术的奠基人王德民所发明。王德民 1960 年毕业时，正值中国石油工业开始大转折，他放弃了留校任教的机会，选择投身到艰难困苦的大庆石油会战之中。品学兼优的他本以为会被分配到科研单位一展身手，却由于母亲是瑞士人，落脚于采油指挥部的测试队，这并没有影响他的满腔热情，连续奋战 100 多天后，他独立推导出地层测压计算公式“松辽法”；世界平均采油率只有 30% 多，但大庆油田却达到了 70%，王德民，正是这一奇迹的幕后英雄。他从理论与实践上解决了注聚合物后出现的地面流程不适应和井下管柱严重偏磨等若干难题，建成了世界上应用聚合物驱油规模最大、效益最好、工艺最先进的三次采油生产基地，使大庆油田 5000 万吨年产量连续稳产了 27 年，创出了世界同类型油田长期高产稳产的奇迹。

思政要点：

（1）随着社会的发展，越来越多的研究需要依靠理论分析和设计，而要进行理论分析和设计则必然要使用数学工具，应当充分认识到高等数学课程的重要性。

（2）微元法是一种深刻的元素思维方法，不仅适用于解决工程技术问题，也适用于做事，做人。老子在《道德经》中说合抱之木，生于毫末；九层之台，起于累土；千里之行，始于足下。复杂的问题可以分解为多个简单的问题逐一解决，再艰难的事情，坚持不懈终将有所成就。成功之路都是一步一步走出来的，关键在于持之以恒。

（3）一方面，从微元法的角度分析松辽法，并非高深莫测；另一方面，只有具备扎实的理论基础，才能够厚积薄发，不断创新。作为祖国未来的建设者，应当努力夯实理论基础，培养直觉思维和工程思维，积极投身祖国建设的第一线，善于发现问题，思考问题，敢于创新，立志以知识报效祖国。

（4）王德民院士放弃留校任教，选择投身到艰难困苦的石油会战中去，虽然没有被分配到理想的单位，但他没有怨天尤人，而是积极投身石油建设事业，不畏艰难，不断攻坚克难，这种艰苦奋斗、勇于创新、爱国奉献的大庆精神、石油精神是石大精神的原型，也是石油学子宝贵的精神财富，根植于石油学子的血脉之中。石大的学生是石油精神的传承者，也要做新时代石油精神的缔造者。

话题讨论：

（1）松辽法的创新点在哪里？难点是什么？

（2）创新是否真的很难？

（3）个人对于微元法的理解及感悟。

（五）教学反思

收获：本次课创新性地在公共基础课程中开展专业思政教育，通过引入与学生专业相关的工程技术案例，加深学生对数学知识的理解，同时培养学生的工程意识，孵化科学志趣。

课后学生普遍感触较深，反映之前也听过王德民院士的事迹，一直认为他的研究很高大上，距离自己很遥远，没有想过自己也能读懂他的研究，也没有想过简单的数学知识能解决复杂的问题并获得巨大的成功。这次课不仅使自己对于课程的内容和应用有了更加深刻的理解，激发了学习高等数学的兴趣，同时也使自己对于石油精神的理解也上升到了新的高度，激发了以知识报效祖国的爱国热忱。学生也意识到仅仅具备数学基础是不够的，数学的逻辑思维很重要，现实生活中的直觉思维和工程思维也不可或缺。

不足：学生专业知识储备不足，缺乏工程意识，例如学生对于渗流力学中的达西定律不熟悉，对于地下油层各处原油含量与井壁处原油流量用简单的线性关系描述是否合适，对于立体图不甚理解等等，一定程度上拖慢了课堂进度。这在另一方面也正说明了引入应用实例的重要性。

经验：注意避免大段谈论思政，而是通过话题讨论，适当点拨，让学生自己感悟。

《线性代数》优秀课程思政设计及案例

梁景伟、高　阳、戴芊慧、孟得新、王　培

一、课程基本信息

课程名称：线性代数

开课学院：理学院

课程类型：通识课

课程性质：必修

授课对象：全校二年级本科生

使用教材：《工程数学线性代数》，ISBN 978-7-0403-9661-4，同济大学数学系编，高等教育出版社，2014

教学课时：48 课时

二、课程思政教学整体设计思路

在课程思政建设中，以习近平总书记“为谁培养人、培养什么样的人和怎样培养人”这三个教育的根本问题为指导思想，依据《高等学校课程思政建设指导纲要》，强调**文化自信，**突出**科学精神、石油精神**。通过将知识能力与价值目标相融合，从家国情怀、专业素养和品格素养三个方面制定了课程思政育人目标（图 1）：

（1）在课程中厚植家国情怀，引导学生树立正确的三观、高尚的情操和科技报国的责任感；

（2）帮助学生正确认识和理解大学数学的科学意义、文化内涵、懂得数学的美和价值，能用数学的眼光、思维、语言去观察、思考、表达世界；

（3）培养学生追求真理、勇于创新的科学精神和辩证唯物主义的世界观。

围绕育人目标，构建了**“两通道－三融合－双循环”**的课程思政教学模式（图 2）。

（1）深挖教学资源，优化教学内容，围绕教学内容和思政元素组织教学资源，融合课堂活动和课下拓展等实现思政教育和课程教学在教学内容优化、教学组织实施、教学效果评价三方面的**三融合**。

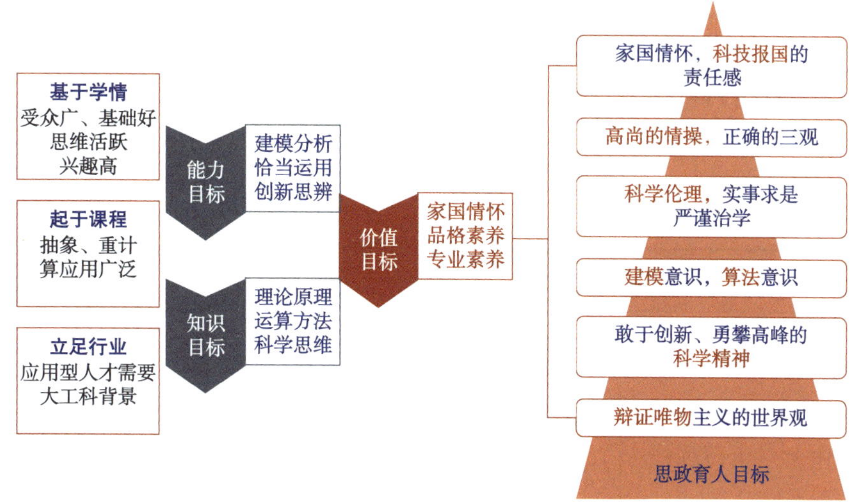

图 1　课程思政目标

（2）基于教学效果评价结果进行教学和思政两方面反思，从资源、手段、方法多方面调整，提高知识能力点、思政元素、思政资源的匹配度，实现思政与知识能力**双循环，**螺旋式上升，达到春风化雨、润物无声的育人效果。

（3）线上与线下**两通道**相结合，增加课程与学生之间的黏性；增加互动式、发现式和研讨式教学，提高学生的主动性和参与度；运用雨课堂等智慧教学工具进行教学管理和反馈改进，在跟踪过程中推动思政落地。

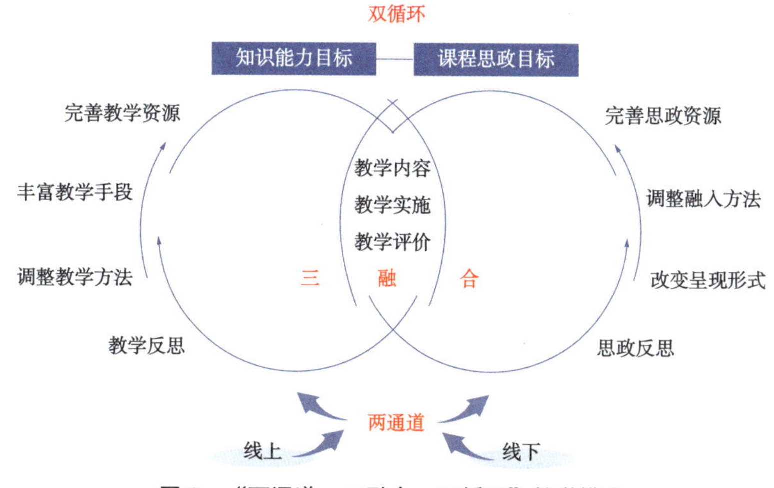

图 2　“两通道 – 三融合 – 双循环”教学模式

将“实事求是，勤奋严谨，爱国奉献，开拓创新”的科学精神融入日常教学的点点滴滴，给数字以情怀，赋学生以光热。不将数学学科知识封闭成一座孤岛，而是从这方天地出发，带领学生瞭望到知识的整个海洋。

三、各章节课程思政设计要点

第一章　行列式

章节	专业知识点	思政元素
1.1	行列式的几何意义	从代数和几何的相互依赖性看各学科分支间的融合与联系，鼓励学生深入思考。
1.4	化上三角行列式	（1）数学中的“化归”思想； （2）这种程序化的计算方式对计算科学产生了深远影响。
1.5	行列式按行展开	思考并提出科学中从特殊到一般的研究规律。

第二章　矩阵及其运算

章节	专业知识点	思政元素
2.1	矩阵的概念	以二维码和计算机图像为例展示矩阵的现代应用。虽然矩阵在数学上并不是大的改革，但历史证明它已经成为高度有用的数学器具。
2.1	线性变换	结合热门游戏中的场景进行分析。从更高视角看待游戏——游戏场景的构建依赖于线性变换（透视变换、旋转变换、平移矩阵）。
2.2	矩阵乘法	讲述凯莱通过线性复合映射构思矩阵乘法的过程。 （1）超常的洞察力和大胆的猜测是新思想形成的关键； （2）志存高远、艰苦探索、最终顿悟，是任何科学发现必经的三个阶段。
2.3	矩阵的乘法和逆矩阵的应用	介绍矩阵在信息加密技术（如凯撒密码和希尔密码）中的应用，增强学生对国家机密、自身信息的安全意识。
2.4	克拉默法则	展示数学的形式美、对称美、简洁美。
2.5	矩阵分块法	提出并行计算的思想，并引申至团队协作精神。

第三章　矩阵的初等变换与线性方程组

章节	专业知识点	思政元素
3.1	高斯消元法	以九章算术中的“直除法”引出高斯消元法，播放吴院士的采访视频。 （1）我国古代人民的数学智慧、民族自豪感、文化自信； （2）不深入思考，难以形成革新的系统性理论或方法。
3.1	求解线性方程组	（1）从病态方程组看待“失之毫厘，谬以千里”和科学的严谨性； （2）以卫星导航系统工作原理中求解线性方程组的例题为载体谈掌握核心技术对国家的重要性。
3.2	矩阵的秩	化繁为简，从特殊到一般的科学理念。
3.3	线性方程组解的判定定理	介绍该定理的提出者——查尔斯·道奇森（他还是《爱丽丝漫游奇境记》的作者）。科学研究与兴趣爱好并不冲突，很多大科学家有着高尚的审美素养。科学创新和文学创作一样，都需要丰富的想象力。
3.3	含参线性方程组解的讨论	（1）每种方法都有各自的优缺点； （2）从参数对方程组解的影响论量变到质变。

第四章　向量组的线性相关性

章节	专业知识点	思政元素
4.1	向量的概念	介绍向量概念的发展史。 （1）从复数到四元数再到向量，经历了百年，这些创造揭开了新的数学前景，承载了众多数学家的超前智慧； （2）向量概念的产生和演变源自数学的内部需要和物理学的直接推动，客观事物的驱动是创新与发展的原动力。
4.2	向量组的线性相关性	数形结合思想： “数缺形时少直观，形无数时难入微”——华罗庚。
4.3	向量组的极大无关组	（1）从极大无关组看人的核心竞争力； （2）体会“化繁为简”和“取精用弘”的思想。
4.3	向量组的秩	（1）“变中有不变，形变质不变”的辩证思想； （2）从秩的性质引出“充实自我，厚积薄发”的人生观。
4.4	线性方程组的解的结构	通过实例探讨解的稳定性，培养学生大胆猜想、小心求证、注重实践的科学精神。

第五章　相似矩阵及二次型

章节	专业知识点	思政元素
5.2	矩阵的特征向量与特征值	从特征问题的本质引出：要善于从一类客观事物中发现共同特点，透过现象看本质，实现从直观感觉到理性认识的升华。
5.3	矩阵对角化	（1）以工业污染中的对角化问题为例增强学生的环保意识；（2）以人口迁移中对角化问题为例引导学生关注民计民生。
5.4	对称矩阵	鉴赏数学中的对称美。
5.5	二次型化标准形	将不同的形式规范化并利用某个指标对它们进行分类是数学中重要的“分类”思想。

四、案例展示

（一）结合章节　第五章　第二节　特征值与特征向量

（二）教学目标

1. 知识目标

理解特征值与特征向量的概念；熟练掌握计算特征值和特征向量的方法。

2. 能力目标

培养数学建模能力；提高利用理论知识解决实际问题的能力。

3. 思政目标

鼓励学生勤学多思、学以致用；树立学生锐意进取、用之于民的理念；强调文明规范的重要性。

（三）教学重点与难点

重点：特征值与特征向量的定义和计算方法。

难点：特征值与特征向量的性质。

（四）具体教学过程设计

在讲解“特征值与特征向量”的定义时，以学生熟悉的共享单车为切入点，设计与学生生活息息相关的状态转移经典问题，将特征值与特征向量的定义和求解融入其中。讲授过程中强调矩阵语言在解决实际问题中的强大威力，鼓励学生学以致用、知行并进；从共享单车引出科技为民、锐意进取和文化自信；再从模型的前提条件指出要注意个人修养，规范举止。

1. 问题引入

共享单车被称为我国“新四大发明”之一，解决了城市短距离出行难题，提供了一种低碳高效的出行方式，一项调查中许多留学生都表示希望将共享单车带回他们国家。

这里通过介绍我校克拉玛依校区投放的共享单车融入课程思政：定制的单车车身上印有五种不同的颜色，分别代表了五种精神。红色代表“热爱祖国、无私奉献艰苦奋斗、开拓进取”的兵团精神；褐色代表以“大庆精神”“铁人精神”“苦干实干”“三老四严”为核心的石油精神；金色代表“艰苦奋斗、自强不息、扎根边疆、甘于奉献”的胡杨精神；蓝色代表“敬业、精益、专注、创新”的工匠精神；绿色代表“奉献、友爱、互助、进步”的志愿服务精神。

课程思政：从共享单车模式的创新设计引出科技为民、锐意进取和文化自信，同时传播校园文化。

有些学校的校园内也有共享单车，为了维护文明有序的校园环境，一般会设置集中停放片区，片区间可异地存取，各片区的单车数量是动态变化的，研究这个数量变化的规律对单车的调度、运维、管理都十分重要。考虑下面的问题：

假设规定校园共享单车只能停放在教学楼和宿舍两个集中片区，每天凌晨分别清点数量，并且假设根据以往数据，

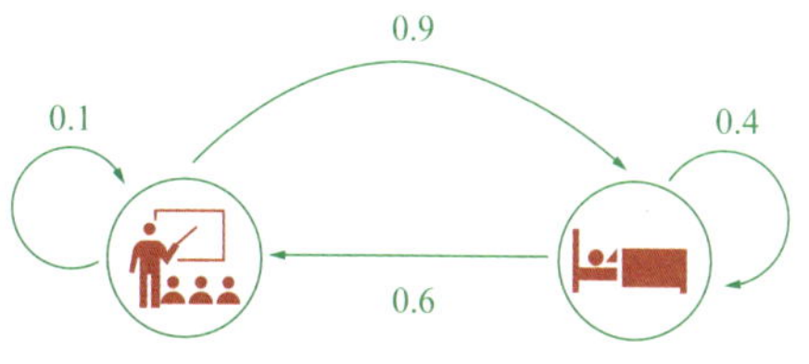

- 每天从教学楼开启的单车在当天结束时间有 10% 在本片区归还，90% 在宿舍片区归还；
- 从宿舍开启的 40% 在本片区归还，60% 在教学楼片区归还；
- 假设某学期两个片区初始投放各 200 辆。

长时间后两个片区的数量变化趋势如何？会出现一个片区数量过剩而另一个片区数量不足的情况吗？还是会达到某种稳定状态呢？将这一设问抛给学生，引发学生思考。

2. 模型分析

记 n 天后教学楼、宿舍片区单车数量分别为 x_1（n），x_2（n），则

$$\begin{cases} x_1(n+1)=0.1x_1(n)+0.6x_2(n) \\ x_2(n+1)=0.9x_2(n)+0.4x_2(n) \end{cases}$$

令 $\boldsymbol{x}(n)=(x_1(n),x_2(n))^{\mathrm{T}}$，称为状态向量；$\boldsymbol{A}=\begin{pmatrix}0.1 & 0.6\\ 0.9 & 0.4\end{pmatrix}$，则 $\boldsymbol{x}(n+1)=\boldsymbol{Ax}(n)$，这是一个从 n 状态到 n+1 状态的转移过程，这里的方阵 $\boldsymbol{A}$ 称为状态转移矩阵。从初始状态开始，不断左乘转移矩阵，得到一条状态链：

$$\boldsymbol{x}(0)\rightarrow\boldsymbol{x}(1)=\boldsymbol{Ax}(n)\rightarrow\boldsymbol{x}(2)=\boldsymbol{A}^2\boldsymbol{x}(0)\rightarrow\cdots\cdots\rightarrow\boldsymbol{x}(n)=\boldsymbol{A}^n\boldsymbol{x}(0)$$

将初始向量（200，200）^{T} 代入进行试算，结果如下：

	n=0	n=1	n=2	n=3	n=4	n=5	n=6	n=7	n=8
x_1（n）	200	140	170	155	163	159	161	160	160
x_2（n）	200	160	230	245	237	241	239	240	240

从 n=7 开始，数值稳定在 160，240 处。总数保持 400 不变，换一组初始数量呢？例如（150，250）^{T}，结果如下：

	n=0	n=1	n=2	n=3	n=4	n=5	n=6	n=7	n=8
x_1（n）	150	165	158	161	160	160	160	160	160
x_2（n）	250	235	242	239	240	240	240	240	240

迭代后数据同样稳定在 160，240 处，且收敛得比之前更快。

设问：为什么 400 辆单车无论初始如何分配，最终总是会稳定在 160，240 处？

提示：猜想是转移矩阵 $\boldsymbol{A}$ 的某种内蕴性质导致的。要证明 $\boldsymbol{x}$（n）=$\boldsymbol{A}^n\boldsymbol{x}$（0）收敛到某一固定向量，即要计算它的极限。如果是一个数 λ 的 n 次方，学生都会算，可这里是矩阵的幂，直接计算是很困难的。有没有可能 $\boldsymbol{Ax}$ 恰好等于某个数 λ 乘 $\boldsymbol{x}$ 呢？**考虑从方阵 $\boldsymbol{A}$ 对向量 $\boldsymbol{x}$ 的作用效果来寻求突破。**

MATLAB 动态展示线性变换 $\boldsymbol{A}:\boldsymbol{x}\rightarrow\boldsymbol{Ax}$ 的几何特征：

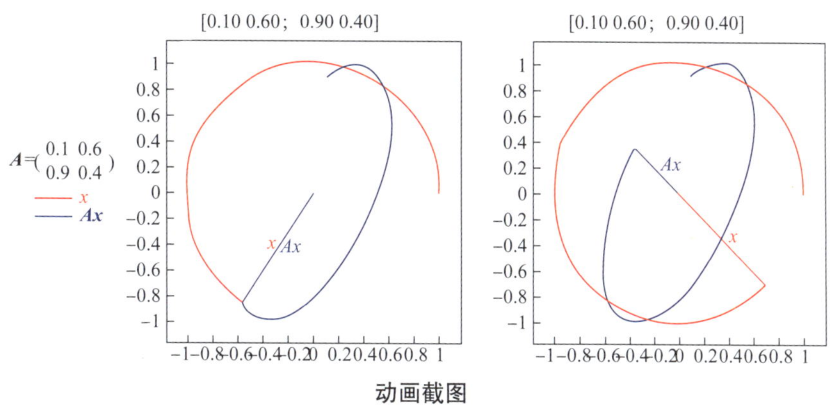

动画截图

通过图像，发现存在两个向量，它们与经过 $\boldsymbol{A}$ 变换后得到的向量是共线的，也就是说 $\boldsymbol{A}$ 对它们的作用相当于数乘。那么像力的分解一样，先将 $\boldsymbol{x}(0)$ 分解到这两个向量方向上，在这两个特殊方向上分别计算，最后再合成为 $\boldsymbol{A}^n\boldsymbol{x}(0)$，问题就迎刃而解了。而这两个特殊方向上的向量，就是本节课的研究对象——特征向量，顺利引出定义。

3. 引出概念

定义 1 设 $\boldsymbol{A}$ 为 n 阶方阵，若存在数 λ 和非零向量 $\boldsymbol{x}$，使得

$$\boldsymbol{A}\boldsymbol{x}=\lambda\boldsymbol{x}$$

成立，则称数 λ 为矩阵的特征值；非零向量 $\boldsymbol{x}$ 为对应于特征值的特征向量。

设问： 如何找出 $\boldsymbol{A}$ 的特征向量及对应的特征值呢？

分析： $\boldsymbol{A}\boldsymbol{x}=\lambda\boldsymbol{x},\boldsymbol{x}\neq\boldsymbol{0}\Leftrightarrow(\boldsymbol{A}-\lambda\boldsymbol{I})\boldsymbol{x}=\boldsymbol{0},\boldsymbol{x}\neq\boldsymbol{0}$

因此，存在 $\boldsymbol{x}\neq\boldsymbol{0}$ 使得 $\boldsymbol{A}\boldsymbol{x}=\lambda\boldsymbol{x}\Leftrightarrow$ 齐次线性方程组 $(\boldsymbol{A}-\lambda\boldsymbol{I})\boldsymbol{x}=\boldsymbol{0}$ 有非零解。

请学生回忆齐次线性方程组有非零解的充要条件，$(\boldsymbol{A}-\lambda\boldsymbol{I})\boldsymbol{x}=\boldsymbol{0}$ 有非零解要求 $|\boldsymbol{A}-\lambda\boldsymbol{I}|=0$，

定义 2 设 $\boldsymbol{A}$ 为 n 阶方阵，$f_A(\lambda)=|\boldsymbol{A}-\lambda\boldsymbol{I}|$ 称为 $\boldsymbol{A}$ 的**特征多项式**，$|\boldsymbol{A}-\lambda\boldsymbol{I}|=0$ 称为 $\boldsymbol{A}$ 的**特征方程**。

总结计算步骤：

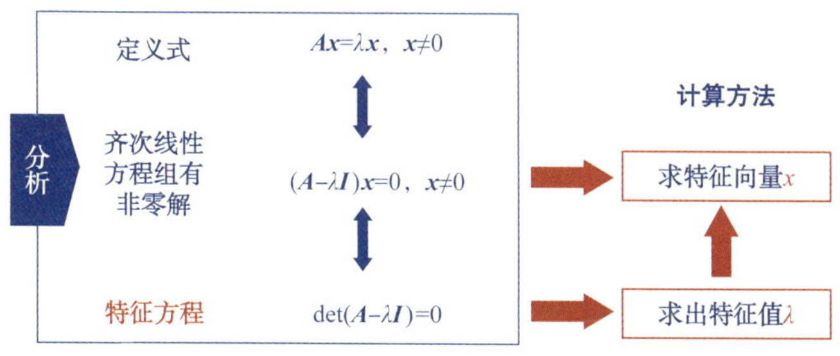

例 1 $\boldsymbol{A}=\begin{pmatrix}0.1 & 0.6\\0.9 & 0.4\end{pmatrix}$，计算 $\boldsymbol{A}$ 所有的特征值与特征向量。

解： 第一步，求特征值。

$$|\boldsymbol{A}-\lambda \boldsymbol{I}|=\begin{vmatrix}0.1-\lambda & 0.6-\lambda\\0.9-\lambda & 0.4-\lambda\end{vmatrix}=\lambda^2-\frac{1}{2}\lambda-\frac{1}{2}=0\Rightarrow\lambda_1=1,\lambda_2=-\frac{1}{2}$$

第二步，求特征向量。

$$\lambda_1=1:(\boldsymbol{A}-\boldsymbol{I})\boldsymbol{x}=\boldsymbol{0}\Rightarrow\boldsymbol{x}=k\begin{pmatrix}1\\1.5\end{pmatrix},k\neq 0$$

$$\lambda_2=-\frac{1}{2}:\left(\boldsymbol{A}+\frac{1}{2}\boldsymbol{I}\right)\boldsymbol{x}=\boldsymbol{0}\Rightarrow\boldsymbol{x}=l\begin{pmatrix}-1\\1\end{pmatrix},l\neq 0$$

通过示范演算，使学生熟悉特征值与特征向量的计算方法。

4. 引例解析

$\boldsymbol{u}=\begin{pmatrix}1\\1.5\end{pmatrix}$ 与 $\boldsymbol{v}=\begin{pmatrix}-1\\1\end{pmatrix}$ 线性无关，构成平面的一组基，因此 $\boldsymbol{x}(0)$ 可由它们线性表示：

$$\boldsymbol{x}(0)=c_1\boldsymbol{u}+c_2\boldsymbol{v}$$

进而

$$\boldsymbol{x}(n)=c_1\boldsymbol{A}^n\boldsymbol{u}+c_2\boldsymbol{A}^n\boldsymbol{v}=c_1 1^n\boldsymbol{u}+c_2\left(-\frac{1}{2}\right)^n v,$$

当 $n\to\infty$，可得

$$\boldsymbol{x}(n)\to c_1\boldsymbol{u}=\begin{pmatrix}c_1\\1.5c_1\end{pmatrix},$$

结论： 当转移矩阵 $\boldsymbol{A}=\begin{pmatrix}0.1 & 0.6\\0.9 & 0.4\end{pmatrix}$ 时，不论初始数量如何，充分长时间后，教学楼片区单车数量与宿舍片区单车数量的比例终将稳定在 1∶1.5 的水平。因此若总量为 400，状态向量的极限即为 $\begin{pmatrix}150\\250\end{pmatrix}$。

课程思政：

· 该现象与人的成长过程类似，决定最终格局的往往不是起点 $x(0)$，而是转移矩阵 A，是长期习惯、素质和品格。

· 科学知识和理性思维能帮助我们透过现象看本质，线性代数来源于生活，也将服务于生活。

· 三个片区最终单车分配趋于稳定的前提是：大家都能在规定片区归还，不乱停乱放，同时要爱惜车辆，避免损坏，文明规范是稳定的保障。

5. 启发拓展

当矩阵 $\boldsymbol{A}$ 满足一定条件时，状态链

$$\boldsymbol{x}(0) \rightarrow \boldsymbol{x}(1)=\boldsymbol{A}\boldsymbol{x}(n) \rightarrow \boldsymbol{x}(2)=\boldsymbol{A}^2\boldsymbol{x}(0) \rightarrow \cdots\cdots \rightarrow \boldsymbol{x}(n)=\boldsymbol{A}^n\boldsymbol{x}(0)$$

称为马尔科夫链，对于满足特定特征值条件的 $\boldsymbol{A}$，马尔科夫链总是收敛到唯一的稳态向量，这种稳态在很多应用中至关重要。请学生参阅下面文献，了解特征值和特征向量的几个改变我们生活的重要应用（雨课堂推送）：

[1] 翟永等 . 基于马尔可夫链的无桩共享单车车辆投放规模分析 [J]. 北京交通大学学报，2019，43（05）：27-36.

[2] Lawrence Page，et al. The pagerank citation ranking：Bringing order to the web. Technical Report，Stanford InfoLab，November 1999.

[3] M Turk，A Pentland. Eigenfaces for Recognition[J]. Cognitive Neuroscience，3（1）：71-86，1991.

课程思政：强调矩阵语言在解决实际问题中的巨大威力，鼓励学生勤学多思、学以致用、知行并进。

（五）教学反思

（1）引例中利用矩阵建立数学模型的过程有些抽象，对学生来说有一定的难度，需要配合板书循序渐进展开。

（2）从引例的问题到特征向量的定义之间还需要更细致、更自然的语言来衔接。

《物理技术与实践》优秀课程思政设计及案例

林春丹、杨振清、周广刚、刘子龙、赵　卉

一、课程基本信息

课程名称：物理技术与实践

开课学院：理学院

课程类型：通识课

课程性质：选修

授课对象：全校本科生

使用教材：《物理演示与技术应用》，ISBN 978-7-5636-6459-7，林春丹、张万松、周广刚、杨振清，中国石油大学出版社，2019

教学课时：32 课时

二、课程思政教学整体设计思路

在课程思政建设中，始终遵循《高等学校课程思政建设指导纲要》，以“价值引导、知识传授、能力培养”为导向，提炼物理知识中蕴含的思想方法，强调求真的科学精神、唯物辩证的科学思想、工匠精神、爱国精神。通过物理理论知识与实践技能相结合，强化学生的工程意识，突出学生运用所学知识解决实际问题的能力的培养。课堂上就与课程内容相关的实际应用拓展思考题进行分组讨论，以此激发学生的求知欲和探索积极性。加强学生的主体作用，利用雨课堂等数字平台加强与学生的互动，随时了解学生对知识点的掌握情况，讲解做到有的放矢。根据教学具体内容抓住可以融入思政元素的切入点，使思政的内容有了具体的案例基础，使学生更易接受，更易产生共鸣。将《物理技术与实践》课程思政教学目标设计为以下三点：

（1）培养学生的工匠精神，帮助学生形成科学严谨的工作作风，学生树立求真务实的科学态度，掌握物理技术知识，培养实践能力；

（2）培养学生的探索精神，引导学生具备做事认真负责和刻苦钻研的态度；

（3）培养学生的爱国精神，引导学生培养社会责任感，使其拥有家国情怀和高尚道德情操。

围绕着上述目标，我们从以下几个方面进行了课程思政内容的建设：

（1）实践环节建设，有机融入思政主题。以工程实践教学为着力点，开展科技创新活动，引导国家级科技创新立项与实践。

（2）助力学科竞赛，从中国优秀科学家的成长故事和往届优秀学长成长案例出发，激发学生追求卓越，爱国奉献的学习热情。

（3）思政案例建设：根据知识体系构建了丰富的思政案例库和示范教学课件，积累了丰富的思政教学素材。

在教学过程中通过启发性、对话式的讨论，引导学生体验、反思，产生观念认同、情感认同，并将这些观念、情感、行为习惯自然融入生活实践中。

三、各章节课程思政设计要点

第 1 章　力学

课程思政内容设计：

（1）从质点的模型引出刚体的模型说明抽象模型的建立是研究物理学的一个重要方法，它体现了主要矛盾与次要矛盾的辩证关系。在研究解决问题时要抓住矛盾的主要方面，忽略矛盾的次要方面。培养学生树立科学的辩证唯物主义世界观。

（2）从动量及角动量定理切入挖掘爱国元素。从中国人发明火箭这一事实出发，简单介绍我国火箭事业的发展，并通过图片视频展示我国目前在载人航天器、北斗导航系统、量子通信卫星等方面取得的成果，增强学生的爱国情怀，引导学生树立为祖国的建设而努力学习的远大理想。

（3）从拱型结构为何稳定这一问题出发引入我国古代赵州桥的事例：自建桥之日起经历了多次的地震和水灾，却依然安然无恙，这源于我国的建桥者们巧妙地运用了力学知识，体现了他们的聪明智慧和用心建造的工匠精神。引导培养学生的民族自豪感、热爱本职工作的态度和责任心。

第 2 章　热学及电子技术

课程思政内容设计：

（1）从饮水鸟的工作原理出发讨论热力学第二定律，引入实际过程的不可逆性，引导学生珍惜时光，并具有“时不我待，舍我其谁”的时代责任感。同时从有人通过饮水鸟的表面现象得出“不需要能量就能自动做功”的错误结论出发，解释说明“能量一定是守恒”的自然界规律，并以此引导出“天道酬勤”的辩证观点，培养学生树立“一分耕耘，一分收获”的正确的人生观。

（2）从记忆合金水车出发讨论提高效率的问题，引导培养学生的“低碳环保、绿色发展”的节能意识，鼓励学生查阅资料寻找清洁能源，激发学生的学习兴趣和探索精神。

（3）从磁传感器的霍尔效应原理出发，介绍其发现过程：年轻的霍尔没有被权威的物理学家的观点所束缚，向导师请教后进行深入研究和反复的实验，终于在 1879 年提出了霍尔效应。因整数霍尔效应、分数量子霍尔效应、石墨烯中半整数量子霍尔效应的发现，物理学家们分别于 1980 年、1982 年、1998 年获得了诺贝尔奖。从这一事例引导学生要有敢于质疑前辈的学术观点的挑战精神和不惧失败、孜孜以求的钻研精神，才能在科学探索之路上不断地有所突破，不断进步。

第 3 章　电磁学

课程思政内容设计：

（1）从电动机的原理出发介绍法拉第发现电磁感应现象的过程：受到奥斯特实验“电流能产生磁”的启发，产生了“磁能产生电流”的想法，同时他突破了以往科学界普遍认为“磁场产生的电是稳定的”的观点，大胆改变“实验中磁铁和金属相对静止”的思想，最终发现电磁感应现象，极大地推动了社会的发展。引导学生培养创新意识，突破固有思维模式，勇于创新，把握时机，才能赢得未来。从另外一个科学家的“跑失良机”事例引导培养学生团队协作意识。

（2）通过介绍我国在高能领域里取得的世界性成果，激发学生的民族自豪感；使学生树立起“科技强，则国家强”的信念，重视基础科学的学习和研究，激发学生科技报国的家国情怀。

（3）从静电除尘原理入手，介绍安装在工厂烟筒的静电除尘装置既能环保又能实现废物利用。“绿水青山就是金山银山”，引导学生树立科学发展观，在掌握科学原理的基础上，运用所学知识合理发展工业，减少空气污染、保护清洁环境，实现人类文明与生态环境和谐共存、绿色发展。

第 4 章　振动与波

课程思政内容设计：

（1）从介绍一个共振事例入手：18 世纪中叶，法国昂热市一座 102 米长的大桥上，有一队士兵在指挥官的口令下迈着整齐的步伐过桥时，桥梁突然断裂，造成官兵和行人丧生。通过该故事引导学生了解共振能够引起的能量是巨大的。由此引导学生认识到：一个人的力量虽然渺小，但如果大家团结起来，聚沙成塔，集腋成裘，就会形成一股巨大的力量。正所谓“众人拾柴火焰高”，团结就是力量。另外，从共振的利用，比如乐器的共鸣箱，到建造桥梁时避开共振频率的事例，说明要一分为二地看待事物的唯物辩证法的观点。

（2）从电磁波入手介绍华为的情况。如今 5G 通信技术基本上已经走进了我们的生活，这其中华为对 5G 所做出的贡献有目共睹。华为在 5G 领域申请的专利为世界之最，如今华为布局全世界，这也间接地说明了华为在 5G 领域的领先地位。由于我国在“芯片”技术上的落后，导致华为在通信方面虽然有很多专利技术领先但还要被美国“卡脖子”，通过此事例，引导学生认识到未雨绸缪，知己知彼，方能立于不败之地。

第 5 章　光学

课程思政内容设计：

（1）从光纤通信入手，介绍高锟先生在光纤领域的贡献：他没有申请光纤专利，才使得人们能够免费享受光纤快速的传输，使光纤通信得到迅速的推广应用。同时也介绍我国的“两弹一星”功臣钱学森、郭永怀等科学家们的事例：他们主动放弃国外优越的科研生活条件，回到百废待兴的祖国，隐姓埋名几十年，团结协作，才实现了原子弹、导弹等尖端技术的突破，使得我们国家有了长久的和平发展。从这些事例中引导学生看淡名利和个人得失，树立坚定的理想和信念，立大志，成大事。

（2）太阳光发出的电磁波波长范围很广，从 Y 射线到工业电磁波，其中可见光的波长只是在 400~760nm 之间，大部分都是不可见光。太阳辐射的电磁波随着波长的增加，积累到一定程度电磁波的性质发生了很大的变化，这也验证了哲学唯物辩证法原理：量变引起质变。引导学生树立不断积累意识，不急于求成，循序渐进，从量变到质变，从而有所突破。

四、案例展示

（一）结合章节

第 3 章　第 1 节　静电场

知识体系

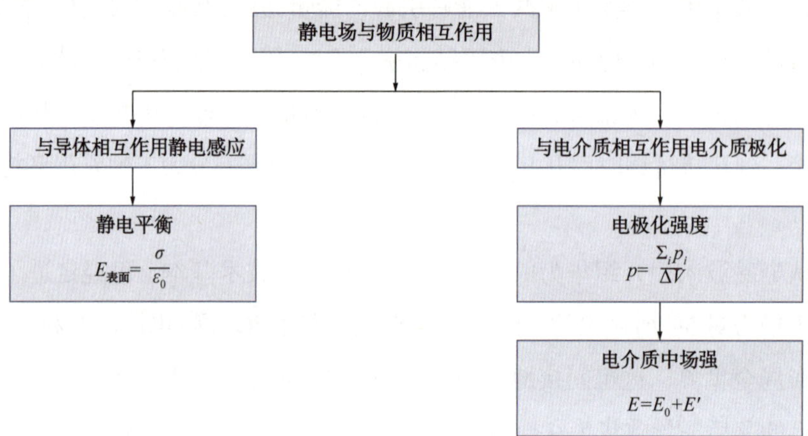

（二）教学目标

1. 知识目标

（1）掌握静电的生成与特性。

（2）掌握静电平衡时导体的电荷分布。

（3）掌握静电场中电介质的极化。

2. 能力目标

（1）学习静电感应原理，理解静电防治利用的基本原理。

（2）学习静电极化原理，掌握微波炉、静电除尘、静电植绒等应用的工作原理。

（3）学习尖端放电原理，掌握避雷针的工作原理，使学生掌握解决实际问题的能力。

3. 育人目标

（1）培养学生的科学思维方法。

（2）培养学生树立正确的科学价值观，激发科技报国的家国情怀。

（3）培养学生不畏艰难的探索精神。

（三）教学重点与难点

重点：

（1）静电场中导体的电荷分布。

（2）尖端放电原理。

（3）静电场中电介质的极化原理。

难点：

（1）尖端放电原理的应用。

（2）雅各布天梯工作机理。

（四）具体教学过程设计

1. 教学方法

（1）引课：“爆炸头”现象→引出“静电”的概念。

（2）问题驱动式教学法：

①人处于高压中，出现了“爆炸头”为什么还是安全的？

②微波炉给食物加热为什么不用金属容器？

③安装避雷针有哪些主要注意事项？

（3）讨论式教学法：小组成员讨论拓展思考题。

（4）物理研究方法：引导学生理解建构的理想模型→偶极子模型。

（5）拓展教学法：避雷针；静电除尘等。

2. 教学思路

问题的提出：“爆炸头”现象引出静电场的概念

静电场的产生方式→静电感应、接触带电、摩擦起电（演示介绍静电摆球）

导体与静电场、电介质与静电场的相互作用

（1）导体与静电场的作用→静电平衡时电荷分布场强分布特点→尖端放电→介绍设备原理（静电风转轮、静电除尘、雅各布天梯）→高压用电注意事项→“爆炸头”（前后呼应）。

尖端放电拓展应用：

静电除尘　　（科学发展观、唯物辩证法：科技发展的两面性）

避雷针　　（科学家不畏艰难的探索精神）

尖端放电的利弊（任何事物都有两面性）

（2）电介质与静电场的作用→静电极化→偶极子模型（关注主要矛盾，忽略次要矛盾）→静电极化演示设备原理。

静电极化拓展应用：微波炉。

3. 教学思政元素融入

（1）“静电除尘”引发的思考（思政元素　科学发展观：走绿色发展之路）。

习近平总书记曾经说过“绿水青山就是金山银山”，就是说唯有保护好我们的生态环境，才能与我们赖以生存的环境和谐发展。科学技术的发展具有两面性，一方面为人类创造财富，另一方面也加剧破坏人类赖以生存的大自然环境。因此我们要在掌握科学原理的基础上，运用所学知识既能合理发展工业，也能保护环境。比如静电除尘技术因其结构简单、阻力小等的优势，广泛地应用于燃煤电厂、有色冶金工业的烟气治理等。我们合理地利用科技技术，减少空气污染、形成一个清洁的适于人类生存的环境，实现人类文明与生态环境和谐共存、绿色发展，争取早日实现“双碳”的目标。

（2）“避雷针”引发的思考（思政元素　科学家们为科学无私的奉献，促进科学发展）。

美国科学家本杰明·富兰克林1749年提出了雷电（图1）是一种放电现象的假说，并且给出了一个可行的实验指导方案。1753年，俄国著名电学家利赫曼在雷电验证实验中，不幸被雷电击死。科学家们在死亡的威胁面前没有退缩，富兰克林等人继续勇敢地用雷电进行了各种电学实验，最终认识到天上的闪电是正常的放电现象，并且制成了避雷针。破解雷电之谜、避雷针的发明，以及不久后伏特发明的世界上第一个电池，宣告了静电时代的结束，促进了近代电学的发展。

图1　雷电现象

4. 教学内容展示

图 2　爆炸头

图 3　爆炸头

提出问题：“爆炸头”现象产生的原因是什么？不怕被电到吗（图 2、图 3）？

引导　　学生回顾复习有关“静电”的知识。

提出问题：产生静电的方式有哪些？

视频引入

（1）静电摆球设备：（图 4）平行板电容器、静电摆球和高压起电机。

提出问题　金属球是导体，静电场中的导体有什么变化？

①球左右快速摆动，加压越高摆动越快，为什么？

②吊球的线长度对球的摆动有无影响？

结论：轻轻拨动悬挂乒乓球的绝缘细线，使乒乓球与某一平板相碰，乒乓球就带上了与它接触的极板符号相同的电荷；由于同号电荷相斥，乒乓球在被弹回的同时，在电场力的作用下，又飞向另一极板，接触极板时它先中和掉所带的电荷，同时又带上了与刚接触的极板符号相同的电荷，在电场力的作用下乒乓球又向相反的方向飞去，开始重复上述过程。

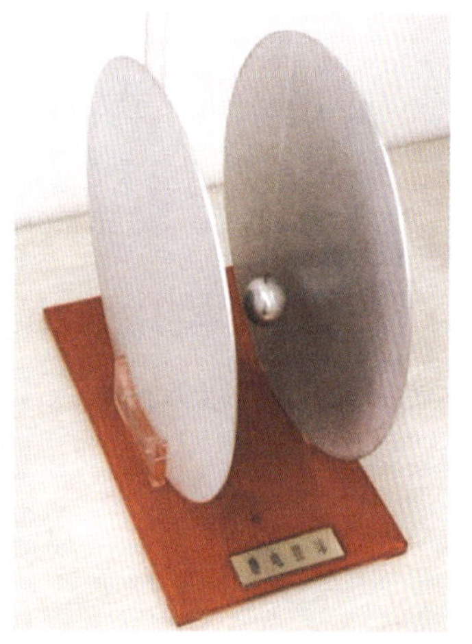

图 4　静电摆球设备

往返碰撞过程中，转移电荷，能量的来源是与极板相连的高压静电电源。

提出问题　静电场中的电介质有什么特性？

引出电偶极子的模型，介绍静电极化的概念。

（分子电偶极矩基本上转向外电场的方向）

（思政元素　唯物辩证法：抓住主要矛盾，忽略次要矛盾。）

（2）静电极化。

视频引入

①设备介绍:（图 5）电介质演示模型，高压起电机。

②思考问题：施加电压后电介质模型出现何现象？电介质分子模型能否完全取向一致？

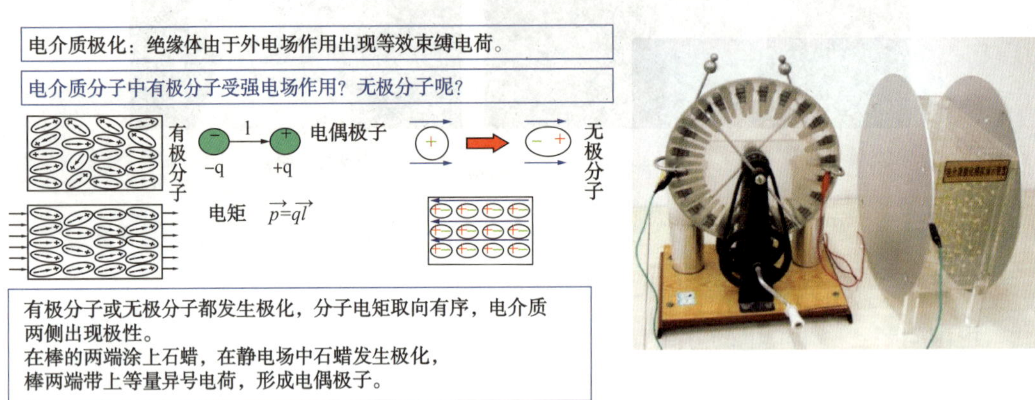

图 5　电介质演示模型、高压起电机

电介质分子发生大致一致的掉头转向行为。

一般不会，主要是分子模型受到固定绳索的扭矩较大，这象征分子之间有范德华力。

③操作观察：播放视频——电介质分子模型施加外电场时，以石蜡模拟电介质分子，掉头，并且方向大致一致。

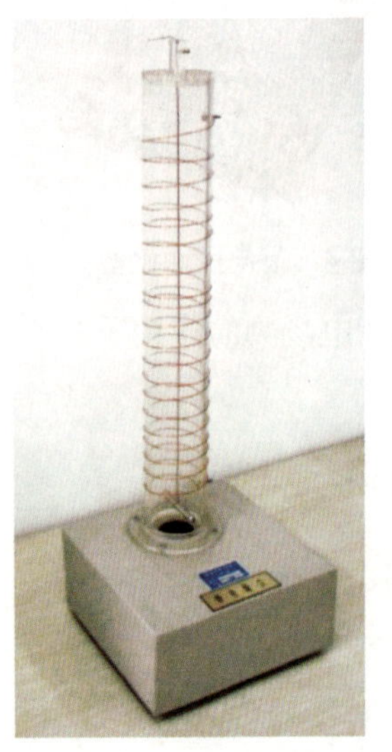

图 6　微缩亚克力管

④拓展应用：微波炉加热的原理是什么？微波的频率与加热效果有何关系？

微波加热原理：电介质极化与共振。

⑤拓展思考　电磁炉、微波炉使用注意事项？微波炉为什么不能用金属容器加热？

提出问题　静电平衡时导体的电荷分布及场强分布有什么特点？

（3）静电除尘。

①设备介绍:（图 6）微缩亚克力管模型、外筒金属铜丝缠绕外壳形成集尘电极，中间是直铜丝电极，电压由起电机施加。

②操作观察：播放视频——在底盒内燃烧纸片，筒内升起

烟尘，起电机给烟囱施加电压后，烟尘很快消失。

思考问题：静电除尘的工作原理是什么？

含有粉尘颗粒的气体，在接有高压直流电源的阴极线（又称电晕极）和接地的阳极板之间所形成的高压电场通过时，由于阴极发生电晕放电、气体被电离，此时，带负电的气体离子，在电场力的作用下，向阳极运动，在运动中与粉尘颗粒相碰，则使尘粒荷以负电，荷电后的尘粒在电场力的作用下，亦向阳极运动，到达阳极后，放出所带的电子，尘粒则沉积于阳极板上，而得到净化的气体排出防尘器外。

③拓展思考：与电动吸尘器的工作原理相互比较，有何区别？

原理完全不同。静电除尘是利用电场对电荷离子吸引作用，电动吸尘器是利用电机高速运转从吸口吸入外部空气，让沉箱产生真空，灰尘就会通过管道或者地刷吸入沉箱内的过滤网中。电动吸尘虽有过滤网，但微小灰尘分子还是通过排气口出来扬尘，引起二次污染。

④技术应用：举此物理原理在实际中的应用或未来的应用设想。

a. 钢铁工业：静电除尘器在钢铁工业中主要用于净化烧结机、炼铁炉、铸铁冲天炉、炼焦炉的废气。

b. 燃煤电厂：飞灰的静电除尘器。

c. 其他工业静电除尘器在水泥工业中的应用也相当普遍，新建的大中型水泥厂的回转窑和烘干机大都装有静电除尘器。水泥磨、煤磨等尘源都可采用静电除尘器加以控制。静电除尘器还广泛用于化学工业中的酸雾回收、有色冶金工业的烟气治理和贵金属颗粒物的回收等。

（思政元素　科学发展观，鼓励学生利用所学知识为国家为社会的环保事业做贡献，为绿色能源的发展做贡献。）

（4）静电风转轮。

视频引入

①设备介绍：（图 7、图 8）静电风转轮演示仪、高压起电机。

②思考问题：当施加高电压时亚克力滚筒出现何现象？电压升高后又如何？

答案：滚筒会逐渐转动起来，由慢而快。电压升高，转速加快。

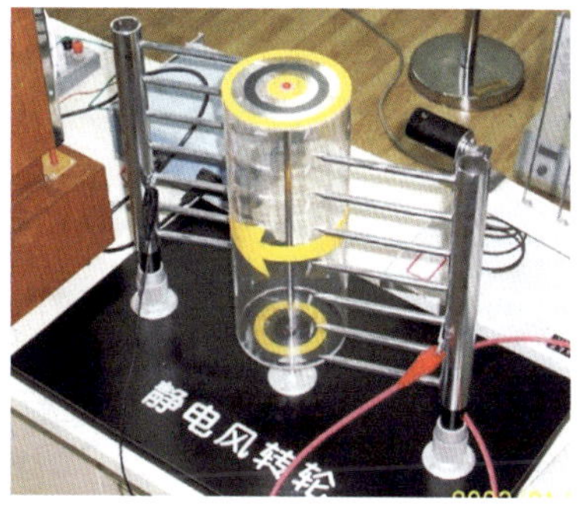

图 7　静电风转轮

③操作观察：播放视频——当施加高压时，滚筒开始缓慢旋转，随后速度加快。

④现象分析：为何滚筒旋转？是什么力推动的？

答案：加上高压后，筒两边金属尖端不断积电，从而产生尖端放电现象，尖端放电形成的电风促使滚筒转动。

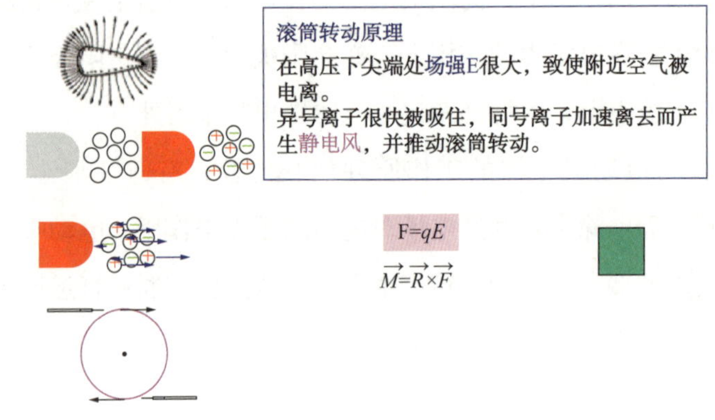

图 8　滚筒转动原理

（5）尖端放电。

视频引入

①设备介绍:（图 9）平行板电容器，尖端钢柱、圆球钢柱、高压起电机。

②思考问题：当逐渐施加高压时圆球和尖端形状的钢柱哪一个先放电？

③操作观察：播放视频——当逐渐增加高压时尖端钢柱先放电。

④现象分析：为什么尖端钢柱会放电？为什么升高电压过程中先是尖端放电，而后是钢球放电？

⑤技术应用：举此物理原理在实际中的应用或未来的应用设想。

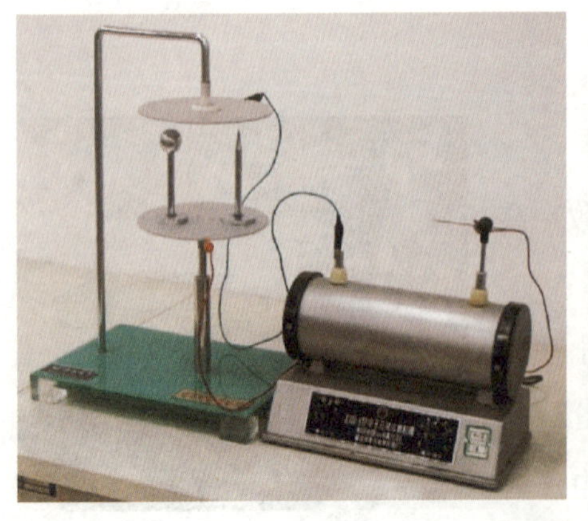

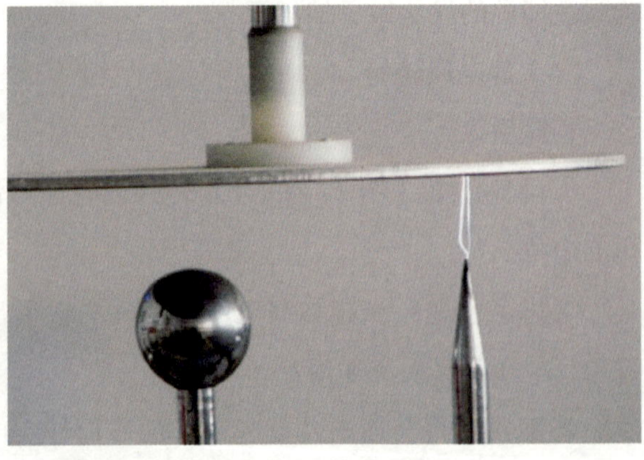

图 9　尖端放电设备

答案：一般的电子打火装置，避雷针，还有工业烟囱除尘的装置都是运用了尖端放电的原理。

利用尖端放电：避雷针、飞机放电针做成尖状；弊端：控制高压线表面要光滑（不带毛刺）。

（思政元素　尖端放电有利有弊，任何事物都有两面性；科学家们不畏个人安危的探索才能使人类社会科学技术不断地进步发展。）

5. 课堂讨论题

（1）鸟为何能够安然无恙地落在高压电线上？高压电线落在地面时，应如何脱离危险？

（2）静电摆球不能自启动或不能摆动的原因？

（3）干燥的季节抓金属门把时常有放电现象，是哪一个带电？为何带电？应如何应对？

（4）为什么安装高压线时为何不许将电线在地面拖动？

（5）尖端放电演示设备无放电现象的原因及排除方法？

（五）教学反思

通过采用多种教学方式，随时关注到学生的掌握理解程度，教学上可以做到有的放矢。问题驱动式教学法抓住学生的注意力，提高了学生的参与度，让学生带着问题去主动思考，既能激发学生思维的活跃性，也能使学生理论联系实际，原本抽象的理论知识变得生动直观形象，唤起了学生的动手操作的兴趣。在课堂上分组讨论活动使学生们增强了团队意识，也加强了不同学科之间的交流合作。

备课中根据本节课的主要内容深入地挖掘了其中所包含的思政元素。课堂上在每个知识点的介绍中自然地过渡到思政内容，做到课程内容与思政元素有机融合，润物无声地培养学生的科学唯物辩证思维，感受到人类的文明进步与科学家们的无私奉献所取得的成果是分不开的。同时通过思政教育增强他们的环保意识，争取为“双碳”的目标贡献自己的一份力量。

课后通过思考认识到：课程思政是需要长期做好的一项重要工作，需要不断地学习课程思政理论，从所传授的物理知识中不断地提炼出思政元素，重构优化教学设计，做到教学过程知识性和教育性的统一。

《财务报告分析》优秀课程思政设计及案例

王　珮、马春爱、张龙天、王　瑶

一、课程基本信息

课程名称： 财务报告分析

开课学院： 经济管理学院

课程类型： 专业课

课程性质： 必修

授课对象： 财务管理、会计学和金融学专业三年级本科生

使用教材：《财务报表分析：立体化数字教材版》（第六版），ISBN 978-7-300-27162-0，张新民、钱爱民，中国人民大学出版社，2023

教学课时： 48 课时

二、课程思政教学整体设计思路

《财务报告分析》是中国石油大学（北京）经济管理学院会计和财务管理专业的核心课程。课程以企业财务状况质量理论为基础，通过系统讲授四张报表的结构和信息、报表之间的逻辑关系、报表分析的主要方法以及四张报表的分析路径，帮助学生掌握财务报表分析的逻辑框架和分析技巧，从而还原企业真实的管理活动和价值创造过程，培养学生分析解决复杂问题的综合能力和高阶思维。并且，教学团队充分发挥专业教育优势，将课程思政贯穿于教学过程的始终，实现学生专业素质和政治素养的全面提升。在教学的各个环节，充分挖掘思政元素，将价值塑造、知识传授和能力培养三者有机结合。

（1）在教学方式方面，使用清华大学学堂在线 MOOC 平台线上慕课预习、线下课堂讨论、班课资源分享等多种方式进行思政元素的引入，优化思政供给，通过设置核心

价值观、会计职业道德、时事热点等相关思考任务，充分调动学生参与课堂的积极性，增加思政元素的趣味性。特别是出版与慕课配套的《财务报表分析逻辑与技巧》富媒体数字化精品教材，依托信息技术，深度融入思政元素，紧跟会计准则最新变化，追踪热点案例，体现教材既是知识传授的工具也是价值观塑造的载体。通过将思政教育融入教学内容，学生的政治素质和专业素质得到全面提升。

（2）在课堂教学方面，和学生共同学习 2020 年习近平总书记给我校克拉玛依校区毕业生的回信，鼓励学生勤奋刻苦，认真学习，努力成为可堪大用、能担重任的西部建设者。

（3）在专业内容板块方面，挖掘知识点中存在的思政元素，在知识传授的同时结合相关案例讨论。通过分析中石油、中石化两大石油公司的报表，使学生了解两大石油公司为了国家能源战略安全，抓住“一带一路”的发展机遇，积极开展国际合作并为提高油价制定话语权而努力的过程，帮助学生坚定“我为祖国献石油”的决心；透过格力、大疆、中兴和科大讯飞等民族企业的报表，使学生看到这些企业如何通过持续增加研发投入和专利申请数量，坚持走自主创新之路，激发学生的国民自信心和民族自豪感；通过对迅游科技巨额商誉减值之殇、蓝田之谜案例的讲解，向学生揭示财务造假和关联方交易的利益输送的危害，教育学生树立诚实守信和廉洁自律的职业道德意识，严守做人底线。

（4）在课堂实践环节，课程根据理论知识点基于财务报表信息挖掘思政元素，归纳中国经验，提炼中国命题，并以此增加小组讨论以及思路分享部分，引导学生将思政元素与先前所学知识相结合，解决遇到的实际问题，并不断优化、培养学生们“实事求是，艰苦奋斗，爱国奉献，开拓创新”的中石大精神。

三、各章节课程思政设计要点

各章节主要思政案例设计要点

案例序号	对应知识点	案例名称	知识传授	能力培养	价值塑造
1	第一章　第二节　制约报表编制的法规体系	财务舞弊层出不穷，职业道德何去何从	理解制约报表编制的法规体系	分析财务造假的手段、危害及识别方法	培养学生恪守商业伦理和职业道德的品质

续表

案例序号	对应知识点	案例名称	知识传授	能力培养	价值塑造
2	第二章　第三节合并报表与母公司报表的区别	乐融致新“不思进取”，被逐出集团财务报表合并范围	掌握合并财务报表的理论、特点和合并范围的确定	帮助学生认识社会关系的重复交叉和企业组织结构价值网络的特点	培养学生坚守准则，保持职业谨慎态度
3	第二章　第五节审计报告	300亿货币资金一夜蒸发，事务所长期合作为哪般	掌握会计政策变更、会计估计变更和差错更正，关联方关系及其交易的披露	分析审计报告等信息对财务报告分析的重要性	思考审计师作为资本市场的“守门人”应发挥的作用以及审计师的职业道德
4	第二章　第六节关联方交易	为什么受伤的总是我？丹东化纤关联方资金占用	关联方交易的特点及对关联各方的影响	分析并理解丹东化纤关联方资金占用案例的来龙去脉	培养诚实守信和廉洁自律的职业道德品质
5	第三章　第三节比率分析法	掌握核心技术，无惧美国制裁	掌握比率分析法的原理和特点	比率分析法的综合应用能力	引导学生树立科学正确的创新理念和培养强烈的创新精神和社会责任
6	第三章　第四节质量分析法	辉山之殇——基于债权人风险识别视角	掌握如何通过“看战略、看负债、看资产、看利润”的分析框架，利用财务报表的比率分析法和质量分析法对企业的风险进行识别	梳理总结农业类型企业操纵利润的共性特征、路径和手段	培养坚守准则，谨慎的职业道德品质

续表

案例序号	对应知识点	案例名称	知识传授	能力培养	价值塑造
7	第四章　第三节 利润结构质量分析	虚增利润超百亿元，中小股东谁来保护	掌握利润结构质量的分析方法	了解企业社会责任的履行和对中小股东权益的保护	坚守职业道德，维护资本市场公平公正公开
8	第四章　第四节 利润形成质量分析	政府助力行业发展，打造千亿光伏企业	掌握政府补助准则的内容和变化	思考国家行业政策、政府补助对企业发展的影响	履行社会责任，树立社会主义核心价值观
9	第五章　第三节 所有者权益变动表质量分析	重视国有企业发展，提高国有资本效率	掌握所有者权益变动表质量分析	分析2020年国有企业的核心力量中央企业的经营成果	加深学生对国有企业发展和国有资本重要性的认识
10	第六章　第五节 商誉质量分析	雪中送炭还是雪上加霜？——迅游科技商誉减值之殇	掌握商誉的确认、计量和披露等相关理论知识，理解商誉是如何形成并在报表中得以体现；掌握商誉减值产生的原因以及对公司财务业绩造成的影响	识别和防范高商誉可能带来的巨大风险	从商业伦理的角度分析关联交易并购带来的危害，帮助学生树立正确的价值观，提升学生的职业道德水平
11	第六章　第八节 负债质量分析	为防止被“戴帽”，靠预计负债扭亏	掌握预计负债的特征以及负债质量分析方法	预计负债计提与转回对公司业绩的影响	恪守职业道德和诚实守信的品质
12	第七章　第二节 现金流量表质量分析	乐视为何难以为继。	掌握现金流量表质量分析的路径	从现金流量表三类活动的净额状态识别企业风险	培养学生树立风险管理意识，充分认识企业盲目扩张的危害

四、案例展示

案例题目：雪中送炭还是雪上加霜？——迅游科技商誉减值之殇

（一）结合章节

本案例（图 1）将结合课程第六章——资产负债表分析中的无形资产类质量分析进行展开，引导学生系统深入地了解企业选择并购的动因以及并购过程中商誉的形成和质量判断、商誉的减值和影响、公司内部治理等相关问题。重点从迅游科技并购狮之吼的事件出发，首先结合商誉的特点，思考创业板商誉为何突出，结合其原因判断迅游科技并购狮之吼的具体动因，同时根据资料重点分析并购狮之吼中形成的巨额商誉是否合理，进而揭示在并购初始早已埋下的减值风险。其次，结合商誉减值的相关理论，了解商誉的后续处理办法，结合案例情景分析被并企业与并购企业达成的业绩承诺如何影响后续商誉的处理，进而讨论商誉减值对迅游科技财务业绩和市场表现的影响，并从是否形成协同效应、估值是否合理以及是否存在关联并购等维度判断商誉质量的好坏。最后，结合商业伦理的相关知识，站在公司治理的角度，进一步思考迅游科技并购狮之吼时可能存在关联方交易的行为以及管理层之间的矛盾，为并购重组市场的监管敲响警钟，引导学生体会公司治理的重要性，同时树立正确价值观，提升职业道德水平。

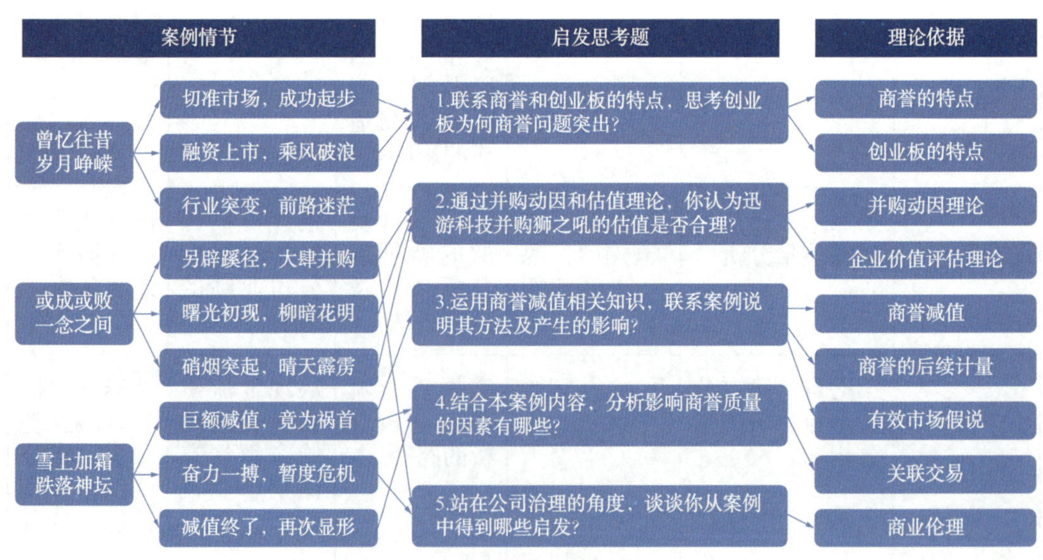

图 1　案例分析思路图

（二）教学目标

本节案例课程的教学目标如图 2 所示，实现从低阶向高阶的逐层推进。（1）知识记忆能力，对商誉定义、特点等基础概念进行回忆，并引入学术前沿以及发展趋势，通过提前预习使得学生对企业并购动因、商誉的定义和特点有更深入的了解和认识。（2）理解领悟维度，通过课堂讲授，知识要点梳理，帮助学生理解和掌握商誉的确认、计量和披露以及商誉减值方法等基础理论知识。（3）能力培养维度，通过案例研讨的方式，探究迅游科技巨额商誉减值的原因及其产生的影响，并判断商誉的质量，从而培养学生高阶思维和解决复杂问题的综合能力。（4）价值塑造维度，从商业伦理的角度分析关联并购的危害以及公司内部治理的重要性，帮助学生树立正确价值观、提升会计职业道德。

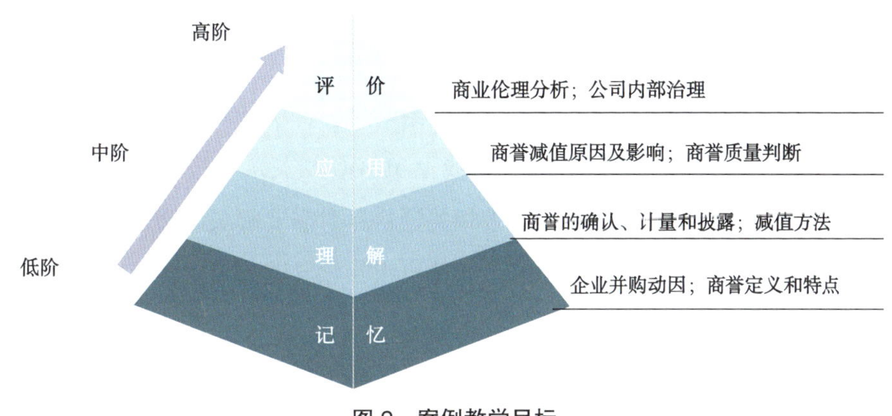

图 2　案例教学目标

（三）教学重点与难点

（1）创业板制度背景及特点。

（2）并购动因理论：明晰企业进行并购活动的原因。

（3）企业价值评估理论：了解在并购时如何评估企业价值。

（4）商誉特点及减值：介绍商誉减值迹象与具体测试步骤。

（5）商誉后续计量及影响：商誉减值方法选择、有效市场假说。

（6）公司治理问题：通过信息不对称理论和委托代理理论，从商业伦理角度分析关联并购的危害和公司内部治理的重要性。

（四）具体教学过程设计

本案例建议作为专门的案例讨论课进行开展，整个案例课需要实现课前自主学习、课中案例研讨和课后反思总结的有机结合，计划 150 分钟内完成（图 3）。

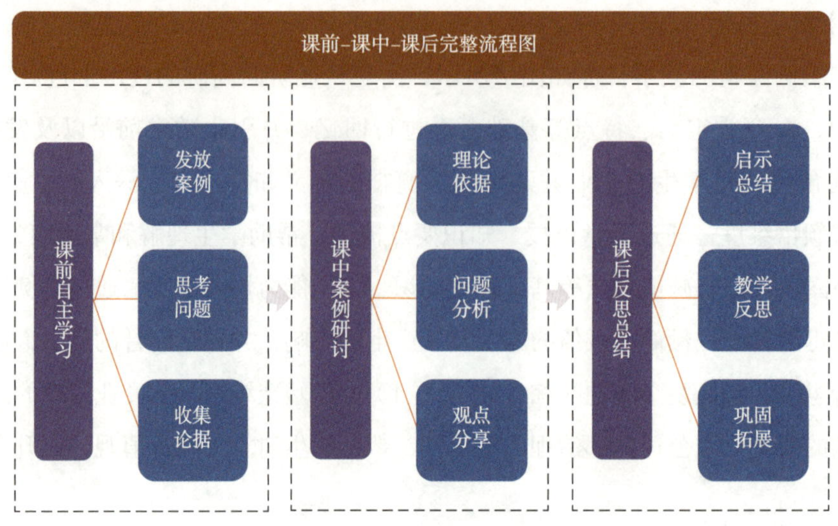

图 3 教学组织流程图

1. 课前自主学习（约 20 分钟）

提前将教学案例资料和引导问题清单发放给学生，并引导学生自行阅读迅游科技近五年财务报表、了解相关理论基础和观看线上 MOOC 相关章节进行课前预习。要求学生对理论基础及案例内容有所了解，搜集相关资料，对需要解决的问题有初步思考。并根据班级人数将学生分为 5~8 人的小组，并选出组长领导课前自主学习。

2. 课中案例研讨（约 90 分钟）

其中，案例要点梳理（10 分钟）、理论知识提炼（20 分钟）、小组互动讨论（20 分钟）、小组观点分享（20 分钟）、教师点评总结（20 分钟）。在引入本次的教学案例之前，对上节知识要点进行总结回顾，帮助学生复习巩固、加深记忆；并通过相关视频引入教学案例，介绍迅游科技高商誉的形成及后续“爆雷”的细节；后续通过“老师设问—小组讨论—观点分享—老师点评”的启发式课堂互动研讨实现“以学生为中心”的翻转课堂。讨论过程中突出学生的主体地位，开展学生之间以及学生和老师之间的讨论，加深对所学知识的领会，提高学生的合作意识。

3. 课后反思总结（约 40 分钟）

学生分组讨论并整合成讨论结果，形成纸质报告，引导学生于课后对本案例涉及的知识点进行概括总结，通过学术阅读拓宽学生知识面，增强课程的高阶性与挑战度。

（五）教学反思

本课程坚持以立德树人为根本，将党的方针政策宣传和社会主义核心价值观融入教学，实现全员、全过程、全方位育人，效果良好。同时围绕教学目标，以学生为中心，根据课程知识点深度挖掘思政元素，形成思政资源库；通过线上线下混合教学、案例教学和实践教学等方法，将课程思政融入专业教学的各部分内容。同时，通过探索企业高管进课堂讲座等形式开展第二课堂教学，有效丰富课程思政建设的实现路径。通过本门课程的学习，学生们既掌握了有关财务报告分析的理论基础，又理解了这些分析方法与手段的实际应用方式以及可能出现的问题，并且在思想上有了进一步提高：根植家国情怀树立远大理想、体悟宏观政策增加行业理解、加深企业认知严守道德底线。但同样，在授课过程中也发现存在一些实际问题：

首先，本课程的对象为三年级学生，对于会计学知识已有一定基础，而本课程重在灵活运用相关知识理论指导实践，因此对学生的评价考核不能单独以考试成绩计算，而应从多个角度进行全面考察；其次，课程在结合学校特色能源领域内容方面有待进一步提高，仍需注意对“双碳目标”的联系与有机结合；最后，慕课的评论区、讨论区不仅是学生们进行知识交流和案例讨论的平台，更应成为传播红色正能量、丰富学生思政教育的有力抓手。

针对上述问题，改进思路如下：

（1）完善以人才培养为目标的课程思政评价机制。在目前课程评价机制的基础上，围绕知识探索、能力建设、价值引领和人格养成“四位一体”的培养目标，加强对学生在思政案例讨论分析中自主学习、思想表达、团队合作和实践创新方面的评价。

（2）发挥能源行业优势，深挖课程绿色思政要素。利用我校行业背景优势，进一步深挖能源行业思政案例，邀请行业专家共同建设“绿色”课程，开展绿色专题讲座，将低碳与可持续发展报告等绿色元素嵌入课程框架进行内容体系重塑，进一步契合国家“碳达峰、碳中和”的双碳目标，强化“碳会计”的建设。

（3）继续利用慕课平台“讲好中国故事传递中国声音”。利用目前该课程慕课较高的社会影响力，追踪时事热点事件，与时俱进持续挖掘具有中国特色、体现社会主义核心价值观的正能量思政素材，讲好中国故事，丰富慕课思政案例分析板块的内容，并通过讨论区发贴的形式引发热烈讨论，传递中国声音。

《财务会计 I》优秀课程思政设计及案例

许文静、马春爱、王　俊、吕　慧、冯晓晴

一、课程基本信息

课程名称：财务会计 I

开课学院：经济管理学院

课程类型：专业课

课程性质：必修

授课对象：会计学专业、财务管理专业二年级本科生

使用教材：《中级财务会计》，ISBN 978-7-0405-5103-7，许文静等，高等教育出版社，2021

教学课时：48 课时

二、课程思政教学整体设计思路

课程思政教学整体设计凸显弘扬四个自信和社会主义核心价值观，引导学生将个人发展融入到国家富强、民族复兴的历史使命和责任担当中，整体设计思路如下：

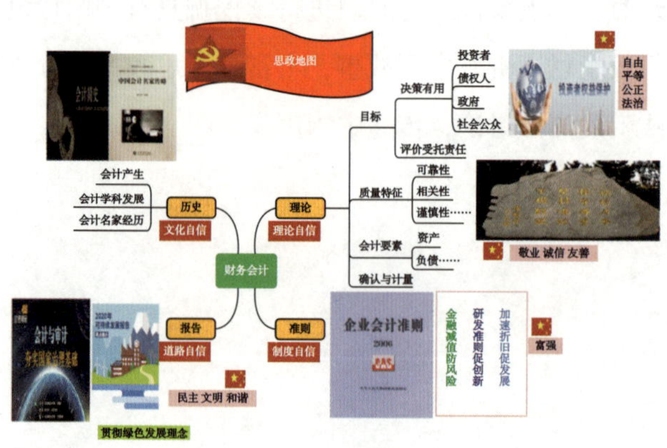

三、各章节课程思政设计要点

课程主要通过案例设计融入思政内容，各章节课程思政设计要点如下表所示。

	章节	案例名称	价值塑造侧重
财务会计课程思政案例库	第 1 章　总论	计量属性的选择与影响	坚守准则，客观公正
	第 2 章　货币资金	忽视廉洁自律 小会计挪用大基金	诚实守信，廉洁自律
	第 3 章　存货	蓝田存货造假 康得新存货跌价计提	坚守准则，不做假账
	第 4 章　应收及预付款项	票据减值、终止确认	坚守准则，职业谨慎
	第 5 章　金融资产	银行理财产品分类判断与减值变化	专业水平，执业能力
	第 6 章　固定资产	折旧计提与利益公平	社会责任，合理估计
	第 7 章　无形资产	大唐电信研发创新 与会计处理	创新性国家建设
	第 8 章　投资性房地产	上市公司投资性房地产 计量属性选择与影响	职业能力（FV/Cost）

四、案例展示

（一）结合章节

存货发出计价：以诚实守信助力资本市场高质量发展

（二）教学目标

2017 年中国共产党第十九次全国代表大会首次提出“高质量发展”表述，表明中国经济由高速增长阶段转向高质量发展阶段。2020 年 10 月党的十九届五中全会提出，“十四五”时期经济社会发展要以推动高质量发展为主题，这是根据我国发展阶段、发展环境、发展条件变化作出的科学判断。2022 年党的二十大报告指出：高质量发展是全面建设社会主义现代化国家的首要任务。本次课程思政旨在让学生全面理解会计信息质量对资本市场高质量发展的重要作用，积极投身于国家高质量发展的行动中。具体教学目标如下。

1. 知识目标

（1）知晓国际准则、中国准则对存货发出计价方法的规范。

（2）能够运用不同方法对发出存货的成本进行计算。

（3）理解不同发出存货计价方法的选择对企业损益确定、资产计价的影响。

2. 能力目标

（1）如何依据会计基本理论，分析与评价存货准则的制定。

（2）培养会计实务中合理、灵活选择存货发出计价方法的能力。

（3）培养学生团队合作能力、交流沟通与表达能力。

3. 育人目标

（1）通过獐子岛存货造假警示案例，引导学生遵循准则，不做假账，保障高质量会计信息。

（2）基于案例中涉及的北斗三号全球卫星的开通，以及运用该高科技技术保障会计信息质量，维护资本市场高质量发展，使学生切身体会中国集中力量办大事的制度优越性，增强民族自豪感与使命感。

（三）教学重点与难点

1. 教学重点

（1）国际准则、中国准则中对存货发出计价方法的规范与分析。

（2）灵活运用、合理选择不同存货发出计价方法以确定发出存货的成本。

（3）识别存货发出计价的财务造假行为，树立正确职业观。

2. 教学难点

（1）如何依据会计理论，分析与评价存货准则的制定与变迁。

难点分析：学生虽然已经知晓了会计的基本理论及其概念，但如何将基本理论运用到具体会计准则的制定中，指导存货准则的制定，并分析与评价准则中对于发出存货计价方法的修订是教学的难点。

教学对策：综合采用问题导向出发、引导同伴学习、观点分享与汇报、师生互动等教学方法，并引入投屏等信息技术手段辅助教学。

第一，老师基于目前准则的规范现状和发生的变化，提出需要分析的问题：会计准则为什么取消了后进先出法？

第二，让各个小组先在组内组织讨论，对该问题进行头脑风暴。

第三，各组观点通过雨课堂投屏功能进行分享，小组进一步解释各自观点。

第四，老师在上述的组内讨论，学生观点汇报中进行深入引导，提升学生对理论运用的能力和会计的思维能力。

（2）会计实务中，如何权衡各种影响因素，合理选择存货发出计价方法。

难点分析：准则给出了存货发出计价不同方法的选择，企业如何结合准则规范、依据会计理论、考虑会计实务中不同存货的性质、特点，以及企业存货管理的需求，合理、灵活地选择不同的存货发出计价方法是本节课的另一个难点。

教学对策：综合采用案例分析法、问题层层引导、学生讨论、师生互动等教学方法。

第一，基于小范饮品店矿泉水发出的实务作为分析案例。

第二，围绕可选的方法逐层设置问题，是否采用个别计价？基于会计信息质量选用先进先出还是平均单价？基于盈利结果选用先进先出还是平均单价？

第三，针对上述问题，组织学生组内讨论，进行观点分享，老师依据学生的回答做进一步的反馈与引导，帮助学生深刻体悟方法选择中如何综合考虑各个影响因素。

（3）识别存货发出计价财务造假行为，树立正确职业观。

难点分析：由于发出存货的计价影响到企业损益的确定，因而会计实务中利用存货发出计价进行利润操纵的现象时而发生，如何引导学生识别存货发出计价财务造假行为，并树立正确职业观是本节课的一个难点。

教学对策：综合采用使命激发、案例警示、正反对照、老师引导等教学方法。

第一，通过朱镕基总理给国家会计学院的题词，激发学生的职业使命感和责任感。

第二，通过獐子岛案例帮助学生识别财务造假行为，通过证监会处罚进行警示教育。

第三，通过獐子岛案例中涉及的北斗三号全球导航卫星的开通，激发学生的民族自豪感，通过财务造假和全球领先导航技术开通的鲜明正反对比，再次引导学生树立正确的价值观。

第四，老师的正面引导与言传身教，激发学生不做假账，诚实守信。

（四）具体教学过程设计

教学过程设计的基本思路如下：

1. 课前：课程思政引入

课前作业布置，要求学生阅读獐子岛公司存货造假的案例资料，厘清与初步了解獐子岛公司存货造假的手段、动机、后果，以及对企业存货造假的治理手段和措施，讨论会计职业操守。

2. 课中：课程思政贯穿教学全程

采用理论讲授与企业实务案例相结合的方式，在讲授存货计价的同时，以獐子岛存货计价为具体分析案例，让学生深刻体会会计信息质量在保障资本市场高质量发展中的重要作用，财务造假对资本市场投资者、债权人等带来的严重利益侵害，对资本市场公开、公平、公正的不利影响，同时监管部门运用高科技技术对财务造假行为的有力监管，树立会计职业操守。

3. 课后：课程思政总结反思

引导学生进行课后反思，总结财务造假动机、目的、实施的条件，从根源上挖掘如何更好地对财务造假行为进行有效治理，提高监管水平和能力，同时树立正确的职业观，维护资本市场的高质量发展。

教学过程设计的具体阐述如下：

1. 课前导入

（1）基本知识点课前自学。

观看中国大学慕课平台《财务会计Ⅰ》课程慕课的视频及课件资源——存货计价，知晓存货计价的原则、方法与相关计算。课程负责人许文静，慕课链接网址如下：

https：//www.icourse163.org/learn/CUP-1205588801?tid=1469708449#/learn/announce

（2）案例导入——獐子岛存货造假案例。

课前阅读会计实务中热点案例——**“獐子岛公司存货造假”**资料，了解公司财务造假的过程，并思考如下问题：

①獐子岛公司经营业务的特点是什么？其存货资产有何特征？

②獐子岛公司存货造假的具体手段是什么？

资料：反复上演的“扇贝传奇”“恰逢其时”的业绩变脸

来源：獐子岛造假术：成本腾挪造假象 北斗卫星揭开扇贝之谜（baidu.com）

爆发于 2014 年的“冷水团”只是獐子岛“扇贝传奇”系列故事的序幕。

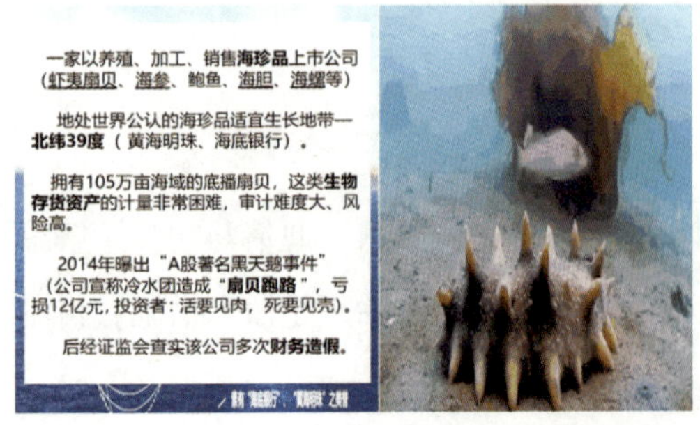

2018 年 1 月 31 日，獐子岛公司披露 2017 年业绩预告修正公告，公司将 2017 年业绩由预计盈利 9000 万元至 1.1 亿元，大幅下调至亏损 5.3 亿~7.2 亿元。

獐子岛公司表示，公司在进行底播虾夷扇贝年末存量盘点，发现部分海域的存货异常，同时，2017 年四季度，底播虾夷扇贝肥满度下降，境外扇贝产品冲击国内市场，对公司扇贝类产品的收入、毛利影响较大，底播虾夷扇贝收入及毛利下滑，部分库存扇贝类产品出现减值。

而仅仅在 3 个月前的 2017 年 10 月 24 日，獐子岛公司曾披露公告表示，公司对 120 个调查点位、135 万亩海域进行秋季底播虾夷扇贝抽测，结果显示公司底播虾夷扇贝尚不存在减值的风险。

最终，獐子岛公司将 2018 年 1 月曝出的这起“扇贝大规模存货异常”事件归因于：降水减少导致扇贝的饵料生物数量下降，养殖规模的大幅扩张更加剧了饵料短缺，再加上海水温度的异常，造成高温期后的扇贝越来越瘦，品质越来越差，长时间处于饥饿状态的扇贝没有得到恢复，最后诱发死亡。

2. 课中——知识检验与进一步拓展

对于课前知识点的学习情况进行检验，并对相关知识进一步拓展，引导学生思考会计准则具有的经济后果，同时应遵循准则，杜绝造假行为，不做假账。具体问题引导如下：

（1）存货计价的不同结果对企业财务报表会产生什么影响？

（2）存货计价环节有可能存在怎样的造假行为？

（3）如何正确、合理进行存货资产的计价？

总结：

● **会计实务中，企业应：**

依据会计理论，遵循会计准则规范，结合企业与存货实际

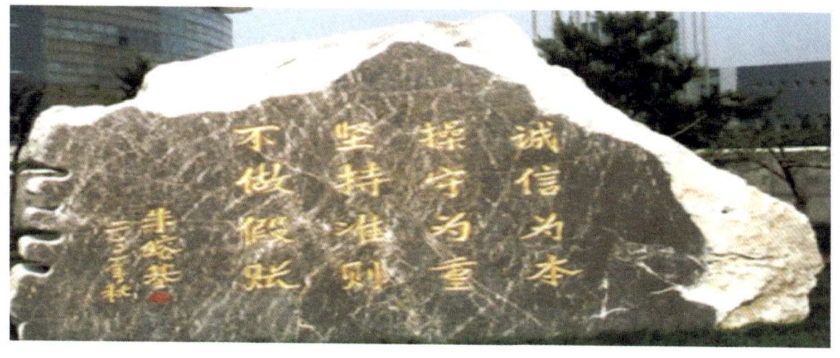

3. 课中——课程思政融入

将负面的獐子岛造假的警示案例、证监会处罚文件、正面的北斗三号卫星开通并用于识别造假行为的现实事例融入思政教学，具体如下。

（1）獐子岛存货造假带来了哪些经济后果？

通过獐子岛存货造假给投资者、公司员工等带来的损失，使学生意识到高质量会计信息对于保护投资者利益，维护资本市场正常运转和高质量发展的重要性。

资料：养老金停发，年轻人外出谋生［资料来源——獐子岛造假术：成本腾挪造假象 北斗卫星揭开扇贝之谜（baidu.com）］

"岛上居民很多都是依靠公司来生活的，最高峰的时候岛上70%的人都在獐子岛公司工作。而现在岛上年轻人越来越少了，很多都到外面打工了。"一位岛民告诉新京报记者，上市公司的效益越来越差，而岛民的生活补贴和股份分红均已停止。

与此同时，与上市公司獐子岛命运相连的獐子岛镇政府，也陷入了资金紧张的境地，其控股的长海县獐子岛投资发展中心所持有的部分上市公司及客运公司股份已被冻结，当地老人当年一季度的退休金也无法按期发放。

从20世纪50年代开始，獐子岛开始相继进行互助组、初级社、高级社等形式的社会主义经济改造，岛民用现金、船网等入股集体经济。1956年，獐子岛本岛、大耗子村、小耗子村和褡裢村分别成立一个高级渔业生产合作社，《獐子岛镇志》记载，1956年，4个高级社拥有固定资产总值66.8万元。资金来源互助组、初级社转入的公共积累9.8万元，占14.7%；初级社、互助组社员船网和现金入股的股金46.2万元，占6.4%；应付银行贷款6.5万元，占9.7%。当时，高级社可以从社员吸收公有化股份基金，159户船网户和884名社员累计缴纳公有化股金16.7万元。而这笔股金，也被许多獐子岛人看作父辈创业的原始投资，一直积累至今天的上市公司獐子岛。

（2）其造假行为受到了哪些处罚？

查阅中国证监会行政处罚决定书（獐子岛集团股份有限公司、吴厚刚等16名责任人员）——中国证券监督管理委员会（csrc.gov.cn），使学生深刻意识到会计人员责任的承担，增强职业使命感。

獐子岛自2014年11月末，曝出"扇贝出走"事件，资产减记近10亿元以来，相继上演了多出"扇贝游走""扇贝饿死"戏码。直到2020年中报，獐子岛净资产历史上峰值的27亿元，降至6100万元。

证监会在网站相关文件上对獐子岛的批评措词严厉："獐子岛财务造假性质恶劣，影响极坏，严重破坏了信息披露制度的严肃性，严重破坏了市场诚信基础""证监会坚决落实'零容忍'的工作要求，着力构建行政处罚与刑事惩戒、民事赔偿有机衔接的全方位立体式追责，全力维护资本市场平稳健康发展"。

中国证券监督管理委员会

CHINA SECURITIES REGULATORY COMMISSION

索引号	bm56000001/2020-00041125	分类	行政处罚;行政处罚决定
发布机构	证监会	发文日期	2020年06月15日
名称	中国证监会行政处罚决定书（獐子岛集团股份有限公司、吴厚刚等16名责任人员）		
文号	〔2020〕29号	主题词	

中国证监会行政处罚决定书（獐子岛集团股份有限公司、吴厚刚等16名责任人员）

根据当事人违法行为的事实、性质、情节与社会危害程度，依据2005年《证券法》第一百九十三条第一款规定，我会决定：

一、对獐子岛集团股份有限公司给予警告，并处以60万元罚款；

二、对吴厚刚、梁峻给予警告，并分别处以30万元罚款；

三、对孙福君、勾荣给予警告，并分别处以20万元罚款；

四、对邹建、王涛、罗伟新、赵志年、陈树文、吴晓巍、陈本洲、丛锦秀给予警告，并分别处以4万元罚款；

五、对于成家、赵颖、石敬江给予警告，并分别处以3万元罚款。

（3）监管部门如何识别獐子岛存货造假行为？

基于造假案例，进一步提问：对于海底养殖业来说其会计与审计监管的难度很大，证监会如何识别造假行为？引出北斗导航在识别造假行为中发挥的作用，基于2020年8月3日北斗三号全球卫星导航系统的正式开通，**我国成为世界上第三个独立拥有全球卫星导航系统的国家**，激发学生的**民族自豪感与时代使命感**，切实体会中国智慧，以及我国集中力量办大事的**制度优越性，增强制度自信**。同时意识到先进技术对于识别财务造假、维护资本市场高质量发展的重要作用。

具体资料如下：

摘自中国证监会网站信息：

http：//www.csrc.gov.cn/csrc/c101928/c1042334/content.shtml

无论是北斗定位信息，还是《中科宇图报告》和《东海所报告》，均是由我会依职权调取且取证过程合法有效。北斗导航定位信息系统由北斗星通配合提供,《中科宇图报告》和《东海所报告》为第三方机构出具的专业意见。

北斗卫星导航系统是我国自主建设、独立运行的卫星导航系统，其数据具有很好的时空特征，民用定位数据的精度在10米以内，能够记录渔船位置、航速、航向等，可以用于捕捞作业分析。北斗星通作为北斗数据运营商，是首批获得授权的北斗卫星导航定位系统分理服务单位，作为中立的第三方，其提供的数据具有合法性和客观性；北斗星通与上海普适导航科技股份有限公司（以下简称上海普适）提供的情况说明也表明，北斗星通如实保存了獐子岛公司 27 条扇贝采捕船在航行过程中产生的北斗卫星定位信息，且与獐子岛公司船载设备安装商上海普适的数据一致，能够保证真实、准确、完整。其 3 分钟一个点位频率是北斗导航设备固有的，也是现有取证条件下所能获取的最高精度，从东海所依据北斗导航定位信息进行的点位分析来看，完全可以用于识别判断船只的作业状态。

现实案例：獐子岛　存货发出计价　财务造假

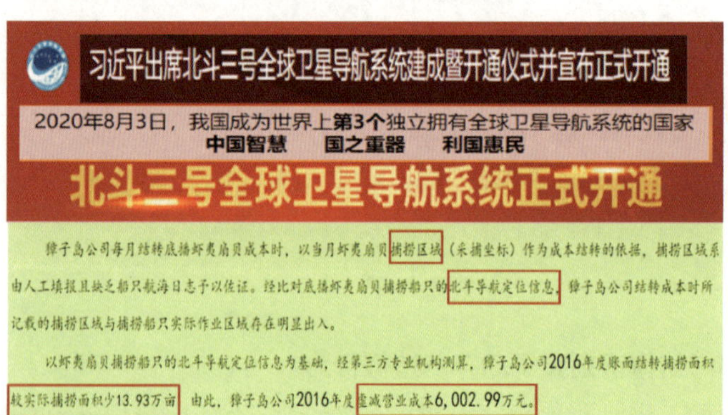

獐子岛公司每月结转底播虾夷扇贝成本时，以当月虾夷扇贝捕捞区域（采捕坐标）作为成本结转的依据，捕捞区域系由人工填报且缺乏船只航海日志予以佐证。经比对底播虾夷扇贝捕捞船只的北斗导航定位信息，獐子岛公司结转成本时所记载的捕捞区域与捕捞船只实际作业区域存在明显出入。

以虾夷扇贝捕捞船只的北斗导航定位信息为基础，经第三方专业机构测算，獐子岛公司2016年度账面结转捕捞面积较实际捕捞面积少13.93万亩　由此，獐子岛公司2016年度虚减营业成本6,002.99万元。

相关新闻报道如下。

獐子岛造假术：成本腾挪造假象 北斗卫星揭开扇贝之谜 播报文章

新京报
2020-06-24 17:13 | 新京报社官方帐号
关注

（五）教学反思

课后通过进一步引申思考和引导，让学生深刻意识到会计人员的使命和责任担当。

学后反思问题：通过本次课程存货发出计价的学习与獐子岛存货造假案例，请阐述会计信息质量的重要性，以及在维护资本市场高质量发展中，会计人员承担怎样的历史使命和责任。

《运筹学》优秀课程思政设计及案例

唐　旭、沈庆宁、郑玉华、夏良玉、曹　馨

一、课程基本信息

课程名称：运筹学

开课学院：经济管理学院

课程类型：专业课

课程性质：必修

授课对象：经济管理学院二年级本科生

使用教材：《运筹学—— 经营管理决策数量方法》（第四版），ISBN 978-7-5021-8098-0，张宝生著，石油工业出版社，2010

教学课时：48 课时

二、课程思政教学整体设计思路

运筹学课程的主要内容是基于建模 - 求解 - 分析的科学决策方法，是我校信管、营销等 6 个专业的本科生和经管学科研究生的必修（选修）课程。结合我校“能源特色鲜明的世界一流研究型大学”发展定位，本课程的思政教学以学好科学决策方法、未来贡献于能源 - 经济 - 环境 - 社会大系统协调优化和国计民生和谐发展为最高目标，而思政教育资源素材选取则重点体现课程量化分析与学校能源特色，这方面在以下思政教学实践和特色创新中具体描述。

从理念上我们认为：育人先立己、师生共升华；课程思政是高校“立德树人、教书育人”的高阶性内容与形式，其作用的有效发挥也必须基于思政教学方法的创新。我们首先按性质分为时政背景下、开篇结语时和教学过程中的三类课程思政，每类思政的目标各有侧重。

形式上，第一类随所选时政要事有针对性系统分析以增家国情怀；第二类按整体课程哲理和内容总结提炼以励人生成长，第三类则最为丰富和最具特点，细分为章节总结与各节课的思政教学，且皆表现为信手拈来、自然融汇，融知汇能炼品质。不论哪类思政，其着力点（思政教育指向）相同，即：凡与政治觉悟、理想信念、综合素质相关的具体目标点均属着力之处。总体设计如下图所示。

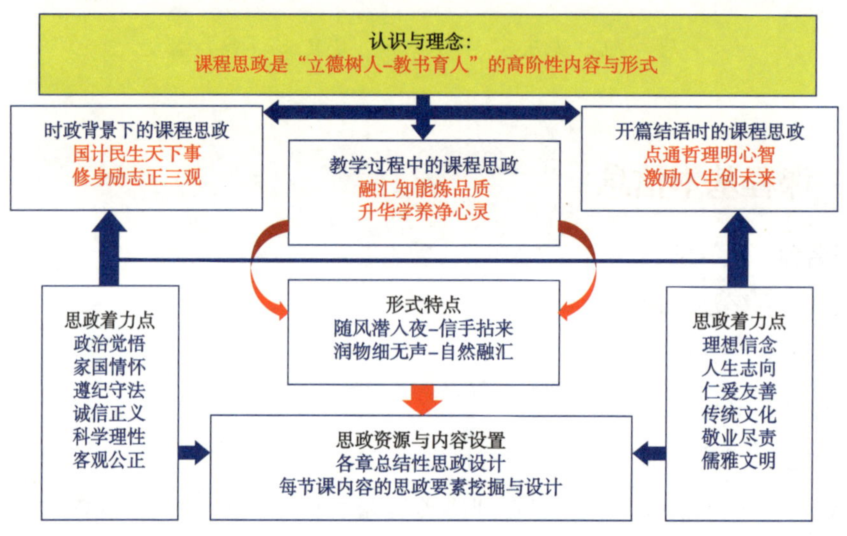

三、各章节课程思政设计要点

课次	节次	授课内容提要	思政元素及内容
1	1	绪论（课程简介、特点、考核要求等） 线性规划建模	1）时政背景下的时政：2020年国民经济与社会发展公报，展示中国抗疫成果； 2）课程有难度——提振信心与激励。
	2	图解法、解的概念	图解法简单形象——从简单到复杂的认识规律。
2	3	单纯形法步骤	表格形式的单纯形法与代数形式的线性方程组求解——创新建立在已有知识基础上。
	4	单纯形法原理及进一步讨论	由简单到一般，由一般到特殊，不断完善的过程。

续表

课次	节次	授课内容提要	思政元素及内容
3	5	管理应用建模	投资决策及合理下料问题——资金与资源的高效利用，节约型社会及高质量发展。
	6	单纯形法矩阵描述，第一章小结	本章总结思政：科学决策——资源优化配置——强国利民。
4	7	对偶问题、对偶关系对偶性质、影子价格	1）矛盾论——对偶问题与原问题的对立和统一性； 2）传统文化——中国诗词和名联中对偶的美感； 3）影子价格——国民经济评价问题。
	8	对偶单纯形法、资源量灵敏度分析	1）多视角看问题，关联中找规律； 2）传统文化：横看成岭侧成峰……
5	9	价值系数与技术参数的灵敏度分析	条件总在变化，树立风险意识。
	10	应用示例和典型习题分析、第二章小结	本章总结思政：1）模型中的经济管理意义；2）单纯形法与灵敏度分析的诗词总结——文化。
6	11	运筹学教学软件介绍，软件应用演示	成本最低加环境友好的炼化方案——最大限度满足人们日益增长的对美好生活的向往！
	12	应用软件进行石油炼制方案优化案例分析	
7	13	运输模型、模型特点分析、求解运输模型的单纯形法	要多视角看问题：模型的某些特征会引起解决问题方法的改变，站位不同，同样的问题和意义会有不同的解释。
	14	求解运输模型的单纯形法（续）、运输问题经济意义的进一步讨论	
8	15	运输模型求解习题课、本章小结	本章总结思政：运输优化直接结果是低成本、高效益，隐含结果是能耗低、环境友好。与习近平总书记提出的“最大限度满足人们日月增长的对美好生活的向往”相一致。
	16	含配送中心的物流配送决策优化案例介绍	

续表

课次	节次	授课内容提要	思政元素及内容
9	17	软件应用、配送案例分析	通过模型计算结果对比，联想管理学原理，领会减少管理层次和环节在便民等方面的意义。
	18		
10	19	动态规划基本概念与模型、最短路径问题、资源分配问题	复杂问题的阶段划分，问题分解能力，学会动态分析。
	20	生产与存储问题、连续性动态规划问题	
11	21	动态规划习题课，本章小结	本章小结思政：社会经济系统大都是具有动态特性的复杂系统，要素分解和要素间联系分析是解决复杂系统的基本思路。
	22	网络分析、最短路径问题与最大经济流转问题的网络分析方法	最大通过能力是网络瓶颈的通过能力——突破“卡脖子”关键技术，是提高总体实力的核心问题。

四、案例展示

（一）结合章节

本案例主要结合运筹学第 2 章对偶问题第 1 节相关内容，重点讲述对偶问题的原理和性质。

（二）教学目标

1. 知识目标

（1）理解对偶规划问题的经济内涵和特征；

（2）理解对偶问题和原问题的对立性与统一性。

2. 能力目标

（1）能够根据实际问题要求建立线性规划模型及其对偶模型；

（2）能够运用对偶问题的性质对企业资源配置进行决策。

3. 育人目标

（1）养成善于将理论方法与管理实践相结合的思维素质；

（2）增强学生对科学发展观的深度理解。

（三）教学重点与难点

1. 教学重点：

（1）对偶问题的经济含义与特征；

（2）影子价格的经济含义与应用。

2. 教学难点：

（1）对偶问题的经济含义。

难点分析：对偶问题的概念相对抽象，需要运用一定的“创新思维”去理解。如何理解对偶问题的内涵，并厘清其与线性规划原问题的经济含义之间的联系与模型构建之间的联系，是本节学习的难点之一。

教学对策：从学生熟悉的概念入手，通过案例分析、启发式教学引出新的概念，并在案例中融入思政理念。本部分将通过对科学发展观的认识，引出案例教学的背景——DM 化工公司汽车添加剂的生产决策问题，通过对该问题的解读，引导学生运用前一章节的内容，建立线性规划模型，此过程属于“温故”；在此基础上引导学生另辟蹊径，考虑 DM 化工公司可以出售生产添加剂的原材料，只要出售的利润高于自产的利润，交易即能成立，从而引出对偶问题和对偶模型，此过程属于“知新”。应用此“温故而知新”的引出方式，该过程既能够体现对偶问题的经济含义，也有助于学生拓展知识视野，同时在案例的背景中自然融入思政要素，也能够使学生深刻理解科学发展观如何引领企业的投资决策。

（2）影子价格与资源的稀缺性。

难点分析：对这两个问题之间关系的理解需要对第 1~2 章的内容有融会贯通的学习。由于本科生大多比较容易接受“知识点”式的教学和思维模式，缺乏对知识全局性的理解，以及对知识深入思考和综合运用的能力不足，因此，如何引导学生综合运用所学方法和技能，深入分析问题的本质，并建立知识之间的联系，是本节课的又一难点。

教学对策：采用问题导向，逐层深入，总结归纳的教学方法。一方面，通过对线性规划原问题求解的复习，进一步引导学生对最优解（最优资源配置）下的企业生产资料使用情况和剩余情况进行计算；另一方面，对对偶问题的求解进行积极尝试，得到对偶问题最优解（最优资源定价），并对其含义进行解析。在此基础上针对原问题的资源剩余量和对偶问题资源定价的规律进行一一比对，通过递归归纳得出两者之间的对应关系，并进一步对资源的定价进行理论推导，得出影子价格的定义和经济含义。应用此学生深度参与、循序归纳的教学方法，该过程既实现了理论与实践的完美融合，也对案例进行了深度的挖掘，同时也在案例中进一步融入思政元素，能够使学生进一步理解在国家和企业经济决策中，资源稀缺性的约束和意义。

（四）具体教学过程设计

<table>
<tr><th>教学意图</th><th>教学内容</th><th>教学环节设计</th></tr>
<tr><td colspan="3">1. 问题导入与知识回顾（12 分钟）</td></tr>
<tr><td>思政意图：使学生深入理解科学发展观。
教学意图：引出本部分教学案例的宏观背景</td><td>1）引用习近平总书记的语录：绿水青山就是金山银山
问题：企业如何理解这句话的内涵？
总结：
◇ 要找准环境保护与经济发展的结合点，因地制宜地运用生态技术将丰富的生态资源转化为高附加值的生态产品；
◇ 所有企业都应该承担这样的社会责任。</td><td>时长：5 分钟
通过提问的方式，请 2 名学生结合所学知识提出自己的看法
对学生的回答进行总结，并引出案例的宏观背景</td></tr>
<tr><td>教学意图：详细介绍本部分的案例，引导学生思考科学发展观下企业的生产决策问题</td><td>2）引出案例背景：DM 公司的成品油添加剂研发决策
案例背景：随着私家车数量的上升和居民驾车出行需求的增加，汽油带来的排放污染问题日益严重。DM 化工公司决定研发和生产高技术含量的成品油添加剂。结合幻灯片内容，简要介绍添加剂的作用和种类。

汽油要喝补药了!!!
汽油添加剂
活性剂——清除沉积在缸内表面的油垢和积碳
催化型助燃剂——提升发动机的效率
调节型助燃剂——改善燃油性能，提高燃油做功效率
添加剂类型

DM 化工公司在催化型助燃剂（K）和调节型助燃剂（M）方面取得了成功，打破了国外石化公司的垄断，降低了国内助燃剂的整体价格。
引入 DM 化工公司面临的生产决策问题：

DM公司面临的生产决策
究竟如何安排两种产品的生产?
DM化工公司决定生产两种添加剂K和M，需要A、B、C三种原料
<table>
<tr><th></th><th colspan="2">单耗(吨)</th><th>原料总量(吨)</th></tr>
<tr><th></th><th>添加剂K</th><th>添加剂M</th><th></th></tr>
<tr><td>原料A</td><td>0.4</td><td>0.5</td><td>20000</td></tr>
<tr><td>原料B</td><td>0</td><td>0.2</td><td>5000</td></tr>
<tr><td>原料C</td><td>0.6</td><td>0.3</td><td>21000</td></tr>
<tr><td>利润(万元/吨)</td><td>280</td><td>210</td><td></td></tr>
</table>
</td><td>时长：2 分钟

通过教师自行收集和编写的数据与案例，引出本节课程的案例背景

引导学生思考如何将企业的生产决策问题进行模型化处理</td></tr>
</table>

续表

<table>
<tr><th>教学意图</th><th>教学内容</th><th>教学环节设计</th></tr>
<tr>
<td>教学意图：通过对学生提问的方式回顾上一节课程的内容</td>
<td>3）引导学生回顾线性规划问题建模和求解过程：
<table>
<tr><td colspan="2">定义决策变量：x_1= 添加剂 K 的产量
x_2= 添加剂 M 的产量</td></tr>
<tr><td>需要考虑的问题</td><td>建立的线性规划模型</td></tr>
<tr><td>1. 利润最大</td><td>目标函数：
$\text{Max } z=280x_1+210x_2$</td></tr>
<tr><td>2. 资源约束：材料总量限制</td><td>资源约束：
$s.t.\begin{cases}0.4x_1+0.5x_2\leqslant 20000\\0.2x_2\leqslant 5000\\0.6x_1+0.3x_2\leqslant 21000\\x_1,x_2\geqslant 0\end{cases}$</td></tr>
<tr><td></td><td>求解结果：
x_1=25000 吨
x_2=20000 吨
Z=1120 万元</td></tr>
</table>
</td>
<td>时长：5 分钟

引导学生对线性规划的相关知识进行复习</td>
</tr>
<tr><td colspan="3">2. 对偶问题的经济释义及其性质（15 分钟）</td></tr>
<tr>
<td>教学意图：引导学生从原问题另辟蹊径，深刻理解对偶问题的经济含义</td>
<td>1）引入对偶问题的经济含义
逐步引导学生建立对偶模型
<table>
<tr><td>需要考虑的问题</td><td>建立的线性规划模型</td></tr>
<tr><td>问题 1：除了自己生产，DM 公司是否有其他选择？</td><td>可以选择出售全部生产资料
定义对偶问题的决策变量：
y_1= 原料 A 的价格
y_2= 原料 B 的价格
y_3= 原料 C 的价格</td></tr>
<tr><td>问题 2：如果考虑出售，应该满足什么条件？如何表述？

需要考虑的问题：
1.出售利润不低于自产利润
2.最低出售价格—底线</td><td>出售的利润大于自产利润
对于添加剂 K 需满足：
$0.4y_1+0.6y_3\geqslant 280$
对于添加剂 M 需满足：
$0.5y_1+0.2y_2+0.3y_3\geqslant 210$</td></tr>
<tr><td>问题 3：对方公司可能会有什么反应？如何用公式表达？</td><td>对方的期望是总价最低：
$\text{Min}W=20000y_1+5000y_2+21000y_3$</td></tr>
</table>
</td>
<td>时长：5 分钟

通过对学生提问引导学生从另一个层面理解线性规划问题
每个问题随机选择 2 人回答</td>
</tr>
</table>

续表

<table>
<tr><th>教学意图</th><th>教学内容</th><th>教学环节设计</th></tr>
<tr>
<td>思政意图：运用辩证唯物主义的矛盾论观念来解释对偶现象

教学意图：使学生理解对偶问题的特征</td>
<td>
2）运用矛盾论解释线性规划和对偶问题的关系
辩证唯物主义认为物质世界是按照它本身所固有的规律变化和发展的，“事物都是一分为二的”。事物矛盾双方又统一又斗争，促使事物不断由低级向高级发展，这一规律在对偶问题中得到了充分体现。
①对立性：
提问：原问题和对偶问题在模型的表达形式上有哪些联系？反映了哪些对立又相关的关系？（随机选择 2 人回答）
总结观点：
<table>
<tr><th>对立性关系</th><th>具体表现</th></tr>
<tr><td>目标函数的“反对”关系</td><td>互为对偶
生产问题
$Max\ z = 280x_1 + 210x_2$
$s.t.\begin{cases}0.4x_1+0.5x_2 \leqslant 20000\\ 0.2x_2 \leqslant 5000\\ 0.6x_1+0.3x_2 \leqslant 21000\\ x_1,x_2 \geqslant 0\end{cases}$
最优生产方案
资源出售问题
$Min\ W = 20000y_1 + 5000y_2 + 21000y_3$
$s.t.\begin{cases}0.4y_1+0.6y_3 \geqslant 280\\ 0.5y_1+0.2y_2+0.3y_3 \geqslant 210\\ y_1,y_2,y_3 \geqslant 0\end{cases}$
对资源的估价</td></tr>
<tr><td>价值系数和资源系数的“反对”关系</td><td>互为对偶
生产问题
$Max\ z = 280x_1 + 210x_2$
$s.t.\begin{cases}0.4x_1+0.5x_2 \leqslant 20000\\ 0.2x_2 \leqslant 5000\\ 0.6x_1+0.3x_2 \leqslant 21000\\ x_1,x_2 \geqslant 0\end{cases}$
最优生产方案
资源出售问题
$Min\ W = 20000y_1 + 5000y_2 + 21000y_3$
$s.t.\begin{cases}0.4y_1+0.6y_3 \geqslant 280\\ 0.5y_1+0.2y_2+0.3y_3 \geqslant 210\\ y_1,y_2,y_3 \geqslant 0\end{cases}$
对资源的估价</td></tr>
<tr><td>系数矩阵的“反对”关系</td><td>互为对偶
生产问题
$Max\ z = 280x_1 + 210x_2$
$s.t.\begin{cases}0.4x_1+0.5x_2 \leqslant 20000\\ 0.2x_2 \leqslant 5000\\ 0.6x_1+0.3x_2 \leqslant 21000\\ x_1,x_2 \geqslant 0\end{cases}$
最优生产方案
资源出售问题
$Min\ W = 20000y_1 + 5000y_2 + 21000y_3$
$s.t.\begin{cases}0.4y_1+0.6y_3 \geqslant 280\\ 0.5y_1+0.2y_2+0.3y_3 \geqslant 210\\ y_1,y_2,y_3 \geqslant 0\end{cases}$
对资源的估价</td></tr>
</table>
②统一性：
用矩阵表示原问题和对偶问题，并证明如下：
互为对偶
生产问题
$\max z = CX$
$s.t.\ AX \leqslant b$
$X \geqslant 0$
资源出售问题
$\min w = Yb$
$s.t.\ YA \leqslant C$
$Y \geqslant 0$
设X^0和Y^0分别是原问题和对偶问题的可行解，则必有
$\left.\begin{array}{l} AX^0 \leqslant b \Rightarrow Y^0AX^0 \leqslant Y^0b \\ Y^0A \geqslant C \Rightarrow Y^0AX^0 \geqslant CX^0 \end{array}\right\} \Rightarrow CX^0 \leqslant Y^0AX^0 \leqslant Y^0b$
</td>
<td>时长：10 分钟
通过对比分析，结合矛盾论引导学生理解对偶问题与原问题的关系

通过对学生提问引导学生深入思考对偶问题和原问题的联系，并进行总结
每个问题随机选择 2 人回答</td>
</tr>
</table>

续表

<table>
<tr><th>教学意图</th><th>教学内容</th><th>教学环节设计</th></tr>
<tr>
<td>思政意图：运用辩证唯物主义的矛盾论观念来解释对偶现象

教学意图：使学生理解对偶问题的特征</td>
<td>提问：能够得出什么结论？（随机选择 2 人回答）
总结观点：

原问题 → ← 对偶问题
$CX^{*}=Y^{*}b$

◇ 原问题的目标函数小于等于对偶问题的目标函数；
◇ 当原问题目标函数与对偶问题相等时，两者分别最优；
◇ 这契合了矛盾论的观点：对立和统一中共同进步，走向和谐。</td>
<td>证明过程演示，随即让学生思考可以得到哪些结论
对学生提问并进行总结和归纳
每个问题随机选择 2 人回答</td>
</tr>
<tr><td colspan="3">3. 影子价格的释义及其应用（18 分钟）</td></tr>
<tr>
<td>教学意图：通过计算和分析，深度挖掘对偶问题的特点及其与原问题的关系；使学生深入理解影子价格的来源和含义</td>
<td>1）影子价格的经济含义
引导学生对原问题的最优解进行深入研究，具体步骤如下：

<table>
<tr><th>应用资料
（幻灯片上显示）</th><th>具体提问、思考和总结过程</th></tr>
<tr>
<td>
<table>
<tr><td></td><td colspan="2">单耗(吨)</td><td>原料总量
(吨)</td></tr>
<tr><td></td><td>添加剂K</td><td>添加剂M</td><td></td></tr>
<tr><td>原料A</td><td>0.4</td><td>0.5</td><td>20000</td></tr>
<tr><td>原料B</td><td>0</td><td>0.2</td><td>5000</td></tr>
<tr><td>原料C</td><td>0.6</td><td>0.3</td><td>21000</td></tr>
<tr><td>利润(万元/吨)</td><td>280</td><td>210</td><td></td></tr>
</table>

最优生产决策$x_1=25000$　$x_2=20000$
</td>
<td>提问：如果按照最优解生产，三种原材料的消耗量为多少？
请学生思考后计算，得到：

生产最优时的材料消耗：
A=20000 吨
B=4000 吨
C=21000 吨

提问：哪种生产资料有剩余？
回答：生产最优时原材料 B 有剩余！</td>
</tr>
</table>
</td>
<td>时长：10 分钟

要求学生对原问题的结果进行计算，并分析和总结资源使用情况
每个问题随机选择 1 人回答</td>
</tr>
</table>

续表

教学意图	教学内容	教学环节设计
教学意图：通过计算和分析，深度挖掘对偶问题的特点及其与原问题的关系；使学生深入理解影子价格的来源和含义	**资源出售问题** $\text{Min}\,W = 20000y_1 + 5000y_2 + 21000y_3$ $s.t.\begin{cases} 0.4y_1 + 0.6y_3 \geqslant 280 \\ 0.5y_1 + 0.2y_2 + 0.3y_3 \geqslant 210 \\ y_1, y_2, y_3 \geqslant 0 \end{cases}$ **对资源的估价** 提问：应用软件，求解对偶问题的最优解，结果是什么？ **求解对偶问题的结果：** y_1=231.7 元，y_2=0 元，y_3=312.2 元， 目标函数 W=1120 万元 提问：对偶问题解经济含义是什么？ 回答：对资源出售的估价 提问：生产最优时资源的使用量与对资源出售的估价有什么关系？ ①资源耗尽，估价大于零； ②资源剩余，估价等于零	引导学生对对偶问题的求解结果进行计算，并概括其与原问题的对应关系 每个问题随机选择 1 人回答 总结归纳，并提出影子价格的定义
教学意图：使学生理解如何根据影子价格进一步优化企业的生产资源配置	**影子价格是对偶规划目标函数对某种资源的一阶偏导数：** $Z=b_1y_1+b_2y_2+\cdots+b_my_m$ $y_i=\dfrac{\partial Z}{\partial b_i} \quad (i=1,2\cdots,\ m)$ 提问：y_2=0 意味着什么？这个价格是市场可能出现的价格吗？ 回答：明显不可能，这种价格被定义为“影子价格”。 进一步解释影子价格的含义： ①影子价格是指在生产最优时，单位资源变化所引起的目标利润的变化； ②影子价格是对企业最优生产系统中各种生产资源的边际估价。	时长：8 分钟 要求学生通过计算，做出这一资源配置决策 随机选择 1 人回答

续表

教学意图	教学内容	教学环节设计
思政意图：使学生理解科学发展观；认识影子价格在国民经济评价和社会资源配置中的意义	2）影子价格的应用 应用一：目前，市场上能够以 270 万元 / 吨的价格购买材料 C 提问：增加原材料 C 能否提高企业的利润？（3 分钟思考计算） 结论： 根据计算结果，材料 C 的影子价格为 y_2 =312.2 万元 / 吨，也即，增加一吨原料 C 能给企业带来 312.2 万元的收益，该收益大于材料的采购成本 270 万元 / 吨，购买材料 C，扩大生产规模是有利可图的！ ◇ 应用二：党的十九大报告提出新的发展观念：我国经济已由高速增长阶段转向高质量增长阶段，正处在转变发展方式，优化经济结构、转换增长动力的攻关期…… 提问：应用影子价格的相关概念，分析如何优化国民经济的资源配置？ 总结： 国民经济的投入产出反映真正的经济价值、反应市场的供需情况、反应资源的稀缺程度，使资源得到合理的配置价格。 在项目的国民经济评价中，需要使用商品或资源的影子价格，而不是市场价格	要求学生讨论如何做出这一资源配置决策 随机选择 2 人回答并总结

《基础学术英语 I》优秀课程思政设计及案例

梅　丽　王文征

一、课程基本信息

课程名称：基础学术英语 I

开课学院：外国语学院

课程类型：通识课

课程性质：必修

授课对象：非英语专业一年级本科生

使用教材：《能源学术英语 I 综合教程》，ISBN 978-7-5213-1048-1，赵秀凤等，外语教学与研究出版社，2019

教学课时：64 课时

二、课程思政教学整体设计思路

1. “能源学术英语”简介

“能源学术英语”系我校非英语专业本科生公共基础课，2020 年获评首批国家级“线上线下混合式”一流课程。该课程突破传统通用大学英语模式，充分发挥能源校本特色，聚焦学术话语。所用教材由我院教师设计编写，由外语教学与研究出版社出版。本课程涉及能源与日常生活、能源与技术、能源与伦理、能源与可持续发展、能源与安全、能源与地缘政治变化、能源与文明、能源与人文、能源与环境、能源与未来、能源与变革、能源与气候变化等 12 个话题，引发学生对能源危机、环境保护、生态文明建设以及人类命运共同体的深入思考。

2. “能源学术英语”课程思政目标与设计

结合《大学外语课程思政指南》（2022）相关要求，我们将“能源学术英语”课程思政教学目标描述如下：学生能够用英语讲好中国能源故事，正确看待能源在政治、经济和社会中的价值和功能，培养学生爱国、公平、正义、文明、和谐的家国情怀，培养学生爱岗、敬业、合作、创新的职业道德修养，树立能源安全观和总体国家安全观、生态观、可持续发展观和人类命运共同体等观念，能够践行低碳生活方式，能源报国，奉献国家。

依据这一目标，结合“能源”和“学术英语”的特点，我们提出了“能源学术英语”课程思政的整体设计，如图 1 所示。

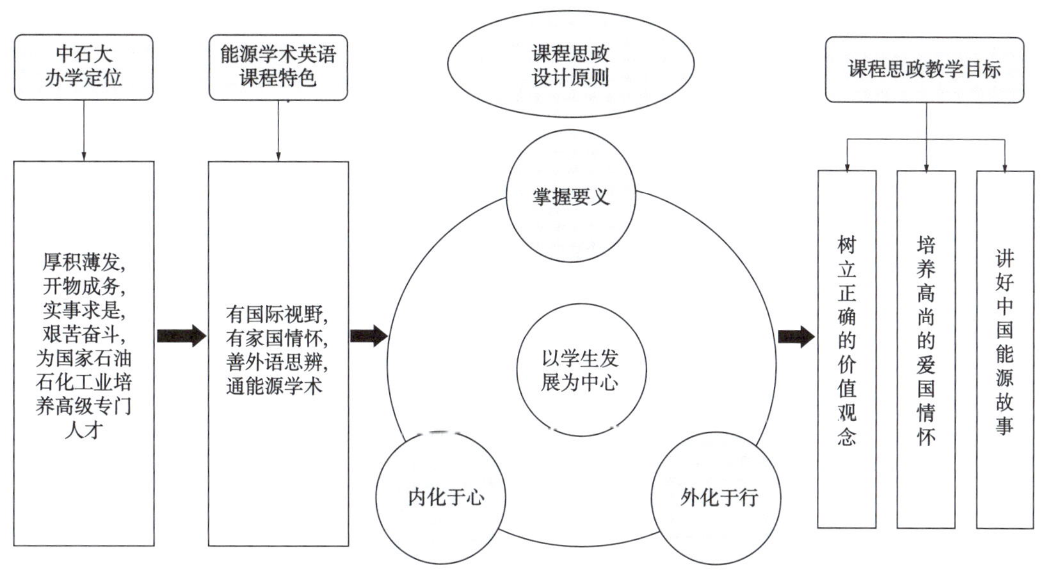

图 1 “能源学术英语”课程思政总体设计

三、各章节课程思政设计要点

“能源学术英语”课程的整体教学目标分为能力目标、知识目标和价值目标。其中，能力目标主要培养学生的读写能力、跨文化交际能力、思辨能力和创新能力；知识目标重在引导学生了解有关能源的基本概念，如化石能源、新能源、碳足迹、能源危机、能源转型等，以及建立能源和日常生活、技术、伦理、环境等之间的联系；价值目标则是引导学生树立正确的世界观、人生观和价值观，深刻理解并践行社会主义核心价值观，弘扬优秀传统文化，厚植家国情怀，树立全球视野。

例如，在学习第一单元“能源与生活”话题时，既引导学生讨论能源对人们衣、食、住、行的重要作用，辩证分析传统能源与新能源的关系，又帮助学生了解能源行业，引导他们热爱所学专业并投身于能源行业，保障国家能源安全。再如，在讨论“能源与科技”相关知识中，通过课文学习和亲眼所见的案例分享，引导学生体会物联网在家庭节能、城市节能以及电力节能方面取得巨大进步，学习科技工作者的工匠精神，增强学生对国家、制度和文化的认同，引发学生强烈的自豪感、责任感和使命感。其他单元由于篇幅不再一一赘述（具体内容，详见表 1）。

每个单元之间相互联系，但各有侧重。六个单元的思政要素体现了社会主义核心价值观的基本内容，为国际、社会和个人勾画出清晰的价值目标、价值取向和价值准则。

表 1　“能源学术英语”各章节思政要点概况

单元主题	思政要点	核心素养
Unit 1 Energy and daily life	赖以生存的化石能源；节能减排，低碳生活	爱国、敬业、绿色发展
Unit 2 Energy and technology	科学技术在节能减排中的意义：储能技术、智能电网、微电网，物联网	合作、创新、工匠精神
Unit 3 Energy and ethics	能源扶贫；能效伦理	公平、正义、生态文明
Unit 4 Energy and sustainability	清洁能源对于国家可持续发展的意义；能源转型	富强、和谐、可持续发展
Unit 5 Energy and security	提升能源效率和发展可再生能源是保证能源安全的关键因素	科技、法治、国家意识
Unit 6 Energy and geopolitics	地缘政治与能源安全	安全、平等、国际视野

四、案例展示

（一）结合章节

接下来，我们以《能源学术英语 I 综合教程》第一单元“能源与生活”（Energy and Daily Life）为具体教学案例，系统探讨通用学术英语类课程思政教学设计和实践。

（二）教学目标

“能源与生活”这一单元共有两篇文章，Text A How Much Do Fossil Fuels Impact Our Lives，Text B How Competitive Natures Help Reduce Carbon Footprints? 均为学术性文本，首先说明了化石能源对人类生活的重要性和不可或缺性，其次通过初创公司 Opower 的案例探讨了利用人的争强好胜心理来减少碳足迹以应对气候变化的途径。

学完这两篇文章，学生须达到以下三个目标。

首先是知识目标：了解日常生活用品、家用电器、汽车零部件的生产制造离不开化石燃料衍生物；熟悉教育基金、福利补贴等大部分来自油气公司所支付的开采税；深刻认识通过改变能源使用行为有助于节约用电；掌握能源技术相关词汇和短语，运用略读、寻读、精读等技巧进行语篇分析，把握学术语篇的文体特征，掌握正式性学术文体的写作技巧。

其次是能力目标：要求学生能够对文中的例证进行系统分析、比较和评价，能够判断相关观点的合理性和关联性，能够围绕传统能源在衣食住行各方面不可或缺的作用及其面临的机遇与挑战等话题展开讨论，并形成自己独立的观点。

最后是育人目标：深刻认识化石能源对人类生活的重要性，辩证分析传统能源与新能源的关系，帮助学生了解能源及能源行业，引导学生热爱所学专业并投身于能源行业，保障国家能源安全；了解应对全球气候变化的主要措施，认识个人日常行为改变对减少碳排放的重要意义，从自身做起践行“碳达峰”绿色低碳全民行动方案，为国家的“双碳”目标做出贡献；培养学生的合作、协同能力，研究、创新能力，发扬大国工匠精神，积极思考个人在国家能源发展目标中应尽的责任和义务，培养家国情怀，全球意识，增强能源报国、科技报国的信心和决心。

（三）教学重点与难点

本单元是新学期新教材开篇之课，虽然主题和生活贴近，但对于大一新生来讲，能源知识储备甚少。因此，本单元的教学重点是帮助学生熟悉“能源”和“化石燃料”，意识到无论从个人生活必需品还是国家基础建设对于“化石燃料”的依赖性，同时了解国家和国际所面临的能源危机、机遇和挑战。教学难点是要帮助学生改变“被动知识灌输”的习惯，引导学生参与到教学活动中来，并且培养学生主动提出问题、发现问题和解决问题的能力。

（四）具体教学过程设计

本单元综合运用了交际教学法、任务型教学法和项目式教学法开展教学。现结合 Unit 1 Energy and Daily Life 具体教学内容，将具体的教学过程分为三个环节：导入热身、渐入佳境和延伸拓展。其中，导入热身是课前线上活动，要求学生通过慕课和学习通完成预习作业；渐入佳境主要在线下进行，通过师生之间和学生之间的交流，培养学生用英语讲述能源故事的能力；任务型教学贯彻线上和线下，将整个课程教学的任务细化，进而通过个人独立和小组合作两种形式完成；项目式教学主要安排在延伸拓展阶段。具体安排见表 2。

表 2　“能源与生活”具体教学活动与设计

课堂教学	教学活动	教学步骤	思政目标	教学时长
导入热身	头脑风暴	阅读并熟悉“化石燃料的形成和分类”；分析“化石燃料的功与过”	辩证分析传统能源与新能源的关系；能源已经不是简单的经济问题，开始变成政治、社会、文明、道德和伦理问题。	线上 10 分钟
	浮想联翩	完成视听练习，想象“一个没有能源的世界”		线上 10 分钟
渐入佳境	意想不到	课文阅读 立场讨论 教师点拨	分析语篇中能源案例，进行批判性思考，师生共同挖掘内在的价值观。 研究题目：1. 做饭比外卖节能更省钱？ 2. 堂食更节能？ 3. 大一新生月度账单分析；4. 男、女生月度账单分析。	线下 90 分钟
	生活点滴	理解要点 探索分析 教师点拨		
	不可思议	材料分析 话题讨论 教师点拨		
延伸拓展	小组项目	收集资料 制作 PPT 项目汇报	提高学生协作、沟通、合作、创新能力，提升学生发现问题、分析问题和解决问题能力，探索节能减排路径。 研究题目：“月度账单”的调研做进一步探讨，通过对比分析“月度账单”，找出生活方式差异，从而找到切实可行的节能途径。	线上线下

现结合具体教学内容，将表 2 中各个步骤详述如下。

1. 导入热身

导入热身活动有两个：头脑风暴（brainstorming）和浮想联翩（imagination）。

（1）头脑风暴。

“头脑风暴”是把 Text A 作为泛读练习。要求学生课前完成 How Much Do Fossil Fuels Impact Our Lives? 阅读热身练习，引导学生了解“化石燃料”的形成和分类，并结合具体实例讨论“化石燃料”的功与过，明辨是非曲直，探究价值意义。主要讨论话题如下：

① What is formation of fossil fuels?

② What are the applications of fossil fuels?

③ What are the negative impacts of fossil fuels?

（2）浮想联翩。

“浮想联翩”是一个视听练习，要求学生观看视频，体会一个没有能源的世界可能带来的一系列问题：温饱问题、教育问题、贫困问题和失业问题等；能源过度消耗势必会对环境造成不利影响，频繁的暴风雨，上升的海平面，摧毁的农田，无着的生计。

① Watch the video clips and fill out the blanks.

② Topic for discussion：Imagine a world without electricity.

Topics	Details and examples
Difficulties	• Imagine living in the dark, unable to keep warm, or 1) ________ a light. • Imagine being taken ill in the night, and not being able to see a doctor or 2) ________. • Lack of access to modern energy also means 3) ________ in the classroom is restricted. • Without even simple electrical devices there is no access to 4) ________ such as radio programs about farming techniques, flood warnings or local news.

Problems (Paras. 1-6)	**Problems caused by electric scarcity:** • Life without electricity is harsh. • Without electricity, 1) ________ is not easy either. • The 2) ________ between the developing world and the developed world remains great. • Energy scarcity can lead to other problems associated with poverty, such as 3) ________, lack of education and unemployment. **Problem in the measures:** • Governments, development agencies and nonprofits have tended to focus too much attention on small-scale fixes or 4) ________ instead of aiming for 5) ________ of the problem of energy poverty.

2. 渐入佳境

这一环节主要为学生设计了三个教学活动：意想不到（revelation）、生活点滴（anecdotes）和不可思议（unexpected）。分别详述如下。

（1）意想不到。

“意想不到”是 Text B How Competitive Natures Help Reduce Carbon Footprints? 的导入练习，阐释了“碳足迹”的定义、分类。这个话题引起了学生们的兴趣，对于大一新生来讲，“碳足迹”是个新鲜概念，且没有想到“购物”从生产、运输、销售到处理全过程都会留有碳足迹。主要教学过程如下：

第 1 步　课文阅读。

学生完成“碳足迹”阅读练习，理解并陈述“碳足迹”概念和分类。

① What are carbon footprints?

② What are types of carbon footprints?

第 2 步　立场讨论。

① What contributes to our carbon footprints?

② Does online shopping or take-out food increase or decrease carbon footprints?

第 3 步　教师点拨。

学生在讨论环节各抒己见，各有立场，这时就需要教师引导学生进行全面思考，正确评估观点的合理性和逻辑性。例证中“点外卖”和“自己做饭”都有不同程度的能源消耗，但两者消耗量的差异需进一步论证。此部分的话题讨论为后续“延伸拓展”提供研究方向，比如，“做饭比外卖节能更省钱？”“堂食更节能？”等。

（2）生活点滴。

“生活点滴”是课文中提及“能源使用行为和能源消耗量”之间的关系，讲述了比邻而居的两户家庭有着相同人口结构但由于能源使用行为不一样导致了消耗量的巨大差异。

第 1 步　理解要点。

Two families that are demographically similar，living side by side，in similar apartments，can use dramatically different amounts of energy – the difference of which can be attributed to behavioral differences. 两个家庭比邻而居，人口结构相似，房子状况也类似，然而能源消耗量差异巨大：这一差异可能源于行为模式的差异。

第 2 步　探索分析。

Why do the two families use dramatically different amounts of energy?

学生通过讨论得知，刷牙、洗脸、洗澡、洗衣、拖地、用电、做饭等各个生活环节的行为习惯不同，能源消耗就会不同。

第 3 步　教师点拨。

我们无论如何也想不到，一个人或一户家庭点滴的能源使用方式不同竟然会带来如此大的能耗差异，奢侈的能源使用行为会带来严重的社会后果。反之，如果每个人都少浪费一滴水，少用一度电，少用一个塑料袋，就能够积少成多，聚沙成塔，拯救全世界。接着“堂食和外卖”话题，引导学生去做实证研究，比如：“大一新生月度账单分析”或“男女生月度账单分析”等。

（3）不可思议。

“不可思议”是教材中两个著名的行为研究实验，其中一个实验是在受试者住宅门上悬挂提示牌来呼吁降低能源使用量，研究发现：悬挂“和邻居一起节能”提示牌的家庭节能效果明显；另一个实验是 Opower 能源软件公司将每位客户与相邻 100 位客户的的能源使用进行对比分析，并在客户月度账单上推送对比结果，此项工作帮助客户减少了 1.5%~3.5% 的家庭能源消耗。因此可知：利用人们的攀比好胜心理可以改变能源使用行为，从而达到减少能源消耗的目的。这个练习可以让学生打破常规认知，培养思辨能力。可以按下面的步骤进行。

第 1 步　材料分析。

① State the famous psychology experiment led by Robert and Wesley.

② State the largest behavioral study launched by Opower energy software company.

第 2 步　话题讨论。

① What were the messages on the door hangers? Which one was more effective in reduction of energy consumption?

② How do competitive natures help reduce carbon footprints?

第 3 步　教师点拨。

通过语篇层面的分析，学生基本能够分析语篇中的能源案例，并在教师引导下进行批判性思考；同时能够分享、评判、扩充、深化自己的观点，提升语言思维能力的同时，发展健全的人格和良好的道德行为。同时，“月度账单”的调研可做进一步探讨，通过对比分析“月度账单”，找出生活方式差异，从而找到切实可行的节能途径。

3. 延伸拓展

这一部分的活动主要分为三个层次：信息收集（information collection）、小组讨论（group discussions）和创新创作（creative work）。在信息收集阶段，要求学生围绕“月度账单”这一主题，收集整理相关信息。其目的是培养学生熟练使用英语工具书和网络资源获取相关信息的能力；培养学生自主学习尤其是发现问题的能力。在小组讨论阶段，要求学生以小组为单位，探讨“月度账单”调查问卷中所包含的问题等。其目的是，培养学生分析、判断、整合数据和事实的能力；通过完成小组任务，锻炼和培养学生的协作精神和协同能力，尤其是客观、全面分析问题的能力。在创新创作阶段，要求学生发挥主观能动性，制作和设计 PPT、录制视频，唤起学生能源节约意识。这一环节的目的是让学生在真实的任务中，锻炼批判性逻辑思维能力、研究能力和创新能力，尤其是自主解决问题的能力。这也是思政要素真正“外化于行”的重要一步。

（五）教学反思

研究“能源学术英语”课程思政的设计和实践，我们发现，通用学术英语课程具有较强的工具性和专业性。这就要求教师们在设计和组织此类课程思政教学时，要注意以下三个问题。首先是思政要素的识别问题。教师要紧紧依托各单元教学素材和主题，将思政育人目标与知识传授目标和技能训练目标有机结合起来。其次是育人方法。教师要根据学术英语类课程的目标和任务，精心设计各类教学活动和学术任务，让学生在完成具体任务的过程中，展示自主学习能力，锻炼学术探究素养，触发家国情怀，立志奉献国家。最后是育人平台。思政育人应该是“全过程”的，所以，教师应充分利用网络资源、平台和技术，创建多层次、全方位的育人体系。

《大学体育必修——拉丁舞》优秀课程思政设计及案例

张　旭

一、课程基本信息

课程名称：大学体育必修——拉丁舞

开课学院：体育与人文艺术学院

课程类型：通识课

课程性质：必修

授课对象：全校一、二年级本科生

使用教材：《体育舞蹈运动教程》，ISBN 978-7-5644-2114-4，体育舞蹈运动教程编写组，北京体育大学出版社，2017

教学课时：32 课时

二、课程思政教学整体设计思路

（一）知识目标

（1）掌握拉丁舞的基本步伐和组合；

（2）掌握科学锻炼身体的方法；进行身体素质训练。

（二）能力目标

（1）由所给素材入手，提高学生解决问题及将所学知识融会贯通的能力；

（2）结合相关物理学知识，提高学生将理论知识用于解决实际问题的能力；

（3）创编舞蹈组合，充分调动学生的主观能动性，培养创新思维能力。

（三）价值目标

（1）通过课程学习，使学生感受中西方文化的交流与融合，感受中国文化中的“和而不同”“美美与共”的精神信念，树立文化自信；

（2）通过观看舞剧、团队 PK，模拟赛场，让学生感悟体育竞赛精神，塑造顽强的意志品质，树立正确的世界观、人生观、价值观；

（3）通过拉丁舞学习，培养学生与他人交流沟通、协调合作及共情能力；

（4）使学生养成一个良好的运动习惯，形成浓厚的体育运动兴趣，建立积极健康的人生态度。

三、各章节课程思政设计要点

章节	教学内容	专项素质	课程思政内容设计
第 章	1. 介绍本学期的教学内容、要求及注意事项； 2. 简介拉丁舞的起源与发展，特点与锻炼价值； 3. 拉丁舞的基本站姿、体位。	平衡与协调素质训练（基础训练）	通过冬奥会赛场上的体育精神，对学生进行爱国主义教育。尤其是通过参加冬奥会的中石大师生的案例，传递他们以高度的政治责任感和“爱国·爱校”精神，圆满完成了国家任务
第二章	伦巴舞基本步伐	柔韧素质训练	通过欣赏《黄河》《梁祝》等舞蹈剧目表演，感受中华民族音乐和舞蹈与体育舞蹈结合的双重魅力，培养学生文化自信，显示中国传统文化的包容性
第三章	伦巴舞基本步伐	耐力素质训练	通过两个人的配合动作，培养学生团结协作的意识
第四章	1. 伦巴舞基本步伐 2. 伦巴舞铜牌组合	速度力量素质训练	通过身体形态的讲解，进行美育教育，以体育人，以美化人
第五章	伦巴舞铜牌组合	平衡与协调素质训练（负重抗阻训练）	通过抗疫纪实连续剧的片段内容，引导学生如何用肢体语言来缓解焦虑，保持好心态

续表

章节	教学内容	专项素质	课程思政内容设计
第六章	伦巴舞单人组合	柔韧素质训练	通过舞蹈作品，让学生分析音乐、舞台和服装等，深度分析作品的思想情感，然后模仿其中一段，使学生在潜移默化中吸收作品中的思政文化，提升道德素养
第七章	伦巴舞铜牌组合	耐力素质训练	通过组合的创编，培养学生发散性思维，创新思维能力
第八章	素质测验		意志品质：发扬坚忍不拔、顽强拼搏的精神
第九章	恰恰舞基本步伐	速度力量素质训练	不积跬步，无以至千里；不积小流，无以成江海。再次明确重视基础学习的重要性
第十章	恰恰舞基本步伐	平衡与协调素质训练（复合训练）	通过生物力学原理来让学生学习纽约步，教育学生做人的道理
第十一章	恰恰舞铜牌组合	柔韧素质训练	将舞蹈礼仪延伸到社交礼仪，培养学生良好的礼仪意识
第十二章	恰恰舞铜牌组合	耐力素质训练	通过欣赏比赛视频和教师难度组合展示，培养学生发现美、欣赏美、创造美的能力，增强学生的自信心
第十三章	1. 恰恰舞单人组合 2. 恰恰舞铜牌组合	速度力量素质训练	通过模拟比赛的形式，培养学生竞争意识和提高学生的自信心和表现力
第十四章	1. 复习考试内容一 2. 成套动作考试		树立公正、诚信、规则意识

续表

章节	教学内容	专项素质	课程思政内容设计
第十五章	1. 复习考试内容二 2. 成套动作考试		生命在于运动，运动让生命充满阳光。通过案例，让同学们积极行动起来，养成良好的锻炼习惯，建立积极向上的人生态度，每天锻炼一小时，健康工作五十年！
第十六章	体育理论		诚信考试

四、案例展示

（一）结合章节

第十章

（二）教学目标

知识目标：掌握恰恰舞中单人和双人纽约步组合；进行身体素质训练。

能力目标：利用数学原理学习纽约步，提高学生将理论知识用于解决实际问题的能力；创编纽约步组合，充分调动学生的主观能动性，培养创新思维能力。

价值目标：通过观看大型情景史诗《伟大征程》，增强青年人的历史责任感和使命感，树立文化自信；通过模拟赛场，让学生感悟体育竞赛精神，塑造顽强的意志品质，树立正确的世界观、人生观、价值观。

（三）教学重点与难点

1. 教学重点：单人恰恰纽约步的基本步伐

处理方法：用数学中“三角形具有稳定性”的原理讲解纽约步中切克步的技巧，使体育中的知识与工科大学生所熟知的数学知识相结合，便于学生理解；通过示范教学、分解教学、纠错、小组练习等，由易到难、深入浅出，引起学生共鸣，活跃课堂气氛，增强学生体育锻炼意识，逐步突破本课难点。

2. 教学难点：纽约步的双人配合

处理方法：通过教学示范恰恰双人纽约步拓展步伐及应用，使学生感受到恰恰双人动作的灵活及多样变化，学生之间通过相互练习感受人与人之间的协调合作、相互配合的关系。

（四）具体教学过程设计

教学步骤	教学内容	设计意图
（一）本节课介绍（1分钟）		
讲授本节课内容	1. 本课教学内容； 2. 教学重点难点； 3. 教学目标； 4. 体育课安全教育。	让学生了解本节课学习的内容，使学生有体育安全的意识
（二）复习内容、新课导入（5分钟）		
引导学生进行准备活动和复习组合内容 提出问题，导入本课内容。通过观看抗疫纪实连续剧片段进行思政教育	1. 复习校园维也纳华尔兹组合：要求学生每个动作舒展开，力达肢体末端 2. 导入课程主题： 以抗疫纪实连续剧《在一起》里面医护人员带领轻症患者跳舞的片段为切入点，引起学生兴趣点，通过提问和启发，导出第一个教学内容：恰恰舞纽约步的教学。	以抗疫纪实连续剧《在一起》为切入点，引发学生兴趣点，较快进入问题情境
（三）单人恰恰舞纽约步教学（15分钟）		
单人恰恰锁步的基本步伐示范及教学	**1. 技术动作讲解：** 纽约步的第1步重心完全放在主力腿上，重心在两脚之间，形成半重心，上步时有一个1/16的外开。  第1步，上右脚左转90°，左膝盖靠在右膝盖，左手向上打开，手掌朝下  第2步，左脚原地换重心  第3步，右脚回来，左转90°  第4步，左脚与右脚并步	教师示范为主，PPT演示为辅，通过工科大学生熟悉的物理知识，讲解动作的基本要领，使学生更容易理解

续表

教学步骤	教学内容	设计意图
教学方法：分解教学、口令指示法、翻转课堂、情境教学法等	 第5步，右脚继续向右移动，左脚打开，形成脚掌着地，脚背绷直  第6步，左脚左转90°，右膝盖靠在左膝盖，右手向上打开，手掌朝下  第7步，右脚原地换重心  第8步，左脚回来，左转90° 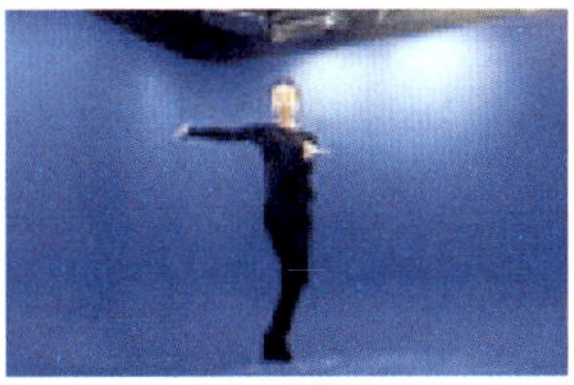 第9步，右脚与左脚并步  第10步，左脚继续向左移动，右脚打开，形成脚掌着地，脚背绷直	通过工科大学生熟悉的数学几何知识，讲述拉丁舞纽约步中切克步的做法，使学生更易理解 胯部动作易范错误讲解 脚步动作易范错误讲解 头部动作易范错误讲解 手部动作易范错误讲解
分组创编	**2. 小组创编：** 学生运用本堂课所学编排舞蹈动作，激发创新意识，小组成员还需相互配合，变化队形，伴随音乐起舞，体会舞蹈艺术多元化、多样性的特点。	采用分组自主练习的方式，提高学生学习的效果
	3. 模拟赛场： 由两人合作完成，需要舞伴间的默契配合，舞伴的引带与跟随才是表现舞蹈健身效果的重要步骤，舞伴同应做到以下几点：第一，互相理解、互相尊重；第二，锻炼自身技术，能够独立完成动作；第三，相互协商，从技术层面解决双人配合上的矛盾。	模拟真实赛场，展现学习成果，感悟体育竞赛精神

续表

教学步骤	教学内容	设计意图
		模拟真实赛场，展现学习成果，感悟体育竞赛精神
（四）双人恰恰舞纽约步教学（15 分钟）		
恰恰舞纽约步在双人中的拓展应用	基本双人纽约步；双人连续纽约步；双人纽约步 + 画圈；双人纽约步 + 转圈；创编纽约步造型；模拟比赛；双人纽约步组合拓展展示；《黄河》舞台剧目赏析。	通过舞蹈作品《黄河》，向学生讲好中国故事，让我们的文化走向世界
（五）身体素质锻炼及放松拉伸（10 分钟）		
身体素质锻炼及放松练习	1. 身体素质锻炼 （1）高抬腿＋平板支撑 高抬腿+平板支撑 讲解法 纠错法 主要肌肉群 股四头肌 其他肌肉 腓肠肌 比目鱼肌 高抬腿要点： ①挺胸收腹，落地屈膝缓冲 ②膝盖与脚尖保持向前 ③前脚掌着地发力 （2）花样平板支撑 花样平板支撑 启发式教学法 直臂平板支撑+交替提膝　屈肘侧身支撑转体　反向屈膝直臂支撑	高质量的纽约步需要重心的移动、核心力量的稳定、姿态的控制。进行配套的身体素质练习，培养学生体育锻炼的能力，还有合作能力，体验体育运动带来的快乐

续表

<table>
<tr><th>教学步骤</th><th>教学内容</th><th>设计意图</th></tr>
<tr><td>身体素质锻炼及放松练习</td><td>（3）运动知识 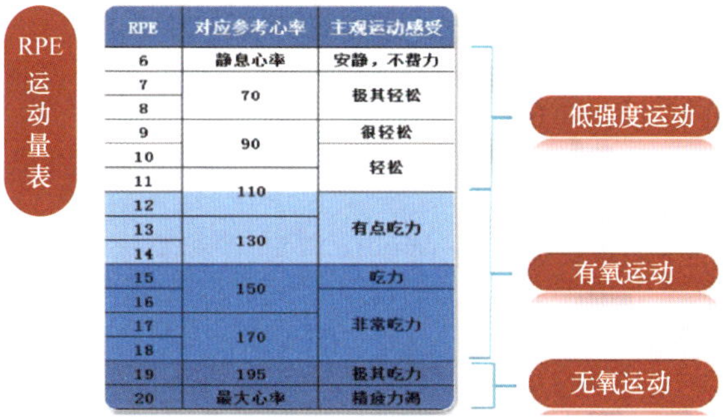
RPE运动量表
<table>
<tr><th>RPE</th><th>对应参考心率</th><th>主观运动感受</th></tr>
<tr><td>6</td><td>静息心率</td><td>安静，不费力</td></tr>
<tr><td>7</td><td rowspan="2">70</td><td rowspan="2">极其轻松</td></tr>
<tr><td>8</td></tr>
<tr><td>9</td><td rowspan="2">90</td><td>很轻松</td></tr>
<tr><td>10</td><td rowspan="2">轻松</td></tr>
<tr><td>11</td><td rowspan="2">110</td></tr>
<tr><td>12</td><td rowspan="3">有点吃力</td></tr>
<tr><td>13</td><td rowspan="2">130</td></tr>
<tr><td>14</td></tr>
<tr><td>15</td><td rowspan="2">150</td><td>吃力</td></tr>
<tr><td>16</td><td rowspan="3">非常吃力</td></tr>
<tr><td>17</td><td rowspan="2">170</td></tr>
<tr><td>18</td></tr>
<tr><td>19</td><td>195</td><td>极其吃力</td></tr>
<tr><td>20</td><td>最大心率</td><td>精疲力竭</td></tr>
</table>低强度运动
有氧运动
无氧运动</td><td>通过简单组合，带领学生提升身体素质

使用RPE运动量表进行自我监控，能够对运动时人体机能的变化做出科学和准确的分析</td></tr>
<tr><td></td><td>2. 放松拉伸
功效：提高血液循环、增加身体柔韧性、排出乳酸堆积、提高肌肉线条、避免运动损伤

（1）双手背拉　（2）单腿背伸展

（3）下犬式　（4）腹部拉伸</td><td>1. 教师带领做放松运动，拉伸紧张疲劳状态下的肌肉和各个关节，使身体充分舒展，达到放松的目的；
2. 运用随手可得的书本进行经络拍打、舒筋展骨等
要求：
1. 运用呼吸放松身体各部分肌肉；
2. 调整好各个关节，尽量处于放松状态；
3. 拉伸肌肉，以防肌肉仍处于紧张状态，修饰自身的完美线条；
4. 本节课介绍8种拉伸放松动作，重点练习四种，每种拉伸15~20秒</td></tr>
<tr><td colspan="3">（六）本课总结与作业（4分钟）</td></tr>
<tr><td>布置课后联系内容，通过小结概述本课内容</td><td>1. 本课总结
（1）学习了纽约步的单人和双人的组合，体会到了恰恰舞的魅力；
（2）掌握科学锻炼身体的方法，进行身体素质训练。</td><td>通过课后练习将本节知识学以致用，科学指导学生体育锻炼</td></tr>
</table>

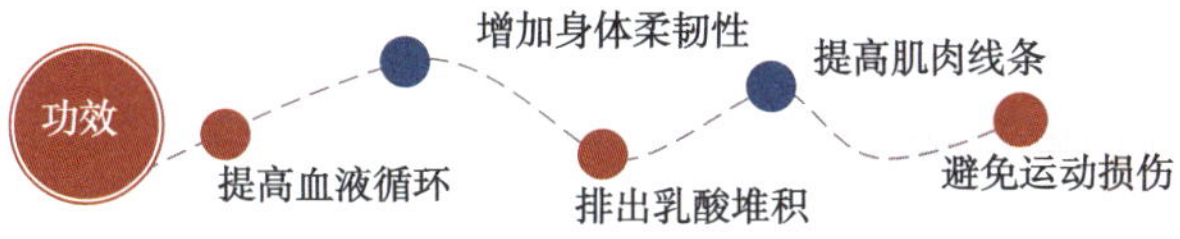

续表

教学步骤	教学内容	设计意图
	2. 本课作业 （1）本节课的教学内容已上传到微信和学校网络教学平台，供大家巩固复习； （2）舞伴小组编创纽约步组合 8 小节，录制视频提交到云班课； （3）本周身体素质练习：keep 软件腰背线条核心力量 k2 打卡； （4）继续通过老师的体育舞蹈慕课预习下节课内容手拉手。 3. 课堂小调查 （1）纽约步基本技术要领掌握得如何？ （2）双人纽约步哪部分掌握得不好？	通过钟南山院士的案例，告诉学生要向钟南山爷爷学习，积极行动起来，养成良好的锻炼习惯，建立积极向上的人生态度，每天锻炼一小时，健康工作五十年！

（五）教学反思

体育教学不仅仅是让学生提高身体素质，更重要的是培养学生的团队意识和创新意识，树立个人自信和文化自信。通过灵活多样的方式和丰富多彩的教学活动，让学生体验成功，感受体育课的乐趣，激发学生的热情。在本课的教学活动中，试图从以下五点来突破本课的重难点：

（1）在教法和学法上，基本实现了教师角色的动态转换和学生主体意识的形成为前提的教师教学方式和学生学习方式的有效转变，促使学生学会学习、学会探究、学会合作。遇到动作不会时小组同学之间互相帮助，或者教师给予适时的引导，培养学生团结合作的精神。

（2）用思政教育与影视作品导入主题，将体育理论知识与实践操作相结合，理论部分深入浅出，直观形象理解概念。

（3）通过不同情境的设置，比如组合创编、小组展示、模拟赛场等，调动学生的探究欲望，激发学生的创编能力，提高学生的表现力和自信心。

（4）注重把“美”贯穿整节课，通过对美的观察、美的发现，从而发展到对美的表现和创造。

但本节课还存在着不足之处，对于动作的讲解还应该更加细致一些，其他学科的运用还要继续加强。布置作业只是检测的第一步，落实才是作业监测的重要环节，所以要及时给予学生反馈和指导。

《国际能源政治》优秀课程思政设计及案例

杨卫东

一、课程基本信息

课程名称：国际能源政治

开课学院：马克思主义学院

课程类型：通识课

课程性质：选修

授课对象：全校本科生

使用教材：自编教材

教学课时：32 课时

二、课程思政教学整体设计思路

国际能源相关问题与政治密不可分。在当下世界，能源领域的合作与竞争越来越出现政治化倾向。能源作为支撑一个国家社会发展的核心要素，不仅在经济上具有重要意义，更在外交、国防等事业上有着重要的战略地位。目前，能源问题已经上升到了国家安全的高度，它不仅是一个经济或者发展问题，更是兼顾全球性和政治性的综合议题。

《国际能源政治》课程以国际视野聚焦能源时事热点，剖析全球范围内能源领域中的新动向，分析各国的能源政策以及未来发展方向。教师在课堂上采用师生互动教学的授课方式，引导学生循序渐进地了解国际能源的总体格局，理解中国的能源政策，明白国家对于能源安全的战略布局。提高学生的政治敏锐度，培养个人正确的价值倾向，同时提升思政素养，让学生明白**“知识是力量，但是良知是方向”**，从而使学生得以用全面、审慎的态度看待国际能源问题，符合立德树人的基本目标，意在为中国重塑国际能源政治生态、推进国际能源治理改革的进程培养相关人才。

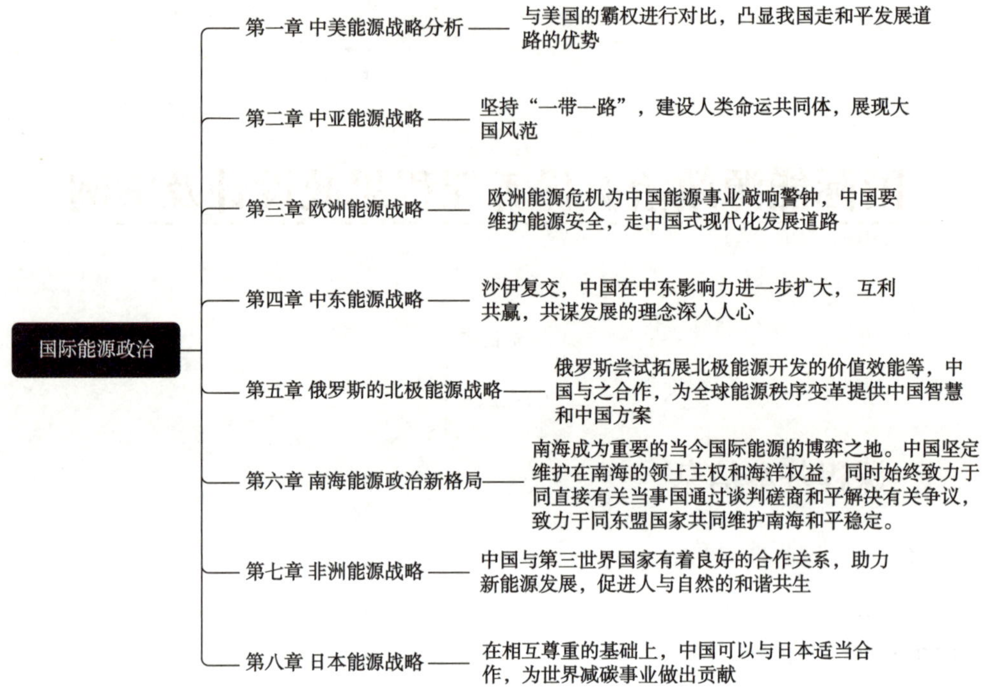

三、各章节课程思政设计要点

第一章　中美能源战略分析

课程思政内容设计：中国和美国同为世界上能源消耗的大国，对于国际能源市场有着举足轻重的影响作用。但中美近年来摩擦不断、矛盾升级，在能源领域的争端也屡见不鲜。从美国整体的发展规划来看，美国想要达成独霸全球的目标，便干扰能源市场的正常秩序，在油气行业上打压他国。美国一来利用其在中东的势力，对中东的能源供应和出口加以控制，以便巩固自己的利益；二来大力发展自身的天然气，确保美国能源可以自给自足，强化能源独立地位；三来拜登政府重视气候变化相关问题，发展新能源相关技术，提出要实施绿色新政，而这一举措加剧了国际清洁能源市场的竞争。

中国正处于优化能源格局的转型时期，减少化石燃料使用、发展清洁能源迫在眉睫，不仅需要达成“碳中和”目标，更要平衡经济发展的问题，使得传统能源行业平稳过渡转型，为长久发展助力。

本章节旨在以中国视角分析美国能源政策，揭开美国能源政策的面纱，使学生了解美国影响下的能源市场环境，并提出中国的破局之道。丰富学生相关知识的同时，使其正确认识中美关系，从中领悟家国情怀，对发展中国的能源事业更加有信心和底气，并立志能源强国，能源报国。

第二章　中亚能源战略

课程思政内容设计：中亚地区拥有相当丰富的油气资源，中国与中亚国家的能源合作一直秉持互利共赢的态度，唱响“合作”“发展”的主旋律，积极与中亚各国开展能源方面的合作，中哈原油管道、中国—中亚天然气管道都是丝路建设中亮眼的成果。多年来中国通过丝绸之路与中亚国家加强交流，保持良好的外交关系，增强地区经济性联系，在能源领域的合作规模、程度都在不断拓展。在此过程中，中亚国家通过贸易往来得以以油气出口来支撑自身发展，牢固其“一带一路”建设进程中的支柱地位，同时中国也可以借助中亚国家的能源供应强化国家能源安全。可见中国与中亚的合作对于双方而言都有着深远的意义。

本章节旨在分析中亚能源情况，介绍“一带一路”的相关政策和已经取得的成果。引导学生认识到中国与中亚国家的良性合作，理解中国—中亚命运共同体的建设进程，同时使其知晓中国坚持和平与发展的决心，展现中国作为大国的风范，培养学生对中亚各国合作的正确认识，明确政治站位和态度。

第三章　欧洲能源战略

课程思政内容设计：俄乌冲突后，欧洲的能源形势愈发险峻。一方面，“北溪二号”管道被炸毁，美国对俄罗斯施加能源制裁，引发国际能源市场的震荡，天然气价格一路走高。而俄罗斯与欧洲的脱钩，使得欧洲能源供给面临短板的情况。欧洲国家不得不加快寻找新的卖家，以便早日充实自身的能源储备，加强能源安全的建设。另一方面，欧洲国家正处于能源转型的过渡期，为了实现其气候治理的目标，欧洲各国过多放弃了化石能源转向可再生能源，这也使得欧洲在面对极端情况下自身能源供给不足，无法保障国民的能源需求。所以在此次能源危机后，欧洲调整了其能源战略策略，在保障传统能源供应的同时优化能源结构，并使欧洲经济尽快从受到冲击的状态下走出来。

本章节旨在讲解俄乌冲突后欧洲所面临的能源危机，解析欧洲各国所面临的能源窘境。欧洲能源危机更是为中国的能源事业敲响警钟，使学生明白加强本国的能源安全刻不容缓，中国在能源转型的路上需要逐渐推进，切不可不顾实际，超前依赖可再生能源，从而使学生看待能源问题更加具有辩证思维和全面性。

第四章　中东能源战略

课程思政内容设计：中东的能源问题一直以来是世界各国关注的焦点。中东地区拥有全世界一半的石油储量，在世界能源开发领域一直占据着核心位置。世界上很多国家都高度依赖于中东的石油资源，中东作为世界上最大的石油出口地区，一直以来是大国博弈、合作的重要一环。从美国方面来看，美国出于自身利益的算计，继特朗普政府以后，拜登政府宣布彻底从阿富汗撤军，结束了长达二十年的阿富汗战争。这一举措标志着美国的中东政策收缩，进而转向在亚太地区进行更多的能源战略部署，但是美国并不会轻易放弃在中东的主导地位，尽管其不再刻意维持霸权地位，但对中东盟友的影响和实际地区的控制权仍在。美国现在更多地通过外交手段来防止中国“趁虚而入”。

本章节将依照时间脉络梳理中东的政治变迁和域外大国在中东的能源战略部署。通过揭示美国在中东的能源战略方针，使学生意识到发展“一带一路”、在当下社会更多地与中东国家进行能源方面的合作是应对美国对中国的打压政策的重要行动。中国推动沙伊复交，正是中国在中东影响力扩大的例子。另外，中国自 1993 年成为石油净进口国后，与中东国家的能源合作已经从最初的一般贸易逐步发展为技术合作和双向投资，中国与中东能源转型合作开始向纵深发展。通过辨析这些事件，学生可以深刻了解到中国的外交方针与政策，从而产生共鸣，对共产党的执政理念有更深层次的理解。

第五章　俄罗斯的北极能源战略

课程思政内容设计：随着俄乌冲突的发展，美国对俄罗斯的能源制裁愈演愈烈，俄罗斯重新将目光投向了北极地区。北极地区拥有着世界上毋庸置疑的丰富能源，近年来由于全球气候变化，北极海冰融化，给北极油气的开发和延长一年内北极航道的通航时间带来了新的能源战略机遇期。俄欧能源的断链，使得俄罗斯不得不将目光由西转东，利用北极航道向亚洲地区输送油气。显而易见，俄罗斯不会放弃在北极的利益，提出《2035 年前国家北极基本政策》，加强在北极地区的军事部署，同时深入与中国的天然气管道合作、与中国的能源企业展开更密切的交流互助都是俄罗斯现在采用的方针政策。

本章节旨在介绍北极的能源情况和俄罗斯当前的北极开发能源战略，同时向学生强调中国和俄罗斯一直拥有着友好的合作关系，随着“一带一路”的推进和俄乌局势的演化，中国可以抓住机会和俄罗斯加大在北极能源方面的合作，共同开发，合作共赢。从而使学生明白大国之间的合作关系，理解中国和平共赢的发展道路，对中国的外交领域与他国的博弈有更深的感悟。

第六章　南海能源政治新格局

课程思政内容设计：南海海底储存着大量的可燃冰和石油资源，是中国具有重要能源战略意义的海域。近些年来，中国与南海周边国家在南海的主权问题上屡屡发生争端。越南、菲律宾等国非法侵占中国的南沙岛礁，并对海底的可燃冰进行了私自开采，这一行为严重侵犯了中国主权，严重损害了中国南海的油气开发的正常利益。美国也借机扰乱局势，频繁介入南海问题，它将南海看作争夺亚太地区霸权的重要战场，常年派遣军舰非法进入南海海域对中国示威。这一行为阻挠了中国对于南海秩序的维护，不利于中国进行油气开发，而反复的挑衅也分散了中国的能源战略注意力，不利于中国长久的部署规划。

本章节旨在强调中国开采南海的可燃冰资源是正当的、不容外国质疑的。在美国插手扰乱南海的局势的情况下，中国更应该拿出强硬的态度面对美国的挑衅。在课程中，应该培养学生的国家主权完整意识，加强学生对于国家的信心，表明中国不惧强权，有能力维护自己的正当权益。

第七章　非洲能源战略

课程思政内容设计：非洲人口众多，经济落后，基础设施建设发展缓慢，但在能源领域却有着很大的发展空间。一方面，非洲现在正在朝着可再生能源的发展方向前进。非洲拥有丰富的太阳能资源，并且具有发展风力发电的优势，可见其发展新能源有着基础的地理优势。并且可再生能源产业的设施设备相比融资困难、投入周期长的传统石化设备价格更加低廉。并且非洲国家多处于发展中国家状态，其未来的能源需求会日益增加。中国可以借助“一带一路”与非洲各国签订能源战略协定，帮助非洲在新能源的起步阶段完成融资，并加深合作力度，不仅为非洲提供拉动经济增长、增加就业的机会，同时对中国而言也可以拉近与非洲的关系，在经济领域展开更多的合作，有利于中国的长久发展。

本章节旨在介绍非洲的整体地区情况和新能源的发展态势，展现非洲的巨大发展潜力。中国应该抓住机会，加强与非洲在能源方面的合作，帮助其发展新能源行业，为世界的减碳事业做出贡献。在课程中，应该培养学生的合作共赢意识，使其明白中国在非洲的能源战略规划，展示中国与第三世界相互信赖、相互合作的友好态度。

第八章　日本能源战略

课程思政内容设计：日本受到地理位置、自然资源的限制，能源自给率较低，高度依靠能源进口，尤其对中东地区的油气依赖度非常高。为了维护自己的能源安全，日本方面提出了全面建设节能社会、大力发展可再生能源、加强氢能利用的方针政策。在俄乌冲突发生后，出于本国能源情况的考量，日本以高于现价的价格大量购买俄罗斯的石油。这一举动无疑显示着在能源问题上，日本不得不跳脱出与美西方盟友对俄罗斯的制裁，为自己做更多的考虑。这也显示着在国际关系上，没有永远的敌人，只有永远的利益。

本章节旨在介绍日本的能源情况，表明日本当下的处境也是给中国的能源行业敲响警钟：只有维护好能源安全，才能接着谈发展。中国与日本毗邻，对能源的需求相似，在互相尊重的情况下，可以适当开展合作，争取两国的互利共赢。在课程中，要培养学生的合作竞争意识，从而激发学生的制衡思维，对国家间合作的政治格局有更深的理解。

四、案例展示

（一）结合章节

第四章　中东能源战略

（二）教学目标

1. 思政元素

位于“五海三洲之地”的中东地区历来是中国外交重点关注的区域之一。新中国成立以来，中国与中东国家保持着良好沟通与互动。近年来，习近平总书记就中国与中东国家关系作出一系列重要论述，既促进了双方关系的发展，也推动了中东地区的和平进程。特别是“一带一路”倡议的提出，使中国与中东国家的联系日益紧密。作为中国与中东经贸往来的重要组成部分，能源合作始终发挥着关键作用。另外，2023 年 3 月 10 日，在中国斡旋下，伊朗和沙特两国在断交七年后同意恢复外交关系并相互重开大使馆。双方在中方见证下于北京达成协议，并发表了三方联合声明。这一结果，有望极大缓解多年来沙特和伊朗在中东地区的竞争和对抗关系。让学生思考：**能让中东伊朗和沙特两个“死对头”握手的，为什么是中国？**

2. 知识目标

从油气储量、勘探开发等方面讲述中东的油气资源情况，简要介绍中东的能源局势变迁，在课堂中适当补充国际石油定价规则的变化的历史，再通过对比美国与中国之间的中东能源政策，进而批判美国在中东长久以来的能源霸权行为，明确价值倾向，表明中国坚持和平发展的原则，介绍中国通过“一带一路”与中东各国共谋发展的合作成果，进一步介绍未来中国在中东的布局和规划，使学生对中国在中东的政策有着更深的理解。

3. 能力目标

培养学生的全局思维。通过思考为什么美国从阿富汗撤军、将战略重心从中东地区移向亚太地区，进而明白一个国家的能源战略布局会因时而变、因利而动；培养学生的危机意识。世界并不太平，美国的霸权阴影仍在，我们不能掉以轻心，还需谨慎布局，发展出以自身为主导的外交局面。同时要敢于突破美西方设置的“游戏规则”，重新建立起一个更加公平、合作共赢的世界秩序。

4. 育人目标

“后美国时代”中东地区秩序正加速深入演进，随之而来的一系列中东国家和解进展令国际社会目不暇接，新的中东地区能源格局正在酝酿。美国通常是“拉一派打一派”，构建盟友和敌人，挑起矛盾、煽动对立，由此来实现对中东局势的远程控制。反观中国，与沙伊都保持良好关系，并推动两国关系及中东局势朝着和平稳定的方向发展。经过 70 多年的发展，中国的中东外交已变得更加积极主动、奋发有为。特别是中国特色社会主义进入新时代后，构建人类命运共同体和新型国际关系成为中国特色大国外交的总目标。

由此培养学生的家国情怀，明白以大局为重，深入理解中国中东能源外交面临的挑战是如何在实践中落实各项“主张”与“倡议”，并在实践中完善“中国方案”，同时提出更加系统化、具体化的和平方案，从而对国家未来的规划有更多的信心；通过对美国以军事在中东霸权、干扰正常国际秩序的行为分析，展现中国合作共赢的态度，让学生理解未来发展的潮流绝不是干涉内政，而是互相尊重，共同发展，从而以世界的发展投映到学生个人的发展上。作为新时代青年，需要有开放包容的谦逊心态，与其他同学取长补短、积极合作，从而取得学习上的共同进步。

（三）教学重点与难点

重点： 讲述美国的中东能源政策，和中国的中东能源政策形成对比，从而给学生展示两种不同的文化、价值观念的对撞。中国从来讲究“以和为贵”，“和”乃是中国文化的核心要素。中国建设“一带一路”，便是想要与各国一起合作共赢，推动全人类的进步与发展。中国和中东国家在能源行业内广泛开展合作，不仅为全世界树立了一个爱好和平发展的大国形象，也为全世界展示了合作的典范：相互尊重，互利共赢。在课堂上通过讲述这些事实来证明，中国的道路是正确的，而美国的霸权主义终究会走向自取灭亡，从而使学生拥有正确的价值观念。

难点： 学生大多对国际石油定价和中东的政治形势变迁不太了解。需要详细梳理这两者的对应关系，补充三次石油危机的发展历程和对现在的影响，引导学生主动去研究中东局势、关心世界各国在中东地区的布局，并加深对石油行业所具有的政治性的理解。

（四）具体教学过程设计

1. 背景理解

通过在章节前推荐书目，引导学生自主探索中东的局面和能源情况，在课前进行思考，以便带着问题进行学习，更加拥有效率。

2. 个人汇报

学生自由选择有关中东能源政治的研究方向，选择一个切入口，通过查阅资料形成自己的思考，并在课堂上展示 PPT，说明自己独特的理解。通过不同学生的汇报，让学生能够更全面地了解中东能源局势，并能查漏补缺，让自己的汇报更加完善。

3. 师生讨论

结合发挥思政教育客体学生的能动作用——贴近学生需求，充分利用“翻转课堂”“研讨教学”等，学生讲、汇报，然后设计“答记者问环节”（主讲人讲完，学生提问等）。

4. 教师总结

教师及时对学生的汇报进行点评，解答学生在汇报过程中的疑问，并对话题和学生们提出的问题进一步拓展讲解，从而提升内容的高度，并形成思维的良性碰撞。然后，由教师进行总结发言，综合梳理中东的能源局势，带领学生以更宏观的视角看待中东能源问题，补充相关事实基础，更加理解中国在中东能源博弈中所持立场的历史逻辑和自然逻辑。

另外，基于本讲内容，让学生明白，我们身处一个伟大的时代，这是一个充满挑战和艰险的时代，也是一个崭新的时代，必将引领我们走向光明的未来，并能为中国能源安全和能源战略贡献自己的聪明才智。

5. 形成论文

汇报的学生根据自己的讨论方向和老师同学的意见进行修改，并形成论文。通过写论文的形式，梳理自己思路，明晰事件中的逻辑性，也为自己的学习交出一份满意的答卷。

（五）教学反思

因为中东能源局势与政治形势高度相关，且时间跨度长、涉及范围广，是一个复杂的研究性问题。所以这使得对一些学生而言抓准自己的研究方向并不容易，难免造成讲述的侧重点失调或者整体发言较为笼统的问题。在下次进行教学前，会先给学生梳理一遍大体方向，明确值得探讨的问题，再让学生进行自主学习。在学习过程中，也可以采用小组合作的形式，使得学生在准备过程中能够与其他学生先进行探讨思考，以便在教师讲述时能获得更多的收获。

《国际能源政治》课程本身教育的目标、学习要求与思政育人目标有融合点、结合点和契合点，需要进一步优化，继续强化人文素养、家国情怀和国际视野的培养。另外，课堂思政方面，将来更多从历史文化逻辑和自然逻辑讲解，选取史实让学生理解中国与中东交流合作的历史渊源，如 2022 年 12 月 8 日，习近平主席在沙特《利雅得报》发表题为《传承千年友好，共创美好未来》的署名文章，文章引用伊斯兰教先知穆罕默德的名言**“知识，虽远在中国，亦当求之”**，对中沙之间的千年友谊进行高度赞赏。

《中国概况》优秀课程思政设计及案例

王锦玉

一、课程基本信息

课程名称： 中国概况

开课学院： 国际教育学院

课程类型： 通识课

课程性质： 必修

授课对象： 所有专业一年级来华留学本科生

使用教材：《中国概况》，ISBN 978-7-04-028628-1，郭鹏、程龙、姜西良，高等教育出版社，2011

教学课时： 64 课时

二、课程思政教学整体设计思路

习近平总书记强调，要讲好中国故事、传播好中国声音，向世界展现真实、立体、全面的中国。高校来华留学生教育肩负着培养知华、友华人才的重要任务。

本课程在提高学生的中文交际能力与文化知识能力的同时，充分发挥课程的“育人”功能，让学生能够正确理解中国传统文化的生命力与创造力，正确理解当代中国的核心价值观，理解中国文明在人类文明发展史的贡献与价值。以“人类命运共同体”的价值观为引领，培养学生正确认识和理解中国，增进对中国的认同感。将习近平新时代中国特色社会主义思想、社会主义核心价值观、中国优秀传统文化、法治观念、理想信念等思政德育元素融入各个章节。通过混合式的教学模式实现线上线下资源与内容的融合，多样的教学活动，综合的教学评价，以此提升学生“理解中国”的能力和讲述、传播中国故事的能力，培养他们的知华友华爱华情感，让留学生成为中国故事的讲述主体，促进中外文化交流、促进民心相通，培养具有中国情怀和全球视野的国际化人才。

三、各章节课程思政设计要点

第一章　中国地理环境与中国文化

课程思政内容设计：介绍地形地貌、山川河流等内容时，可以融入我国的三峡大坝、南水北调、港珠澳大桥等重大工程，彰显中国人民改造自然、利用自然的高超智慧和能力以及中国强大的科技能力。介绍中国地理特点与丝绸之路，引入“一带一路”倡议，通过“一带一路”的古今变迁，加深学生在国际视野下的中国地理认知，同时引发学生结合自己本国实际情况，形成对人类命运共同体的正面认知。

第二章　中国历史与社会

课程思政内容设计：在近现代百年屈辱史部分，重点讲述西方列强对中华民族的蹂躏以及中国人民前赴后继、奋起抗争、救国图强的艰苦历程。让国际学生从历史观角度理解只有中国共产党才能团结带领中国人民实现中华民族伟大复兴、只有社会主义才能救中国、只有中国特色社会主义才能发展中国，这是历史和人民的选择。通过对中国历史的学习，让学生讨论比较中国与其他国家现代化转型和现代化进程的差异，让学生了解中国式现代化的特色和本质要求。

第三章　中国传统思想

课程思政内容设计：中国自古就很重视人性和修养，积极思考如何通过心灵的修炼让人性走向完善。儒家的仁政思想、民本思想；道家的辩证法思想在当代也具有重要价值。孔子的“仁爱”和墨子的“兼爱”思想可引入到抗击新冠疫情中，各地医护人员舍小家为大家，积极支援其他省份甚至国家抗疫，展现出了一方有难八方支援的博爱与担当。“天人合一”思想的现代意义：促进个人的身心健康和全面发展；促进人与自然和谐发展；推动社会和谐发展。

第四章　中国人的生活

课程思政内容设计：中国人的生活部分包含衣食住行等方方面面的内容。中国古代和当代的服饰可提取的思政主题为美育。我们可以引导学生用审美的眼光对服饰进行古今中外的对比，引导学生辨识传统服饰如汉服、唐装、旗袍等蕴含的中国精神和气质的元素。中国传统节日部分主要介绍了清明节、端午节、中秋节和春节这四大传统节日，让学生感受理解文化的多元性。针对每个节日的特定食物，讲述中国人“民以食为天”的传统，结合中国人口众多和耕地紧张的国情，向学生介绍中国坚守耕地红线的政策以及节约粮食、反对浪费的主张。

第五章　中国的科技

课程思政内容设计：中国对世界科学技术的贡献部分主要包含中国古代的四大发明及中医、瓷器等内容，该部分可提取的思政主题为工匠精神及创新发展理念。“四大发明”推动了中国古代航海技术的发展和文化的传播，由此引申到现代科技如移动支付、神舟飞天、嫦娥探月、中国高铁等的发展，让学生充分认识到科技是第一生产力的概念，科学技术对社会发展的巨大推动作用，培育学生的创新意识。中医药的发展传承、瓷器精细考究的制作过程无不体现了匠人一丝不苟、精益求精态度。

第六章　中国的教育

课程思政内容设计：近代派遣留学生出国留学；当代接收各国留学生来华学习，并设立多项奖学金；中国自古就重视教育，重视教育的对外开放。

第七章　中国的政治制度及基本国策

课程思政内容设计：中国的民主是全体人民的民主，“全过程人民民主”是中国的特色。中国的资源状况与人口政策，中国与国际社会共同努力解决世界人口问题，以促进整个人类社会的发展和进步；中国的环保政策，提出“科学发展观”的概念，把生态文明建设融入经济建设、政治建设、文化建设、社会建设各方面和全进程。

四、案例展示

（一）结合章节

第 1 章　第 1 节　地理特点与“一带一路”倡议

（二）教学目标

知识拓展层面：加深学生在国际视野下的中国地理认知，使学生能够了解“一带一路”的前世今生，并进一步展望其未来，了解“一带一路”倡议的提出及其原则、意义，同时引发学生结合自己本国实际情况，形成对人类命运共同体的正面认知。

能力提升方面：通过自主探究，提升自学能力。通过课程学习，阅读教材内容、聆听教师讲授、参与课堂互动，学会用汉语表达社会热点和主流社会现象。通过提问和讨论，培养严谨的逻辑思维能力。通过合作探究提高学生的合作学习能力，在合作学习过程中突破难点。

德育培养方面：理解“一带一路”倡议的提出蕴含着中华文化和平、和睦、和谐的价值追求，也是基于中国自然发展历程的需求。在世界百年未有之大变局加速演变的时代背景下，该倡议展现了一个开放中国的担当和作为，增进国际学生对中国主张、中国智慧、中国方案的认同感，激发学生讲述中国故事，当好友谊使者和合作桥梁的意愿，为构建更加紧密的人类命运共同体积极贡献力量。

（三）教学重点与难点

教学重点：古代丝绸之路的发展演变，“一带一路”倡议提出的时代背景和现实原因。

教学难点：“一带一路”倡议的时代意义。

（四）具体教学过程设计

1. 课前

让学生阅读资料，观看视频，展开自主探究，了解陆上丝绸之路开辟的时间、人物、事件和路线及其历史作用；海上丝绸之路的含义、做出杰出贡献的历史人物及其主要功绩。完成表格，课上以口头报告的形式与大家分享。

2. 课上

导入：通过“一带一路”愿景与行动文件发布新闻视频导入，引入课题。

自主探究：利用老师提供的地图，对“一带一路”倡议覆盖下的自然和人文环境展开探究，提高学生的读图析图能力。通过阅读老师提供的地图，把“一带一路”置于地理视野下，引导学生多角度看待历史事物。

合作探究：

①结合“丝绸之路经济带”和“21 世纪海上丝绸之路”格局示意图和“一带一路”沿线国家和地区人口、经济规模等数据图，分析“一带一路”的建设对中国和世界分别具有的现实意义。

②在未来发展前景得到肯定的同时，一些西方学者认为“一带一路”是中国对外扩

张的一种战略。请你对此观点进行评析（提示：可从时代主题、外交政策、民族精神等角度评析）。

教师总结：今天我们回眸了“一带一路”倡议的前世和今生，进一步展望了它的未来。共建“一带一路”正在成为中国参与全球开放合作，改善全球经济治理体系，促进共同发展繁荣，推动构建人类命运共同体的“中国方案”。今年是构建人类命运共同体理念提出十周年，也是“一带一路”倡议提出十周年。十年来，在人类命运共同体理念的引领下，中国已经同149个国家和32个国际组织签署了共建“一带一路”合作文件，形成了3000多个互联互通、社会民生等合作项目，“一带一路”成为造福世界的“发展带”和惠及各国人民的“幸福路”。老师希望同学们能把今天所学的知识运用于实践中，为“一带一路”倡议构想，为人类命运共同体贡献自己的一份力量。

3. 作业

请学生结合自己国家实际情况，谈谈“一带一路”倡议对自己国家和自己本人的影响。自己能为推进“一带一路”倡议，为人类命运共同体作出哪些努力？

（五）教学反思

（1）当前来华留学生的中国国情教育课堂课时有限，这就要求我们统筹用好多种资源，通过将第一课堂与第二课堂融合，突破课程、课堂的限制，将“中国概况”课与中文课及专业课结合、与兄弟院校联合、学期中与寒暑假期打通、中外学生沟通等途径，建立多层次、立体化的国情教育体系，全方位地开展课程思政建设。

（2）突出学生的主体性。鼓励学生课下借助不同语言和信息来源进行自主学习，获取相关知识，然后用学过的词汇、语法等形成书面或口头表达内容，上课时跟大家分享、交流，充分展示自己的学习成果。这种教学模式比教师单纯地讲授可能效果更好。

（3）注意扩展学生的多元文化知识，让学生在目的语文化与母语文化交流对话的过程中学习，帮助学生形成不同文化比较的视角，这或许比单纯地学习中国文化和国情知识更能引起学生的兴趣，锻炼学生用汉语去表达他们对这两种文化的理解，这种比较意识和思维方式也将在他们以后的生活中发挥重要的作用，并推广到工作、生活等更广泛的领域中。

（4）“中国概况”课程思政建设，对教师来说既是一项新的探索，同时也具有一定挑战。因此在主讲教师安排方面应有所创新，联合多位教师、设立联合主讲教师机制，共同承担本门课程，结合教师个人研究专长，合理分配章节教学任务，发挥各自优势，建立团队教师的研讨机制，加强集体备课，开展“课程思政”教研活动，提高团队课程思政教学本领。